U0014224

通往自由之路

美國共和黨的理想、墮落，及其如何被保守主義意識形態綁架？

Heather Cox Richardson

海瑟・理察遜——著　林添貴——譯

目錄

第七章 美國人的信仰就是做生意／249

第十章 **保守主義運動的興起／339**

第十一章　保守主義運動劫持共和黨／383

第十二章　西部作為一種理念／429

推薦序

一部自由主義觀點的共和黨史

◎王宏恩
（內華達大學拉斯維加斯分校政治系助理教授）

在美中冷戰隨著肺炎疫情加劇之際，身為雙方衝突的前線，台灣民眾對於美國兩大黨的認識與掌握就更顯必要。《通往自由之路》一書雖然於二〇一四年出版，可能沒有預料到接下來的川普當選以及政局發展，但書中鉅細靡遺地整理了共和黨的成立、各派的思想洪流與彼此互相衝突的過程，這些歷史脈絡（或歷史包袱？）與政經辯論仍鮮活地存在當下的共和黨之中，閱讀本書有助於了解對當下共和黨、乃至於整體美國政治的主要辯論議題、思潮，以及歷史緣由為何。

從內容來看，作者在針對共和黨的轉變及批判，是有鮮明的自由主義的色彩的。如同本書標題翻譯「理想、墮落」，作者旗幟鮮明地認為共和黨從當初反對奴隸制度、支持人生而平等的理想，一路到如今支持富人、強化種族歧視是一種墮落。從作者的角度來看，共和黨是可以選擇帶領民眾一起改變對於貧富、種族的態度，然後團結全美國人一起把經濟搞好的，但共和黨選擇了迎合部分選民既有的階級歧視、種族歧視，然後透過動員他們的恐懼來獲得選票。但儘管如此，作者並不是唯心論者，而是很認真地整理了美國各個時期的政治、經濟發展趨勢，說明這些外在情勢下，共和黨與選民做了哪些選擇，一路導致兩百年來共和黨的轉變。

當然，對於第一次接觸美國政治的讀者來說，本書並不是非常好讀，畢竟橫跨了兩百年的歷史，裡面出現上百位的美國政治人物，讀者可能一不留神就會迷失在一堆外國人名之中。作為一個政治學者，我個人覺得華人讀者比較好的理解此書的方式，就是從歷屆的總統選舉出發。美國是總統制，總統要獲得夠多選舉人票才能當選。在這個制度設計下，美國各政黨以及總統候選人，都要一張張、一州州的計算選票。在美國過去兩百年來，州的數目變動了、有投票權的人數與人種都增加了、經濟逐漸轉型了（因此不同職位的人數比例改變了）、經濟好壞、外國政治事件等，都會衝擊候選人們如何計算勝選。因此，在每一個時期，讀者都可以看到共和黨有意角逐總統的候選人，端詳當時的情勢、經濟狀況、不同人種的分布、不同職業在不同州的分布，然後思考要怎麼樣才能組出一個過半的聯盟勝選。而不同時期之間，因為上述的變化，候選人一方面受制於過去的聯盟，另一方面又要找新的聯盟組成，才能贏得下次選舉。美國總統選制在這段時間內變化不大，因此可以從這個制度的角度出發，去體會並享受書中每一位美國政治要角是如何計算，以及最後成敗為何。

本書主要從經濟角度作為出發點，雖然可以解釋選民以及政治人物在每一次投票的經濟理性，也可以解釋共和黨人每一次策略結盟的部分原因，但關於總統的經濟政策是否能立即反映在國家經濟變化上，經濟學家並沒有定見。另外，本書對於另外一個影響共和黨思潮乃至於團結的重要因素——宗教信仰，就著墨較少。事實上，共和黨人種族歧視的態度，與新教的工作倫理有密切的關係。過去共和黨人的例外主義、覺得天然資源夠用、覺得認真工作就能累積財富，乃至於近代對於墮胎、同婚等看法，都與宗教信仰、尤其是宗教團體的動員網絡有關。另外，選舉本身就是競爭的，尤其是像美國近兩百年來兩大黨的支持群眾的改變，就像跳雙人舞一樣，共和黨背棄部分選民的同時，民主黨自然會迎上去；而當部分新興選民與民主黨走得比較近時，共和黨就不太可能再去開發這些新選民。因此，到底要怎麼策略結盟過半贏得選戰，其實是兩黨一來一往的過程，不是一個總統候選人或一黨就能片面決定的。我們可以從本書裡各個共和黨政治人物的思考與選擇，看到這些端倪，但也同時可以把自己帶進去看看，想想假如自己是當下那個人物，到底會怎麼做選擇，也許更能體會到美國政治宏大又細膩之處。

導論

共和黨的三起三落

一八六二年，南北戰爭戰火熾熱，共和黨籍眾議員賈士汀・莫瑞爾（Justin Smith Morrill）在國會為黨的創舉——開徵所得稅——起身辯護。莫瑞爾大聲疾呼：政府有權利要求人民交出百分之九十九的財產。如果國家有需要，「人民的財產……屬於國家所有」。共和黨掌控的國會通過開徵所得稅，以及其他一大堆稅目，從而建立強大的全國政府。三年之後內戰結束時，共和黨政府在全國已經打造一支人數多達兩百五十多萬的海、陸軍部隊；創立全國銀行、貨幣和稅制；提供教育和住宅給窮人；也解放全國四百萬名黑奴，讓他們獲得自由。

半個世紀之後，當大企業主宰經濟，富豪財閥伸手介入政治競爭時，共和黨籍總統狄奧多・羅斯福（Theodore Roosevelt）極力抨擊「一小群富可敵國、財大氣粗的人士，汲汲營營穩固及擴大權力」。羅斯福堅持，美國必須打破這個階級，以便回到「確保人人都有機會發揮本身最大能力的一種經濟制度」。羅斯福呼籲政府管制企業，禁止企業資助政治競選活動，並且課徵所得稅和遺產稅。他要求美國人民受到「公平對待」。[1]

二十世紀中葉，另一位共和黨籍總統德懷特．艾森豪（Dwight Eisenhower）重申早期共和黨人所主張的經濟機會，並把它們運用到國際社會。艾森豪相信經濟不平等會導致戰爭，而核子時代的戰爭會威脅到人類的存亡，因此他設法以提高各地人民生活水平來防止國際衝突。他不肯利用美國資源獨自增強軍備，「每建造一門巨砲、每下水一艘軍艦、每發射一枚火箭，歸結到底，都代表從飢寒交迫、衣不蔽體的人手上的偷竊。」他呼籲政府要興建學校、發電廠、公路和醫院。[2]

在美國歷史上這些關鍵時刻，共和黨人的立場是，經濟機會是美國理想的核心，政府有責任讓每個人都過上舒服的日子。但在其他時候，共和黨人則支持美國最富有的人：國會通過圖利商人的法律，甚至允許商人訂立法律，還指責那些經濟拮据的人自作自受。雖然共和黨人聲稱支持「自由放任」（laissez faire）的政府，但是他們追求的政策其實一直不公平，而是以犧牲美國大多數人民為代價，來保護愈來愈少的一小撮富人。

過去一百六十年的歷史當中，共和黨在政治光譜的兩端反覆擺盪：他們有時候是左派，有時候是反動派。今天，共和黨再次站穩極右派立場。亞伯拉罕．林肯、狄奧多．羅斯福和德懷特．艾森豪的共和黨，怎麼會變成今天這副模樣？

一路走來，它的旅途並不是直線前進。

立國精神的深層矛盾

自從一八五〇年代組黨以來，共和黨在三個不同時期，曾經從政治光譜的這一端擺動到另一端。在這三個周期中，共和黨每次都重演相同的模式。他們在有心振作時就擴大選民基礎、管制企業和提高稅率。因此之故，財富廣泛分配，美國經濟相當穩健。

可是每當共和黨提出進步主義的立法，都會刺激黨內產生反彈。在林肯之後，乃至在羅斯福和艾森豪之後亦然，共和黨領導人逐漸轉向反對本身的改革、改為保護富人的利益。他們的論據永遠是稅負會導致財富重分配、干預私人財產的基本權利。他們堅信勤奮工作的白人不容財富被轉移給懶惰的非裔美國人以及外來移民，因此他們削減教育及社會福利計畫的經費。伴隨著共和黨政策的改變，政府機器被動員來為大企業的利益服務，造成財富向上移動。這發生在一八九三年、一九二九年，以及最近的二〇〇八年。每次遇到這種反動期，災情慘重的經濟衰退隨即爆發。

共和黨意識形態的轉變絕對不是無緣無故發生的。它們反映共和黨對於該黨與整個美國始終無法徹底解決的矛盾的不斷嘗試：美國在「機會平等」和「保護財產」這兩大基本信念之間一直存在深層的緊張關係。

這種深層矛盾自從獨立建國初期以來就驅動著美國的政治生活。獨立宣言保證公民都能得到平等的經濟機會。這個強大的原則使得窮人願意為美國革命浴血奮戰，但是它只是個原則；它從來沒有真正被制訂為法律。當開國先賢起草憲法、以它作為美國立國的根本大法時，他們認為國家資源豐富可以確保機會平等。他們比較擔心的反而是社會安定，因此在憲法中慎重宣示另一個原則：財產權必須受到保護。*

革命期間及之後，經濟、社會和政治一片混亂、百廢待舉，政治領袖忙著平息戰亂、擬訂可行的辦法治理國事，無暇預想還未墾殖的土地可能出現的問題。但是憲法制訂通過後不久，向西拓殖開墾很快就成為美國人生活的重心。美國人發現，機會平等和保護財產權這兩大原則相互牴觸，而且此一矛盾危及美國的民主。

財富集中與南北差距

美國革命期間，傳奇拓荒者丹尼爾・布恩（Daniel Boone）跨越阿帕拉契山脈（Appalachian Mountains）探勘維吉尼亞西方的土地，帶回來「肯塔基」（Kentucke）這片土地天然資源豐富的故事。戰爭才一結束，美國人就一股腦衝去開發這片土地。到了當地，他們很快就發現，經濟自由未必必然帶來平等的結果。有些人落腳在比別人肥沃的土地；有些人有家庭財產做後盾；有些人則運氣特別好。很快地這些人就比別人積攢更多的財富。

財富快速往社會上層集中，這個現象顯示了獨立宣言和憲法之間的差距使得美國的新興民主先天就不穩定。肯塔基的地主利用他們的財富取得政治權力，再發揮政治權力來影響立法，犧牲貧窮的拓荒者，促進本身的利益。他們援引憲法明言保護財產權的條文，來正當化他們的行動。富人透過與價值觀相同的立法人員合作來控制政府，又買下報紙、媒體等資訊管道，藉此影響選民。他們制訂的法律因而壓制了其他人出頭的能力，導致財富向上集中。機會平等的原則就被打破了。

聯邦立法人員看到肯塔基的情況，他們試圖解決獨立宣言和憲法之間的差距。一七八七年，「邦聯條例」（Articles of Confederation）[†]仍然有效期間，根據條例召集的議會通過一項「西北部條例」（Northwest Ordinance），透過它防止富人主宰西部新土地。這道法令禁止長子繼承制和蓄

---

* 編註：美國憲法對基本人權的保護並未規範於一七八九年通過的本文之中，而是條列於一七九一年通過的十條增補條款之中。憲法增補條款第四條：「人民有保護其身體、住所、文件與財物之權，不受無理拘捕、搜索與扣押，並不得非法侵犯。」第五條：「不得強迫刑事罪犯自證其罪，亦不得未經正當法律手續剝奪其生命、自由或財產。非有公正賠償，不得將私產收為公用。」

† 譯註：《邦聯條例》是美國最原始十三個州在一七七六年發動獨立革命時期、由第二次大陸會議所起草制訂的第一部憲法。它賦予大陸會議領導美國獨立戰爭、與歐洲進行外交、解決領土糾紛以及與印第安人關係的權利。一七八九年，《邦聯條例》功成身退，由《美利堅合眾國憲法》取代之。

養奴隸。擬定「西北部條例」的人士，包括獨立宣言起草人湯瑪斯・傑佛遜在內，認為這些制度是造成財富集中的重要因素。接下來的五十年裡，一小撮富有的奴隸主強化他們對南方的掌控，可是北方土地受到「西北部條例」的保護，窮人仍有可能崛起。到了一八五〇年代開國先賢的孫子輩都已長大成人，南方保護財產和北方重視機會平等之間的差異形成了鮮明對比。

美國在一八四八年從墨西哥取得西部廣大的土地，使得上述兩種制度陷入衝突。南方領導人堅持，憲法明文規定的財產權保障是國家的根本原則，這包括他們擁有奴隸的所有權，他們要求有權利在新領土上推動奴隸制度。但是肯塔基墾荒者的艱苦困境讓北方人看到，奴隸制度的存在必然破壞平等的經濟機會，於是反對此一制度擴張到西部。到了一八五四年，南方的奴隸主雖然僅占全國人口百分之一左右，卻控制了白宮、聯邦參議院和最高法院，他們要把他們支持的方案推動為國家法律。這下子看來，美國似乎將放棄機會平等的承諾，轉而傾向保護財產。

奴隸主肯定相當期待這樣的結果。他們解釋說，由他們出來領導是上帝的意旨；祂讓他們比起其他美國人更富有，就證明祂偏愛他們。根據這些獨攬大權的人士之說法，一個社會要能良好運作，就要讓目不識丁、胸無大志的人乖乖聽話，默默勞動生產食品、衣物、住家，以及人類社會所有其他基本需求。拜這些辛勤工作的大多數人之助，南方領導人，也就是站在文明和優雅頂峰的這批人，才能專心致力於推進人類的進步。底層人物提供的勞力使他們這些人得以免於粗活、不必弄髒自己的手。他們大聲宣稱，這是歷史上最完美的社會制度。

奴隸主為自己的生活方式提出的激烈辯護，說明他們已經不安地察覺到他們的制度相當不穩定。它的基礎是讓社會底層的人拿不到政治權力。奴隸主解釋說，底層人士若是有了投票權，他們對他們所生產的財富將會要求更大的份額，也會如另一位南方領導人所說的那樣，藉由「默不作聲的投票箱」發動革命。最後，憤怒的選民將會支持承諾實踐平等，以及保證打造公平的競爭環境的領袖。[3]

就在這樣的歷史背景下，共和黨誕生了。期望改善自己生活的北方人，不能接受他們是永久的低下階層成員，一輩子只能為富人做牛做馬。他們重申獨立宣言曾經保證人人皆生而平等的理念。他們主張唯有從強大和廣泛的基礎出發、而非從上而下，國家才能蒸蒸日上；他們也堅持政府必須保證人人皆能平等取得經濟機會。奴隸主很清楚這些北方人威脅到他們的政治優勢，於是使勁詆毀他們，試圖操縱政治制度，警告國家已在革命邊緣。

但是北方人勇往直前，籌組共和黨，以對抗富有的奴隸主。林肯解釋說：「既重視人，也重視財富；但兩者若發生衝突，人勝過財富。」共和黨人堅信必須阻止富人控制政府、防範他們剝奪所有人的經濟機會，必須集結起來奪回對國家的掌控。[4]

一八六〇年，共和黨把林肯送進白宮，南方立刻退出聯邦。他們這一走，替新成立的共和黨的黨員大開方便之門，可以根據他們的理想改造美國政府。當他們從一個危機跳到下一個危機，得為內戰籌措財源時，他們從根本上改造了美國政府，把一個保護有產階級的財富的政府，改變成促進人人的經濟機會的政府。一八六〇年代，在聯邦施政需求的刺激之下，共和黨創造出一個嶄新、強大的全國政府，它努力從底層開發經濟，教育年輕人，並且授予田地給人民耕作。後來在戰情允許下，他們試圖讓美國成為不問種族或背景，只要辛勤工作人人皆可過上好日子的國度。他們廢除奴隸制度，然後賦予被解放的黑奴投票權，使他們能夠保護自己的經濟利益。

內戰時期的共和黨人明白地駁斥他們是在制訂福利國家的立法。他們反而聲稱，他們是合法地運用政府力量來提振經濟，使全民受惠。他們的論據很得民心，他們的立法得到跨黨派的支持。開國先賢忽略了防範富人主宰政府、讓政府淪為私人工具的野心，但是林肯領導的共和黨正視此一疏忽，並立法保護經濟的獨立，因為他們相信這是自由的核心基礎。在經歷多年的紛亂之後，美國似乎終於找到一個能實現最初承諾的長治久安的政治制度。

共和黨向財閥靠攏

南北戰爭才告結束，共和黨的平等主張幾乎立刻就遭受到反彈。內戰要求美國人有史以來第一次繳納聯邦稅，當政府出資的計畫協助原先的奴隸和移民工人時，反對派看到南方領導人所預料的財富重分配現象。對東部的共和黨人來說，他們的工業在黨的經濟政策的扶植下欣欣向榮，現在開始專心保護本身的利益，捨棄原先信奉的機會平等。短短幾年之內，他們把共和黨推向擁護為了廢除它才剛打了一場戰爭的政治主張。到了一八七〇年代，比起俄羅斯的布爾什維克革命早了三十多年，當權的共和黨人已經疾呼反對「社會主義」和「共產主義」，聲稱它們可能導致政府透過由人民稅款支付的公共工程計畫和社會福利立法，重新分配財富給非裔美國人和移民工人。共和黨開始專注在保護大型企業的利益，於是金錢和權力向社會頂端集中。一八八〇年代，選民轉向民主黨，共和黨遂採取措施限制投票權，也在選舉制度上動手腳以便緊抓住權力。他們的努力失敗，選民在一八九二年選出民主黨政府重新當家作主。此時共和黨領導人預見經濟上將會出現缺口，於是煽動投資人從股市撤資，因而造成財政部庫存黃金被擠兌，引爆全國經濟崩盤。

大約五十年的期間內，共和黨把國家帶向相反的另一端。在一八六〇年代，共和黨菁英是推動經濟機會的創新動能，但是一個世代之內，共和黨捨棄了照顧勞動人民之初衷，轉而以保護財產為矢志。共和黨主張，財產是個人主義的核心，任何想要管制企業或課徵稅負的作法，都是對美國制度的直接挑戰。沒有管制的資本主義意味著財富往經濟金字塔的最頂端集中，消費疲軟，經濟蕭條無可避免席捲而來。共和黨原本是經濟安全的推手，卻搖身一變，變成經濟災難的工程師。

共和黨一會承諾要促進機會平等，一會又堅決捍衛財產權，兩者之間的緊張關係創造出惡性循環。國家陷入一種模式，每次只要黨重新回歸創黨精神時，它就會再度出現。它成了一百六十多年來共和黨無法擺脫的宿命。

共和黨與經濟崩盤

如同林肯以美國對自由的願景來對抗西部擴張導致的挑戰一樣，羅斯福和艾森豪也高舉自由的崇高理想，來面對他們那個時代的危機——工業化和國際衝突。林肯、羅斯福和艾森豪各自都認為政府必須不偏私袒護任何特定經濟利益，不能圖利富人，也不能重分配財富給窮人。它應該致力於促進所有辛勤勞動的美國人的利益，這個群體在一八七〇年代被稱為中產階級。這三位總統的願景在關鍵時刻都重新喚醒共和黨最美好的一面。

就和過去的林肯一樣，羅斯福也注意到一個制度讓愈來愈多工人陷入貧困，同時讓財富和權力集中到一小撮人手中，是相當危險的。他在一八八〇年代長大成年，正是美國早期工業化鼎盛的時期，此時企業主高度壟斷財富，他們靠數以百萬計、非技術城市工人的勞力建立起他們的企業帝國。羅斯福反對工業家對政府的箝制，力主回歸共和黨原始精神，以之為標竿整治他主政時期的美國。他主張政府要管制企業和推動教育，以保障全體美國人有公平的競爭環境。他的行動迫使全國領袖再度採取保護經濟自由的措施。

對中產階級的第二度擴張的反彈力道非常猛烈，特別是在第一次世界大戰後的勞工和種族動盪之後。共和黨人指控工人和非裔美國人陰謀將布爾什維克革命帶進美國，要求全體美國人全心全力支持資本主義。當共和黨在一九二〇年代又掌握政權時，它的領導人減稅、又削減針對企業的管制，堅稱強大的企業界可以創造財富，讓人人發大財。共和黨籍總統卡爾文・柯立芝（Calvin Colidge）說：「美國人民的首要之務就是做生意。」（*"The Chief business of American people is business."*）[5]

和三十年前的狀況一樣，財富向上集中在經濟金字塔的頂端，加上美國大多數民眾購買力減弱，使得經濟不穩定。當一九二九年的股市崩盤吞噬老百姓的可支配所得時，沒有足夠的消費者可以點燃經濟復甦之火。美國人民呼叫政府伸出援手，可是赫伯特・胡佛（Herbert Hoover）總統仍然停留在一八九〇年代支持大企業的共和黨思維。他和他的政府官員責備貪婪、懶惰的美國工人造成崩盤，堅持政府不應該干預經濟：唯一能夠點燃復甦之火的是減稅以及公部門員工減薪。美國全國遂陷入經濟大蕭條。

這些語言和模式，我們都不陌生。南北戰爭後的共和黨精英就是這麼思考的，它形成了一個看似言之成理的藍圖，指導往後幾十年的共和黨領導人，然而它們反映的不是現代生活的客觀現實，而是共和黨人的習性。

第二次世界大戰結束時，這個周期循環又再度開始。艾森豪重啟共和黨擴張中產階級的努力，根據客觀情勢將那些原則做了調適。艾森豪面臨的挑戰極大，他得在一個極度對峙的核子世界領導超級大國，但他堅信，美國必須在全球各地推動全面的繁榮，才能防止政治極端主義引爆戰爭。

艾森豪就和在他之前的林肯、老羅斯福一樣，回歸共和黨人對政府的古典觀點，決定運用它來保障美國在戰後世界的自由。在他領導下，中產階級擴張，國家欣欣向榮。但是又和過去一樣，一九六〇年代和一九七〇年代種族主義和反移民的反彈，在未來十年把黨和大企業緊緊綁在一起。共和黨經濟學家在不可思議地重複一八九〇年代和一九二〇年代的觀念下，接受了一套老舊的觀念，認為解除管制和不受監督的資本主義將創造出能夠嘉惠社會中每個人的財富。一直到新的千禧年，美國政府對大企業的獎掖再次導致財富向上集中，並於二〇〇八年十月終於宿命般地導致經濟崩潰。

林肯、羅斯福和艾森豪三位偉大的總統推動嶄新的、進步主義的美國願景，卻招來自己黨內勢力的反撲。在每一個時代，反對政府積極作為的人士都採用種族主義、仇外意識和反稅言論，以摧毀共和黨旨在提振經濟機會的方案。然後共和黨領導人把黨和大企業綁在一起，放棄了創業家、小生意人以及勤勤懇懇的工人。財富轉移到社會的頂層，直到每個時代的崩盤摧毀了經濟。

共和黨一再重複內戰及其後某些年所奠定的路徑，從中產階級的政黨搖身一變，成為富人的政黨。我們如果不去了解建立在十九世紀末的這個模式，如何先後在老羅斯福時期和艾森豪時期重演，就不可能了解今天共和黨所處的歷史十字路口。

但是共和黨這部歷史並不只是顯示一個政黨起起落落的軌跡。它解說了為什麼自從南北戰爭以來，國家在進步主義和反動之間搖擺，以及為什麼政府在個人和大企業之間打造公平競爭環境的努力，起先會受到擁護，後來卻被抨擊為「共產主義」。這些搖擺轉折暴露了存在於美國政府之內獨特、內在的緊張關係：民主國家要如何一方面促進個人的經濟機會，一方面又能保護人民的財產權不被侵犯？

第一章

西部是應許之地

共和黨的故事開始於十八世紀末期的美國西部。緊接著革命戰爭之後，前往肯塔基開墾的美國人馬上見證了憲法條文中的瑕疵，讓獨立宣言所承諾的機會平等大打折扣。國家的根本大法沒有樹立任何防範富人掌控政府以謀私利的限制。深受此一忽略之害的家庭之一，就是日後將要領導共和黨的亞伯拉罕．林肯一家。

一八三一年，二十二歲的林肯收拾並不多的細軟，告別他父親的家。他將離鄉背井，往西前往伊利諾州西南部的桑加蒙郡（Sangamo）打拚。紫色、白色、金黃色的野花在強風吹拂下低垂，拓荒者埋首其中汗流浹背地挖溝渠，在茂密的草原上開闢農場。桑加蒙郡的老百姓砍下樹林裡的原木，建造粗糙的小木屋，以野火煮玉米為食，家具則自己湊合著打造。他們建造的小鎮裡有碾穀磨坊、乾貨店和威士忌商店，然後在環顧茫茫的荒野上，為了能養活自己埋頭苦幹。[1]

林肯一八三一年展開的旅程就是美國十九世紀向大西部擴張的史詩之一部分。幾十年前，當衣衫襤褸的士兵還在為美國獨立戰爭浴血奮戰時，丹尼爾．布恩已經越過阿帕拉契山脈，探勘另一邊的土地。他的冒險故事在一七八四年流傳開來，也就是革命戰爭停止的次年，那些故事替美國人確立了西部在此一新國家的意義。布恩看到的大西部是個天堂。土壤肥沃、適宜耕作，波光粼粼的河流為磨坊帶來動力，獵人也不乏肥滋滋的野獸可以追捕。在這個地方，即使像布恩這樣貧窮的浪人，也能「在和平和安全的環境中安身立命，享受自由的甜美，以及天賜的福蔭」。布恩形容追隨著他跨過山嶺的那些人是理想的美國人，彬彬有禮又慷慨好客，也苦心向學，一到新地方就立刻建立學校。布恩的西部是美國的核心，每個人都能過上好日子，並且打造欣欣向榮、好學不倦的社區。[2]

布恩有個遠親聽過布恩談起西部的故事，他正好是亞伯拉罕．林肯的祖父，名字也叫亞伯拉罕．林肯。老林肯賣掉老家維吉尼亞的一大塊地，在肯塔基買下至少一千六百英畝的土地。然後他加入移民行列，帶著妻子和五個子女離開定居多年的維吉尼亞州，翻山越嶺來到新家。他在莫迪凱（Mordecai）、約書亞（Josiah）和湯瑪斯（Thomas）三個兒子幫助下，披荊斬棘，開闢出一片耕地。他很快就積攢財富，到了一七八五年，擁有的土地超過了五千英畝。[3]

但是這片沃土並非無主之地，原住民並不歡迎新鄰居。一七八六年某天，林肯一家男生正在農地上除草，印第安人來襲。莫迪凱跑去找槍、約書亞跑去求救時，他們殺了老林肯。八歲的湯瑪斯陪著父親。他還在父親屍體旁，莫迪凱已經衝回來，開槍打死撲向小弟的一名印第安人。這則故事在多年後，由湯瑪斯傳下來給他自己的兒子。[4]

老爸過世後，三個兒子的際遇說明，西部是人人可以發達致富的樂土這個想法其實言過其實。老林肯在肯塔基成績斐然，可是他的兒子們未能分享他的財富。肯塔基當時仍屬於維吉尼亞州，維吉尼亞州的長子繼承制法令在當地依然有效。因此，亞伯拉罕的長子莫迪凱繼承了父親所有的財產。莫迪凱成為肯塔基富有的農場主，蓄養賽馬；可是他的兩個弟弟約書亞和湯瑪斯卻淪為窮人。兩人被迫打工、領薪水，湯瑪斯從來沒機會上學、識字，約書亞想必也一樣。[5]

湯瑪斯努力務農，偶爾兼做木匠，彌補長子繼承制法令從他身上奪走的缺憾。後來，他也買了自己的農場。一八〇六年，他娶了同樣出身背景的年輕姑娘南西．漢克斯（Nancy Hanks）為妻，兩人開始立地生根。他們住的小木屋裡面還是泥土地，只有一扇窗戶，但是他們有一張鋪有編織床罩的羽毛床，另外還擁有織布機和紡車，湯瑪斯在社區裡也被推選擔任初階公職。一八〇七年，女兒莎拉出世，家裡添了新成員。一八〇九年，湯瑪斯．林肯帶著妻女搬到肯塔基哈汀郡（Hardin County）一座新農場。這一年的二月十二日，南西和湯瑪斯．林肯迎接來他們的長子，將他命名為亞伯拉罕，紀念湯瑪斯的亡父。在只會剝玉米、蓋穀倉的林肯一家人及其鄰居看來，他們的辛勤工作或許可以把西部開闢為布恩所保證的富饒之地。[6]

但是在小亞伯拉罕六歲時，湯瑪斯看清楚他的努力完全付諸流水。肯塔基允許蓄奴，農場主開始購買大片肥沃的土地，動用大批黑奴耕作。土地價格上漲，對湯瑪斯．林肯這種小農民構成壓力，他們只買得起愈來愈差的農地。更慘的是，新近建立為一個州的肯塔基，土地沒有經過仔細丈量。包括湯瑪斯．林肯在內，大家似乎都沒有明確的地契權狀。法院裡充滿了涉及土地所有權的訴訟案件，但是只有富有的農場主雇得起律師確立他們的地契。最後，因為無法捍衛他的產權，湯瑪斯．林肯必須離開肯塔基。[7]

獨立宣言宣示，人人皆生而平等，而美國革命也保證讓人人獨立，但是開國先賢沒有提防到防範富人以金權控制政府機器以謀私利。這一忽略傷害到湯瑪斯．林肯這些小老百姓。

林肯的夢想

一八一六年，湯瑪斯．林肯舉家跨過俄亥俄河（Ohio River），來到日後成為印地安那（Indiana）自由州的這塊地區。這片領地是依據「西北部條例」所組建，當肯塔基的政治問題明顯浮現時，國會在一七八七年依據仍然有效的「邦聯條例」制訂《西北部條例》。「西北部條例」根據的是獨立宣言主要作者湯瑪斯．傑佛遜早先擬訂的一項措施，旨在防止經濟菁英控制大西部。它禁止在俄亥俄河以北、全新的西部土地實行長子繼承制和蓄養黑奴。國會期待這些禁令能夠壓制富人階級的膨脹，使得富人不能獨攬經濟資源或控制政府。因此理論上這一道法令可以維持美國人的獨立，和每一個人的向上流動。

湯瑪斯．林肯肯定也如此盼望。雖然他反對蓄奴，但他舉家遷徙到自由州的原因不是他痛恨蓄奴，而是因為奴隸制助長寡頭統治，違背了美國獨立的本旨。唯有在自由州，他才能遠離為富不仁、獨攬政經大權的奴隸主。印地安那州政府沒有偏袒巨富階級，湯瑪斯．林肯才有希望安身立命。

但是湯瑪斯．林肯搬遷到印地安那之後，一直沒能東山再起。當他和九歲的兒子亞伯拉罕開始拚了命清理濃密的森林、開闢耕地時，妻子南西．漢克斯．林肯不幸去世，留下十一歲的莎拉打理家務，照顧她父親、弟弟和她少年的表兄弟丹尼斯．漢克斯（Dennis Hanks）。湯瑪斯很快就續弦，把莎拉・布希・莊士頓（Sarah Bush Johnston）和她的三個小孩從肯塔基帶到印地安那。但是他已經上了年歲，而且又窮，無力重建家園。一八三〇年，他又放棄印地安那，舉家遷到伊利諾州另起爐灶。[8]

年輕的亞伯拉罕發覺墾荒闢建農場實在太無聊、又累人。這位年輕人喜歡思考、讀書和寫作，可是年邁的父親需要他做體力活，因此亞伯拉罕播種、鋤地、拔草、伐木、搭建圍籬、在自家收割作物。另外，他父親還把他派去幫其他農人耕作，工資則依法屬於湯瑪斯所有。年輕的林肯很不滿意他父親不重視讀書識字，也沒什麼雄心壯志。他立志要從西部的拓荒夢中出人頭地，不甘於埋首在烈日下拔草鋤地。[9]

一八三一年，亞伯拉罕・林肯終於成年，決心自立門戶闖天下，加入那個希望無窮的年代裡成千上萬的年輕人的行列。但是白手起家在年輕的林肯身上，並沒有比他父親當年來得容易。他定居在大約一百人的新撒冷（New Salem）這個城鎮，位於俯瞰桑加蒙河的一座高崖上。他在這兒開店經商，卻不幸失敗，然後從事各種工作，靠著幫鐵路公司扳鐵軌和送貨維持生活。後來他幫政府工作，擔任郵局局長和土地測量員，使得生活漸入佳境，也打開知名度。一八三四年，選民推舉他進入州議會。[10]

當選公職後，林肯終於有時間和信心研讀法律。當州議員任期屆滿時，他搬家到新的州政府首府春田市（Springfield），先與著名的律師約翰・史圖亞特（John T. Stuart）合組律師事務所；

後來史圖亞特進入國會，林肯改與政客及巡迴法庭法官史蒂芬．羅根（Stephen T. Logan）合組律師事務所。到了一八四四年，林肯的業務賺夠了錢，使他能夠自行開業。兩年之後，因為他巡迴伊利諾州各地法院受理案件、名氣不錯，被推選為聯邦眾議員。[11]

如今的林肯已經成功躍居社會中堅。經過多年奮鬥之後，他在一八四二年和瑪麗．陶德（Mary Todd）結婚，陶德是個交遊廣闊、又有政治智慧的女士，也成長於肯塔基。他們後來生了四個兒子。到了一八四四年，林肯夫婦住在自己雖然狹小卻一應俱全的家，當時市價一千二百美元。[12]

童年還在印地安那州挖樹根的林肯，夢想有朝一日能過上舒適的日子，包括有足夠的食物、一棟房子，從事腦力而非體力工作。這個夢想看來終於實現了。林肯就和他周遭的一些年輕人一樣，脫下工作服、走出小木棚，換上燕尾服、搬進木造房子，他們相信美國是個樂土，任何人只要肯吃苦耐勞，都可以實現夢想。

「奴隸力量」與共和黨的誕生

一八五四年，能讓平凡人出人頭地的自由突然間遭到劇烈攻擊。一八二〇年通過《密蘇里妥

密蘇里妥協示意圖

協法案》（Missouri Compromise）*後，密蘇里州南方邊界以北肥沃的西部平原，都禁止蓄奴；這片廣闊的土地後來成為堪薩斯、科羅拉多、內布拉斯加、懷俄明、蒙大拿、南達科他和北達科他等七個州。一八五四年，伊利諾州民主黨籍聯邦參議員史蒂芬·道格拉斯（Stephen A. Douglas）提出《堪薩斯—內布拉斯加法案》（Kansas- Nebraska Act），這項法案威脅著要推翻《密蘇里妥協法案》，把數百萬英畝的肥沃農地開放允許使用黑奴來耕作。

要在已經超過三十年的自由之地引進奴隸制的想法，讓北方各地人士相當反感。第一個跳出來反對的是

「廢奴主義者」（abolitionists），他們基本上反對任何地方的奴隸，但是他們的聲量雖大，在北方人口中卻一直是少數。許多人認為他們是瘋子，更有不少人覺得他們的領導人是傲慢自大、自以為是的激進派，即使他們的本意可能善良。[13]

接下來，極力主張廢除奴隸、非常有影響力的《紐約論壇報》（*New York Tribune*）主編賀瑞斯・葛里利（Horace Greeley），採用廢奴主義的概念把擬議的《堪薩斯—內布拉斯加法案》重新建構成對白人造成經濟和政治威脅，把反對此一法案的鬥爭擴大到超越廢奴主義者的陣營。到了一八五〇年代，南方是美國最富裕的地區，它的社會由大約只占人口百分之一的富人所主宰。人數極少的大型農場主控制南方百分之九十以上的財富，擁有半數以上的黑奴，主宰南方的政治。廢奴主義者發展出一種說法，指出蓄奴主義者這股「奴隸力量」（Slave Power）陰謀透過控制政府來主宰美國。葛里利堅稱，《堪薩斯—內布拉斯加法案》證明「奴隸力量」已經成功。他解釋說，這個法案的問題不在它會傷害黑奴，雖然它肯定會傷害黑奴。問題在於它會把西部向自由的白人工人關上大門，使得白人工人再也無法與富有的奴隸主競爭。他寫說，南方人要的是控制政

* 譯註：《密蘇里妥協法案》准許緬因州以自由州身分加入聯邦，密蘇里州以蓄奴州身分加入，藉以保持南、北雙方在聯邦參議院的勢力均衡。《妥協法案》亦規定，在密西西比河以西、北緯三十六度三十分以北地區，密蘇里為例外，禁止蓄奴。國會在一八二〇年三月三日通過，詹姆斯・門羅總統（James Monroe）於三月六日簽署生效。

府，以便將他們的經濟制度強加在整個北美大陸。根據葛里利的說法，「奴隸力量」有顛覆美國平等之虞。[14]

葛里利的論述凸顯出奴隸問題將會沿著地理邊界，把美國主要政黨區隔開來。葛里利屬於輝格黨（Whig Party），它的黨員往往是創業家和專業人士，他們希望政府透過疏濬河川、清理港口、興建一條公路跨越西北部新成立的各州，以及提高關稅以保護國內產業等方法來發展經濟。反之，道格拉斯的民主黨為富有的南方人服務，這些人要求政府要小，才不會干預他們的事。唯有政策是全國性質時，兩黨才能把他們在北方和在南方的選民凝聚在一起，可是蓄奴與否是個地方性議題，原本對北方人沒有影響。

但是《堪薩斯—內布拉斯加法案》讓北方人相信，奴隸制直接威脅到他們的社會。葛里利的論述讓林肯這一類人信服。既然富有的南方人能夠控制肯塔基，他們為什麼不進一步接管整個國家呢？一旦在西部站穩腳步，富有的奴隸主將犧牲掉小農民、壟斷本地區的資源，並且操縱州政府通過允許他們繼續控制下去的法律。美國將淪為寡頭統治。

於是，當北方人相信他們遭遇南方「奴隸力量」的攻擊時，《堪薩斯—內布拉斯加法案》的通過點燃了美國史上最重要的一次政治重整，也就是共和黨的創立。當道格拉斯在國會提出《堪薩斯—內布拉斯加法案》議案時，憤怒的北方人開始威脅要趕走逐漸聽命於「奴隸力量」的老舊、腐敗政黨，也討論要成立一個新政黨，致力於維護經濟機會。當國會在一八五四年五月八日通過這一法案，他們似乎已經別無選擇。林肯日後回憶說，《堪薩斯—內布拉斯加法案》「殺得我們措手不及。我們如同遭到雷擊，啞口無言；我們被打得暈頭轉向，六神無主。」北方人自從成年以來就相信，西部是他們這種雖然貧窮但是勤奮向上的有志青年的天地，給他們一個出頭的機會。突然間，這個承諾破碎了。[15]

五月九日，國會通過《堪薩斯—內布拉斯加法案》後的翌日上午，緬因州聯邦眾議員以色列・華史本（Israel Washburn）邀請大約三十位反對蓄奴的代表人物，到他的好友麻薩諸塞州聯邦眾議員湯瑪斯・艾略特（Thomas D. Eliot）和愛德華・狄金森（Edward Dickinson）的住處會談。他們的住處位於華府西北地區第六街和D街交叉路口，是柯魯契特太太（Mrs. Crutchett）經營得有聲有色的民宿旅舍。（狄金森聰慧的女兒艾蜜莉・狄金森此時已能寫詩填詞。）召集這次聚會的人是北方輝格黨人，應邀與會的人士則是幾個不同政黨的成員。但是會議一開下來，他們全都承諾要組織一個全新的北方組織，俾便抵抗蓄奴制滲透到西部。獨立宣言起草人湯瑪斯・傑佛遜當年把他的政黨稱為「共和黨」，於是他們自稱是共和黨，希望能引起大家想到傑佛遜以及獨立宣言的原則。[16]

有這麼多著名的人物脫離原有的政黨，投入新組織，賀瑞斯・葛里利決定也把政治命運押在共和黨身上。他在《紐約論壇報》發表社論，主張拋棄「政黨名字和政黨桎梏」，力促北方人團結起來反對擴大奴隸制，堅決抵抗富有的奴隸主。有了葛里利投靠過來，共和黨聲勢大振。他們也開始爭取有影響力的新聞編輯人和評論家加入，這項戰術有助於共和黨在未來一個多世紀成為美國政壇的一方之霸。[17]

北方人為了防止奴隸制擴張至西部而發起的運動引發廣大迴響，群眾紛紛加入。男人集合起來參加反對《堪薩斯—內布拉斯加法案》的集會，也在各城鎮遊行抗議此法案；女士們製作反對《堪薩斯—內布拉斯加法案》的旗幟。北方各地的集會號召全體自由人「為共和政府的第一原則作戰，反抗貴族政治的陰謀，這是地球遭遇前所未有之詛咒，人類遭遇前所未有之噁心壓迫」。史蒂芬．道格拉斯也開玩笑說，他的人氣低落到他可以只需藉著燒他芻像的火光，就從波士頓旅行到芝加哥。[18]

這一年夏天，亞伯拉罕．林肯雖然也同情反對《堪薩斯—內布拉斯加法案》人士，但是他正在為他律師生涯最大的一個案子辯論，因此與共和黨保持距離。但是到了秋天，他開始闡述一套吻合新政黨路線的新政治哲學。十月間，當著伊利諾州春田市一群聽眾的面，林肯主張，獨立宣言比美國憲法更能代表美國的基本精神，亦即平等。他解釋說，開國先賢制訂「西北部條例」，禁止西部實施奴隸制，他也提醒聽眾，湯瑪斯．傑佛遜本人就支持這道法令。因此，反對擴張蓄奴制才是美國精神的礎石，即使美國憲法保障財產的條款強化已經存在的這個體制。林肯說，試圖將奴隸制局限在南方的人士是站在美國政治天使的同一邊。[19]

一八五四年的期中選舉，投票支持《堪薩斯—內布拉斯加法案》的聯邦眾議員遭到北方人嚴厲的懲罰。北方各州在眾議院共有一百四十二席，選民選出一百二十位「反對《堪薩斯—內布拉斯加法案》」的眾議員。反對《堪薩斯—內布拉斯加法案》的同盟也選出十一位聯邦參議員，並且把民主黨員統統掃出北方各州州議會。幾乎就在同時，伊利諾州反對《堪薩斯—內布拉斯加法案》的勢力開始串聯，要讓伊州新組成的州議會推選林肯進入聯邦參議院。（因為在十九世紀，各州的聯邦參議員仍由州議會投票推選。）他們未能集合不同派系的力量共同力挺林肯，但是情勢很明顯，林肯將是未來伊利諾州政壇的一顆閃耀新星。[20]

林肯又重拾律師的老本行，但是他和北方的每一個人都一樣，再也不能忽視一八五四年戲劇性的事件。「奴隸力量」似乎即將控制整個國家，只有新的政治組織可以遏止它。[21]

國會濺血與總統大選

接下來幾年發生的事件更讓北方人相信，他們擔心「奴隸力量」其實是頗有先見之明。一八五五年至一八五八年期間，支持奴隸制的人士試圖顛覆堪薩斯的民主，在國會議事堂裡把一位參議員差點活活打死，並且剝奪國會就西部蓄奴與否立法的權力。這些事件每一件都有不同的觸發原因，但是共和黨人認為這證明是有一股要控制國家的陰謀在背後作祟。一八五八年，林肯發表著名的〈分裂的家〉（House Divided）演說時，把它們綁在一起，清楚地說明共和黨對美國遭受到的攻擊的憂慮。

這齣戲的第一幕在新成立的堪薩斯領地上演，這是依據《堪薩斯—內布拉斯加法案》從西部畫出來的新領地。法案確認交由選民決定堪薩斯領地的奴隸地位，但是國會沒有訂明選民何時及如何投票決定。這一忽略所造成災害性的後果，就是支持蓄奴和反對蓄奴的兩派人馬爆發戰爭。一八五六年夏季發生在堪薩斯的一系列游擊戰，造成大約兩百人死亡，財物損失也高達兩百萬美元左右。[22]

共和黨人把發生在新領地的流血事件解讀為企圖顛覆民主的大型陰謀之一環。誰來決定堪薩斯的未來？占大多數的反蓄奴拓荒者？還是透過暴力和作弊、建立支持奴隸制的高壓政府之蓄奴派？似乎是後者占了上風。以《紐約論壇報》和《芝加哥論壇報》（*Chicago Tribune*）為首的共和黨報紙，報導一位反對蓄奴的傳教士被澆了焦油、黏上羽毛、拋上一艘小船順水放生，還有來自自由州的人民遭到任意逮捕，選舉舞弊等等荒唐故事；甚至謠傳政府計畫把所有自由州的人民送到支持蓄奴的法官和陪審團面前，以叛國罪起訴。民主黨籍總統富蘭克林・皮爾斯（Franklin Pierce）站在蓄奴派這一邊，宣布反對蓄奴人士為不法分子。[23]

戰火延燒回東部，國會也為堪薩斯問題陷入爭戰。五月中旬，支持奴隸制的民主黨人指控自由州人民為叛徒，自由州人民則要求調查堪薩斯的選舉舞弊和暴力行為。爭吵之中，反對蓄奴的麻薩諸塞州聯邦參議員查爾斯・孫木楠（Charles Sumner）發表演講，然而它不僅沒有解決問

布魯克斯杖擊孫木楠。圖片來源：維基百科。

題，還引發讓雙邊衝突更加惡化的暴力攻擊。

孫木楠的演講詞廣為流傳，被大量閱讀與複印，也相當有影響力。它的文字一方面故弄玄虛，用字深奧、引述外文典故，另一方面卻刻意挑釁，充滿極端的指控和不堪入目的文字。他在一八五六年的演講稿〈針對堪薩斯的罪行〉（The Crime Against Kansas），拿堪薩斯的政治鬥爭比擬為處女女奴遭到主人強姦。如果這在參議院議事堂還不夠勁爆，孫木楠又長篇大論、活色生香地形容南卡羅萊納州年邁的聯邦參議員安德魯．巴特勒（Andrew Pickens Butler）跟他的「情婦」、一個「妓女」女奴搞七捻三，而且還威脅說，如果大家不跟他一樣迷戀她，他就要讓南卡羅萊納州退出合眾國。孫木楠聲稱為了「瘋狂支持奴隸制」，巴特勒這幫人收買記者、律師、法官，甚至總統，這些人全都聽命於他們。「奴隸力量」試圖把奴隸制強加在堪薩斯並不情願的拓荒者身上。這批寡頭菁英企圖剝奪美國公民的權利。[24]

孫木楠的說法太驚世駭俗，即使堅定的共和黨人也不表苟同，刻意與他保持距離。然後，突然間，一名南方人跳出來，以出人意料的行動證明這位麻薩諸塞州聯邦參議員的話對極了。[25]

五月二十二日，孫木楠演講完之後兩天，當他在休息時間坐下來寫字時，一位南卡羅萊納州的眾議員走到他背後，用一支沉重的枴杖把他打昏。動手的普瑞斯東・布魯克斯（**Preston Brooks**）是巴特勒參議員的表親，他很不滿意孫木楠對年邁親戚的惡毒攻擊，以及把南方形容得如此不堪。在許多南方參議員的旁觀下，布魯克斯死命地痛打孫木楠，直到他的武器打斷。孫木楠躺在地上，身負重傷，頭部兩道傷口深可見骨、流血不止。[26]

固然孫木楠或許挺討人厭，他擁護的廢奴主張或許也讓許多人不快，但是他是經選舉產生的參議員，在參議院議事堂上代表選民發言。如今他卻只因為出言不遜，就在南方參議員們袖手旁觀下被打個半死，這件事似乎證明他的立場正確無誤。「奴隸力量」竟然威脅北方白人選出的國會議員在政府裡代表他們的權利！它的支持者願意採取一切極端手段——甚至殺害聯邦參議員——以便推動他們的政治主張。北方各城市群眾發動集會譴責此一攻擊事件。有位支持者寫信給孫木楠說，這「不僅是針對手無寸鐵之人的一種懦夫式的攻擊，也是針對言論自由和自由州的尊嚴的一種罪行」。[27]

愈來愈多人轉向支持挺身而出對抗「奴隸力量」的新黨。亞伯拉罕．林肯就是其中之一。雖然《堪薩斯—內布拉斯加法案》通過之後，林肯繼續演講、反對奴隸制的擴張，但他一直不願為了新同盟放棄成立已久的輝格黨。到了一八五六年五月底，他才終於退出輝格黨，把政治前途押注在伊利諾州共和黨身上。共和黨明白他的影響力蒸蒸日上，邀請他在黨代表大會閉幕式上演講。林肯掌握住當時當令的主題，呼籲人人挺身而出、反抗「奴隸力量」的惡勢力。[28]

反對「奴隸力量」是一八五六年總統大選最重要的主題。共和黨提名著名的西部冒險家約翰．佛利曼（John C. Frémont），政綱是反對奴隸制擴散至西部。另一個新黨「一無所知黨」（Know-Nothings）*，它的招牌政見是反對外國人和天主教，提名米拉德．費爾蒙（Millard Fillmore），他曾是最後一位輝格黨籍總統，黨的政綱是反蓄奴、反移民。即使民主黨也向民眾擔心「奴隸力量」的陰謀低頭，提名沒有特色的賓夕法尼亞州民主黨人詹姆斯．布坎南（James Buchanan）為候選人。布坎南因為擔任駐英國公使好幾年，不在國內，可以和任何南方陰謀保持距離。

---

* 譯註：本土美國人黨（Native American Party）在一八五五年改名美國人黨（American Party），被通稱為「一無所知」運動，在一八五〇年代短暫崛起為美國主要政黨之一。它堅持本土主義，強調土生土長的新教徒，主要政見是反對歐洲羅馬天主教徒如愛爾蘭人、德國人、義大利人之大量移民。它原本是個秘密結社，成員若被外人問起有關組織的詳情時，一律都回答「我一無所知」，因此得到此一綽號。

雖然所有政黨的政客都在談論「奴隸力量」，大選的結果卻顯示美國還未完全因為奴隸問題而分裂成水火不容的兩陣營。民主黨人在全國得到足夠的支持，把布坎南送進白宮，輝格黨的費爾蒙在南方也有選民支持，不過共和黨這個全新政黨來勢洶洶。在總投票約四百萬張之中，共和黨候選人得票數只比布坎南少約五十萬票。但對民主黨來說一個嚴重的警訊是，佛利曼和費爾蒙的得票合計竟比布坎南還多出四十萬張票。[29]

選民把票投給布坎南，是希望他能平靜派系緊張，可是他反倒替危機火上加油，給予共和黨人更多證據，證明「奴隸力量」即將全面控制政府。布坎南總統在就職演說中指出，聯邦最高法院很快就會針對一個已經審查一年的案子做出決定，這個案子將確立一個領地在什麼時候可以決定蓄奴與否的問題，屆時就可以使得堪薩斯的情勢平靜下來。布坎南宣布說：「針對他們的決定，不論是如何裁示，我就和所有善良公民一樣，將會欣然服從。」[30]

幾天之後，聯邦最高法院做出「德瑞德・史考特決定」（Dred Scott decision）。在諸多裁示中有一項明白訂定，國會沒有權力制止奴隸制擴散到西部任何領地。北方人譁然，認為這分明是設局詐騙。和南方有深刻淵源的民主黨人主宰著最高法院，他們刻意把判決延擱到總統大選之後，以免驚動北方選民。

這項決定當然令他們驚駭。最高法院把北方人視為神聖不可侵犯的法律《密蘇里妥協法案》宣告為違憲。或許最令人氣憤的是，這項決定明顯證明布坎南事先已經知道結果，所以在就職演說時才會表示贊同。北方人怒不可遏。報紙編輯人痛批此一決定。運筆如刀的賀瑞斯．葛里利說得最好，他在判決出爐的翌日宣布，這項判決的「道德分量就像華府的任何一家酒吧裡的酒徒的多數決一樣」。[31]

六月間，伊利諾州共和黨提名林肯在一八五八年出馬，角逐道格拉斯在參議院的席次。林肯接受提名時發表的演講，日後歷史稱之為〈分裂的家〉演講，它訴諸人民感受到的印象，認為有一股陰謀要把國家交付給奴隸主。在林肯的演講詞裡，史蒂芬、富蘭克林、羅傑和詹姆斯全都參與蓋一棟房子，林肯用它來比喻國家。史蒂芬．道格拉斯起草《堪薩斯―內布拉斯加法案》；前任總統富蘭克林．皮爾斯上任後通過這項法律；首席大法官羅傑．塔內（Roger Taney）最近宣布國會沒有權在西部禁止蓄奴；而詹姆斯．布坎南總統支持塔內主持的最高法院之判決。林肯警告說，當房子蓋好時，美國人將發現，木匠在每根梁柱和釘子上都箝上奴隸。奴隸將成為美國每一地區不可分割的部分：南方、西部，最後北方也免不了。[32]

七月間，道格拉斯回到伊利諾州與林肯對戰，在接下來三個月，兩人為奴隸制的擴張唇槍舌劍。道格拉斯堅稱，自主決定是美國民主政治的精髓，蓄奴這個問題必須交給西部的拓荒者自己決定。根據道格拉斯的說法，非裔美國人沒有天賦人權：「我們的政府……是由白人組成，為白人福祉服務，由白人治理。」林肯則堅持獨立宣言的精神。他警告說，如果美國人開始對平等的原則畫出例外，就不會有明顯該停下來的地方。「如果有人說這不適用於黑人，另一個人為什麼不能說這不適用於其他人呢？」兩人踏遍伊利諾州各地辯論立場時，林肯暗示，道格拉斯和民主黨人受到有心破壞美國的那些富有的奴隸主的財務支持。可是，貧窮的共和黨人必須「為了原則，而且只為原則，好好打這一仗」。雖然林肯在一八五八年敗給了道格拉斯，但是他的原則持續獲得支持。[33]

南北雙方的價值對立

但是這些原則又是什麼？共和黨人已經很清楚表明他們反對什麼，但是他們還未說明他們支持什麼。後來在一八五九年，為了回應南卡羅萊納州民主黨聯邦參議員詹姆斯・哈蒙德（James Henry Hammond）在參議院發表的講話，林肯闡述共和黨對美國的願景。他們倆人在演講中提出對美國截然不同的兩種想像；這是美國建國初期以來就一直議論紛紛的問題，兩派支持者在十九世紀、二十世紀為了何者能夠勝出，吵個不停，甚至直到二十一世紀還沒有定論。

一八五八年三月，詹姆斯・哈蒙德在參議院演講，闡明南方奴隸主的世界觀。哈蒙德是共和黨人最完美的對比。他是個家財萬貫、長袖善舞的奴隸主，他的貪婪好色毀了自己的白人侄女性命，也糟蹋了好幾個女奴。他自認高人一等的主宰意識無與倫比。[34]

哈蒙德描述的美國，聽起來就像寡頭政治。他解釋說，當一切井然有序時，社會底層是由苦力組成的：愚蠢、沒有技能的工人，他們強壯、溫順、忠誠於比他們優秀的人士。他稱這些工人為「泥基底」（mudsill），指的是打進建築物底座，以支撐上面高層結構的木梁。這個泥基底階級的成員永遠屈居底層。一方面，他們太愚蠢了，而且他們也安於現狀。根據哈蒙德的說法，在這個泥基底上，豎立著高等文明的成員，亦即那些領導「進步、文明和精緻」的紳士，就跟他一樣。他說，南方奴隸主控制這個國家是正確的，因為他們是全國最富有的人，證明他們自己已經找到真正有效的政治經濟制度。

哈蒙德解釋說，南方的制度是唯一安全的制度。泥基底階級的成員絕對不能在政府裡有發言權，因為他們一旦有了發言權，就會要求財富重分配。只要他們沒有政治權力，他們的愚蠢、他們的貪婪就絕對不會挑戰哈蒙德所說的良好制度。他警告說，北方把白人當作泥基底使用，因此招致災禍。北方工人勢必將搞垮整個社會，因為他們和黑奴不一樣，他們可以投票。他們也的確構成過半數。如果他們攜手合作，他問說：「你還剩下什麼？」政府將會被推翻，財產將會被重新分配。

哈蒙德並不在乎他的兩個觀念之間的明顯矛盾：民主的美國如何能容許一個統治其他人的上層階級？他認為自治的概念絕不是要讓它超乎一般原則。一般人不應該因為「政府的關懷而懊惱」。他們的角色只是選出領導人，而這些領導人將負責決定一切。他相信，即使國會實際上也沒什麼事可做。不論過半數的人民可能想要什麼，也不管他們人數有多龐大，除非在憲法裡明確列舉，國會不能做任何事。根據哈蒙德的說法，國家被凍結成為有利頂層菁英的狀態。[35]

像哈蒙德這樣的男人——擁有五十名以上黑奴的奴隸主，他們組成農場主人階級——在南方講話很有權威分量。但是絕大多數南方白人比起社會頂端的人士窮得太多。他們在妻兒子女幫助下、照料自己的農場，如果幸運的話，可能也買了一、兩個奴隸幫忙。可是，在種族和階級意識相互融合時，南方白人接受哈蒙德的觀點。只要他們認為他們也有機會在美國過上好日子，只要奴隸制在他們以及跟他們一起生活、工作的非裔美國人之間劃下一道不可逾越的鴻溝，南方白人就認同維持此一體制。在南北戰爭之前的年代，南方思想家就以宗教和文化論據來強化此一種族界線，把南方白人和奴隸制度牢牢綁在一起。牧師們向他們的信眾辯護奴隸制度符合宗教教條；於是乎，南方白人逐漸相信奴隸制度支持的文化是美國唯一的真正道路。到了哈蒙德在一八五八年演講時，絕大多數南方白人已經毫不懷疑奴隸制度的神聖性，但其實奴隸制度只服務美國南方社會最頂端的百分之一家庭。[36]

但是亞伯拉罕·林肯等北方人並不認同這樣的看法。哈蒙德認為美國社會可以切割成底層苦力和頂層權貴兩種人的觀點，不僅讓他們深感不安，也認為是很傷人的羞辱。林肯出身沒念過書的貧苦家庭，本身在農田裡頂著烈日驕陽勞動。不過，他在青年時期就搬到伊利諾州邊境的河邊高崖上，力爭上游。他認真工作、幫人打雜工，也幹過文書員，並且認真自修，彌補小時候喪失的機會。難道他真的就像哈蒙德所說的，愚蠢、而且滿足於終身為別人效勞以換取微薄薪資？難道他真的是塊冥頑的木料，讓比他高明的人踩著它向上爬？

這種想法太荒誕！

一八五九年九月，林肯來到在密爾瓦基市遊樂場（Milwaukee's fairgrounds）舉行的威斯康辛農業展覽會（Wisconsin Agricultural Fair）演講，利用這個機會闡述一套嶄新的政治經濟學理論，反駁哈蒙德的主張。展覽會場淨是成功的農民，帶著得獎的牲口在塵土飛揚的動物圍圈亮相，也展示他們辛苦收成的蔬果，林肯反對將這些人永遠困在他們出生的邊疆。他反而提出一套和哈蒙德分庭抗禮的世界觀，成為新近誕生的共和黨之核心價值。[37]

林肯痛批社會應該由富人控制的想法。他解釋說，這種沒有根據的說法顛倒是非。是勞工、而非富人，創造了財富。在十九世紀，絕大多數美國老百姓在大地上辛勤勞動。林肯這類人看到的是，農民用耙子和鋤頭從土地裡種出小麥和馬鈴薯；漁民和怒海搏鬥，來到豐饒的沙洲，捕捉了滿網的鱈魚；礦工揮舞鎬子挖掘黃金；伐木工人利用鋸子在森林中砍伐。他們看到這一個個工人才是富強經濟的原動力。他們認為，勞工創造價值，把大地、魚類、黃金和樹木等天然資源，轉化為可以販售的東西。

從勞工創造價值這個觀念出發，衍生出其他一系列原則。首先，共和黨人相信，任何人只要願意工作就能豐衣足食。一個人的工作能力實際上就等於他存在銀行的錢，一個肢體健全的人或他的家人沒有理由過苦日子。上帝不會創造一個世界，讓世人永遠吃不飽穿不暖。相反的，上帝創造的世界賦予人類許多資源。只要肯幹活，世界就有無限的可能。在這種經濟中，每個人具有相同的利益。林肯告訴密爾瓦基的農民，健全的美國社會的運作方式是，「身無分文、但兢兢業業的起步者，先為雇主工作一陣子攢工資，存了一小筆錢，自己買了工具或土地；然後再為自己工作一陣子，最後雇用另一個新來的剛起步者做助手。」對個別工人好的事，最後對人人都好。勞工和資本之間沒有衝突；資本只是「預先運用的勞動力」（pre-exerted labor）。除了少數不事生產的金融家，以及把財富浪費在奢華生活的人之外，人人都是同一個和諧的經濟體的一部分。

和諧靠的是財產受到保護，以及人人都有累積最大財富的權利。發達致富的機會可以激勵一個人努力工作，但是擔心政府政策可能危及他辛苦賺來的財富，則會削弱他勞動的熱情。同理，如果財產不安全，已經積累大量資本的人會把錢送到國外，從而剝奪其他人向上流動的機會。國家，以及國內人民，將喪失經濟動力。

林肯這批人雖然主張保護私有財產，他們卻強烈反對聚斂財富。富人高度壟斷土地、金錢或生產方式，將破壞經濟利益的天然和諧，危害整個國家。如果少數人主宰了金錢或資源，努力向上的勞工將會被迫永遠為他們賣命，或者最好的狀況是，在購買土地、俾便獨立時，付出過度昂貴的價格。肯塔基就是前車之鑑，林肯這派人擔心，如果「奴隸力量」得逞，全國各地都會出現類似結果。

林肯告訴密爾瓦基的聽眾，保證經濟獨立的關鍵方法是推動教育。一個人的頭腦領導、指揮和保護他的勞力，因此每個腦袋都必須開發和訓練，以便幫助大家改善環境。相信工人是社會泥基底的那些人，希望他們的工人最好四肢發達但頭腦簡單。針對這一點，林肯的回應是：「自由的勞工說『不』！」他說，唯有普及教育才能防止欺負辛勤工作的人，不論是來自「加冕的國王、財富的國王，或是土地的國王」之壓力。

哈蒙德這派人的政治理念是，憲法保護財產權，他們的世界觀是工人和雇主處於鬥爭狀態，力求壓制對方。但是林肯回到獨立宣言闡明的平等思想，期望一個嶄新、繁榮的未來。他堅持，獨立宣言旨在照顧所有的人，對個人好的事就是對社會好。現在美國人很幸運，能在西部創造新的社群，因此他們一定要尊重人人機會平等的原則。唯有將奴隸制阻擋在西部土地之外，才能讓大家都有成功的機會。黑人、白人皆然。[38]

林肯在密爾瓦基雖然沒有談起，但他也認真思索哈蒙德關於國會角色的論述，亦即國會受到憲法限制，不能呼應全民意志提出新倡議。在林肯看來，這根本毫無道理。他曾經目睹新撒冷鎮的死亡，因為當地的拓荒者雖然是有企圖心的工人、渴望為其區域創造繁榮，他們卻沒有疏濬桑加蒙河以促進水上貿易的必要資源。若是政府不能主動協助挽救新撒冷鎮的經濟，就會讓國家大部分地區都無法翻身，這一切都只是因為缺少一筆小投資，就可以為有進取心的年輕人開闢出一條路，讓他們有工作。林肯認為，政府必須滿足民眾要求它做事的期盼，承擔個人負擔不了的大工程。[39]

這個信念意味林肯的治理方式與南北戰爭之前民主黨人的概念存在深刻的差異。他認為政府應該「沒有黨派立場」，施政要以所有公民的利益為依歸，而不是只照顧執政黨的選民。政黨競爭得以使得不同的利益能討論出可被過半數選民接受的政策。反之，民主黨人心目中的政治不是思辨、形塑政策的論壇，而是各個政黨的戰場。到了一八五〇年代，民主黨人掌控全國權力，未必靠的是政策，而是透過攻擊反對派，以及「分贓制度」，它讓勝利者得到所有的好處，因此贏得選舉的政黨可以利用政府來牟私利。黨的領導人把政府工作分派給支持者，這個制度被稱為「恩庇侍從體制」。雖然在反對派看來，這像是一種赤裸裸的政治買賣，民主黨卻辯稱，國家能掌握其公民效忠的唯一方法就是透過政治機器讓他們依附於政府之下。林肯強調沒有黨派立場，意味著共和黨的觀點是從國家整體利益出發，並且發聲推動此一觀點，而民主黨的路線則南轅北轍，致力於對抗和不作為。[40]

到了一八五九年，林肯把這兩個重要概念融合進一個思想體系，它很快就成為共和黨的思想體系。他在一八五〇年代擔憂奴隸主的力量日盛，促使他相信，政府不應該袒護經濟菁英，必須讓經濟競爭更自由，俾便兢兢業業的個人能夠有出頭的機會。到了一八五九年，創造公平競爭環境的想法結合了他政治中立的概念，認為「平等」或許應該代表某些更積極的東西，不只是不去阻擋有心向前奮進的人而已。林肯這一派共和黨人已經準備好採納政府應該更積極地促進個人經濟福祉的思想。

莫瑞爾關稅法案

一八六〇年春天，當國會共和黨眾議員初試啼聲、提出他們第一項重要法案時，他們給予選民一個具體的實例，讓選民明白共和黨的「經濟積極主義」（economic activism）究竟是什麼。布坎南總統任內的一次經濟不景氣傷害到政府稅收，迫使許多人失業，尤其北方城市特別嚴重。為了填補財庫空虛和創造就業機會，共和黨主張大量開徵新關稅，基本上是針對來自歐洲的製造品課稅。

傳統上關稅是政府的主要財源，但是鑒於過去的關稅只保護製造業，來自佛蒙特州的眾議員賈士汀・莫瑞爾在一八六〇年春天提議開徵的關稅也保護農業、礦業和漁業。糖、羊毛、亞麻籽、生牛皮、牛肉、豬肉、玉米、穀類、礦物、乾魚和醃漬魚等等都將受到保護。

莫瑞爾解釋說，他提議的法案是以共和黨的信念——人人皆能共享的和諧利益——為基礎。對一群人有益的事情自然而然也有助於另一群人。經濟上最重要的一部分、也是最根本的核心，就是把原料開發為可利用的產品。莫瑞爾提倡的關稅法案將支持在初級產業工作的人，而莫瑞爾解釋說，兢兢業業、努力向上的農民和工人將是使美國成為經濟重鎮的強大後盾。支持此一法案的人士很清楚他們這麼做的意義：他們主張，推動促進「全民繁榮與幸福」的政策是政府的天職。莫瑞爾不忘批判泥基底理論，他指出：政府應該對待所有的美國人「都像一個家庭的成員，全都有權受到平等對待，沒有任何一個人該被當作負重的馱獸，負荷別人的重擔。」[41]

共和黨在一八六〇年五月促成眾議院通過莫瑞爾關稅法案。南方議員在參議院擋下它，使得共和黨能夠凸顯他們的治國計畫和民主黨的方案截然不同。

入主白宮

一八六〇年大選之前，沒有人比林肯更認真闡述這些差異。事後回顧讓人以為共和黨的崛起是必然的歷史趨勢，但是事實上，一八六〇年對共和黨的成敗與其日後的走向至關重要。在一八六〇年，沒有別人比起這位有幽默感的高個子西部人在如何定義共和黨上扮演更重要的角色。

共和黨領導高層可區分為激進派和保守派兩派。激進派主張在全國各地都全面反對蓄奴。保守派只希望回到《堪薩斯—內布拉斯加法案》搞得天翻地覆之前的時代。這一分裂有給黨造成禍害之虞。如果黨提名一個激進派競選總統，許多西部保守派共和黨人將棄新黨而出走，轉為支持北方民主黨候選人史蒂芬·道格拉斯。為了防止黨內同志倒向保守主義，林肯力促比較激進的黨領袖在公開立場上要溫和一點。他到處演講、振筆疾書，強調他在和道格拉斯辯論時提出的主張不容妥協。

雖然林肯的聲望與日俱增，他尚未篤定成為一八六〇年總統大選共和黨的候選人。許多人有志爭取這個新政黨的總統候選人提名。一八五九年的賭客會押寶激進的紐約州聯邦參議員威廉・西華德（William Henry Seward），他得到全國最重要的密室交易大王梭羅・衛德（Thurlow Weed）的支持。來自俄亥俄州、毫無幽默感的廢奴主義者薩爾蒙・蔡斯（Salmon Portland Chase）也有不少支持者。站在黨的另一端，來自邊疆密蘇里州的保守派愛德華・貝慈（Edward Bates）雖然並未正式加入共和黨，卻因為解放自己的黑奴，在廢奴派中聲望很高。[42]

一八六〇年二月，紐約市共和黨人極力想要阻撓西華德出線，邀請林肯到東部來演講。林肯曉得這項邀請讓他有機會接觸新聽眾。為了打響知名度，他選擇可以凸顯他的智慧和邏輯的一個複雜的題目，也買了一套新西裝。然後坐了三天火車，從伊利諾州春田市到紐約市，並住進豪華的亞士都賓館（Astor House）。離演講時間不到幾小時，他找來著名的攝影師馬修・布瑞迪（Matthew Brady）替他拍照。布瑞迪是個有銳利目光的藝術家，很快就發覺他應該凸顯林肯英挺的身材，於是讓來自邊疆的這位六呎四吋（約一九三公分）漢子站起來拍照，而且讓他站在一堆書旁邊，後面有一支古色古香的柱子。他消瘦的顴骨和黑眼珠若有所思地注視著攝影機——西部客來到東岸大城市。

二月二十七日晚上八點過後不久，林肯緊張地站起來，向擠滿紐約古柏聯盟學院（Cooper

Union）*的聽眾演講。一千五百人擠進大廳。看到講者粗獷、笨拙的模樣，他們感到非常震驚。接下來，他以清亮的嗓音、偏鄉的腔調，反覆闡述他的論點。他們最害怕的事情竟然出現了：他們竟然被哄騙來聽一個鄉下人說教。

不過，林肯愈講愈起勁，把議題吵熱起來，等到九十分鐘的演講終止時，全場聽眾都站起來歡呼。林肯駁斥道格拉斯所說共和黨是激進派的指控，透過仔細的邏輯，他反證企圖擴張奴隸制的民主黨人才是激進派，民主黨人才是危險的偏執地方主義。共和黨人才是開國先賢的國家願景的真正繼承者。第二天，紐約市各報重印他的演講稿，褒揚不斷，把十七萬份演講稿交到讀者手中。林肯在古柏聯盟學院這一場演講使他成為全國家喻戶曉的人物，也讓共和黨徹底擺脫激進主義的罵名。[43]

林肯的支持者乘勝追擊，把一八六〇年五月的共和黨全國代表大會安排在芝加哥舉行，讓他們的候選人占了主場優勢。當全代會集會時，林肯當然得到伊利諾州代表的支持。在家鄉本州之外，據一位支持者的說法，他是「每位代表的第二選擇」。到了第三輪投票，風勢轉向他。蔡斯和西華德落敗。一些人喜極而泣，高興林肯獲得提名，「造王者」衛德則失望得躲起來飲泣。[44]共和黨的政綱重申要捍衛獨立宣言的原則，甚至引述宣言著名的一段金句：

人人生而平等，造物者賦予他們若干不可剝奪的權利，其中包括生命權、自由權和追求

> 幸福的權利。為了保障這些權利，人類才在他們之間建立政府，而政府之正當權力，是經被治理者的同意而產生的。†

它堅稱自由才是美國的合理情況，並指控民主黨攻擊這個原則，是因為他們屈從於奴隸主。固然各州必須能夠決定本身轄境內奴隸的地位，可是奴隸制必須擴張到西部各地這個「新教條」則是危險的，也是革命性的異端邪說。

共和黨的政綱又呼籲制訂能推進國家發展的政策。共和黨人支持以關稅保護每一個經濟部門；分配土地以促進農耕；立法保護移民的平等權利；清理河川及港灣以利海事貿易；以及興建橫跨北美洲大陸的鐵路。共和黨邀請所有的公民——「不論在其他問題上有什麼不同意見」——都來支持他們的候選人。[45]

共和黨人終於團結起來，但是民主黨分裂為二，一派是北方溫和派，提名史蒂芬．道格拉

---

* 譯註：古柏聯盟學院（Cooper Union for the Advancement of Science and Art）位於紐約市曼哈頓區，是企業家彼得．古柏（Peter Cooper）在一八五九年創辦的知名私立大學。古柏本身只受過有限的正式教育，但是他發明了用於火車的蒸汽機。本於教育不應受限於種族和經濟條件的理念，這所學校長期提供全額獎學金給它的學生，直到二〇一三年才開始向學生收費。

† 譯註：引用美國在台協會網站提供的翻譯。

斯為候選人，誓死支持奴隸制的南方派則提名約翰・布瑞金里奇（John C. Breckinridge）。位於美國中部，主要就是維吉尼亞、肯塔基和田納西，新成立的憲政同盟黨（Constitutional Union Party）的支持者基本上希望奴隸問題別再吵下去，也提名候選人參選，說些美國人應該尊重憲法、落實法律等等的空話。在四人角逐的競賽中，民主黨抨擊每一個對手，並沒有全力對付林肯；十一月間，共和黨得票率最高。他們不但在國會兩院都占了過半數議席，還以略低於百分之四十的得票，把他們的總統候選人送進白宮。

離丹尼爾・布恩打前鋒進入肯塔基探索經濟機會，還不到一百年，像湯瑪斯・林肯這一些人的經驗仍在記憶中，共和黨扮演起美國自由的捍衛者、經濟公平和平等的守門員的角色。一八六〇年，離他們創黨只有六年，他們把亞伯拉罕・林肯送進白宮。

第二章

建立人民的政府

林肯已經當選的局面一底定，南方國會議員開始辭職。這些民主黨人收拾行李，打包回家，等於把政府的控制權交給新興的共和黨。不到幾個月之後，全國陷入生靈塗炭的內戰。共和黨人一邊籌措軍費打仗，一邊根據他們的原則重新思索國家的百年大計。戰場軍情起伏不定，但共和黨一直堅持他們的世界觀，並在接下來四年內為政府打造出嶄新的積極角色，好幫助每一個願意辛勤工作的美國人都能過上好日子。在此一過程中，他們一方面打造美國人對自由的新觀念，一方面把反對他們的民主黨人貼上不忠誠的標籤。但是無論共和黨人如何強調平等，在一八六四年情勢就很清楚，他們的經濟政策正在創造一個極端巨富的階級，意識形態和現實之間落差如此之大，預示著共和黨不安的未來。

人民是國家的主人：所得稅與新貨幣

共和黨人擴張政府的經濟角色起先是為情勢所迫。林肯就職時，國家處於財務困窘的絕境。不僅南卡羅萊納、密西西比、佛羅里達、阿拉巴馬、喬治亞、路易斯安那和德克薩斯已經退出聯邦——爭取它們回到聯邦的種種努力明顯需要花費大錢——而且新任總統從前朝政府繼承了六千五百萬美元的赤字，再加上還有一些短期國庫券公債即將到期。國庫已經沒有錢償付公債。政府需錢孔急。共和黨火燒屁股開始訂定政策，結果出現一個全新的財政和稅收制度，把每個美國人和聯邦政府緊密綁在一起。[1]

林肯的財政部長薩爾蒙・蔡斯對財務一竅不通，林肯派給他這個職位是為了安撫這位俄亥俄老鄉不知饜足的野心，免得他找新政府的麻煩。蔡斯為了籌錢，起先就是遵循往例：他找民間銀行家借錢。他向紐約金融家提議調度三百萬美元的公債。但是當銀行家拒絕支付幾乎接近債券面額的價格時，局面就變了。蔡斯固然借到一些火燒眉頭、迫切需要的現金，可是北方人開始痛罵銀行家不忠誠。[2]

民眾對銀行家的憤怒，使得共和黨人開始把他們原本相當籠統的一個原則，亦即「美國人民是其財富的基礎」，制訂為法律。蔡斯繼續擔心他需要全國金融家的支持之同時，國會開始試圖不靠銀行家來籌措財政，而是轉向美國人民。這一招不僅很務實，更巧妙地增強共和黨的信念，即一般公民，而非少數的富人，才是國家的重心。很快的，原本的權宜之計，演變成固定的政策。接下來兩年之內，國會創造了一套全新的財政制度，以全國老百姓普遍參與為基礎，而非仰賴向東部銀行家巨額舉債貸款。

重建全國財政制度的過程在南方邦聯攻打位於查爾斯頓港（Charleston Harbor）的桑特堡（Fort Sumter）時就立即展開。*林肯號召募集七萬五千名志願兵部隊來弭平叛亂，然後在一八六

* 譯註：林肯出任總統後，南方幾個州宣布獨立，他希望以提供援助方式緩和緊張局勢：但是邦聯政府拒絕，南軍於

一年七月召集國會緊急會議，要尋找財源派兵到戰場去。共和黨人明白稅金至關重要，可是他們並不了解如何課徵。大家亂成一團出主意。第一道稅法是把不同關稅和稅目大雜燴湊成的東西：對糖、茶葉、咖啡和烈酒提高關稅；對各州開徵二千萬美元的直接稅，州自己設法去徵稅上繳；另外針對超過八百美元的年收入新開徵百分之三的所得稅。

從邏輯上來看，這項稅法可以說是雜亂無章，汲取不同的先例和不同的理論，但是它反映了共和黨人的一個很重要的精神：它把戰爭的財務負擔平均分配給窮人和富人、東部和西部、商人和農民。向必需品課徵的關稅會不成比例地落在窮人身上。向各州開徵的直接稅，各州幾乎全都依靠課徵土地稅稅款上繳，它會傷害西部貧窮的農民，但幾乎碰不到東部商人的汗毛。為了解決這些不平等現象，非常富有但有點來路不明的聯邦參議員詹姆斯・席蒙士（James F. Simmons）提議開徵所得稅。他也是羅德島州的棉花貿易商。參議院財政委員會主席威廉・費生登（William Pitt Fessenden）這位脾氣暴躁、但堅守原則的緬因州參議員積極附議，儘管這樣的稅目會讓東部各州不成比例地負擔沉重。所得稅意謂「負擔將更平均分派到所有的社群階級，尤其讓有能力負擔者多繳點稅」。[3]

這道稅法提出時並沒經過太多的討論，因為它出現在第一次奔牛河戰役（First Battle of Bull Run）的時候*；它也透露政府對戰事實在沒有準備。北軍不但沒有如預期取得決定性的勝利，反而大敗，部隊慌慌張張棄甲曳兵逃離戰場。謠傳南方邦聯騎兵部隊將乘勝追擊、打進首都華府，讓國會相信它必須立刻保衛首都。國會批准組織五十萬大軍，並且快速通過不及消化的稅法。林肯在一八六一年八月五日簽署，法案立即生效。

北方聯邦苦苦撐過當年夏天，但是全國銀行體系在秋天的崩潰刺激國會議員採取他們第一批重要作法，把財政政策轉向全民分攤。自從一八三〇年代以來，由各州政府特許的州級銀行負責美國的銀行業務，發行他們自己的貨幣，並號稱是由證券在背後支撐。南北戰爭爆發前，西北部的銀行以南方的債券支持他們的貨幣。南北一分裂，這些債券一文不值，西北部的貨幣立刻崩跌。沒有了貨幣，貿易停止、商業僵滯。到了一八六一年秋天，經濟危機蠢蠢欲動，因為農民要賣這一年的收成，卻沒有流通的貨幣。

蔡斯建議的解決方案是發行新的全國鈔券，取代各州銀行的鈔票，但不去更動其餘的銀行制度；不過東部的金融家對即使是如此溫和的調整還是畏縮不前。他們反對任何可能有害他們獲利

一八六一年四月十二日砲轟桑特堡，林肯終於宣布開戰，南北戰爭於焉爆發。南軍戰勝，據守南卡羅萊納州此一重要軍事據點，直到內戰結束。

* 譯註：第一次奔牛河戰役發生在一八六一年七月二十一日維吉尼亞州威廉王子郡的馬納薩斯市（Manasass）北方的奔牛河，它位於華府西南方只有二十五英里。北軍稱之為奔牛河戰役，南軍稱之為馬納薩斯戰役。這是南北戰爭第一場重要戰役，南軍大勝，南軍將領之一湯瑪士・傑克森（Thomas J. Jackson）因堅守陣地，獲得「石牆」（Stonewall）綽號，名垂戰史。

豐厚的貨幣發行的計畫，他們試圖證明現有的銀行業對國家非常重要。一八六一年十二月底，國會還在努力創造蔡斯想要的全國新鈔券時，紐約銀行家停止使用黃金兌換他們的鈔券。要求以貴金屬支付是一種標準的另類選擇，只是顧客罕於使用，不過它的作用是讓人放心，覺得紙鈔代表實質價值。拒絕使用黃金贖兌鈔券造成恐慌，因為銀行的紙鈔基本上變成一文不值，使得持有停兌銀行紙鈔的人、或是存款在此一銀行的人驚恐莫名，擔心他們的財富蒸發了。

停兌引爆骨牌效應。一家銀行停兌，使得其他銀行的存款戶衝去以黃金提出存款，以免他們的財富也會消失。由於銀行只會以黃金保有部分資金，客戶擠兌代表次一層的銀行也必須停兌，於是就一層推一層擴散開來。當紐約銀行界停止以貴金屬贖兌鈔券時，國庫遭到擠兌代表聯邦政府也必須停兌。紐約的銀行促成聯邦的經濟崩潰。如果不控制住，銀行危機會拖累戰事。[4]

紐約銀行界早先購買政府公債已經使他們的預備金吃緊，而銀行家毫無疑問也有壓力，但是政府官員、尤其是共和黨人相信，東部銀行家刻意試圖強迫政府多照應他們。俄亥俄州和印地安那州的大型銀行並沒有停止以貴金屬支付，直到紐約銀行界的停兌波及他們的黃金遭到擠兌，才不得不停兌。這等於是又一個證據，證明停兌是政治決定而非財政決定的說法。全國各地報紙都譴責「恣意妄為和蠻橫傲慢的銀行」，呼籲如果銀行家要阻擋國會修復全國金融危機，那麼「人民」就應該出來遏制他們的力量。[5]

國會沒向華爾街的壓力屈服，突然把銀行家排除在財務決策之外，把政府的財政寄託於一般人民的荷包上，讓人民來為政府的義務買單。它創造的紙鈔不像傳統作法以民間資金為後盾，而是以政府信用為後盾，當財政部長蔡斯用它來支付政府帳單時，它就正式進入發行流通。這項《法幣法》（Legal Tender Act）規定發行一億五千萬美元的紙鈔，作為支付所有公部門或私部門債務的法定償付貨幣。一位提案的國會議員說，這項法案可以讓政府不用「到華爾街、國家街、美國金融業中心所在的契斯納街，或其他任何街道去乞求金錢」。它可以「伸張政府的權力和尊嚴。」有位俄亥俄州選民寫信給他的國會議員表示：「我們全都樂見共和國的公民成為它的債權人，而不是銀行家和資本家的債務人。」報紙聲稱，街頭有人呼號：「打倒銀行，給我們全國貨幣。」[6]

紐約、紐澤西和新英格蘭等地區的銀行業勢力強大，雖然當地的共和黨人投下反對票，或是顯現非常不樂見其成，這項法案還是通過了。林肯在一八六二年二月二十五日簽署了《法幣法》。美國有了新的全國貨幣，它不是以各州銀行控制的民間資金為基礎，而是以得到一般美國百姓支持的聯邦政府的穩定性作為基礎。[7]

新紙鈔的背面以綠色墨水印製，普受歡迎，很快就在全國通行。鑒於各州銀行都有不穩定的歷史，西部人特別喜歡此一全國貨幣，有位國會議員形容說，他們「像鴨子抓住蠕蟲一樣」緊抓著它。僅僅四個月之後，國會批准再發行一億五千萬美元的「綠背鈔券」（greenbacks）。政府發行的鈔券似乎是大勢之所趨。[8]

一八六二年發行的一美元，上頭的人像即為財政部長蔡斯。圖片來源：維基百科。

新鈔可以立刻使用，但是如果政府沒有資金在背後支持它，它很快就會開始貶值。戰事每天要花掉國庫兩百萬美元，政府也需要舉債支付一般開銷。如果信用崩潰，戰爭也不用打了，人人都曉得這一點。若沒有大幅折讓，蔡斯就無法說服銀行家買更多公債時，國會議員曉得他們需要開發一種新的主要稅收法令。即使保守派的共和黨報紙也宣稱：「全國所有愛國的團體沒有任何人對課徵這些稅收有絲毫反對。」[9]

一八六二年三月，國會開始辯論一項大規模的稅務法案，能夠永遠改變美國課稅政策的法案。《眾議院三一二號法案》這項措施成為共和黨人戰時課稅的根本。它旨在平衡分攤稅負，與共和黨提議的新關稅一起合作，共同促進國家經濟成長。[10]

這項新稅務法案反映出共和黨人對經濟公平的承諾，以及他們愈來愈有興趣鞏固聯邦政府的權力。它透過對製造成品課徵百分之三的消費稅，把稅負間接分配給消費者。由於這項稅是累退制，無法以夠高的稅率課徵，在沒有讓窮人不當地負擔過重下、籌集到必要的金額，共和黨人遂擴大他們在上一個年度發明的所得稅。新版本所得稅分為兩層：針對六百美元以上的年所得——在一八六二年已經可以過舒適的生活——課稅百分之三，另外對超過一萬美元以上的所得課稅百分之五。賈士汀．莫瑞爾解釋說：「稅負必須平等分配，不能讓每個人繳納相同的數額，而是以其繳納能力的比例為準。」[11]

共和黨國會議員把收稅工作由州政府轉移到聯邦政府。新稅法在財政部底下成立內地稅局（Internal Revenue Bureau），後來以它為基礎演進為今天的內地稅服務署（Internal Revenue Service）。國會議員並沒有很支持這個構想。民主黨人厭惡強大的聯邦政府的主張，甚至共和黨人也擔心新成立的內地稅局會創造出一支擾民的官員大軍，因此建議若是把收繳聯邦稅的工作交給各州，會比較受歡迎。不過莫瑞爾很堅定，堅持聯邦政府應該有權自己收稅。他宣稱，如果有緊急需要，它有權「要求」一個人交出百分之九十九的財產。當國家要求時，「人民的財產……屬於政府」。[12]

共和黨人支持莫瑞爾的主張。他們指出，讓每一州改造其現有的制度來收取新稅，要比創建新的聯邦制度昂貴得多。他們另外又指出，聯邦稅有經濟上和心理上的價值。如果人民本身投資在政府上，他們就會覺得政府的存活和穩定是個人的責任。共和黨人全體一致否決了讓州掌握收取新稅的修正案。

新法案也惠及工業。民主黨人和西部農民贊成對原料課稅，相信這種稅主要將落到東部製造商身上。這會阻滯工業，但是新稅遍及經濟的每個層面，它就不會阻滯工業。甚至更重要的是，國會議員很明白，如果美國製造業者要承擔對其製造成品開徵百分之三的稅，它必須以升高關稅壁壘的方式受到保護，國會已經把注意力轉向他們。而關稅畢竟是莫瑞爾用來刺激經濟成長的工具。

國會在一八六二年六月底通過《眾議院三一二號法案》，此時北方聯邦部隊被北維吉尼亞軍的新指揮官羅伯．李（Robert E. Lee）將軍打得落花流水，敗退到維吉尼亞半島。戰場惡耗更證明政府需錢孔急。

林肯在七月一日簽署法案生效。但是在此一稅法還未通過前，國會已經開始辯論新的關稅法案。新法案以莫瑞爾關稅法為基礎，把進口品的平均稅率訂在百分之三十七左右，並把免稅品清單裁掉一半。莫瑞爾說：「如果我們讓製造商流血，我們必須確保在同一時間施用適當的補品，否則我們就會摧毀掉會下金蛋的鵝。」國會未經太多辯論就通過新關稅法案，林肯在七月十四日將它簽署生效。[13]

《哈潑週刊》（*Harper's Weekly*）編輯綜合評論共和黨人的新稅制，他寫說：「國會通過一項稅法和一份關稅規定，兩者相輔相成，相得益彰。」[14]

新稅法和關稅法相當周密、無所不包，但是它們要在好幾個月後才會開始帶進來大量稅收。

若想把錢立刻灌進國庫，蔡斯必須賣出更多公債，可是這方面卻困難重重。新稅、加上農作物豐收，使得大多數美國人對國家的財政狀況愈來愈樂觀，可是銀行家繼續堅持賣給他們公債要有優厚的折讓。民眾和國會對於銀行家的要求十分氣憤。蔡斯沒有辦法、只好嘗試新方法：擺脫銀行家，找上街頭市井小民。政府不再專注在把大筆公債賣給銀行家，轉而向大眾市場訴求，一張張地賣給個人。[15]

由於政府沒有把公債直接賣給民眾的行銷網絡，蔡斯轉向過去和財政部合作過、而今渴望有更多生意的一位費城銀行家。這位銀行家傑．庫克（Jay Cooke）和紐約那批不肯合作的銀行家截然不同。紐約銀行家把蔡斯拒之於千里之外，庫克則不斷寫信給蔡斯，奉承他，替他投資理財，還招待他熱愛時髦的女兒。凱特．蔡斯（Kate Chase）替她父親把華府的豪宅重新裝潢時，庫克甚至買單付錢。庫克在政治上八面玲瓏，但是他也誠實、苦幹實幹，而且堅定支持北方聯邦政府的立場。

一八六二年十月，蔡斯任命庫克作為政府的總經銷，同意支付銷售佣金，他可以用來雇用代理仲介和購買廣告。庫克充分明白，他能被派為總經銷，代表政府財政事務方面的重大改變，今後民眾將取代銀行家，成為國庫的支柱。他全力投入這項工作，也向蔡新擔保，他不僅會賣公債，也會「持續全面地教育整個社會關於國家資源和財政的議題」。庫克非常積極，到處做廣告，而且把每天的銷售成績在報上公布。他設計讓各個城市相互競爭，鼓勵居民比鄰居多買公債。他在報上投書、撰文，兜售公債；他也纏著報社主編，拜託他們鼓吹。他雇用許多代理商，遍布到西部的礦區小鎮、聯邦軍隊在南方征服的市鎮，以及北方各地，鼓吹男女老少購買政府公債。不久，庫克報告，每天可以賣出十萬美元以上的公債。[16]

到了一八六二年秋天，為了籌措空前規模的戰爭經費，共和黨人改變了國家整個財政和稅收制度。他們使國庫脫離東部銀行家，把稅基轉到農民、礦工、漁民和小生意人身上，認為他們才是美國經濟的礎石。有史以來第一次，美國政府的所有權釋放給所有人。每個美國男女老少以國家鈔券進行生意。每個美國人買任何東西都需上稅。每個美國人有點閒錢都會買公債，擁有一點點政府。於是，確保國家的生存和繁榮將對每一個人都有利。

積極有為的政府：公地放領、農業部與大學

由於戰爭的需求，林肯理想中的積極政府更可以大有作為，刺激經濟。在南北戰爭之前，政府沒有太多作為：它主持外交事務，收繳關稅，派送郵件，在西部維持一支小型軍隊。民主黨人一再封殺經濟倡議，深怕如果政府開始介入經濟，遲早就會介入奴隸制度。但是民主黨人現在已屈居少數派，共和黨人很快就開始實驗積極作為的政府。

第一步就是一八六二年的《公地放領法》（Homestead Act）代表了共和黨人信念的核心。這

項法律授予公民——或宣布有意願成為公民的移民——一百六十英畝的西部土地，只要他們在此一土地住滿五年就行。這項法律以政府權力作為共和黨之美國願景的後盾。過去，財政部把西部土地賣給投機客籌募錢。現在，有錢人被排除在外，窮農民透過本身辛勤工作就可以獲得土地產權。共和黨人堅持這個政策遠比賣地取得短期現金，對國家更有價值，因為它可以提供個人進取發達的機會。如果人民有土地可以耕種，他們生產過剩的農產品可以賣出換錢。然後他們可以利用現金購買製造業商品。這就可以刺激整個經濟。法案提案人、來自賓夕法尼亞州的眾議院議長賈陸夏・葛樂（Galusha Grow）說，當自由人「發展出更高、更好的文明元素」，就能「對共和國的偉大和光榮做出貢獻」。[17]

這個長期的願景具有短期的好處。共和黨人指出，成功的農民購買製造業商品，當然會付國會正要開徵的新稅。賀瑞斯・葛里利寫說：「從荒野的新農田升起的每一股炊煙，都標誌著商業和稅收的新基礎支柱。」明尼蘇達州聯邦眾議員威廉・溫東（William Windom）聲稱，大西部會「把帝國的財富倒在我們腳底下」，只要國會能促成有心人的勞動，即可喚醒酣睡在當地的「偉大的生產潛力」。[18]

林肯總統在一八六二年五月二十日簽署了這項法案。莫瑞爾思忖：「我們現在已經放棄拿公共土地當作資本，取而代之的設計是要從在它上面定居、耕種、使它豐饒的那些人身上，賺到更大的稅收。」[19]

共和黨人並沒有預期貧窮的年輕人不需任何指導，就能在荒野中開闢出會開花結果的田地。他們以林肯在密爾瓦基農業展覽會的演講其中一頁為靈感，也主張聯邦政府要重視教育。他們認為，資訊是增進生產的關鍵，因此攸關國家發展。

共和黨人先成立農業部，傳授有關現代農業耕作的知識。林肯很少為國內事務的立法要求國會，但是他在一八六一年底提醒國會，大家都認同農業是國家最重要的產業，是其他所有產業的基礎，可是政府並沒有一個局處或部會主司農業事務。傳播有關區域耕作物的狀況和農作新方法的資訊，可以幫助農民更有效工作，同時嘉惠農民和國家。共和黨人立刻接受林肯的建議，尤其是大量的作物可以使北方農民出口糧食到受乾旱之苦的歐洲，換回美國迫切需要的黃金。過去，參議院財政委員會主席威廉・費生登除了撥款支付戰爭所需之外，討厭撥款給其他任何項目，但如今他卻指出，今天國家投資這些「種子基金」，將來會在「財富絕對增加下，不斷地收回回報。這一點毋庸置疑」。在跨黨派支持下，國會通過一項法案，成立農業部，林肯在簽署了《公地放領法》之後不到幾天，又簽署了它。[20]

才隔了幾星期，共和黨人又處理有史以來美國最重要的一項教育立法：設置公立大學。南北戰爭之前，只有富裕人家的青年子弟有錢接受高等教育。共和黨人擔心，缺乏就學機會可能使小康之家的子弟，就算再怎麼聰明也無法搞懂現代世界愈來愈複雜的經濟。

戰前想要開辦公立大學的企圖，因為南方議員堅決反對而失敗，他們拚死咬定，憲法沒有明文列出的事，國會絕對不能做。現在南方民主黨人已經退出政府，眾議員莫瑞爾提出一個法案，授予每一州每位參、眾議員三萬英畝的西部土地。各州可以出售這些土地，將得款用來投資、以支持農業學院。

許多贊成撥地興學計畫的共和黨人卻反對在戰事吃緊之下騰出時間和金錢，南軍羅伯・李將軍在維吉尼亞半島正追著北軍喬治・麥克里蘭（George B. McClellan）少將的部隊猛打。莫瑞爾不同意他們的想法。莫瑞爾堅持，國家迫切需錢打仗時，興學絕無不當，這項法案太重要了。知識可以幫助農民更有效率地生產更多的作物。這項法案是「最聰明的經濟體所需要的」。就與共和黨理論家所主張的一樣，莫瑞爾解釋說，農民會生產過剩，他們賣掉過剩的產品，累積資本，再用來購買更多的製造商品。整個經濟就此蒸蒸日上，可以預期政府的稅收將會因此大增。

大多數的共和黨人認同他的說法，法案輕騎過關。林肯在一八六二年七月一日簽署《撥地興學法案》（Land Grant College Act），使它正式成為法律。共和黨人替美

賈士汀・莫瑞爾像。圖片來源：維基百科。

國的公立州立大學制度定下根基。[21]

到目前為止，國會已經採取新措施推動經濟發展，但它還未替政府聲張重大的新權力。這個情況在林肯簽署撥地興學法案的這一天變了。同一天，他也簽署法案成立橫貫大陸鐵路公司。《聯合太平洋鐵路法案》（Union Pacific Railroad Act）是另一個影響深遠的立法，旨在開發國土。不過，它和共和黨的其他法律不同；透過它，共和黨人對政府和經濟的關係採取新的、擴張性的觀點。

從一八三〇年代起，一波波的東部人最先開始跋涉千里前往太平洋海岸。直到一八六〇年代，從已開發的各州到西海岸的陸上旅行，路途非常艱鉅。移民們通常坐篷車跋涉長途，他們要穿過乾燥的平原、洶湧的河川、乾旱和流沙、兩座山脈、龍捲風、大雨、冰雹和認真保衛家園的印第安人部落，歷經波折好不容易才到達目的地。沿路有許多經受不起舟車勞頓的動物之屍骨，也有許多移民的墳墓，他們被霍亂擊倒、被毒蛇咬死、生小孩難產而死，或是被途中預想不到的危險奪走性命。東部人渴望有一條方便的路可以到達西部。

共和黨人在一八五六年和一八六〇年把興建橫貫大陸鐵路的籲求寫進政綱裡，理由是「這是基於全國利益迫切需要」的建設，但是任何這類計畫都遭到民主黨的堅決反對。民主黨人堅持，經濟發展逾越聯邦政府的職權範圍。但南北戰爭突然改變了辯論態勢。南方民主黨人已經離開國會，政府又需要西部礦山採出的黃金。甚且，興建鐵路可以把北方自由勞工的制度推廣到西部，削弱奴隸制延伸到西部的機會。有位印地安那州聯邦眾議員說：「當我們說我們無法提振國家的物質與精神狀況，是因為被民眾的意志麻痺或限制住，以至於無法採取重大而有益的措施，我們根本是在羞辱我們的選民。」有位支持興建鐵路的人士則高呼，如果政府推動開發，美國將成為「地球上最偉大的國家」。[22]

共和黨人必須解決兩個問題才能興建鐵路，一個是法律問題，另一個是實務問題。法律問題指的是，唯有州或已經組織成立的領地才能特許成立公司，而一條橫貫大陸鐵路勢必將通過大片無人管理的荒野。實務問題是，沒有一個生意人會肯投資在風險高又昂貴的項目上，尤其是還有其他許多安全、獲利不錯的戰爭產業可以投資。鐵路一向都跟在開發的後面，不是走在前頭，但是橫貫大陸鐵路卻是在該區域有拓荒者或貿易會利用它之前就先興建。

為了讓鐵路能夠興建，國會大膽擴張聯邦政府在經濟方面的角色，宣布它有權特許公司成立。聯合太平洋鐵路公司（Union Pacific Railroad Company）就像一個向州政府請准設立的公司——它成立來提供公共服務——只是它是國家層級的公司。國會給予聯合太平洋鐵路公司一條橫跨全國四百英尺寬的路權，再給它每英里十段土地，也允許它出售聯邦債券為興建工程集資（不過它要求公司日後要償付公債，並繳交利息）。

透過這個法案，國會承擔起在全國層面開發經濟的角色，就好像州議會在地方的角色一樣。雖然國會議員就差沒有逕自准許新公司在州境之內營業，他們的確把聯邦的參與擴張到各州。新法令允許撥予土地給堪薩斯州和加利福尼亞州境內鐵路公司，也准許它們發行債券，讓它們興建穿越這些州的新鐵路之支線。最後，它規定政府監督興建計畫。如果公司不能完成它們的任務，政府可以接管鐵路。

法案在兩黨合作下通過，並於一八六二年七月一日成為法律。《美國鐵路雜誌》（*American Railroad Journal*）的編輯認為，法案的通過代表「我們公共工程史上新紀元」的開端。《紐約論壇報》的賀瑞斯．葛里利從來沒有這麼克制，他大聲宣布：「長期阻擋在我們國家未來之前的烏雲正在散去，和平、繁榮和進步的陽光將長期照射到這片土地上。」[23]

解放黑奴與反徵兵暴動

到了一八六二年中，共和黨人已經根據自己的意識形態重新打造聯邦政府，擺脫富人，讓努力工作、力爭上游的貧苦大眾，也就是泥基底階級，成為政府的棟梁與基礎。民主黨反對共和黨想做的許多事，但是他們大半默不作聲、沒有講出來，因為共和黨的政策極受歡迎。不過一八六二年秋天情勢丕變。當時林肯試圖削弱南方邦聯，他警告說，如果邦聯不放下武器，他將在次年解放聯邦轄境內所有的黑奴。民主黨痛恨解放非裔美國人的點子，針對林肯和共和黨發動全面攻擊。但是他們並不在此罷手。他們開始攻擊戰爭本身，寧可讓南方垮掉、也不願解放「黑奴」。

這個戰略起先產生某些選舉勝利，但是當戰爭開始轉為對北方聯邦有利時，它使民主黨陷入窘境，被貼上叛國的罵名，一連好幾個世代都洗刷不掉。

林肯在一八六二年夏天決定，賜給不肯放下武器的叛黨所擁有的黑奴自由，希望藉此破壞南方，此時民主黨發動第一波攻勢反對給予黑人自由。黑奴在南方邦聯軍隊裡被用來挖戰壕、埋死者、當廚子、照顧傷患等等，林肯這樣做可以逼得黑奴離開南方軍隊，進而迫使軍官把白人士兵抽離戰場從事這些工作。它也可以一舉保證反對奴隸制的英國不會承認南方邦聯政府。九月間，安泰丹戰役（Battle of Antietam）告捷*，北軍有了足夠的勝績、不讓解放黑奴像是北方聯邦在無計可施之下不得已才施出的絕招，林肯發表「初步解放宣言」（Preliminary Emancipation Proclamation），宣布自一八六三年一月一日起，仍在南方邦聯控制下地區的黑奴，全部永久自由。

民主黨人氣炸了。他們在期中選舉前告訴選民，共和黨玩弄他們對聯邦的忠心，誤導他們加入這場解放黑奴的戰爭。士兵們冒性命之險為黑人作戰。廢奴主義者才是國家真正的敵人，南方

* 譯註：安泰丹戰役發生在一八六二年九月十七、十八日，馬里蘭州安泰丹溪附近，是南北戰爭最激烈的戰役之一，也是東部戰場第一次野戰軍團層級的交戰。此役雙方合計死亡、受傷和失蹤官兵共二萬二千七百多人。北軍麥克里蘭將軍攻擊南軍羅伯・李將軍部隊，迫使南軍首度退出馬里蘭。

人不是敵人。

他們的攻擊奏效。共和黨在一八六二年的選舉重挫。他們在眾議院丟掉二十二席，民主黨則搶下二十八席。伊利諾州和印地安那州投向民主黨。更慘的是，紐約、賓夕法尼亞和俄亥俄也靠向民主黨；對於一八六四年的選舉，這是惡兆，因為這三個州在北方握有最多的選舉人團選票。紐約州選出一位民主黨籍州長。特別是在中西部，選民已經顯示他們再也不會死忠於共和黨。民主黨不希望再看到「該死的黑人共和黨人」。林肯的伊利諾州選區選出一位民主黨人，取代共和黨人。[24]

但是林肯巧於處理選舉上的失敗，使它反而轉為有利於共和黨。林肯沒有硬逼美國人接受解放黑奴，林肯提議全面退讓。他提出三個修憲案，保障在十九世紀餘下的年份裡仍維持奴隸制；對於任何效忠北方聯邦的奴隸主，政府提供補償；並且出錢把非裔美國人遷徙到西部或另一個國家。林肯因此讓北方選民知道，他們可以得到他們想要的，所以他們最好要小心、明智的選擇。[25]

仍然仇視「奴隸力量」的北方人被這些建議嚇壞了。什麼？奴隸可以繼續存在將近四十年之久！？而且他們可能必須付錢給奴隸主才能終結奴隸制！？他們沒有放下心來接受林肯保守的倡議，反而反彈。共和黨領導人和主要報紙要求林肯捨棄軟弱路線、改採更強硬路線反對奴隸制。現在他們不是抱怨政府太激進、而是嫌棄它太保守，他們主張立刻解放黑奴。

支持解放黑奴的動力已經成形下，林肯在一八六三年元月一日於白宮出席傳統的元旦新年接待會，與賓客握手言歡。晚間，他偕同一小群見證人退回到辦公室，簽署了「解放宣言」（**Emancipation Proclamation**）。他告訴周圍人士：「如果我會留名歷史，將是因為這個法案。我全心支持它。」為了平靜民主黨人宣稱獲得自由的黑人將會殺害他們的舊主人之聲音，林肯告誡非裔美國人不得訴諸暴力，除非是出於自衛之需。針對民主黨人指控自由的黑人懶惰、需要公部門協助的說法，總統促請他們忠誠工作、換取工資。他也歡迎黑人從軍、為國家作戰。[26]《紐約時報》（*New York Times*）編輯欣喜美國的奴隸制被永遠打破。他寫說，解放宣言「不僅就這場戰爭、而且就國家和世界而言，代表歷史的新時代」。[27]

但是鬥爭根本沒有結束。民主黨人繼續痛批共和黨人利用政府權力，犧牲白人以協助非裔美國人。他們不斷地凸顯戰場傳來的災情，人們在恐怖的戰火中死亡或病逝。他們宣稱政府正在摧毀白人並拉抬黑人。民主黨人堅稱政府傷害白人、偏袒非裔美國人的指控將一直傳唱到未來。

與此同時，民主黨窮凶極惡地反對林肯和解放黑奴，意謂著在一八六三年他們不知不覺在民眾心目中製造出他們叛國的形象。北方聯邦軍隊在內戰的頭兩年跌跌撞撞，加上民主黨在一八六二年期中選舉獲勝，讓人以為內戰的衝突或許會以停火告一段落。但信心十足的民主黨人在一八六三年夏天愣住了，軍事浪潮突然轉向。七月的頭三天，北軍部隊在賓夕法尼亞州蓋茨堡（**Gettysburg**）消滅李將軍三分之一的作戰部隊，摧毀南方邦聯的軍事力量。七月四日，電報傳來密西西比州維克斯堡（Vicksburg）向北軍投降的捷報。北方於是控制住密西西比河，並切斷邦聯和大大削弱它移動食品、商品和部隊的能力，北方人立即開始彈冠相慶。

就在北方聯邦歡慶軍事告捷之際，紐約市的民主黨人掀起反政府的暴動。對於他們的戰略目標來說，暴動發生的時機壞得無以復加。抗議者表現得不像是為了政府無理傷害士兵性命這樣的正當理由而抗議，他們顯得在政府正開始要成功之際卻抨擊起政府。他們不僅反戰，更像是反成功。

暴動是因為聯邦新的徵兵方式引起，政府把徵兵工作從州政府手中拿走，交給聯邦政府負責。民主黨報紙尖叫，指控共和黨政府徵調貧窮的白人當兵，在一場管理不善的戰爭中送命去「解放黑奴」。七月中旬，《紐約時報》形容徵兵是「全國的福庇」，將會徹底解決政府是否強大到足以強迫人民為它作戰。民主黨號召民眾反抗徵兵，但是《紐約時報》的編輯則願意盼望大多數美國人愛國。編輯責備民主黨阻止政府徵兵的舉動。他不屑地譏笑說：「讓他們醜態畢露吧！」[28]

他們果真如此做。七月十三日，民主黨人拿起石塊和棍棒攻擊徵兵官員。暴民流竄全市，火燒紐約市共和黨名人的住家和生意。到了下午，黑色濃煙籠罩天空，和大火升起的煙霧捲在一起。到了晚間，暴民把怒火轉向城裡的非裔美國人居民。他們放火燒掉「有色人種子弟孤兒庇護所」（Orphan Asylum for Colored Children），害得數百名孤兒無家可歸。接下來，他們把十二個黑人男子活活打死。有個馬車伕在晚間八點鐘左右套好馬、踏出馬廄，不料擋了他們的路。數百名大人、小孩把他活活打死、吊起來，再放火燒屍身。四天之後暴動停止，大約一百二十人喪生。[29]

反徵兵暴動使民主黨看來反美、不愛國。暴動結束後兩天發生的華格納堡戰役（Battle of Fort Wagner）的消息傳回北方之後，民主黨人的形象直落谷底。七月十八日，北軍兩個旅團攻打位於查爾斯頓海灣口的華格納堡，傷亡慘重。這場戰役在當時和在歷史上留下重要記號，是因為這是第一次有黑人部隊——麻薩諸塞州第五十四團（Fifty-Fourth Massachusetts）——參與作戰。黑人士兵在戰場上為北方聯邦效命死戰，白人暴民卻反政府，形象對比極其鮮明。神智清醒的美國人不會看不到這一點。[30]

選民於是開始背離民主黨。當年秋天舉行的選舉，共和黨收復上次選舉失去的席次。在攸關重大的俄亥俄州，上次轉而大大同情南方，這次民主黨籍州長候選人輸了十萬票以上，共和黨人搶下州議會四分之三席次。紐約方面，共和黨人也大舉勝利，贏得州議會近三分之二議席。[31]

蓋茨堡演說

在民主黨一敗塗地的時候，共和黨人把他們的黨和新的進步主義的國家結合起來，高舉只要努力人人都有機會向上爬此一建國基本原則，也就是林肯在一八五九年駁斥哈蒙德的菁英主義時所揭櫫的原則。一八六三年十一月中旬，林肯總統在蓋茨堡國家公墓啟用典禮演講，他把共和黨的原則化為美麗的詩詞。他提醒民眾，美國人是為了法律之前人人平等、以及政府不受寡頭階級控制的原則而戰。

林肯的蓋茨堡演說（Gettysburg Address）賦予美國嶄新的面貌。他認為美國立國的真正根基是獨立宣言，而非憲法，並再次確認何謂共和黨的真正精神。他堅稱，美國的精神是平等，開國先賢沒有能夠把它擺進國家根本大法。合眾國受到的考驗就是人類自我管治的能力受到考驗。人們是否可能建立以平等對待每個人的法律來治理的公民社會？或者這樣的社會總是退化為寡頭統治？自由人會拚死一戰以維護他們自我管治的權利嗎？或者是菁英的軍隊無可避免會比人民的政府更長命？合眾國的命運會一次徹底解答這些問題，林肯總統也很清楚，全世界都在拭目以待，等著看答案。他呼籲美國人下定決心，「民有、民治、民享的政府絕不會從地球上消失」。

林肯把這個原則當作他一八六四年競選連任的核心綱領。他在這一年不是以共和黨候選人身分參選，而是以「全國團結黨」（National Union Party）身分參選，這個新組織旨在號召所有的美國人，支持代表人人有權利平等崛起的政府。這個原則的象徵就是「憲法增補條款第十三條」：除了作為對犯罪罪行的懲罰，它禁止有奴隸。聯邦參議院在一八六四年春天研訂、並通過此一增補條款，其中採用了「西北部條例」的文字。當年民意代表看到富人掌控了肯塔基，才制訂「西北部條例」。雖然憲法頭十二條增補條款都是限制全國政府的權力，第十三條增補條款卻增加其權力，讓國會負責保障自由。

這裡短短四十三個字講出激勵林肯踏入政壇的初心。增補條款第十三條象徵讓少數巨富壟斷國家的經濟制度終止了。它把國會應該回應人民之意志的概念制訂為法律，推翻了國會必須受制於原始憲法條文的說法，那是哈蒙德那樣的人基於一己之私要求的。它宣布，人人都是自由人。

國會辯論新修憲案期間，共和黨人一再重申美國的經濟前途取決於奴隸制的終結。奴隸制代表壟斷和寡頭，必須終止它。一旦自由的勞動力散布到整個國家，美國必將蓬勃發展。黑人會認真工作、發達致富，但是目前被獨厚富人的制度壓抑的白人也會認真工作和發達致富。麻薩諸塞州聯邦參議員亨利．威爾遜（Henry Wilson）大聲宣稱：「其實貧窮的白人也是奴隸制連帶的受害者，他們被一個把勞動當作恥辱的制度搞得一窮二白、沒有家業、沒有尊嚴……如今他們將參加力爭上游、奮發向上的競賽。」[32]

戰爭創造了新財閥與新裂痕

短短四年內，共和黨人把美國聯邦政府與美國人民之間的關係的基礎完全改變了。他們相信美國的經濟會越來越好，而且各個階級的利益能相互調和，同時，他們希望經濟發展能由下而上，而非由上而下。但是到了一八六四年，共和黨的意識形態和現實之間出現令人尷尬的落差。共和黨人談的是保衛一般百姓，但是實際上，戰時經濟造就出巨大財富。若沒有控制這些財富的人士之支持，林肯政府無法存續。過去，共和黨人大體上都能在支持底層工人和拉攏富人合作之間維持良好的平衡，但是隨著戰事膠著，貧與富、東部與西部之間的緊張，給國家帶來極大的壓力。為了保持北方聯邦團結作戰，共和黨人必須緩和經濟光譜兩端都有不滿心聲的選民，同時還要強調他們才是唯一真正代表

美國憲法增補條款第十三條

第一項：美國境內或屬美國管轄區域之內，不准有奴隸制度或強迫勞役之存在。但因犯罪而被判強迫勞役者，不在此限。

第二項：國會有制定適當法律，以執行本條之權。

英文原文為（正文共四十三個英文字。）：

Section 1. *Neither slavery nor involuntary servitude, except as a punishment for crime whereof the party shall have been duly convicted, shall exist within the United States, or any place subject to their jurisdiction.*

Section 2. *Congress shall have power to enforce this article by appropriate legislation.*

美國人的政黨。

共和黨人在戰時推出的種種立法，集中在提供機會和保證個人可以保留他們賺到的錢財，相信一個人的成功可以創造出協助他人向上爬的資本。在前工業時代，也就是林肯這一類人出身的時代，這樣的想法不無道理，當時的生意是以人際規模在進行，企業通常只雇用認識雇主的少數人，雙方並肩工作。

但是戰爭年代在製造商和工人之間產生了裂縫，共和黨人的意識形態沒有明顯的藥方可以彌補鴻溝。戰爭的迫切需求，加上共和黨人的立法，培養出興旺的製造業部門，它們巨大的工廠雇了幾百名員工，這些員工從來沒見過雇主，更不可能和雇主並肩工作。業主賺的錢之多是戰前所無法想像的，通常來自政府委託的工程，錢是由納稅人支付；可是戰時的通貨膨脹卻吃掉工人的工資。隨著業主和員工之間的經濟差距擴大，工人變得和雇主疏遠；再也沒有共同的團體活動或非正式的互動，讓工人有機會表達對工作環境安全的顧慮、或是要求加薪。

這時候也出現新的金融家階級。和大型製造業業主一樣，他們也遠遠把辛勤工作的美國人甩在身後。他們很富有，藉著金融市場的跌宕起伏發財，因為戰爭新聞讓投資人的心情忽上忽下。人們從事金錢賭博，押注在北軍的勝負上，彷彿靠士兵的死亡發國難財。

戰前，在共和黨的經濟理論裡，除了奴隸制造成財富大累積之外，根本沒有討論其他形式的財富累積的問題。到了一八六四年，情勢變得明顯了，戰後經濟再也不是共和黨人所設想的農村世界，許多人開始醉心於議論在共和黨政策下發大財的現象。窮人開始流向民主黨，他們指控共和黨變成創黨之時宣稱要消滅的菁英黨。有位民主黨人痛罵：「新英格蘭的製造業者日進斗金，每天都比前一天賺得多……他們正在變成這個國家的主人……他們受到政府全面的保護。」[33]

儘管最近一直在討好有錢人，為了向認真打拚的美國人保證政府一直掛念他們的利益，共和黨撥更多的援助給從事農業的西部。對於橫貫大陸鐵路的投資已經遲緩下來，因此國會在一八六四年春天把給予聯合太平洋鐵路公司的撥贈土地增加一倍，也增加公司可以募集的金額。投資人立刻注意到，工人開始在遼闊的大平原上努力鋪設軌道。

共和黨也努力引進工人到西部地區。美國在一八五〇年代興起狹隘的本土主義，民主黨人尤其抱怨移民來到美國和本地出生的公民爭搶稀少的就業機會。後來加入共和黨的許多人也參加打壓移民，但是當共和黨成立時，它的經濟理論反對勞工相互對抗競爭的概念。他們主張，如果勞工創造價值，就不會有工人爭搶有限的就業機會這種矛盾。一個國家能吸引更多勞工，就能創造更多財富，對每個人都有好處。[34]

內戰期間的狀況增強共和黨這個理論。男丁流向戰場代表北方農田人力短缺，到了一八六二年收成季節，西部報紙聲稱西部還需要十萬名工人。共和黨逐漸喜歡新移民可以把北方自由勞工的制度散布到西部的想法，認為移民不僅可以增加生產，也可以防止奴隸制立足西部。共和黨在內戰期間盡快組建西部領地——一八六一年建立科羅拉多、內華達和達科他領地；一八六三年建立愛達荷和亞利桑那領地；一八六四年建立蒙大拿領地（同時，內華達升格為州）——成就了今天西部的大致輪廓。但是如果沒有人住進去，組建這些土地就沒有意義。有位沒念過太多書的人寫信給他的參議員說：「保護移民，它將保護領地成為自由州。」[35]

到了一八六四年，共和黨人大力支持移民。這一年，農民再度面臨豐收卻缺工的困擾，國會通過一道「鼓勵移民的法律」：這項法律允許商人進口工人，派發金錢周濟剛抵埠的窮困移民，並且保證每個移民在他宣布有意願成為公民之前，不會被徵調從軍。[36]

共和黨人不能失去一般老百姓，但是他們也迫切需要東部商人和華爾街社群的支持，因為如果富人轉向民主黨，共和黨將失去對政府的控制，屆時北方聯邦將不得不與南方邦聯談判議和。首先，林肯本人設法安撫商人，當國會提議發行更多普受歡迎的「綠背鈔券」時，他阻擋下來。他促請國會議員改為創辦全國銀行，以國家公債作為支持，公債穩固的價值能保持幣值穩定，這個計畫一定可以制止企業界痛恨的通貨膨脹。國會勉強同意，於是在一八六三年和一八六四年，美國有了全國銀行體系，取代州級銀行。

接下來修訂的一八六四年稅務及關稅法，國會把製造業稅率提升為百分之五，也調升所得稅各級距稅率：年所得六百至五千美元這一級距稅率為百分之五，五千至一萬美元這一級距稅率為百分之七．五，一萬美元以上的級距稅率為百分之十。但是它拒絕對人數不多的頂尖所得者提高稅率，聲稱這樣的稅負對少數極為富有的人不公平。不滿意新稅率的富人稍微能服氣的是新的關稅稅率：它們提升到約百分之四十七，以便「保護和培養」國內產業。[37]

副總統安德魯・強生

不過，林肯政府試圖安撫商界最重要的方式是如何選擇一八六四年的副總統候選人。國會激進派在錯綜複雜的密謀下，於共和黨全國代表大會上試圖逼迫國務卿西華德退出內閣，他們認為他立場太保守。為了達成目的，他們力推支持北方聯邦的紐約州重量級民主黨人丹尼爾・狄金森（Daniel S. Dickinson）為副總統。他們推舉狄金森，並不是因為喜愛他的政治立場，而是因為他若成為副總統，西華德就必須辭職，因為紐約州總不能違反政壇常態，壟斷副總統和國務卿兩大要職。民主黨若有人當了副總統，在政治上不可能再興風作浪，而激進派可在內閣中抑制保守派。

但是林肯不能失去西華德這個股肱助手。總統珍惜他國務卿的才幹和能力，但是更重要的一點是，西華德是全國最重要的密室交易霸主、紐約州的梭羅・衛德的心腹。出生於一七九七年的衛德年歲已大，而且他同情紐約商界。他一向認為，有錢、又關係良好的人應該控制美國的政治和商業；他不希望北方領袖被南方人排擠掉。他的傾向意謂著，當共和黨靠向一般美國人時，他可能與共和黨愈走愈遠。如果衛德轉向民主黨，他會把華爾街這一票人帶走，共和黨就會輸掉選舉。[38]

當激進派試圖將國務卿排擠出內閣時，林肯可以替西華德辯護，安撫住衛德。激進派為了掩飾心機，笨拙地聲稱他們的計謀只是想爭取北方民主黨人加入共和黨陣營。林肯故作同意他們的論點，悄悄支持另一位支持北方聯邦的民主黨人安德魯・強生（Andrew Johnson）；北方從南方邦聯重新搶回田納西州之後，林肯曾經指派強生擔任田納西軍事總督。在紐約州黨代表支持下，強生贏得副總統候選人提名。西華德的位子保住了，衛德也高興了，紐約商界繼續支持林肯。但是，此舉為未來的悲劇埋下的種子。[39]

一八六四年六月初出席共和黨全國代表大會的黨代表們強調，他們的黨是代表全國善良百姓的黨。從技術上來說，它根本不是共和黨的全代會，因為主辦單位已經把黨名改為「全國團結黨」，方便民主黨人在這次大選中投票給共和黨，還可以說他們並沒有支持由「崇拜黑鬼者」組成的政黨。他們刻意挑選南方一座城市舉行全代會，並且推舉羅伯・布瑞金里奇（Robert Breckinridge）作為全代會臨時主席。羅伯・布瑞金里奇的叔父約翰・布瑞金里奇本身是奴隸主，曾在一八六〇年以強烈支持奴隸制為政見，被南方推舉出來競選總統。全代會代表六月七日在巴爾的摩市集會。[40]

在他們討論過程中，黨代表們意思表達得很清楚，他們認為共和黨是全國唯一的合法政治組織。共和黨人說，每個美國公民都有責任維護聯邦的完整，以及一舉徹底消滅「奴隸力量」。同時，他們支持擴大政府職能，以保衛個人機會和經濟成長。到了一八六四年，共和黨代表反對貴族政治，支持樂意認真打拚的每個人都有平等的機會。他們代表的是促進經濟成長的政府，而且歡迎所有願意為美國的成長做出貢獻的任何人，不分膚色。民主黨反對上述一切主張，包括在一八六三年後反對為保衛聯邦而戰，因為他們認為聯邦政府只顧討好黑人。其實在當時共和黨官員心中，共和黨已經變得和國家無從區分。一八六四年，相信美國、以及相信為國犧牲性命的人，都應該把票投給共和黨。[41]

縱使如此，一八六四年夏天的情勢顯得，共和黨已經難以做到左右逢源。民主黨提名人氣很旺的北軍將領喬治・麥克里蘭競選總統，政綱是立即停火，終止兵連禍結的內戰。停止殺戮的主張此時聲勢強大，因為剛在一八六四年三月接任北軍總司令的尤里西斯・格蘭特（Ulysses S. Grant）將軍，發動消耗戰來摧毀南方邦聯。五月和六月間，在莽原戰役（Battle of the Wilderness）有一萬七千五百多名北軍官兵傷亡、在史波特斯爾法尼亞（Spotsylvania）戰役有一萬八千人傷亡，在寒冷港灣（Cold Harbor）戰役又有一萬二千五百人傷亡。*傷亡如此沉重使得林肯連任的希望渺茫。即使賀瑞斯・葛里利也放棄主戰主張，懇求總統與南方領導人談判，以便拯救「流血、破產、幾近死亡的國家」。[42]

接下來，局勢逆轉。八月底，海軍少將大衛・法拉格特（David Farragut）控制了莫比爾灣（Mobile Bay），這是南方邦聯在密西西比河口以東的墨西哥灣所堅守的最後一個港口；也是北軍過去兩年多一直搶攻不下的港口。九月二日，威廉・薛曼（William Tecumseh Sherman）將軍攻克亞特蘭大，它對南方邦聯不但具有象徵意義、也具有實質價值；然後他率軍一路橫掃喬治亞州海岸。三個星期後，朱拜爾．鄂理（Jubal Early）將軍率領的南軍威脅到華府時，北軍菲力浦．薛理丹（Philip Sheridan）少將率部將他們趕到八十英里之外的雪納多山谷（Shenandoah Valley）。共和黨人興高采烈，質問民主黨人，他們是否仍然相信北方聯邦的主張必敗。

民眾的選擇絲毫不留懸念。選民支持林肯連任，代表承諾要作戰到底，直到獲得勝利。結果一面倒。而且是結結實實的大勝。在選舉人團方面，林肯取得兩百一十二票對二十一票的成績，普選票也取得百分之五十五的多數。在軍人當中，林肯得票百分之七十八。共和黨可謂全面勝利。眾議院一百八十五席，囊括一百四十五席，參議院五十四席，也掌握四十三席。除了紐澤西州以外†，每一州的州長全由共和黨人勝選。[43]

* 譯註：格蘭特將軍在一八六四年三月接任北方聯邦部隊總司令，於五、六月間針對南軍李將軍的北維吉尼亞軍團全力搶攻，發起美國內戰史上流血最慘重的「陸地大作戰」。北軍於五月初，渡過波多馬各河，在維吉尼亞州莽原之役攻打南軍，雙方傷亡慘重，各有勝負。北軍旋即掉轉兵力、攻打南方邦聯政府首都里奇蒙（Richmond）不遠的史波特斯爾法尼亞，南軍挖深溝布防，交戰近三週，阻止北軍越雷池一步。六月初北軍又移動到寒冷港灣，進擊南軍側翼。南軍經過兩個月鏖戰，雖然守住陣地但傷亡慘重，無法再補充兵力。北軍也死傷累累，但取得戰略勝利，此後南軍困守彼得斯堡（Petersburg），無力主動出擊，到了一八六五年四月南軍投降，結束內戰。

† 譯註：紐澤西州是民主黨提名的總統候選人麥克里蘭的老家。

彷彿是要獎賞美國人的信心，北軍捷報頻傳。每一次勝利似乎都預告了南方邦聯即將解體、新國家即將誕生。問題不再是國家是否將存活下去，而是在兵燹連年之後將出現什麼樣的國家。針對這一點，林肯總統已經深思熟慮。他最近山崩式的大勝顯示美國人民支持他在一八五九年提出的願景，他要努力完成此一理想。他要求國會通過憲法增補條款第十三條，送交各州批准。[44]

國會討論此一修憲案時，民主黨人繼續辯稱，非裔美國人比白人低劣，共和黨人試圖創造專制暴政，為「黑鬼」服務。共和黨人此時發展出新論述。他們不再採取守勢，極力主張創造新而強大的全國政府，以促進所有辛苦勞動者的利益。他們駁斥民主黨對州權的辯護，指出州權是過去的教條，對美國有害無益。美國的新原則是全國政府至高無上。羅德島州聯邦眾議員湯瑪斯・詹克斯（Thomas Jenckes）把美國新的全國主義講得很清楚，他質問：「如果我們不是一個國家，那我們是什麼？」[45]

共和黨堅持，確立自由是國家法律之後，美國必將一飛沖天。自由將會剷除對奴隸主的人為支持，以及對非裔美國人的刻意障礙。現在，無論貴賤，雙方都將在法律的平等保護為生存奮鬥，根據本身的勤奮與才華，自由地出人頭地或向下沉淪。俄亥俄州聯邦眾議員詹姆斯・艾斯禮（James Ashley）堅稱，有了自由，生產將翻四番：他讚揚說，一旦取得資金，勞工也受啟迪為本身福祉工作，國家「會像玫瑰一樣盛開」。他說，自由的勞工將使得美國成為「世界上最強大、人口最多、最勇往直前和富裕的國家。」[46]

經過一番重大折衝，修憲案取得必要的三分之二多數通過，低空掠過門檻。最後一張同意票開出來，眾議院議長宣布計票結果時，議場和旁聽席歡聲雷動。人們互相擁抱，狂呼歡笑。反奴隸制的聯邦眾議員喬治・朱利安（George Julian）回憶說，他感覺「又重新出生，世界充滿了美麗與喜樂」。他感到特別光榮，能把名字留在「國家歷史如此光榮的一頁上」。[47]

林肯在一八六五年二月一日簽署此一法案，把憲法增補條款第十三條送請各州批准。看起來，獨立宣言的應許終於將成為法條，納入美國憲法。

戰後安置與重建

第十三條憲法增補條款體現了共和黨之所以創立的理論精神，但是國會議員曉得，在被解放的黑人能加入南方經濟重建之前，他們必須協助南方。春季，在蔬果和牲口養到夠大能吃之前，一向是農業地區青黃不接的尷尬時期。但是一八六五年的春天，南方的情況不僅糟糕，而且是糟透了。攻進南方的北軍部隊摧毀了住宅、農田荒蕪、駝獸被宰殺、預備播種的種子也不見了。飢餓的難民，不分前奴隸主還是前奴隸，絕望地簇擁於道。他們很有可能活活餓死。

國會注意到這個慘狀，在通過第十三條增補條款後不久，立刻投票提供救濟給因戰爭而流離失所的白人難民和得到解放的黑奴。它在戰爭部底下成立新單位，提供糧食、醫療照護和在廢棄土地上安置效忠聯邦的南方人。為了表明這僅只是回應戰亂之需，而且在正常狀況下人人應該自食其力，國會把新成立的「難民、自由民和廢棄土地局」（Bureau of Refugees, Freedmen, and Abandoned Lands）的運作訂了日落條款，在內戰結束後一年就要取消。林肯在一八六五年三月三日將它簽署。但是挺諷刺的是，出於慈善考量通過的這項措施，幾乎在戰火終止那一刻立刻成為反對共和黨政策的伏筆。[48]

布斯的子彈

處理完南方艱難處境之後，國會議員挑燈夜戰在林肯總統第二任期開始前完成他們的工作。他們必須從三月三日星期五夜裡通宵趕工、忙到星期六中午，在就職典禮前趴在桌上小睡片刻。他們在中午十二點前十分鐘才宣告國會休會。由於新一屆國會預定到十二月初才集會，他們可以在熱浪來襲、首都悶熱不堪之前，各自回到遠方的老家。[49]

一八六五年三月四日，星期六，林肯第二次宣誓就任總統。一連多日，華府一直風雨交加，當天上午看起來天氣也無好轉的跡象。沿著就職典禮遊行隊伍路線兩旁，人們站在深及腳踝的泥濘中。不過，非裔美國人和白人士兵的部隊護送總統到國會大廈時，樂隊奏起音樂。林肯準備宣誓時，天氣突然放晴。到了中午，林肯宣誓就職的時候，陽光普照。[50]

這個人和四年前手撫聖經宣誓的那個人，容貌差異相當驚人。林肯腰背已經略駝、筋骨疲累、臉上皺紋深刻。但是第一次就職時的焦慮和徬徨已經消散，取而代之的是對工作駕輕就熟的信心與穩重。

國家和總統在過去四年經歷天翻地覆的改變。一八六一年三月，荏弱的政府只有微不足道的一支小部隊和空虛的國庫，面臨南方邦聯起兵叛亂。到了一八六五年，共和黨已經建立一個統轄兩百五十多萬海、陸軍的政府，分配西部土地，創造全國性紙鈔，設計全國稅制，特許成立國家級公司，也承擔起二十五億美元的債務。到了一八六五年，強大的美國新政府得到公民的支持。

而且他們很樂意效忠政府。人人都清楚，邦聯已經日暮途窮，覆滅在即。政府不僅打了一場勝仗，而且也帶動繁榮的躍升。北方人痛失心愛的父老兄弟，把錢投入偉大目標，但是經歷四年的動亂，他們比起一八六一年所能預見的未來，處境好得太多。內戰之前，北方陷於經濟蕭條；到了一八六五年，它生氣勃勃。船隻從波特蘭和費城、到底特律和密爾瓦基的港口都在忙，在倫敦和上海也在忙，忙著把商品運送到最近富裕起來的北方人日漸舒適的住家中。共和黨人積極任事的大有為政府已經創造出強大且日益茁壯的中產階級，他們的成員在內戰中為政府作戰，現在則手持政府發行的鈔票，擁有政府公債，繳稅給政府，上政府辦的公立大學念書，而且全心全意效忠國家。政府根據自由勞工的原則組織起西部——北方人當初就是為了這個目標踏上戰場——他們也期待同樣的這些原則將傳播到太平洋海濱，甚至更遠的地區。內戰的創痛極深，但是犧牲

一九六五年四月十四日晚間，演員布斯在華盛頓的福特劇場刺殺林肯。圖片來源：維基百科。

似乎值得。

整個世界似乎都煥然一新。詩人華特·惠特曼（Walt Whitman）認為，這個天堂反映戰爭的福運。經過積年累月的陰霾，終於撥雲見日。惠特曼寫說：「西方之星維納斯在晚間的頭幾個小時，從來沒有這麼大、這麼亮。它似乎訴說著對於人類、對於我們美國人的摯愛。」[51]

前線傳回來的新聞繼續對北方聯邦有利。格蘭特將軍的部隊向里奇蒙挺進，南軍由於南方深陷飢饉和絕望節節敗退。四月九日，格蘭特終於接到羅伯·李將軍來信，要求面商投降條件。格蘭特在維吉尼亞州阿波馬托克斯（Appomattox）和這位南方將領會面，李將軍率領邦聯的主要部隊投降。格蘭特把南軍部隊遣散回家，俾便趕上春耕的時機。此時還有三支南方部隊在戰場作戰，但是大家都清楚邦聯的覆亡只是遲早問題。這一認知使得死守舊南方理想、精神不穩定的演員約翰・威克斯・布斯（John Wilkes Booth）氣憤不平。四月十四日上午，他在日記中潦草寫下：「我們的志業幾乎已經輸了，必須幹些能扭轉局面的大事不可。」[52]

林肯也終於能夠看到戰爭將要結束。在布斯決定挺身而出、充當南方好漢的同一天，林肯的一位長期部屬也說，他從來沒有看過總統的心情如此快活。內戰期間的緊張傷神似乎一掃而空。林肯當天晚上輕鬆愉快地和夫人前往福特劇場（Ford's Theater）觀賞女演員蘿拉・基妮（Laura Keene）在《我們的美國表親》（*Our American Cousin*）這齣戲的演出。總統坐在包廂裡觀看，對於樓下舞台上進行的嬉鬧開懷大笑，這時候布斯偷偷跑到他背後，扣下扳機。[53]

次日上午七點二十二分，林肯辭世。

第三章
共和黨或激進黨

林肯萬萬沒想到，他為了安撫華爾街而在一八六四年挑選一位支持聯邦的民主黨人為競選搭檔，然而這個人竟會在至關重要的七個月裡成為國家唯一的領導人。但是，事實就這麼發生了。四月十五日，林肯嚥下最後一口氣之後不到三個小時，安德魯．強生在賓夕法尼亞大道柯克渥德賓館（Kirkwood House）他的房間裡，宣誓就職總統。國會此時正在休會期間，要等到十二月才會召開，在此之前的七個月內，強生現在負責他所謂的「復原」聯邦的工作。強生將破壞林肯對國家的願景，並且在過程中扭曲了未來好幾個世代的美國政治。[1]

即使共和黨人哀悼林肯遇刺去世，他們還是非常高興內戰終於結束。奴隸經濟和自由勞工之間的競爭在戰場上取得決定，但是代價十分可觀，花費數十億美元軍費，犧牲逾六十萬人命。但北方終究是贏了。「奴隸力量」終於被擊敗。窮人和富人都將在平等的條件上展開人生的競賽。

共和黨人預期在自由勞工的基礎上重建南方的經濟。他們認為富有的農場主對南方土地的壟斷，阻礙了區域的成長，迫使貧窮的白人和黑奴既無法接受教育，更無法翻身。他們希望在前邦聯各地興建學校，讓家家戶戶有自己的農地，把南方重建為由有知識、能向上流動的工人組成的模範經濟。

強生雖然經由共和黨提名而當選，他並不認同共和黨人的觀點。南北分裂使他脫離他的南方民主黨同僚，但是他並沒有放棄他的民主黨政治原則。國會休會中，他趁著共和黨國會議員還未回到華府插手管事之前，盡快循北方民主黨期待的路線恢復合眾國。他的行動引爆他本身和國會之間的尖銳對立，政爭遲滯了自由勞工經濟傳布到南方的進展，當時激盪出來的論述則持續抹黑「政府積極主義」（government activism）一直到今天。拜布斯一顆子彈之賜，林肯在一八六四年為了安撫紐約商界而同意為副總統候選人的強生，竟然意外開啟了共和黨創黨精神通往崩壞的大門。

南方的復辟

強生著手把共和黨人奮力打造的積極主義政府扳回到一八六〇年以前的時代。他故步自封，死守著戰前民主黨政客的心態，相信舊式的政黨規則，認為政治就是戰爭。按照他的理解，因為政府不應該管太多事，所以贏得選戰的方法不是要推行政策，而是要讓黨的領導幹部都能有官做。強生注意到共和黨運用政府力量改善老百姓的生活條件的作法在民間受到極大的擁戴，這頗有可能害民主黨遭到人民遺棄。強生也心知肚明，只有一八六四年大選的特殊狀況才使他短暫地受歡迎，能夠躋身共和黨（或全國團結黨）的提名人選。內戰已經打贏，林肯也不在人世，不會有什麼黨員支持強生。

身為總統，強生著手讓戰前由民主黨主宰的政治制度復活，他自己要當黨魁。這一年夏天，除了一千五百多人之外，他透過頒布總統大赦令赦免了所有的南方邦聯前任官員，讓他們回到南方繼續作威作福。他只要求南方各州批准廢除奴隸制度的憲法增補條款第十三條、宣布脫離聯邦為違法，以及不承認邦聯政府債務，就可以重新加入聯邦。由於他赦免南方邦聯前任官員，又拒絕支持黑人投票權，強生形同保證先前帶領南方退出聯邦的同一批人，如今要負責帶領南方重返聯邦。[2]

南方領導人虛與委蛇地配合強生總統的要求，然後就和他聯手試圖恢復戰前的世界。在每一州裡面，透過綜合稱為「黑人法令」（Black Codes）的一系列法律，他們繼續讓舊日的奴隸被白人雇主綁住，保證白人在南方仍主宰一切。在密西西比州，法院可以判黑人孩童做男女主人的「學徒」；黑人如果沒有簽一年期的合約，可以被逮捕及罰款，然後「受雇」給替他繳罰款的任何人。這個作法只是舊制度的新包裝，它威脅不合作的非裔美國人要把他們出售為奴隸。在阿拉巴馬州，黑人不能擁有槍械，而將犯人用鎖鍊綁在一起出外做工（chain gangs）合法地取代鞭刑和烙火印，可用來懲罰刑事罪行。在南卡羅萊納州，若無雇主的書面許可，非裔美國人不能販賣玉米、稻米、豌豆、燻肉、雞或任何農產品。佛羅里達州也加入南方其他各州，對「流浪漢」處以強迫勞動的懲罰。黑人在任何地方都不能上法院做不利於白人的證詞，違法者將受到鞭刑或賣為奴隸的懲處。[3]

當「難民、自由民暨廢棄土地局」官員設立聯邦法庭以保護南方黑人時，前邦聯人員大聲抗議，認為政府侵犯他們與他們以為還歸屬於他們的人之間的關係。雖然該局在一八六五年夏天分派的十五萬份口糧有三分之一送給白人，當時的案例也有百分之三十二判決有利於雇主，不滿意的南方白人仍將它取名為「自由民局」（Freedmen's Bureau），堅稱它只顧非裔美國人的利益，不顧白人。他們開始重新定義內戰是為捍衛州權而戰、不是為了蓄奴與否之爭而戰。他們聲稱，他們早已預見到聯邦官員會如此束縛他們，所以才揭竿而起作戰。他們才是捍衛美國原則的人，北方佬（Yankees）不是。[4]

共和黨人大吃一驚，強生和南方白人只花了幾個月時間就把辛辛苦苦贏來的勝利果實統統抹煞。更令人不堪的是，一八七〇年的人口普查將把非裔美國人視為完整的一個人、不是身為奴隸時只當作五分之三個人，這樣一來南方在眾議院的議員席次勢必大增。如果強生的計畫不受阻礙、繼續推行，富有的南方白人在內戰之後的權勢反而會比戰前更大。

一八六五年十一月，《紐約時報》一位作者指出，南方白人誤解了重回聯邦的意義。他們預期能回到一個與一八六一年時情況相同的國家。南方人沒有看到北方人對政府的態度在內戰期間已經有了重大轉變，他們的態度也必須改變。南方人死抱著州權的理念，因為他們不知道有更好的制度，而北方人已經學到該適時地放棄州權以換取更大的公共利益。根據這位作者的說法，南方人對州權的忠誠是謬誤，必須「被教育好要放棄它們」。在那個時候之前，南方白人或許會願意服從聯邦政府，但是他們將會一直抗議，「動輒以州的『榮譽』為名嗆聲」。[5]

強生的陰謀

強生的作法陷共和黨人於左右為難。他們不敢想像把權力交還給戰前的南方領導人，但是他們也不願意公然與總統作對，畢竟他也是經過他們的黨提名當選的。他們期盼國會復會時雙方能夠合作，以不是那麼相似戰前奴隸制度的面貌重建南方。但是當國會在十二月初復會時，強生總統拒絕與共和黨人妥協，即使他們只是想要確保在南方落實自由勞工這個最基本的原則。相反的，強生與他們誓死對抗。短期來看，強生的頑強抵制阻滯了在南方建立自由勞工。但他的作為有更深遠的影響：強生硬是把政府的積極作為和黑人的福祉兩者劃上等號，並賦予負面意義，這個影響一直延續到現在。

強生一八六五年十二月四日迎接國會復會，提出一個喜訊：國家已經重建。他解釋說，他已經盡可能最快地推動國家的重建，因為持續在南方駐軍的花費太大，創造出大規模的侍從體系（patronage system），在南方白人民主黨員之間「滋生仇恨意識」。他宣布，現在還需要做的只是請國會允許新選出的南方代表回到國會。這些南方代表已經來到華府，對於四年前還是一座酣睡的南方城市在內戰期間竟有如此重大變化驚嘆不已。[6]

共和黨人對強生的喜訊嗤之以鼻。南方人的確已經選出派到國會的代表，其中包括許多當初帶領南方退出合眾國的相同人物。喬治亞州在推選聯邦參議員上面進度略微落後於其他州，但是不久它就選出前南方邦聯的副總統亞歷山大・史蒂文斯（Alexander Stephens）到華府。強生支持南方各州把黑人驅趕回準奴隸的地位，讓共和黨人意識到他們拚命要摧毀的制度竟然像火鳳凰一樣又復活了。南方或許輸了戰爭，但是他們在和平時期顯然又贏了。

國會共和黨人不接受強生的「復原」。他們拒絕批准南方代表回到國會，另外指派十五位國會議員成立委員會，研擬將南方重新納入聯邦的新計畫。委員會召開聽證會，聽取前黑奴、南方白人和陸軍軍官陳述南方的狀況。同時，國會試圖在南方建立扶持自由勞工。它通過一項法案以擴大自由民局的職責，使它能夠將公地放領給貧窮的南方人，不分黑人或白人，以及興建學校。擴大法案也規定在黑人無法參與地方法院系統的南方各地設置聯邦法庭。這項法案沒有把這些作法限縮於前邦聯各州；它也涵蓋在邊境州的黑人及白人。[7]

此外，國會還通過一項民權法案，賦予南方黑人南方各州不肯給他們的公民權利。它宣布出生在美國的每一個人都是公民（只有某些美洲印第安人為例外），享有一切公民權利，包括有權訂立合約、發起訴訟、出庭作證、擁有財產，以及接受相同的法律懲處，不論地方法律或既定習俗怎麼規定。[8]

共和黨人認為這些法案相對沒有爭議，主要目的只不過是把自由民局已經在進行的工作正式化。這些法案促進了林肯對教育及人人機會平等的信念，為修補財大勢大的奴隸主對南方造成的傷害提供法律基礎。新法案將在南方各地建立由受過教育的美國人建設的莊園，也讓每個人可以在法院捍衛他的勞動和財產之價值。它們將播下讓自由勞工創造繁榮社會的種子，把南方整合進在北方和西部都很成功的自由勞工的經濟。兩項法案都得到壓倒性的多數支持而通過。[9]

可是在強生看來，這些法案罪大惡極。他知道共和黨人運用政府力量促進個人福祉的作法在北方深得民心。他有一切的理由可以預料得到，把這些計畫延伸到邊境州和南方州，將在占南方人口過半數的貧窮農民中同樣受到歡迎，而且不分黑人或白人。這些人渴望上學、有自己的房子，因此可以合理地推斷，任何提供這些東西的政黨一定大受歡迎。如果共和黨人繼續開發強大的中產階級，民主黨就凶多吉少。

具有「美國卡通之父」美譽的奈斯特（Thomas Nast）的插畫，呈現強生否決自由民局的模樣。圖片來源：維基百科。

強生深怕會出現強大的共和黨，因此採取反共和黨的立場。一八六六年二月，他否決了共和黨倡議的這兩項法案。他發表的否決談話吐露出一直延續至今的反政府積極主義之思維。強生結合起南方人對憤怒的底層階級之恐懼、長期以來的種族歧視、對繳稅的痛恨和擁護州權的意識，攻擊共和黨人要把自由勞工經濟帶到南方的企圖。他污衊自由民局就是政府越權的可怕例證：共和黨已經把憲法訂定的有限度政府擴張成無所不管的龐然巨獸，而且它只為「特殊利益」而非為全民服務。受到偏袒的族群大多是懶惰的前奴隸，只想要財產重分配。[10]

強生反對新法案並不全然出於種族主義，雖然它是核心因素。他的論據的力量來自於他把種族主義和積極主義政府的危險性結合在一起，這個連結引起北方民主黨人的共鳴，他們仍然認為林肯為了造福非裔美國人，把白人送上屠宰場。強生提出警告，新計畫會在每個郡派駐代表人、在南方各州遍設地方自治區，創造出會不斷擴張的侍從體系。執政黨光靠這些職員的選票就可以長期壟斷政權。它也可以依賴整個黑人群體的支持，但只要黑人無法取得選舉權，他們的支持就無法轉化為選票。強生的聽眾從小聽的是危險的黑人低下階級只圖財富重分配的故事。他們會理解他為什麼擔憂黑人的政治參與是個威脅，共和黨會利用黑人作為革命大軍。

強生估計新制度的成本非常驚人。光是派代表人的費用就超過一年二千三百萬美元。他指出這比起約翰・昆西・亞當斯（John Quincy Adams，第六任美國總統）時期每一年的聯邦總預算都還大，加上派軍隊保護這些代表人又得再花一大筆錢。這麼龐大的經費誰來買單？納稅人嘛！強生特別提到南方白人，即使他們的代表還未被准許重回到國會，他們已經被課稅。根據他的說法，共和黨人正在計畫讓全國各地納稅人付錢養愈來愈龐大的官僚體系，以照顧懶惰的非裔美國人。強生堅稱共和黨人正在實行「反向的種族歧視」（reverse racism），刻意保護自由民，而法律卻沒有明白提到白人。[11]

強生對這些法案的批評完全是信口開河。他的理解一部分是基於他對南方黑人生活的妄想——他在十二天前接見一個昔日奴隸的代表團時，就對這群代表們說他們並不真正了解南方或奴隸制度，這讓對方驚訝不已。還有一部分是出於他的政治盤算，因為這樣將有利於他建立自己的政治勢力。他在否決這些重大法案時所編撰出來的邏輯，亦即政府積極主義等於以辛勤工作的納稅人繳的錢去資助特定少數族群，出自內戰後幾年的特殊歷史環境，但是它衍生為反對政府積極主義的人士一直到今天都奉為圭臬的標準說詞。強生為了否定共和黨人嶄新的政治理念，硬是把種族主義和政府積極主義混為一談，遺害一直延續到今天。[12]

第十四條增補條款與軍事重建法案

為了回應強生的強烈抵制，共和黨人被迫採取更強硬的法案，以期能在南方實踐自由勞工經濟。首先，他們推翻強生對民權法案和自由民局法案的否決（雖然他們必須放棄後者有關公地放領和廣設學校的條款）。然後他們轉向提出自己的建設自由勞工國家的宏偉計畫。

一八六六年四月在田納西州孟斐斯市（Memphis）爆發可怕的暴動，此時政府非得有所行動不可。暴動是因白人警察攻擊他們認為威脅到白人至上的黑人聯邦軍人而引爆，它凸顯出找出方法讓前奴隸安全地參與南方社會，十分的重要。暴動中，白人暴民殺害三十名非裔美國人，另打傷五十人，破壞價值十萬美元的財產。市長完全沒有要制止暴動的動作；支持市長的人勉為其難地表示，當時他喝酒喝得爛醉，根本無法行動，才會疏忽職責。[13]

孟斐斯暴動使得共和黨的重建計畫益增急迫性。到了四月，十五人委員會已經從南方的白人和黑人聽取了好幾個月的證詞，了解受到戰火摧殘地區的狀況，而國會議員的北方選民對於委員會發現的狀況大為震驚，選民力促國會公布本身對南方的重建計畫。最後，十五人委員會在一八六六年四月三十日向國會提出一個共同決議案，它後來成為憲法增補條款第十四條。[14]

這項增補條款不但溫和、實惠，更可以把國家向前推動。為了避免強生總統的抱怨，它不要求財產重分配，也沒有要求給予非裔美國人特殊的法律地位。它只規定法律之前人人平等。它推翻了「德瑞德．史考特決定」（Dred Scott decision），確立任何出生於美國或在美國歸化的人皆為美國公民（《民權法案》所排除的印第安人為例外）。為了處理一八七〇年人口普查可能出現的問題，即黑人將被當作一個完整的人計算、而非視為五分之三個人，委員會提議南方各州的國會代表席次和其他所有各州都一樣，以人口數為基礎計算，但是南方各州的席次要依該州不准投票的人有多少而依比例酌減。委員會禁止下列人士擔任民選公職：任何宣誓支持北方聯邦，然後又違誓而加入南方邦聯的人，不得擔任民選公職。（這一條款對一八六一年轉而效忠邦聯的軍、政官員影響特大，意味強生新政府裡許多官員沒有資格任職。）這條增補條款也杜絕了南方各州發現可以用來保護其戰爭債務的漏洞。最後，憲法第十四條增補條款就和在它之前的增補條款一樣，透過賦予國會執行其條文規定的權力，而增加聯邦政府的權

美國憲法增補條款第十四條

第一款：所有在合眾國出生或歸化合眾國並受其管轄的人，都是合眾國的和他們居住州的公民。任何一州，都不得制定或實施限制合眾國公民的特權或豁免權的法律；不經正當法律程序，不得剝奪任何人的生命、自由或財產；在州管轄範圍內，也不得拒絕給予任何人以平等法律保護。

英文原文為：

Section 1. *All persons born or naturalized in the United States, and subject to the jurisdiction thereof, are citizens of the United States and of the State wherein they reside. No State shall make or enforce any law which shall abridge the privileges or immunities of citizens of the United States; nor shall any State deprive any person of life, liberty, or property, without due process of law; nor deny to any person within its jurisdiction the equal protection of the laws.*

（本增補條款共有五款）

力，國會參、眾兩院在一八六六年六月十八日同意增補條款，送請各州批准。

國會要求南方各州先批准它，才能重新加入聯邦。共和黨人希望增補條款能發揮以下效果：保障黑人的權利、依據選舉權調整代表席次、藉由宣告邦聯債務無效一舉扼殺往後分離主義者的野心，並防止南方落入明顯不忠人士之手。如果一切不如預期發展，增補條款也賦予全國政府有權力介入糾正。

強生痛恨第十四條增補條款的提議。他痛恨它對公民身分的擴大定義；他痛恨它宣揚國家權力；他痛恨它不給予他支持的南方領導人參政權。最重要的是，他痛恨它提出一條能獲得絕大多數美國人支持、走向統一的溫和道路。如果增補條款經各州批准，將摧毀掉他重建主宰全國的民主黨之算盤。[15]

強生展開反擊。他告訴南方政客別理睬國會要求批准第十四條增補條款的命令。他向他們保證，民主黨將會贏得一八六六年的期中國會選舉。一旦重掌權力，民主黨可以廢止共和黨的「激進主義」（radcalism），允許強生重建合眾國的計畫推動。受到鼓舞的前邦聯派人士讓一八六六年夏天陷入血腥惡鬥之中。七月間，聯邦派在紐奧良市召開代表大會，主張剝奪前邦聯派的投票權，將投票權給予忠誠的非裔美國人，白人暴民趁機攻擊代表大會會場。接下來的暴動造成三十七名黑人和三名白人會議代表喪生。[16]

強生沒有譴責南方的暴力，反而還慫恿它。他堅稱他的政策是唯一合乎憲法的恢復聯邦的方法，指責國會為非法機關（因為它不讓南方式表回到國會），痛罵某些共和黨國會議員是叛國賊、應該抓去吊死。更令人瞠目結舌的是他自比耶穌基督，聲稱為了堅持小政府，他願意當烈士。[17]

強生的極端主義和他的支持者的暴力傾向引發了反彈。北方人不願把國家交回到在南方作亂的民主黨人、以及一位自比是耶穌基督的總統手中。選民沒有責怪共和黨人，他們拋棄強生。共和黨人在一八六六年選舉贏得國會三分之二的多數席次，使得他們可以推翻強生總統可能祭出的任何否決。

在穩穩掌握重建南方的權力後，共和黨人試圖執行他們以憲法增補條款第十四條建立的政策。但是除了田納西以外，南方每一個州的白人都不理睬國會的重建計畫（田納西州老鄉非常痛恨他們本州子弟強生，他們批准第十四條增補條款純粹是為了羞辱他）。為了推動他們的計畫，國會在一八六七年三月二日通過《軍事重建法案》（Military Reconstruction Act）。這個法案把十個還未重建的南方州劃分為五個軍區，然後和強生的計畫作法一樣，要求召開新的修憲會議修訂州憲。不過，和強生的計畫不同的是，新法律允許黑人投票，選出代表參加修憲會議。它也要求新州憲保障黑人投票權和批准增補條款第十四條。

《軍事重建法案》在個人和政府之間創造了反映共和黨原則的新關係。它大幅地擴大投票權，讓每個成年男人在制訂法律和政策時都可以發言，而且新選民並不是傳統上認為可以參與政治的合格人選。過去，至少在理論上，選民是擁有財產的男人，因此對社區及安定有切身利害關係。理論上，他們受過足夠的教育、了解議題，會投票選出可以保護他們利益的人。

前奴隸推翻了這個公式。很少自由民擁有財產，更少自由民受過教育（因為在內戰之前的南方，教黑奴識字是犯罪行為）。自由民有的——絕大多數南方白人沒有的——是對政府及自由勞工的強烈忠誠。共和黨賭的是，當要為他們認為有利於國家的政策投票時，這些忠誠會勝過貧窮和無知。有位共和黨人說：「我們對投票群眾所寄望的是他們渴望正義的結果，不受自私利益的左右，以及願意相信明智的指導。」[18]

《軍事重建法案》反映共和黨人對自由勞工深具信心。短期內，共和黨人願意依賴貧窮的黑人選民的善意和判斷。但是就長期而言，唯有盡快讓選民獲得財產和知識，新制度才會成功。這項法案是共和黨建設新國家的藍圖的高峰。它把國家的前途放到全體人民手上，相信他們會努力工作、接受教育，推動政府做有益於每個人的事。

我們很難再高估《軍事重建法案》的重要性。共和黨藉由它來主張所有的人，不論是貧窮而弱勢、還是富貴而博學，都應該享有對美國政府的發言權。他們也推動國家採取一種要為人民的生計與教育負責的政府制度。財富和知識這兩個元素都有必要，如果其中之一砸鍋了，選民要不是在經濟上無法自立，要不是會被民粹煽動家蠱惑，合眾國就會崩坍。共和黨重要政治人物詹姆斯・布廉（James G. Blaine）日後回顧，認為《軍事重建法案》具有「無與倫比的重要和……前無來者的特色。這是國會在承平時期所採取的最大膽、最堅決的行動。這個法案所產生的效應既深遠、又激進。它改變了美國政治史。但是我們也該記得，若非南方領導人的行為，它根本不會出現。」[19]

財富重分配的指控

《軍事重建法案》是林肯派共和黨的最後一口氣。接下來五年，共和黨人放棄他們對平等的堅持，讓黨倒向大企業的懷抱。南方出現的事件為此一轉變設置舞台：南方白人把實施《軍事重建法案》描繪成詹姆斯・哈蒙德的夢魘的實現。哈蒙德當時是為了捍衛奴隸制，他有關下層階級即將翻身奪權的警告在戰前的北方吸引不了太多人注意。事實上，哈蒙德不但沒有吸引到北方人接受他的思想，他的論據適得其反，把共和黨推向捍衛工人。但是在內戰之後，都市工人開始在政治上組織動員起來，許多北方人開始擔心哈蒙德說不定有先見之明。

一八六七年三月《軍事重建法案》一通過，它背後的精神，亦即每個人對政府都應該有發言權，立刻受到猛烈批判，共和黨的觀點幾乎立刻開始瓦解。這些攻擊始於南方，許多南方白人願意和政府合作，建設健康的自由勞工經濟，但是更多人則選擇抵制。南方白人民主黨員不僅把傷痕帶進戰後年代，他們也日益理解到，現代世界已經把他們的戰前社會狠狠甩在過去，使它幾乎就像遠古的傳說一般難以想像。原本寧靜的南方城市和優雅的農莊宅邸現在燒成焦土；原本豐饒的農田現在爬滿荒煙蔓草；原本強壯的年輕人現在不是死了、就是傷痕累累的解甲老兵；原本快樂的妻兒子女現在成為衣衫襤褸的難民。南方再也沒有辦法循著傳統路線重建，因為就在內戰期間，國際棉花市場已經捨棄美國南方，轉向埃及和印度。棉花曾經是南方主要的出口商品，也是經濟利益的首要發電機，使得南方白人在戰前成為全國最富有的人，但是現在棉花價格不但不穩定，還往下跌。

可是，絕大多數南方白人還是沉湎於過去。共和黨的新制度能夠為原先因種族而分裂的階級社會創造平等的經濟和政治條件。它將把前奴隸納入經濟和政府，也讓貧窮的白人和菁英有平等的發言權。南方史上第一次，所有的男人，不分黑白與貧富，將享有相同的政治聲量。共和黨的實驗把政府從富有的菁英手中抽走，把它交給所有的男人，可是絕大多數南方白人無法接受這種新制度。南方各州領導人完全瞭然，共和黨的計畫將會毀掉傳統的南方，他們拒絕參與其中。他們找出一個簡單的方法抵制國會：拒不辦理選民登記。各州官員宣布：他們寧可繼續接受軍事統治、也不願允許非裔美國人有投票權。

國會共和黨人必須再通過三項法令才能讓《軍事重建法案》付諸實施。最後，他們派遣軍隊負責辦理選民登記。這似乎是讓南方白人參與重建沒有奴隸的政府的唯一方法，但是它也導致讓軍方負責選務的爭議。軍人和選舉攪和在一起絕對不會讓人舒坦，然而在當時它似乎非常必要。

但民主黨人卻立刻指控共和黨人成立軍事獨裁體制。他們指控說，透過此一獨裁體制，共和黨將推動詹姆斯．哈蒙德所預言的悲劇：對財產進行激進的重分配。

共和黨試圖在南方各地推廣自由勞工，卻引發民主黨的恐懼。為了領導黑人社群中的政治組織，即所謂的「聯邦同盟」（Union Leagues），共和黨領袖召募一群社會地位較高的南方黑人，他們擁戴自由勞工制度的原則，也主張自立自強、重視教育和勵行節儉生活。但是在南方登記要投票的絕大多數前黑奴，卻比「聯邦同盟」的領導人更加激進。他們沒有受過教育、沒什麼技術，又窮得可憐，而他們作為自由勞工的初體驗也相當慘痛，昔日的奴隸主在工資方面欺騙他們、又企圖把盡可能接近奴隸制度的一種制度強加在他們身上。從他們的角度來看，新的雇主／員工關係其實只是過去主人／奴隸關係的翻版。他們對於自己能夠透過辛勤工作脫貧致富並沒有太大信心。他們反而相信，他們必須組織起來向前雇主要求公平的工資和公平的待遇。他們主張沒收土地、針對雇主發動罷工，也要求社會福利計畫，顯然其經費來源就是國家的稅收。[20]

這一派更加激進的共和黨主張也吸引了貧窮的白人，他們一向痛恨富有的農場主人。到了一八六六年底，經過一連多年歉收，小農民陷入絕境。他們身無分文、又無隔夜糧食。他們也氣憤強生竟然把害富裕的南方走上戰爭的同一批人又送回到權力寶座，這場戰爭已經毀了他們的家園、生計和親朋好友的性命。[21]

這些既憤怒、又貧窮的南方黑人與白人，正是共和黨期待他們揭竿起義、投入南方政治的一批人。《蒙哥馬利廣告人報》（*Montgomery Advertiser*）提出警告說，共和黨「擁護窮人、反抗富人」。謠言盛傳，前奴隸正在組織成為一支軍隊。就前奴隸及其家人而言，他們既然受到白人民兵的威脅，把自己武裝起來是不得不為的準備工作，但是含有敵意的白人觀察家卻認為這下子他們最擔心的預言即將成真。他們一直都擔心，終結奴隸制、讓「泥基底」階層在社會上取得發言權，將會掀起革命。看來這只是時間早晚的問題，黑人即將武裝起來要求財富重分配。[22]

在北方，共和黨在一八六六年選舉大勝，把溫和派的民主黨人統統擠下台，只剩下還死守民主黨鐵票區的死硬派極端分子。這意味沒有足夠有分量的北方民主黨人可以遏阻哈蒙德的世界觀的復活。民主黨的極端派興高采烈地呼應他們的南方同僚：共和黨人正在試圖「於南方『組織一個地獄』」，把「白種人」壓在「他們自己的黑奴」底下。[23]

他們把愈來愈膨脹的共和黨政府和赤裸裸的種族主義綁在一起；一八六五年的共和黨政府員工約五萬三千人、薪資開銷約三千萬美元。根據民主黨的說法，共和黨正在設法永久控制政府。他們宣稱，共和黨已經煽動一場戰爭，以便有藉口課徵高稅。有了錢，他們拿來付薪水給他們引進政府工作的黨員。現在共和黨又利用前奴隸遭到暴力攻擊這種捏造的故事，甚至又以自由民局和《軍事重建法案》來擴大政府職掌。由於共和黨政府雇用他們，這批政府官員大軍當然繼續支持共和黨候選人。整個國家陷入一黨專政的魔掌只是早晚的問題。[24]

種族主義加劇了這個幽靈的恐怖。民主黨人堅稱，稅收不只用來雇用白人，也會雇用太懶、不想在田裡工作維生的黑人。由於共和黨人將依賴黑人選票才能繼續當權，非裔美國人很快就會在南方占有所有的政府職缺。美國主要的民主黨報紙《紐約世界報》（*New York World*）聲稱，很快就會出現「黑鬼州長、黑鬼市長，以及黑人盤踞州政府和市政府每一級的職位」。[25]

除了盤踞職位這個問題之外，黑人也被咬定會敗壞美國社會。根據民主黨人的說法，黑人投票將導致財富重分配，內戰之前南方農場主已經針對這一點提出警告。有黑人選民的民意代表必須想出圖利黑人選民的計畫，這些計畫唯一的經費來源就是向辛勤工作的白人課稅。而由於貧窮的非裔美國人不必付稅，他們根本不擔心稅收必須被謹慎節制的運用，使得政府計畫「將淪為史上最浪費、最腐敗之列」。他們將會「三天兩頭地搶劫」，「浪費巨額經費支出」興建道路、學校、醫院、庇護所和其他公共機構。根據民主黨人的說法，政府為非裔美國人規劃的政策將讓白人永遠無法翻身。

民主黨宣稱，不僅是南方有危險，整個美國都有危險。為了爭取黑人選票，政客必須承諾為非裔美國人「特別立法」，使得黑人少數族群可以主宰國家政策。《紐約世界報》警告說，非裔美國人選民將左右下屆總統的選舉，而總統必須照他們的意旨施政。[26]

說得客氣一點，這種說法是恣意錯誤解讀南方的情況。說得難聽的話，它根本就是漫天撒謊，受到極大多數是前邦聯分子的南方記者替剛成立的美聯社（Associated Press）所撰寫的新聞報導的推波助瀾。不論是哪一種情況，它成功地讓很多人相信，共和黨違背了林肯當初的主張，沒有運用聯邦政府來促進個人向上流動的機會，而是應驗了詹姆斯．哈蒙德當初的指控：共和黨意圖財富重分配。[27]

魏德的駭人之語

在內戰之前當共和黨人討論黑奴在遙遠的南方賣命工作時，宣揚每個人都應該有平等的機會崛起、對政府事務有平等的發言權的主張，似乎相當討喜。但是在內戰期間，北方的情況變了，突然間許多共和黨人開始對在家鄉推動全面普選的主意卻步了。讓他們不安的是工會的崛起。美國從來沒有過組織良好的勞工運動。南北戰爭之前，有些城市工人成立產業工會，但是戰爭連這一層級的組織也全都掃除一空。由於男丁流向戰場和西部礦區，失業率因此降低、工資也恢復穩定，很少有工人想要組織工會。而想要籌組工會的工人則徹底失敗，因為他們的雇主說服政府相信工人刻意削弱北方聯邦的作戰努力。政府領導人派士兵驅散工會，以確保戰時的生產力。[28]

不過，戰爭一結束，工人就開始組織起來。戰爭期間，實質工資沒有跟上通貨膨脹，工廠全力趕工、供應部隊軍需，工作環境惡化也沒有處理。城市工人擔心，戰爭名義上是為了保障所有工人都有能力賺得更多，但實際上卻造成他們更窮。戰爭一結束，他們立刻爭取改善工作環境和每天工作八小時。

一八六六年八月，第一個全國性的總工會組織起來。「全國總工會」（National Labor Union）的第一次會議非同小可：它吸引了六萬人出席。大部分工人倡議組織只是為了希望有機會獲得舒適的生活，但是這個組織的領導人在大會之後發展出來的決議卻宣布，工人必須加入工會以改造工業制度的欺壓。這種想法在美國並不受歡迎，但是也並不獨特：卡爾·馬克思就支持全國總工會組織工人的努力。他把它視為類似他自己在日內瓦推動的「國際工人協會」（International Workingmen's Association）[*]。[29]

有組織的工人崛起，讓共和黨人大為意外。他們對「工人」的定義形成於戰前的農村城鎮。當他們建構他們的政治經濟學思想時，他們想像的個人是替小財主或地方農人工作，慢慢累積銀行存款，開始成家，再逐漸自己成為小財主。突然間，他們面對的個體勞工似乎希望透過操縱法律而非辛勤工作來累積財富。這顛覆了他們的想像。

面對工會崛起，共和黨要如何調整呢？它是否支持工人的組織呢？某些黨員接受工會是反抗寡頭壟斷之抗爭的合理結果。他們認為，畢竟共和黨的初衷就是保護工人。經濟菁英過去擁有奴隸，如今擁有工廠，兩者沒有實質差別。這些共和黨人的思想源起於共和黨在西部的根，認為黨的使命就是防止富人控制社會。

但是其他人看到勞工組織就畏怯，而最後這一派人的主張勝出。內戰時期已經改變了共和黨的重心。北方民主黨人在南北分裂之後重新整合，共和黨再也不能倚賴西部人作為選票基礎。若是不能控制紐約，它就不可能持續控制全國政府，而林肯在一八六四年已經認識到，沒有華爾街的支持，就不可能守住紐約。反富人雇主的立場在戰前或許可以成功，在戰後可就寸步難行。東部生意人對勞工組織是敬謝不敏。

俄亥俄州聯邦參議員班傑明・魏德（Benjamin Wade）在一八六七年掀起的一場公開大辯論，迫使共和黨與工人保持距離。魏德靠趕牲口起家，在伊利運河（Erie Canal）工作，然後研習法律、投入政界。他領導的一派人馬認為，共和黨在致力於推動自由勞工之後的下一步，就是主張「階級積極主義」（class activism）。他因為演講激烈、煽情而聲名大噪，而參議院在一八六七年三月推選他為臨時主席（president pro tem），實質上使他成為代理副總統。反對他的人擔心他會在一八六八年出馬角逐總統寶座。[30]

一八六七年夏天，魏德和幾位參議員結伴到西部，考察他們保護免受蓄奴制滲透的這塊土地。六月中旬，他們的火車停靠在堪薩斯州的勞倫斯鎮（Lawrence），魏德在此發表一篇慷慨激昂的演說。他究竟講了什麼並沒有留下確切的證據，因為他沒有準備講稿就講話，事後又對唯一在場的記者之報導提出異議。這個記者宣稱魏德向財產宣戰；他為推翻奴隸制而歡呼，又預測美國下一場戰鬥將是勞資之間的鬥爭。記者宣稱魏德說：「財產沒有平均分配，必須要做到更平均

＊　譯按：通稱第一國際。

地分配資本。」現在歸他領導的國會已經為解放奴隸做了不少事，現在必須去處理「勞動者和不勞動者之間可怕的差異」。[31]

這篇演講成為頭條新聞，因為這位記者是替《紐約時報》發稿，而《紐約時報》在一八六五年堅定支持紐約市商人的利益。即使魏德和其他在場的參議員都堅稱記者的報導和他的發言有出入，《紐約時報》編輯不肯放過這個議題。《紐約時報》聲稱魏德蠱惑民心，醜化美國經濟。它堅稱，每一個苦幹實幹的工人都可以在美國出入頭地。「本地勞工有機會使他們本身成為這個國家的財富的股東，也可以成為資本家，就好像在他們之前的資本家十個有九個是這樣起家的。透過勤勞、節儉和聰明的大膽嘗試。」試圖藉由法律的力量致富會傷害到社會。魏德和其他的激進派只想試圖財富重分配。如果他們得逞，他們將摧毀美國。[32]

《紐約時報》對這項談話的報導使得許多共和黨人惴惴不安。他們的領導人一向主張，國家經濟成長的潛力無限，生產日益增加可使人人發達致富。可是魏德似乎是說，勞資之間將陷入有限的財富的爭奪戰，有如民主黨人所說一般。魏德實際的評論或許有意吸引大家注意醜陋的事實：共和黨戰時的立法造福工業家勝於照顧他們的工人，這種失衡必須妥善矯正。共和黨人在內戰期間對這個議題已經有大量討論，在辯論修訂所得稅法時也明確承認它。但是《紐約時報》卻說魏德把美國經濟描繪為勞資之間的戰爭。這聽起來很危險，很像詹姆斯．哈蒙德所形容的恐怖世界。[33]

一派是支持人人有權利參與政治，另一派是擔心激進主義，這兩派共和黨人之間的緊張不但導致黨內的對立，還在未來十年之內使得共和黨淪為維護大企業的政黨。問題始於對戰術的爭辯。鑑於南方白人對黑人權利怒目相向，加上輿論倒向反對魏德及他對勞工的評論，絕大多數共和黨人覺得十分必要向選民擔保他們不是激進派，而且在一八六七年秋天選舉前要採取溫和派立場。但是班哲明．魏德和查爾斯．孫木楠這兩位參議院內最有勢力的共和黨人，卻走向完全相反的方向。他們認為共和黨在力爭平等權利時應該更強悍，而不是退讓。他們要求在南方實施更徹底的重建措施，包括農場主在獲得赦免前要把土地分給前奴隸，也要在北方及南方都確立黑人投票權。國會共和黨人完全明白這種激進方案在即將到來的選舉中會失去選民支持，甚至有可能讓民主黨控制國會，也可能扼殺共和黨在平等方面已經達到的成績，因此他們把這些提案擱置在委員會裡。[34]

孫木楠對此勃然大怒。在接受一位記者訪問時，他把重建的失敗統統怪罪在同黨同志身上。更糟的是，他指名道姓批判。他痛斥年老的威廉．費生登行動「近似精神錯亂」，譏笑他是鄉野村夫。孫木楠對於平輩一向尖酸刻薄，對於年輕輩的國會議員則是動輒出言侮辱，他暗諷年輕輩的國會議員根本一無所知，不了解他們的工作職掌。孫木楠上了年歲的同僚非常氣憤，但是傷害更大的是一位年輕人的怒火，來自紐約的羅斯科．康克林（Roscoe Conkling）。康克林是個暴躁又自我中心的人，對於任何得罪過他的人睚眥必報。這兩人之間的恩怨將使共和黨一分為二，此後的種種衝突毀了共和黨對平等的承諾。[35]

每個人都緊張地盯著即將到來的選舉。美國人好不容易把他們的政府從一個過時的寡頭財閥政治手中搶救出來，難道是為了要把它交給激進的工人嗎？最後的結果是：不會。有位共和黨人鬆了一口氣說，這次選舉「痛扁了野人」。在南方，選民選出溫和派代表參加憲法會議。反對者尖叫說，代表們是黑人激進分子，但事實上只有大約百分之三十的代表是黑人，而且幾乎全都來自擁抱溫和共和主義的百分之十的黑人社區。其餘大多數是本地土生土長的白人；大約百分之二十五的人是戰後遷到南方的白人。在北方，選民也偏好溫和立場。他們讓一些共和黨人落選，包括班傑明．魏德。紐約的康克林順利進入參議院，這是他以鬥倒像魏德和孫木楠這樣的上一代共和黨激進分子而迅速崛起的開端。[36]

一八六八年二月，跛鴨國會裡的激進派議員放手一搏，試圖把強生總統趕下台。眾議院以一百二十六票贊成、四十七票反對，通過彈劾總統。彈劾書列舉強生漠視某些法律，但是大致上他們控訴他「企圖羞辱、嘲笑、仇恨，藐視和譴責美國國會」。為了增強效果，他們還引述他在演講時自比是耶穌基督。[37]

但是參議員們沒有眾議員們那麼熱中於罷黜總統。溫和派共和黨人並不喜歡強生，但是他們困惑的是，只因為總統與國會意見不合，就應該罷免他嗎？他們也躑躅不前，很擔心把那時候仍然是參議院臨時主席的班哲明．魏德送進白宮。參議院表決的結果是三十五票贊成、十九票反對，離通過彈劾案必需的三分之二票數少了一票。七位共和黨參議員，包括孫木楠的宿敵威廉・費生登在內，偕同十二位民主黨參議員，投票護住強生的白宮寶座。共和黨人開始疏遠孫木楠和魏德之流。

鑒於共和黨分裂為兩派，一派主張維護黑人權利和有組織的工人，另一派則擔心勞工積極主義會導致財富重分配，黨的主事者採取聲東擊西的方針，它日後成為黨領導人常用的論述技巧。他們透過力推唯有共和黨才愛國的觀念來爭取選民的認同。一八六八年共和黨全國代表大會之前不久，約翰・羅根（John A. Logan）主持一項會議，把參加過內戰的海、陸軍人組成一個政治組織。雖然還未命名，它成為「共和國大軍」（Grand Army of the Republic）的前身，這個組織很快就被通稱為GAR。會議宣布，與會退伍軍人全心全意支持共和黨作為唯一信守忠誠及法律之前人人平等之原則的政治組織。[38]

在退伍軍人支持下，羅根將軍提名格蘭特為總統候選人，其政綱歸本於林肯和共和黨創黨的自由勞工理論。共和黨在政綱中譴責民主黨，把過去幾年的問題怪罪到強生身上。他們堅稱，他根本不是真正的共和黨人，並且保證他們的計畫將替國家帶來自由勞工所許諾的欣欣向榮。格蘭特在全代會上獲得全票支持為黨出征。真正的問題是誰會獲得提名成為副總統候選人？這將揭曉究竟是激進派還是溫和派將控制共和黨。[39]

競爭者是班傑明・魏德和魯賓・芬頓（Reuben Fenton）。前者畢竟是下一順位的總統繼任人選，後者則是紐約州州長、高超的幕後影武者。魏德顯得勝券在握，但是芬頓把他掌握的票源投向來自印地安那州的溫和派眾議院議長柯爾華克斯（Schuyler Colfax），使得柯爾華克斯獲得副總統候選人提名。紐約幫壓倒了激進派。[40]

格蘭特接受提名的聲明呼籲各方保持冷靜。他保證，倘若當選總統，在經濟政策方面會盡心盡力執法，「著眼於為各地帶來和平、寧靜和安全」。它所帶來的和平與全面繁榮將會降低稅負、償還國債。聲明雖然簡短，但語言鏗鏘有力，以至於日後他的回憶錄洛陽紙貴。格蘭特聲明的結尾是非常有名的四個字：「讓我們享有和平。」（Let us have peace）[41]

格蘭特的勝利

共和黨在十一月的選舉中獲勝。選民摒棄將工人與富人對立的經濟激進主義，完全摒棄強生的南方政策，也堅持在南方推行自由勞工制度。不過，最重要的是，選民支持和平的想法。格蘭特承諾要以寧靜、公平的方法跨越戰爭的仇恨，經過四年的血腥交戰和三年經常升高為暴力衝突的敵對，美國人想要休息了。

他們也盼望，自從林肯及其同志談論「奴隸力量」的落後以來就一直期待的繁榮富裕能夠實現。共和黨人很有信心的預測，現在憤恨不滿的南方白人已被徹底地擊敗，南方人將與全國其他地區攜手合作，一齊建立自由勞工的經濟。一旦落實，整個美國都可以實現經濟成長。南方的農田會興旺，商業會復甦，創業家會開發新資源，移民會湧入美國，經濟會飛騰。當時，費城的《晚間快報》（*Daily Evening Bulletin*）報導：「偉大的共和黨最後將驕傲地知道，在這一場競賽中它一直都是對的，且鐵證如山，而它所擁護和堅守的原則與政策，最終將為國家取得永久的和平。」[42]

第四章
內鬥與放棄平等

一八六九年三月四日，華府籠罩在冷冽的薄霧中，但是泥濘的街道上的水窪和頭上烏雲可能會降下滂沱大雨的威脅，澆熄不了數千名群眾的熱情，他們夾道等候目睹率領北軍贏得內戰的英雄就任總統的風采。載著新總統的馬車駛近國會山莊時，群眾爆出如雷的歡呼，好幾個管樂隊奏出震耳欲聾的響聲。群眾一直往前擠。當現在已擔任聯邦最高法院首席大法官的薩爾蒙・蔡斯主持就職宣誓時，全場鴉雀無聲。格蘭特吻了聖經之後，二十一響禮砲響起，群眾再度以狂聲慶賀迎接新總統。根據一位激動的記者的描述，喝采之聲向美國民眾宣示：「安德魯・強生的政府已經成為過去，格蘭特政府將以忠貞、真相和愛國熱忱展開歷史的新頁。」[1]

在格蘭特的就職演說中，強生政府彷彿根本不曾存在，但是新任總統無法抹煞掉自從他接受李將軍投降後四年來發生的事情。對於許多美國人而言，格蘭特代表了戰爭時期最堅強的動力：對平等和個人機會的堅持不懈，並願意誓死捍衛它們。但是自從一八六五年來的政治鬥爭卻動搖了北方人的信念。他們原本以為新國家將在人民放下爭執、重新團結之後向前邁進。但在政治方面，強生已奠定了民主黨的論述，並把權力交還給南方白人支持者，允許他們在全國脈絡中繼續操弄種族歧視和階級矛盾。剛萌芽的勞工運動也蓄勢待發，加上共和黨權力中心從西部移往東部，這些都使得共和黨的溫和派感到恐懼。[2]

格蘭特也處於一個非常尷尬的地位，他必須調整共和黨的方向，才能兼顧南方及北方選民的不同期待。在一八六八年選舉前，共和黨已經明瞭如果他們競選時要堅稱他們重建南方各州的計畫非常成功，他們就不可能繼續不讓這些州重新加入聯邦，否則也就證實了民主黨的指控：共和黨根本沒有意願釋出權力，讓民主黨有機會可以再控制政府。因此，六月間，國會允許下列七個符合要求的州重新加入聯邦：阿肯色、阿拉巴馬、佛羅里達、喬治亞、路易斯安那、北卡羅萊納和南卡羅萊納。有了這些州重回聯邦，格蘭特就必須讓共和黨的主張既能討好南方選民，也能吸引北方選民。

但是由於共和黨同志扯後腿，很快就削弱格蘭特爭取全美國人支持北方的自由勞工經濟的努力。一八六九年，格蘭特就任總統時，針對政府在戰後該扮演何種角色，美國人展開了辯論。果真如共和黨所堅持的，政府積極主義是促進人人機會平等的方法嗎？或者因為它吸乾了納稅人的錢去照顧懶惰的群眾，而群眾又讓腐敗的政客當家，因而它頗有摧毀立國精神、進而摧毀美國本身之虞呢？

在第一個任期內，格蘭特總統為了爭奪黨的控制權而爆發劇烈的人事鬥爭，導致共和黨傾向採取後者的詮釋。老派共和黨政治家在查爾斯．孫木楠領導下，拒絕接受這位暴得大名的將軍作為黨魁，他們決心從他手中奪權，因此抨擊黨的重建政策。他們開始歧視黑人與白人的勞工，這類似當年詹姆斯．哈蒙德的立場，並改口聲稱西部牛仔才能展現真正的美國個人主義精神，他們是懶惰的前奴隸及城市工人的對立面。一八七二年，他們造成黨的分裂，抨擊政府官員依然堅持積極作為的政府是為了推動財富重分配。他們在選舉中落敗，但是說服了大多數黨員相信，林肯旨在促進機會平等的政府積極主義，其實就是社會主義。到了一八七二年，共和黨轉身一變，變成反對共和黨創立時奉為中心思想的積極主義。

孫木楠的暴怒

爭奪控制共和黨的鬥爭在格蘭特就任總統之後立即展開。格蘭特和在他之前的林肯一樣，是個貧窮的西部人。雖然從西點軍校畢業，他從來不是一個斯文人。他是位傑出的將領，後來也成為傑出的作家，他的《回憶錄》（*Memoirs*）有助於點燃美國文學的現實主義運動，但是他從來沒有受到華府的政治菁英的歡迎。

格蘭特在黨內最大的勁敵是孫木楠參議員，孫木楠自從成為遭到南方暴君欺壓的北方代表性人物之後，他的狂妄就更加肆無忌憚。孫木楠相信自己是個偉大的政治家和共和黨真正的領導人，高高在上地發號唯一可接受的重建政策和外交政策。孫木楠在一八六八年競選期間譏諷格蘭特，宣稱他完全不夠格擔任總統。就某個角度看，孫木楠說得對。格蘭特的經歷賦予他的技能跟精明政客的才幹有所不同。[3]

格蘭特的專長是軍事。軍事將領在戰場上一決勝負，能否成功取決於讓專業判斷主導一切。格蘭特在繼任總統時以為領導國家與領導軍隊一樣，在與國家利益抵觸時，政治會退讓。基於這樣的信念，他誤以為在任官派職時應當置國會議員的建議於不顧，如此才能超越盤根錯節的利益交換之上。不過，很快的，由於他沒有通過正常的政治渠道，遭到總統怠慢的共和黨人開始指控他「用人唯親」；格蘭特覺得他至少必須派用他們推薦的若干人選。[4]

他的努力沒有緩和黨內的緊張關係。當孫木楠一夥人毫不掩飾他們瞧不起這位西部大老粗時，格蘭特開始與沒把他入主白宮當作是年度笑話的另一派人士聯手合作。渴望和格蘭特合作的一位國會議員就是和孫木楠在前一個夏天鬧翻的紐約州聯邦參議員羅斯科．康克林。康克林是個聰明人、傑出的演說家，但也很自負、心胸狹窄、錙銖必較，除了最親密的朋友之外，他痛恨任何忤逆他的人。十九世紀的政治人物必須靠著向身邊的群眾笑臉迎人、噓寒問暖才能攀登上位，康克林這種性格可說是獨樹一幟的怪咖。康克林的才智足以躍登全國政治頂峰，但是他寧可取代梭羅．衛德，做紐約的一方之霸。[5]

格蘭特需要紐約的支持。紐約是全美國最富有的州，參、眾議員共三十二席，掌握最多的選舉人團票數。到一八七二年大選時，又將增加為三十五席，比賓夕法尼亞州的二十九席多六席，比俄亥俄州的二十二席多十三席，比伊利諾州的二十一席多十四席。其他州都沒有超過十五席，絕大部分甚至不到十席。具有這樣的分量，紐約州通常左右了總統大位獎落誰家。格蘭特在一八六八年以些微差距輸掉紐約州，全拜南方黑人選民的支持才勉強勝選。一八七二年若能搶回紐約州的三十五張選舉人團票，他就幾乎篤定當選連任。格蘭特也懂這麼簡單的算術。他急欲尋求與紐約共和黨人合作。

當格蘭特推動的第一項政治工作就導致他和孫木楠之間爆發黨的控制權爭奪戰時，他與友好的康克林逐漸發展為同盟伙伴。和林肯一樣，格蘭特首要的政治焦點是發展經濟。總統急於讓美國兼併聖多明各島（San Domingo）——今天的多明尼加共和國——以便替美國商品在加勒比海找到市場。格蘭特忽略正式的外交管道，委派自己的私人秘書歐威爾・巴布科克（Orville Babcock）到聖多明各島磋商兼併條約。直到巴布科克帶著已經簽訂的條約回到華府之前，格蘭特都沒有照會權勢極大的參議院外交關係委員會主席。那不是別人，正是查爾斯・孫木楠。[6]

到了這時候，格蘭特曉得他必須使些政治手段，但是太遲了，已經平息不了孫木楠的怒火。一八七〇年一月初某個星期天晚上，孫木楠正和兩位新聞記者一起吃晚飯，僕人進來報告總統登門拜訪。格蘭特從白宮步行過來，認為這算是對孫木楠相當周到的禮數。他移樽就教，親口向孫木楠解釋，他即將把聖多明各條約咨請參議院核准通過。[7]

接下來的變化造成兩人兵戎相見，進而撕裂共和黨。格蘭特顯然認為孫木楠會服從總統的領導而支持條約。在總統告辭前，在座一位記者問孫木楠他是否贊成。雖然這位記者相信孫木楠愉快地向總統保證他會支持條約，可是孫木楠日後堅稱他只是答應會仔細思考這件事。事實上，孫木楠聯手參議院民主黨人扼殺總統的得意之作。格蘭特認為，依據這項條約美國明明可以取得一個寶貴的海軍基地與控制加勒比海的鎖鑰，孫木楠卻在明白承諾支持之後，故意封殺它。孫木楠蠻橫自大的作為，使得格蘭特此後放棄和孫木楠這一派人馬合作的任何念頭。[8]

在擴大政治支持上，格蘭特捨棄類似孫木楠這些年邁的第一代共和黨政客，他們已經強大到可以為所欲為，甚至阻撓總統的意志。格蘭特轉向年輕世代，他們的權力基礎仍小，渴望得到總統的厚愛。這些人以康克林為首；他跟格蘭特一樣，都和孫木楠有嫌隙。自從孫木楠去年出言不遜以來，康克林就和他交惡。當康克林接掌紐約共和黨領導權時，他身為格蘭特左膀右臂的地位就穩固了。

格蘭特和孫木楠的不和開始使黨的領導層分裂為兩個陣營。格蘭特把經孫木楠推薦而派任的政府官員全部開除。孫木楠為了報復，也因為他無法相信其他人的意見會比他的進言更重要，他在一八七〇年夏天發動對總統的一連串攻擊，指責他是受人操縱的無知傀儡。他的盟友為他搖旗吶喊，但是其他共和黨人則因為害怕又要爆發國會和總統分裂的政爭，開始疏遠孫木楠。[9]

德瑞克在密蘇里的一黨專政

一八七〇年夏天，在共和黨的控制權懸而未決之際，遠處的密蘇里州一樁預料之外的政治事件卻產生極大的影響。密蘇里突然間儼然像是全國的縮影。它的實驗將回答「共和黨的大有為政府究竟是促進平等，抑或是滋生專制？」這個問題。密蘇里是《密蘇里妥協法案》界線之北

鄺特里爾遊騎隊在一八六三年襲擊堪薩斯的勞倫斯鎮，屠殺一百八十二人，焚燬一百八十五棟建築。圖片來源：維基百科。

唯一的蓄奴州，居民的效忠對象不一，以至於州內的內戰打得特別血腥，聯邦派和邦聯派殺得見骨。邦聯派有一支「鄺特里爾遊騎隊」（Quantrill's Raiders）——傑西．詹姆斯和他哥哥佛蘭克．詹姆斯（Jesse and Frank James）在這支游擊隊裡練就一身本事——他們騎馬衝進聯邦派的城鎮，雙槍齊發屠殺無辜百姓，然後迅如疾風地揚長而去。

這些游擊隊的恣意濫殺，促使密蘇里共和黨人趨於激進。內戰進入最後幾個月時，州憲修訂大會在聖路易召開，聯邦派保證除了堅貞共和黨員之外，任何人都不能投票或擔任本州政治職位，藉此懲罰游擊隊。任何人只要曾經協助南方邦聯，一概剝奪投票權，即使只是幫忙送信、或請支持邦聯的人吃一頓飯，都列在褫奪投票權之列。雖然這項激烈作法在遭到游擊戰撕裂的地區，有它的道理，但是它也代表除了鐵桿共和黨人以外，所有的人都無法投票。由於法院陪審員是從選民名冊中挑選，這麼做也代表除了共和黨人之外其他人都當不了陪審員。聯邦派也要求傳教士、律師和教師要宣誓效忠聯邦。因此之故，共和黨不僅控制了密蘇里的選舉和陪審團，也壟斷所有的宗教、課堂和司法程序。[10]

這部州憲被掛上密蘇里共和黨領袖查爾斯·德瑞克（Charles Drake）的名字，一般人稱它為「德瑞克州憲」（Drake Constitution）；但是反對共和黨的憤怒群眾稱它為「德拉古法典」（Drakonian Code）。*選民在一八六五年六月通過它，贊成票四萬三千六百七十票，反對票四萬一千八百零八票；鑑於只有共和黨人受歡迎去投票，正反兩面票數如此貼近，令人吃驚。這部新州憲立刻遭到各方抨擊，因為它形同於建立一黨專政模式，連不是邦聯派人士都不敢苟同。國會在一八六八年夏天批准南方各州重回聯邦之後，這部州憲面臨更多批評，因為准許南方各州重回聯邦，意味在昔日邦聯州的民主黨人擁有的政治權利，聯邦州密蘇里的民主黨人卻沒有。但是德瑞克這幫人不願交出任何權力。他們對密蘇里州的宰制，不只在民主黨人眼中、連許多溫和派共和黨人都認為不符合美國的共和精神。於是他們和民主黨人攜手對抗德瑞克及其黨羽。[11]

* 譯註：德拉古（Draco）是西元前七世紀雅典立法者，整理雅典口頭相傳的法律，訂出第一部成文法典，俾便遵行。但是由於法律規定嚴苛，大小罪行幾乎全是判處死刑，因此「德拉古法典」成為惡法之代名詞。

一個奇妙的巧合使得密蘇里發生的事件攸關到格蘭特和孫木楠的鬥爭。在密蘇里向德瑞克一夥人挑戰的主角是卡爾・舒茲（Carl Schurz），偏偏他是查爾斯・孫木楠的好朋友。舒茲是共和黨一位重要領袖，曾經參與一八四八年的日耳曼革命戰爭，因為戰敗才逃到美國；他帶著建立共和政府的火炬來到新世界。自從建黨初期，舒茲就是堅決的共和黨人，他把號召日耳曼青年學生獻身革命大業時所練成的演講技能，轉移在美國相同的革命熱忱上。他率領德裔美國人投入共和黨陣營，協助共和黨在一八六〇年關鍵選戰獲勝，一度出任美國駐西班牙大使，也曾在南北戰爭的東線戰場作戰。[12]

戰後，舒茲應強生總統之請在南方各州考察，針對南方狀況寫了一份觸目驚心的報告，而這份報告有利於激進派共和黨人。但是，舒茲一向對政治極端主義保持戒心。他本身對激進主義的嚮往在一八四八年就死心了，那一年他和卡爾・馬克思會面，發現馬克思傲慢得惹人厭。舒茲日後回憶說，馬克思的趾高氣揚使得許多原本可能成為追隨者的人掉頭而去。舒茲本人似乎也是如此。[13]

舒茲擔心共和黨正往專制主義演進。一八六八年，他在密蘇里各地奔走，為格蘭特及共和黨人助選，但是在同一個選舉周期，他和查爾斯・德瑞克槓上；德瑞克在一八六六年當選聯邦參議員，把密蘇里州當作他的封建采邑在經營。密蘇里州另一席聯邦參議員出缺，德瑞克期待他所掌控的州議會會選出他的親信補缺。可是，舒茲極力爭取這一席，努力要從德瑞克黨徒手中搶下它。[14]

舒茲和他的朋友堅持，德瑞克在密蘇里的隻手遮天，和他們奮勇犧牲性命捍衛的共和精神不能相容。當舒茲人馬開始爭取州議員支持時，德瑞克傲慢地輕視這位普受尊敬的德裔美國人領袖，引發眾人對舒茲的同情。更糟的是，德瑞克侮辱移民，偏偏許多議員依賴移民的選票。州議會裡的共和黨黨團推舉舒茲為聯邦參議員。國會在一八六九年三月開議，他前往華府就職時誓言他將要清掃共和黨內的獨裁者，不僅要消滅密蘇里的德瑞克，也要剷除整個政府內的敗類。[15]

西部牛仔對抗東岸政府

西部的歷史和全國其他地區的歷史不一樣，舒茲與政治派閥的抗爭能在全國獲得響應，是因為它不僅掌握密蘇里人的情緒，也掌握到西部平原一般拓荒者的心聲。政府和東部的拓殖開發沒有太大關係，但是華府政客卻很特別，是把移民送到西部平原的推手。他們制訂《公地放領法》、鼓勵農民西進，以政府經費補貼鐵路、運送移民，以政府丈量土地，確立界限，並動用聯邦軍隊保護移民、對抗印第安人。不過，移民的時機主要發生在南北戰爭之後政治動盪的年間，但是因為民主黨不斷宣傳共和黨政府歧視辛勤工作的白人，西部地區發展出一種奇異的心態，即居民打從心底排斥那個當初協助他們到西部開墾的同一個政府。他們的仇恨伴隨著畜牧業一起發展；由於德州人趕著大批牲口到東部市場、各地兵營和主司印第安事務的單位，畜牧業一片榮景，政府必須維持大量牲口以供應和印第安部落簽訂條約所承諾的每月兩次的配給。

畜牧業能夠在內戰結束就立刻發達起來，意味它將在美國政局扮演特殊又重要的角色。大多數畜牧業者和他們雇來的白人牛仔是前邦聯分子，他們曾投入內戰，最後落得身無分文，只剩下一套衣服和騎馬弄槍的本事。他們不愛聯邦政府，即使在做生意時也不會改變這種態度。他們痛恨聯邦法令不准殺印第安人，並且堅稱聯邦軍官仍然痛恨昔日的南方敵人，在買牲口時會欺騙他們、偏袒北方畜牧業者。見到他們鄙夷的聯邦派人士得到政府優惠對待，更證實這些前南方邦聯畜牧業者的觀念，認為聯邦官員貪汙腐敗。[16]

隨著畜牧業在戰後的興起，牛仔也被賦予了一種與眾不同的形象。深陷在戰後的政治惡鬥中的民主黨人，尤其是舊邦聯的民主黨人，想像西部是還未受到他們痛恨的共和黨政客所染指的淨土。他們對牛仔充滿想像，認為牛仔是能打拚、懂享樂、重榮譽、自立自強，且對政府無所求的男子漢。在民主黨報紙編輯的筆下，牛仔的生活被賦予浪漫的想像，而貧窮、危險和令人吃不消的工時等真實的遭遇，卻被視而不見。牛仔體現了民主黨人所相信的勤奮美德，而共和黨人透過創造一個照顧懶人的巨大官僚政府，正在摧毀這種美德。到了一八六〇年代末期，趕牛是西部大平原上常見的景色，民主黨人把牛仔看作是強悍的個人獨立的象徵，是共和黨人正在摧毀的價值。[17]

密蘇里州有位民主黨報紙編輯，把西部人對政府的反感，和民主黨反對德瑞克在密蘇里州的獨斷獨行兩者結合起來。前邦聯派人士約翰·艾德華茲（John Newman Edwards）認為，在密蘇里州新近強大的共和黨政府正四處迫害認真打拚的美國人。他主持的《堪薩斯時報》（*Kansas City Times*）抨擊德瑞克的黨機器正是政府擴張會造成什麼樣的威脅的血淋淋教訓。在他筆下，從「鄺特里爾遊騎隊」出身、肆意打家劫舍、殺人放火的傑西·詹姆斯，反而成了英雄。當共和黨籍州長懸賞捉拿詹姆斯兄弟時，艾德華茲開始刊登詹姆斯的投書，把這位亡命之寇描繪成政治獵巫下無辜的受害人。詹姆斯堅稱他沒有犯下扣在他頭上的罪行（雖然他的確犯了罪行），但是他沒辦法投案，因為他是支持邦聯的民主黨員。密蘇里州的律師、法官和陪審團全是強硬的共和黨人，他沒辦法受到公平審判。在艾德華茲的專欄裡、以及全國民主黨人心目中，傑西·詹姆斯成為勤勤懇懇地工作、卻被腐敗的政府壓迫的善良老百姓的代表。[18]

西部個人主義英雄挺身對抗東岸腐敗政府的形象，隨著卡爾·舒茲用它來強化孫木楠對格蘭特總統的攻擊而日漸深入人心，最終成為美國政治神話裡的一個關鍵。舒茲本身之所以當選參議員，就是因為善加利用西部人的憤懣情緒，將他對獨裁者德瑞克之挑戰與之連結在一起。接下來在一八七〇年夏天，當共和黨全國黨機器的控制權猶在未定之天之際，舒茲又祭出同樣的西部說詞來指控整個格蘭特政府。[19]

當密蘇里共和黨人開會推選州長候選人時，大家都曉得舒茲的攻擊即將登場，大家也都曉得他的攻擊將象徵共和黨路線方向的鬥爭。因此當共和黨員在傑佛遜市開會時，全國政客和記者都擁入大會會場觀察事態發展。渴望看好戲的人沒有失望。德瑞克拒絕交出控制權，舒茲這一派人馬退出會場，走到州議會大廈另一端，組成他們自己的競選團隊。他們自稱是「自由派共和黨人」（Liberal Republicans），其主張為古典自由思想，即個人應該受到保護、不受國家過度擴權之擾。他們提名曾任聯邦參議員的葛瑞茲・布朗（B. Gratz Brown）競選州長，有一對巨大招風耳的布朗雖與德瑞克有深厚的關係，還是加入反德瑞克陣營，並且保證會讓昔日的邦聯派人士再度參加密蘇里的公職生活。格蘭特這一派的政治大老努力打擊自由派共和黨人，但是舒茲這一派人馬贏得選舉，結合不滿德瑞克擅權的密蘇里老鄉把布朗送上州長寶座。[20]

舒茲挾在密蘇里新勝之勢，把捍衛西部式個人主義之戰帶到華府，向格蘭特總統及全國共和黨宣戰。一八七〇年十二月，他在參議院發表一篇強而有力的演講，堅稱共和黨已經失去原則，現在只為鞏固權力而存在。舒茲指控總統把政治生命押注在操弄政治交易的政客身上。格蘭特也試圖回擊自由派，除了忠貞的德瑞克人馬之外，把其他全都州政府官員都開除，他還要求有官職在身的人要出錢資助對付舒茲和布朗的選戰。舒茲說，格蘭特唯一的藉口是他是政壇菜鳥，被工於心計的顧問誤導，這些人不是他真正的朋友，他們把他的政府「像妓女一般賣掉」。[21]

舒茲對格蘭特的攻擊，鼓勵了孫木楠採取更強硬的立場反對總統。這位麻薩諸塞州聯邦參議員說服自己相信，共和黨正在重演一八五〇年代的危機，當時的共和黨人抨擊「奴隸力量」這個強大的少數派正試圖吞噬政府。他堅稱，聖多明各條約就像《堪薩斯—內布拉斯加法案》：這是一位腐敗的總統想把奴隸制度強加在一個不情願的領地的野心。孫木楠的所謂的重演一八五〇年危機的演講，可謂集荒唐之大成。民主黨人興高采烈地引用孫木楠對總統的攻擊，以至於康克林怒斥孫木楠對本黨同志的作為徒讓親痛仇快。[22]

國會現在已經包含南方及西部產生的議員，孫木楠嚴重誤估自己的實力。格蘭特總統的國務卿漢彌爾頓．費希（Hamilton Fish）是孫木楠的二十年老友，當費希選擇與總統站在同一邊時，孫木楠心痛不已，並拒絕再跟費希交往。到了一八七一年初，康克林竊喜孫木楠的態度已經使得白宮無法與參議院外交委員會合作。很顯然，一定得拔掉孫木楠在這個重要委員會的主席職位不可，否則美國外交無法運作。[23]

第四十二屆國會在一八七一年三月開議，共和黨黨團拔掉孫木楠此一令人垂涎的主席職位。舒茲和其他人試圖保衛他們的朋友和長年的共和黨領袖，但是他們票數不足，輸給新進共和黨人和民主黨人。格蘭特在白宮高興極了，他說他必須拿孫木楠殺雞儆猴，「讓這些人得到教訓，明白抨擊政府就不能沒有後果」。[24]

格蘭特贏了戰役，但是戰爭並未結束。黨已經分裂，孫木楠和舒茲等共和黨人堅稱，只有他們堅守黨的真正原則。當格蘭特這一派人努力想要靠侍從體系與優惠政策鞏固他們在地方的權力時，這些「自由派」共和黨人談的是全國政策與原則。他們認為格蘭特和他的爪牙親信只想中飽私囊。反之，他們師法西部牛仔的精神，提出一種獨立奮鬥、勤奮不懈的男人的形象，只要政府不干預他們，他們就能翻身崛起、功成名就。

葛里利背棄了創黨精神

共和黨內看來微不足道的茶壺裡的風暴，卻對黨及美國產生極大的影響。挺諷刺的是，孫木楠的政治生涯是以堅守原則的廢奴主義者起家，自命為全國第一號非裔美國人權利的捍衛者，然而他發動的反格蘭特政爭卻摧毀了共和黨在南方建立公平的自由勞工制度的努力，也終結了共和黨對追求機會平等這個創黨精神的的堅持。

格蘭特人馬把孫木楠擠下參議院外交事務委員會主席位置之後，孫木楠和格蘭特之間的鬥爭開始使得重要的共和黨報紙也轉向反政府。孫木楠雖然是個令人難以忍受的自大狂，但是確實也是德高望重的黨內元老。他堅守原則、反對蓄奴的立場，是一八五四年反對《堪薩斯—內布拉斯加法案》運動背後的推動力。他因為堅守共和黨的原則，差點在參議院議場被活活打死。這件事沒有人會忘掉，也沒有人該忘掉。

賀瑞斯．葛里利的《紐約論壇報》是支持孫木楠反政府立場的第一份報紙，它的反叛啟動了波瀾效應。葛里利曾經是早期廢奴運動和共和黨的領袖，在全國培訓出許多重要的新聞記者，他們無不尊敬他。他對孫木楠的力挺帶動其他編輯倒戈轉向孫木楠陣營。葛里利在《紐約論壇報》的愛將惠特羅・雷德（Whitelaw Reid）心想，孫木楠或許莽撞，甚至對兼併聖多明各島條約的批評言詞尖酸刻薄、不公平，但是反對他的人則是權力慾薰心的惡棍。葛里利一再地懇求共和黨人在一八七二年總統大選前拋棄格蘭特。[25]

葛里利對總統的攻擊開始使得共和黨拋棄了捍衛平等的原則。原本主張廢奴的他，放棄在南方推動自由勞工制度的思想，轉而詆毀政府捍衛前黑奴的政策，以求拉攏選民來對抗格蘭特。一八七〇年，格蘭特在南卡羅萊納州面臨幾近武裝叛亂的局面，當地的三K黨恐嚇共和黨選民，以及他們懷疑是同情共和黨的任何一個非裔美國人（這代表實質上每個黑人都是受到恐嚇的對象）。三K黨暴民鞭打受害人、割掉他們耳朵、吊死他們、燒死他們；如果受害人走運的話，要他們丟掉一切、逃命到外地去。南卡羅萊納州長向總統報告，他再也無力維持州內秩序。格蘭特要求國會授權派兵剿滅三K黨。他一定以為他可以得到共和黨人的支持，尤其是黨內如葛里利這類原先的廢奴主義者會支持此一使命。[26]

但是，只要能夠打擊格蘭特，這位善變的報紙編輯樂於捨棄黑人。從一八七一年起，《紐約論壇報》採取民主黨的論調，批評政府「干預」南方事務；葛里利認為這種干預是不必要的，而且實際上造成南方的困擾。當參議院一個委員會開始調查三K黨時，《紐約論壇報》的評論還充滿不屑之意。它宣稱，南方的聯邦派重複「同樣的謀殺、恫嚇和壓迫的老故事」，設法保住自己的權位。《紐約論壇報》呼應舒茲的立場，認為要保持南方平靜唯一的方法是以仁慈和慈悲對待原本的邦聯派人士。它為那些挑戰格蘭特的人士歡呼。[27]

葛里利突然支持民主黨的主張，在南方反黑人權利的戰爭上開闢一個新戰場。它讓南方白人有了一個反對黑人投票權的新方法。這位老資格的廢奴主義者並不能容忍南方人的種族歧視，但是到了一八七一年，他有個弱點讓他接受詹姆斯·哈蒙德的主張：社會底層的人不應該參與政治。一八七一年冬天經濟上出現不尋常的惡劣狀況，紐約市工人向民主黨人主政的市政府求助，要求提供工作以協助他們度過不景氣。葛里利氣炸了。他嘲笑說，問題不在缺乏工作，而是這些工人有問題。他堅稱，貧窮不是源自失業而是揮霍無度、不知節制和好吃懶做。[28]

順著葛里利的偏頗見解，支持三K黨的南卡羅萊納州民主黨人重新拿出哈蒙德論據的經濟部分，開始從勞動角度、而非種族角度，抱怨他們的黑人鄰居。為了證明給予「泥基底」階層投票權的危險，他們堅稱黑人得到投票權之後選出的第一屆南卡羅萊納州議會立刻就著手財富重分配。這個黑人占多數的州議會（八十八個非裔美國人，六十七個白人）開始針對大地主開徵新稅，以便籌款重建被戰火摧毀的經濟。同一個州議會也批准動用州庫公款，以低價提供土地給拓荒者，這些拓荒者通常都是得到解放的前黑奴。[29]

這兩項措施加總起來激怒了南卡羅萊納州民主黨人，他們因種族歧視而怒不可遏，痛罵這個「烏鴉議會」（crow-congress），堅稱它「耍猴戲」，肆意擴張政府職權，把它像妓女般出賣給前奴隸的利益。非洲裔選民正在掠奪白人有產階級。有位觀察家評論說，在南卡羅萊納白人失去投票權、而非洲裔男性大舉投票之下，「出現了一個無產階級的議會，除了某些南方州之外，在全世界各地具有普遍投票權的地方都不會出現這種議會」。心懷不滿的民主黨人舉辦一場「納稅人大會」，抗議他們堅信的工人為了重新分配財富而制訂的法律。[30]

這個論述在北方比起純從種族角度出發的論述，有更強大的說服力，尤其是因為北方人已有一個現成的證明，看到勞工當家的政府會是什麼狀況。一八七一年春天，在普法戰爭之後，工人接管巴黎市，成立「巴黎公社」。美國報紙在頭版新聞上詳盡報導巴黎公社的消息，形容它是尊重財產權的美國最惡劣的夢魘。它們刻意強調傳教士遭到殺害、杜樂麗宮（Tuileries Palace）遭到焚毀*，以及瘋狂的婦人拿著新奇的汽油瓶、點燃它、從地窖窗戶丟進去，讓大樓被熊熊烈火焚燒的故事。巴黎公社成員是「野蠻、魯莽、不負責任、兇殘的暴民」，他們實現了詹姆斯・哈蒙德在一八五八年所預見的混亂世界。報紙報導說，巴黎工人接管了政府，計畫沒收所有的財產，把所有的金錢、工廠和土地移轉給工人團體。[31]

拜葛里利之賜，共和黨人逐漸放棄在南方打造自由勞工的想法；巴黎公社暴亂進一步逼他們放棄在北方打造自由勞工的想法。全國各地共和黨報紙向讀者提出警告，發生在巴黎的情況也有

---

* 譯註：杜樂麗宮位於巴黎塞納河右岸，在巴黎公社事件燒毀它之前，一直是法國國王居住的宅邸之一。

可能發生在美國。他們指出，卡爾．馬克思領導的「國際工人協會」號召解放勞動階級，它已於一八六七年在紐約市成立美國總部。雖然「第一國際」的成員認為，他們以與林肯的共和黨人一樣的方式捍衛工人反抗資本組合，但是許多美國人擔心他們稱之為「國際派」或「共產黨員」的人；這個名詞早期的意思只反映工人主張財富重分配的觀點，並不是他們主張任何有組織的政治哲學。《波士頓紀錄晚報》（*Boston Evening Transcript*）指控說，有組織的勞動者「是農民、追求廢除社會差異平等主義者（leveler）、革命家、無政府狀態的煽動者，而且事實上，他們不分青紅皂白鼓動打家劫舍」。《費城詢問報》（*Philadelphia Inquirer*）*堅稱，國際派向資本和財產宣戰，將迫使每一個擁有即使只是一小塊地的人都得奉上他的財產和無產階級分享。它說，這個哲學對貧窮、懶惰和狠毒的人很有吸引力，他們只想從美國的小農民和機械工偷走東西、而不是靠自己工作去賺取。《史克里布納月刊》（*Scribner's Monthly*）也提出警告：「無知的勞工介入政治，對社會相當危險。」[32]

葛里利把各方愈來愈關切的工人參與政治問題，來個徹底大轉彎，他告訴讀者，發生在南卡羅萊納的事件正好就和巴黎發生的問題一模一樣：工人要接管政府。一八七一年五月一日，《紐約論壇報》頭版刊出一篇影響力無遠弗屆的文章，聲稱南卡羅萊納州的非裔美國人是社會主義者，而且身為選民，他們能決定選舉的結果。《紐約論壇報》解釋說，南卡羅萊納因種族而分裂，但是它真正的問題無關種族，而是如同當年哈蒙德所預測的：非裔美國人是激進的平等主義者，他們想要推翻一切的社會差異。這些昔日的奴隸「無知、迷信、半野蠻人」，「極端懶惰，除了取得能填飽肚子免於飢餓的食物所需的時間之外，不做任何勞動」。[33]

對於這些懶漢，共和黨人已經給予投票權，使他們得到「絕對的政治優勢」。他們選出煽動家出任公職，這些人高談闊論階級戰爭，承諾要從辛勤工作的南卡羅萊納白人手中奪走財產，把它們交付給偷懶的非裔美國人。《紐約論壇報》說，開徵的新稅就是為了此一用途。記者罔顧州政府確實有需要重建被戰火摧殘的城鎮、田野和人民的事實，只強調財產所有人遭到搶劫以支持「黑鬼政府」。工人透過徵稅、沒收人民財產，榨取州政府的財庫。「南方最聰明、最有影響力、最博學多聞、最有才幹的人，被剝奪了所有的政治權力……被一大群外來的流氓無賴和文盲課稅和欺騙，這個階級昨天還在田間耕地、在廚房裡打雜。」[34]

葛里利支持喬治亞州民主黨人羅伯・童布斯（Robert Toombs）的感受。童布斯堅持主張退出聯邦，曾經出任南方邦聯第一任國務卿。他明白地把前奴隸和巴黎公社成員相比擬。童布斯說，共和黨人聲稱黑人選民很快就會得到必需的教育、可以成為好公民，但是巴黎公社的情況證明，即使受過教育也不代表一個人能明智地投票。巴黎的暴民也很聰明，但是「他們是全世界能夠授

---

* 譯註：《費城詢問報》於一八二九年六月創刊，是美國現存第三老的日報。它平均發行量為美國第十八大，曾經贏得二十座普立茲新聞獎。

予政治權力的最危險的階級」。創造穩定的社會唯一的方法是，限定有財產才能享有投票權。若無這種規定，「低下階級……危險、不負責任的分子」將控制政府，並且「攻擊地主的利益」。根據童布斯的說法：「唯有擁有國家的人才應該治理它，沒有財產的人沒有權利替有產者制訂法律。」共和黨人不惜一戰以制止奴隸主的世界觀主導美國的法律才不過十年，《紐約論壇報》成為第一家支持奴隸主的觀點的共和黨報紙。[35]

後來，納稅人大會只呼籲南卡羅萊納州政府拚經濟，以一個號稱要拯救國家的會議而言，這算不上宏大的結論。但是大會之後，紐約選舉政治的特性意味全國各地共和黨報紙都追隨葛里利。報紙編輯急欲從民主黨人手中奪回紐約市，進而能夠掌控紐約州攸關勝負的三十五張選舉人票，於是他們拿哈蒙德的話來批評北方勞工階級的民主黨人，並且暗示發生在南卡羅萊納的問題也出現在紐約。兩者都由「不負責任的無產人士」治理。[36]

共和黨人為了證明他們的論點，追打強大的「推德幫」（Tweed Ring），它靠著愛爾蘭裔移民的選票控制了紐約市。威廉・推德（William Marcy Tweed）拿公共工程的工作來收買選民的效忠，當然是拿納稅人的錢支付。一八七一年七月，《紐約時報》開始揭露推德幫的醜事。插畫家奈斯特（Thomas Nast）開始把推德畫成一隻肥腫的禿鷲，靠官府財庫自肥，使得攻擊力道更加強勁。在奈斯特的畫筆下，推德代表一個由無知窮人選出來的腐敗政府，那些選民只在乎能不能輕鬆撿到政府發包的工作。[37]

到了秋天，共和黨採取反對勞工參與政治的立場。《國家雜誌》（*Nation*）的高德金（E. L. Godkin）擔心由城市工廠工人控制的政府一定會墮落腐化。當工人試圖推舉一個勞工候選人競選麻薩諸塞州州長時，他寫說，他們透露出「這是一個早熟、虛偽的組織，但它仍是今天美國能產生的勞工組織」。看到工廠工人人數的攀升，以及城市裡惡劣的生活條件，著名的改革家查爾斯．布瑞斯（Charles Loring Brace）向美國人發出警告，「根據一位研究那個『危險階級』已經長達二十年的人士的判斷，在紐約的表層底下，存在著和巴黎相同的爆炸性社會元素」。[38]

THE "BRAINS"
THAT ACHIEVED THE TAMMANY VICTORY AT THE ROCHESTER DEMOCRATIC CONVENTION.

卡通畫家奈斯特筆下的推德。圖片來源：維基百科。

自由派共和黨的總統候選人

葛里利反非裔美國人和勞工的攻勢，使得人們不再支持格蘭特政府奉行的的政府積極作為。舒茲和支持他的改革派現在有了全國性政綱，希望在一八七二年大選中擊敗格蘭特，帶領共和黨回歸個人主義，他們認為這才是黨的原始原則。他們計畫吸收兩黨的「優秀分子」加入自由派共和黨運動，摧毀非裔美國人和有組織的工人之政治力量，他們害怕這些人會選出支持財產重分配法案的政客。[39]

舒茲和追隨他的改革派相信，縱使共和黨政府靠利益交換建立的侍從體系盤根錯節，他們仍可以擊敗它，因為他們得到重要的媒體人的支持。沒有人比共和黨人更清楚，政治競賽勝負取決於報紙的立場。由於格蘭特攻擊孫木楠，有些報紙編輯已經投靠過來，還有些人則反對黑人投票權，有些反對工人組織。《辛辛那提商業報》（*Cincinnati Commercial*）的穆拉特・哈爾斯達特（Murat Halstead）、《芝加哥論壇報》的賀瑞斯・懷特（Horace White）、《紐約晚郵報》（*New York Evening Post*）的威廉・布萊安（William Cullen Bryant）、《紐約太陽報》（*New York Sun*）的查爾斯・達納（Charles A. Dana）、《聖路易密蘇里民主人報》（*St. Louis Missouri Democrat*）的威廉・葛羅斯文諾上校（Colonel William Grosvenor）以及《國家雜誌》的高德金，無不精心撰寫社論為自由派共和黨助陣，儘管他們反格蘭特的原因未必相同。最重要的是這項運動得到賀瑞斯・

葛里利的支持，他是早期組建共和黨的重要推手。[40]

年邁的共和黨領導人發現自己被格蘭特新結交的年輕支持者排擠出總統的核心圈，他們一怒之下提供一些抹黑格蘭特的故事給自己在報社的朋友。不同的報紙各自挑選有關格蘭特涉嫌貪瀆、徇私舞弊、背信忘義的故事。或許最強而有力的是，葛里利繼續抨擊共和黨控制的南方政府，把它們的失敗怪罪到格蘭特身上，又指控它們透過「高壓的稅負」奪取白人有產階級的財富，要把它重新分配給懶惰的非裔美國人。[41]

自由派共和黨報紙也採取反工人組織的立場。《芝加哥論壇報》在一八七二年一月宣布，「以『勞工階級』自居的人」需要被教導「有關政治經濟的某些客觀真相」。這份芝加哥報紙說，隨著工人在政壇的能見度愈來愈高，他們的無知令人痛苦。《紐約論壇報》提出警告，有位勞工出席在康乃狄克州舉行的勞工改革大會，此君暗示，如果勞工沒有分到一杯羹，他將「訴諸巴黎公社的革命暴力手段」。過後不久，《芝加哥論壇報》又回到南卡羅萊納州的情況，聲稱南卡羅萊納州被短視近利的人害得債台高築。它主張南卡羅萊納的富人應該重掌州政，因為只有他們才懂得如何管理財產。[42]

一八七二年五月一日，自由派共和黨在辛辛那提召開代表大會，與會代表非常希望他們可以淨化美國政治。他們的運動已有所斬獲，吸引到不少「再出發民主黨人」（New Departure Democrats），這些人願意暫時拋下內戰的糾葛，為開發南方經濟而努力。這些民主黨人自認為和

「波旁民主黨人」（Bourbon Democrats）不同。後者以法國波旁王朝國王為名，宣示忠於舊南方的貴族政治，他們認為它只是不幸被狂熱暴徒推翻。再出發民主黨人預備支持共和黨自由勞工的觀點，這也是自由派共和黨人之所願，即使他們反對共和黨的政府應該弭平貧富差距、創造公平競爭環境的原始主張。[43]

由於新聞界人士掌控了大會，自由派共和黨的政綱宛如過去六個月來他們在報紙上宣傳的政見的簡明版，也就不足為奇。它主張法律之前人人平等；維持憲法第十三、十四和十五條增補條款；全面大赦前邦聯人士；以及聯邦軍隊撤出南方。它痛斥把政府當作「黨派暴政」、「個人野心」和「自私貪婪」的工具的公器私用行為。它主張透過公正的文官制度來管理政府，以打破侍從體制的桎梏。它也要求總統任期以一屆為限、不得連任。與會代表聽到政綱宣布後歡呼這是「第二次獨立宣言」（the Second Declaration of Independence）。[44]

接下來卻出了紕漏。舒茲和大會的元老政治人物希望徵召波士頓的查爾斯．亞當斯（Charles Francis Adams）為總統候選人。亞當斯是林肯派任的駐英國大使，家世顯赫，祖父約翰．亞當斯和父親約翰．昆西．亞當斯先後擔任過第二任和第六任總統，而他的兒子亨利．亞當斯（Henry Adams）在哈佛任教，又是重要的《北美評論》（*North American Review*）的主編。但是惠特羅．雷德和其他紐約幫安排提名賀瑞斯．葛里利。在舒茲猝不及防之下，雷德湊齊了足夠的代表票，成功推出葛里利為自由派共和黨總統候選人。[45]

葛里利實為立場反覆的無行文人。他擁護林肯，然後轉身反對林肯；他呼籲和平，然後主戰，又轉為南北應該談判；他要求嚴厲的重建法令，然後又批評這些法令違憲；現在他變成黨的候選人，要帶領國家走向團結統一和繁榮的未來。葛里利曾經痛罵南方和南方人是惡魔化身，現在卻要爭取他們的選票。葛里利曾經白紙黑字寫下他痛恨民主黨，現在卻爭取他們的支持。

為了安撫舒茲，大會提名密蘇里州長葛瑞茲．布朗為副總統候選人，但是傷害已經無可挽回。亨利．亞當斯是自由派共和黨亟需爭取的重要對象，他駁斥此一提名，轉而支持格蘭特。他省思到，任何一位自由派總統都必須格外的步步為營、堅定不移，才能頂住反動的南方人士，這些人若是投票反格蘭特肯定是為了利益回饋。葛里利根本不是這塊料，亞當斯直言他根本是塊「軟骨頭」。《紐約時報》很殘酷地論斷，自由派走到了盡頭。[46]

紐約銀行家支持格蘭特

自由派共和黨迫使另一個派系出手，它也確定了共和黨脫離他們原本的原則。紐約銀行家和企業家介入一八七二年的選戰。內戰之前，紐約企業界一般都支持民主黨，因為後者會捍衛支撐起全美國經濟的棉花生產。內戰期間，企業界也與共和黨保持友好。但是戰後頭幾年，共和黨的激進主義使他們對該黨的支持涼了半截。自由派共和黨的崛起更讓他們如坐針氈。他們非常擔心自由派和民主黨結盟，因為如果新聯盟得勝，代表許多前民主黨人會回任公職。富人或許會對共和黨的激進主義感到緊張，但是他們曉得本身的業務是在共和黨政府的經濟政策下蓬勃起來的，而民主黨一點都不諱言要推翻這些政策。銀行家和企業家也一樣堅定，絕不容許它發生。企業界的反民主黨傾向自然而然地把共和黨吸引了過來，導致共和黨的意識形態愈來愈背離它原本宣示的平等精神。

戰後，民主黨惡毒地攻擊共和黨的經濟政策。他們支持以已經貶值的貨幣償付政府公債，這個計畫勢必重傷銀行家持有部位的價值。他們採取反對共和黨關稅制度（它為美國產業建立保護高牆）的立場，保證要回到戰前關稅純為財政收入的制度。降低關稅會使剛萌芽的工業失去保障、難以對抗歐洲的競爭。銀行家和企業家絕不可能坐視共和黨著重的經濟發展被民主黨的政策取代。

基於兩個原因，紐約銀行家率先領頭反對自由派共和黨。第一，他們掌控了全國資本的極大部分。第二，紐約目前是在全國選舉中最重要的一個州，但是紐約州一直走在刀尖上維持平衡：通常民主黨控制紐約市，而共和黨控制其餘各地。也因此，共和黨傾全力在紐約爭取初選獲勝（不過他們在賓夕法尼亞和俄亥俄也努力拚戰）。

一八七二年，紐約著名銀行家亨利．柯魯士（Henry Clews）擔心自由派控制了那麼多重要的共和黨報紙，恐怕除了格蘭特之外，任何一個共和黨候選人都將落敗，因為格蘭特既是普獲民心的內戰英雄、也是家喻戶曉的惡魔。但是自由派已經在群眾之間製造了對總統的反感，格蘭特能否爭取到提名競選連任，情勢仍然不明。柯魯士相信，共和黨若提名其他候選人很可能會敗選，因此他傾全力支持格蘭特。他說，他這麼做是因為「我相信契約的神聖、財富的穩定、企業的成功和整個國家的繁榮」全都有賴於格蘭特的連任。他又說：「我當然曉得在此一普遍繁榮下，華爾街將大發利市。而我當然也期待能分享華爾街的利潤的果實。」[47]

柯魯士糾合企業界支持格蘭特。他號召到跨黨派的企業領袖在古柏聯盟學院舉行支持總統連任的群眾大會。會堂內外擠得人山人海，共和黨領袖逐一上台歌頌格蘭特，並砲轟加入自由派共和黨的昔日同僚。柯魯士等人表示，共和黨的理念、原則和政策比起任何人都更重大，它們也比黨本身更重要。自由派無法提出可與共和黨辯論的任何政策；他們的反對純粹出於個人恩怨，受到可鄙的野心驅使。[48]

共和黨領袖提出警告，如果民主黨透過自由派共和黨重掌政權，國家將會大倒退。民主黨會撕毀北方不惜一戰維護的新國家認同，還會把國家帶回到崇拜州權的過去。他們將摧毀帶來繁榮的全國貨幣和全國銀行體系。他們將堅持政府賠償他們失去的奴隸。民主黨和他們的自由派共和黨幫凶是「毒藥」。[49]

與企業界長期關係友善的《紐約時報》又轉回頭支持格蘭特。它為總統喝采，也高度肯定古柏聯盟學院的集會，宣布這項集會代表了所有頭腦清醒的美國人。不僅「商人階級」出席，連

「機械工和勞動人民的代表」也出席，他們明白若讓民主黨重回執政有多瘋狂。[50]

一八七二年六月，當權派共和黨人在費城集會，提名格蘭特競選連任，並重申共和黨的原則。他們堅稱共和黨的政策造福每個人，指出共和黨曾經帶領美國人民解放黑奴、為公民帶來平等權利，又建立普遍男性投票權。他們授田給墾荒者，也通過保護性關稅促進全國經濟發展。他們保護白人及黑人工人，甚至在政綱中也贊成婦女投票權的主張，只不過措辭十分委婉，它說：「共和黨注意到它對愛國的美國女性負有責任，她們對自由大業做出崇高的奉獻。本黨樂見她們能被允許進一步為國家效勞，且任何一類公民爭取更多權利的誠實要求，都應得到認真的考量。」[51]

七月，輪到民主黨召開全國代表大會，當他們硬著頭皮支持葛里利和布朗時，看來格蘭特已經成功挺過自由派共和黨報紙對他排山倒海的攻擊。許多民主黨人不管有多麼痛恨格蘭特，更無法嚥下一口氣接受葛里利。[52]

柯魯士和他的紐約幫盟友還有一張牌可以打。柯魯士很明白，紐約市還未轉向支持自由派共和黨的唯一一份報紙是《紐約時報》。因此當紐約共和黨八月在全州代表會要提名州長候選人時，柯魯士奇兵突出，破壞《紐約時報》編輯不喜歡的某候選人預期唾手可得的提名。柯魯士強渡關山，讓年邁的民主黨人約翰．狄克斯（John A. Dix）被共和黨提名為州長候選人。狄克斯沒有參加這項密謀，事前完全不知情，事實上他也婉謝提名；等到格蘭特介入說服，他才接受提名。這項計畫奏效。《紐約時報》宣稱：「狄克斯將軍是能夠推選出來的上上之選。」它在即將到來的大選中為格蘭特物色到強有力的側翼掩護，格蘭特人馬得到全國最有力的代言人替總統爭取連任辯護。[53]

官商勾結的指控

自由派共和黨報紙亟欲阻擋格蘭特連任，竭盡全力抹黑他。自由派共和黨人與民主黨攜手，一再爆料揭發醜聞，但是沒有一個成功。到了秋天，情勢已經明朗，要扳倒現任政府唯一的方法就是找一樁能扣到格蘭特政府頭上的大案子。挖掘醜聞的沃土莫過於政府和企業界的暗盤交易，民間對於骯髒的政商關係早已怨聲載道。自從內戰以來，民主黨就一直緊咬著一點不放，就是共和黨利用受騙的非裔美國人選票的支持來鞏固權力，並圖利財閥巨富。他們拿長期反對的關稅及後來的稅法作為這個論據的基礎，主張打從南北戰爭一開打，這些法令就是設計來劫貧濟富的。儘管事實並非如此。

戰時的共和黨人並沒有刻意犧牲工人、圖利富人，但是他們在戰後時期的行為，卻使得即使死忠的選民都有理由卻步。共和黨人深信，隨著生產大增、人人在其中都可以雨露均沾，這意味著共和黨官員拚命尋求企業界協助，以制訂能刺激經濟成長的政策。於是公職人員和企業界的關係往往走得很近，譬如傑・庫克替財政部長蔡斯奢侈浪費的女兒買單。戰後，兩黨領袖與企業界的關係更是如膠似漆，因為人人都想要為戰後百廢待興的國家創造點商機。

政商關係你儂我儂的骯髒面終於在一八七二年一月六日暴露在全民視線之下。愛德華・史多克斯（Edward D. Stokes）在紐約中央大酒店（Grand Central Hotel）的樓梯間開槍射殺鐵路大亨詹姆斯・費斯克（James Fisk），費斯克次日傷重不治。綽號「鑽石吉姆」的費斯克本街頭小販出身，體態肥碩，蓄著一撮精雕細琢的鬍子，最後飛黃騰達，成為一擲千金的金融家。他最出名的行徑就是喜愛炫富、如蒼蠅見血般的貪婪、出手闊綽，還有一個演藝界出身、身材妖嬈的情婦，她取代了他長年臥病的妻子，陪著他出席各式交際場合。費斯克和史多克斯原本是生意夥伴，有一天史多克斯卻拐了費斯克的情婦跑了。接下來兩人公開互控對方在生意上手腳不乾淨。兩人的不和鬧到路人皆知。槍擊案令人震驚，但不會太意外。史多克斯刺殺費斯克的消息立刻傳遍全紐約。群眾擠在酒店外看熱鬧。新聞轟動全國。[54]

當時的美國民眾早已對政府與企業的眉來眼去感到不安，這起槍擊案更是雪上加霜。費斯克、史多克斯和伊利鐵路（Erie Railroad）有非常深刻的關係，它透過與威廉・推德主導的民主黨黨機器坦慕尼協會（Tammany Hall）合作，收買紐約州議會的好感。反對派指控，鐵路公司和政治圈的政商結合控制了州政府。推德親至醫院探視費斯克，更使此一指控振振有詞。共和黨報紙拿伊利幫和坦慕尼協會勾結的醜聞大做文章，痛批民主黨願意讓生意人指使政府的政策。[55]

但是同樣的批評也可以套用到共和黨頭上。一八七二年六月，國會不肯延長徵收所得稅的年限，改以增加關稅來作為政府經費來源。共和黨人一向把所得稅當作戰時的特別措施，規定在一八七〇年停徵，不過後來又延長效期到一八七二年。由於國庫當時有結餘，延長徵稅年限並沒有引起太多爭議。但是工人們注意到，國會選擇對社會上的富人停徵所得稅，但繼續維持的關稅卻對工人影響甚鉅，且無所遁逃。[56]

選民已經擔心一個積極有為的大政府會因為社會底層的特殊利益而腐化，可是到了一八七二年，他們愈來愈擔心社會上層菁英也同樣危險。自由派共和黨承諾要恢復不受任何特殊利益影響、對所有人一視同仁的政府，如果他們能找到把柄，把格蘭特政府直接扯上類似伊利鐵路的醜聞，它就可以把這股憂心轉為對自身有利。如果他們能夠證明格蘭特的共和黨敗壞政府清廉，趁機中飽私囊，他們或許可以克服葛里利在選民中的弱點。舒茲試圖從戰爭部的某些醜聞挖掘格蘭特的把柄，但是這麼做只是傷害他自身的可信度。不久，一八七二年九月，《紐約太陽報》的查爾斯·達納送上一則自由派共和黨夢寐以求的新聞：信用流通公司醜聞案（Credit Mobilier scandal）。

和伊利醜聞相似，信用流通公司醜聞案也涉及到鐵路，這一次是聯合太平洋鐵路。達納聲稱掌握到證據，聯合太平洋鐵路公司的一位委託人，亦即麻薩諸塞州共和黨籍眾議員歐克斯·艾姆士（Oakes Ames），為了讓有利鐵路的法案通過，賄賂若干關鍵共和黨議員。達納指出：「副總統、眾議院議長、一個大黨選出來競選第二位最高公職的候選人，以及眾議院幾乎每一個重要委員會的主席，全被無法辯駁的證據證明收取賄賂。」[57]

事實上達納的證據相當有問題。他有一份名單列出姓名和支付的金錢，記在艾姆士所寫的一封信背面。但是名單並非艾姆士的親手筆跡，而提供名單的男子後來在法院也承認是他寫下這份名單，聲稱這是他偷聽來的一段對話的記憶。但是達納把這一部分重要訊息藏在報紙內頁。他在頭版上堅稱，鐵證如山，共和黨的政客有罪。他們這個所謂的為了福國利民認真做事的大有為政府，不是要促進一般老百姓的經濟機會，而是犧牲美國公民的權益，竊國自肥。他宣稱，只要稍微尊重美國的人現在都不會把票投給共和黨，讓他們繼續為惡。《紐約論壇報》轉載這篇新聞，其他自由派共和黨的報刊也隨之跟進。當然民主黨報紙也見獵心喜。[58]

政府派共和黨氣壞了。副總統柯爾華克斯氣呼呼地說：「賄賂我去支持太平洋鐵路，就好比賄賂我把票投給共和黨一樣，簡直荒唐絕倫。」共和黨熱心地在財政與政治上投資這個國家的行為居然被視作貪汙，對此他們似乎真的覺得不可思議。畢竟，共和黨世界觀的基礎就是，所有美國人的利益是共存共榮、沒有衝突的。如果某個計畫對經濟發展有益，它就對人人有益。政府應該支持它；富人應該投資它；工人應該興建它。共和黨官員在南北戰爭期間就是這樣運作；資本家一向也如此運作。當自由派共和黨指控一位國會議員對一項偉大的全國計畫的支持是因為他收了賄賂，政府派共和黨認為這根本就是為了政治顛倒是非的病態行為。他們反咬達納、葛里利和其他自由派共和黨編輯「羅織罪名」、「誹謗」和「空穴來風」。[59]

自由派共和黨中傷格蘭特的最後招數也未奏效。許多共和黨人相信只有始終一致的共和黨人選才能保證內戰的努力不會付諸流水。若是向自由派與他們名不正言不順的民主黨同盟低頭，反而有可能讓非裔美國人再度淪落過去主人的宰制。這會讓南方民主黨人獲得在全國事務上前所未有的影響力，因為在一八七〇年的人口普查之後，非裔美國人在選票上會被當作一個完整的人計算，而非五分之三個人。儘管孫木楠也曾象徵性地呼籲非裔美國人投給自由派共和黨，但他們還是死忠於格蘭特。著名的黑人廢奴主義者佛瑞德里克・道格拉斯（Frederick Douglass）有一句名言，「共和黨是唯一的船，沒有它我們都要葬身於海。」（The Republican party is the ship and all else is the sea.）[60]

民主黨有機會助自由派共和黨一臂之力，但是他們拒絕這麼做。要他們把票投給葛里利實在是太強人所難。大多數民主黨人留在家裡放棄投票；或是像在紐約，他們把票投給共和黨。格蘭特拿到百分之五十五以上的全民投票，以壓倒性勝利獲得連任。除了喬治亞、肯塔基、馬里蘭、密蘇里、田納西和德克薩斯以外，格蘭特贏了每一個州。這些州的選舉人團只有六十三張票，而格蘭特得到兩百八十六張。

今非昔比

雖然格蘭特當選連任，爭奪共和黨主導權之戰仍反映出黨和國家都出現極為重大的變化。孫木楠、舒茲和自由派共和黨對政府宣戰，使得黨分裂，也造成老一派、堅守原則的共和黨人失去權力。類似羅斯科．康克林等其他靠操作利益交換起家的政客取代了他們的地位。

具有諷刺意味的是，自由派共和黨人志在維護林肯代表的共和黨基礎原則，卻傷害了這些原則。為了扳倒格蘭特總統，自由派共和黨採用民主黨的語言：而民主黨一般是反對共和黨精神的。自由派挪用哈蒙德早年的論據，聲稱窮人投票只是為自己爭取更多的政府福利，於是他們把政府派共和黨抹黑為腐敗、譁眾取寵的政客，對懶惰的非裔美國人承諾分配財富，以便保住自己權位。自由派還指控說，他們一旦掌權，不僅照顧黑人選民，也對巨富階級言聽計從。他們的政策把兢兢業業的美國人之財富劫去，重新分配給貪得無厭的社會底層和頂層的人士。當然這是民主黨人自從南北戰爭以來就堅持的論調，但是這種論調在北方沒有吸引力，直到自由派共和黨給了它們正當性。

一八七一年種種事件的匯流使得北方人反對前奴隸，他們也決定，已經掌權的共和黨不該擁護有組織的工人。當自由派共和黨批評前奴隸是懶惰的陰謀分子時，他們開了一扇門可攻擊紐約市的移民，最後卻演變成全面譴責勞工是個只圖自身利益的集團，他們不惜犧牲保障美國繁榮的和諧經濟體系。拜普遍流行的西部牛仔形象之賜，他們有個現成的對照可以比較主張社會主義的東岸勞工。金融界和企業界在一八七二年全力支持共和黨，把譴責勞工的意識形態植入這個日漸成形的政黨。一八七二年之後，儘管出現工業化和現代化的事實，共和黨還是死守他們戰前對善良美國人的定義，認為他們是認真打拚的人，且相信自己可以憑藉本身的努力成功致富。共和黨排斥工會，認為它是不符合美國精神的陰謀，旨在財產重分配。

打從一八七二年大選起，政府派共和黨也可以依賴企業界的巨額捐獻。而民主黨由於不肯依據戰後現實的工業情勢做調整，企業界別無選擇，只能投向共和黨的懷抱。絕大多數工業家和銀行家決心防止民主黨重新執政，因為他們嫌棄它的經濟政策。在格蘭特總統的第二屆任期中，企業利益開始逐步接管共和黨。

自由派共和黨使得主張內戰的共和黨之論據失去正當性，後者主張強大的全國政府應該為辛勤工作的人創造經濟機會，進而促進整體繁榮。一八七二年之後，共和黨的主張恰恰相反。他們往往把動用稅收推動有助整體社會之作法，貶抑為「共產主義」或「社會主義」，也不問立法的實際目標是什麼、或者誰是提案人。逐漸地，他們呼應戰前民主黨的論據：富人應該主導社會。

當初林肯懷抱的協助每個人力爭上游的政策，僅僅十二年之後就被他自己的黨拋棄。

第五章

共和黨與大企業

一八七二年大選的特色促成自由派共和黨把世界區分為兩類人，一類認真打拚，另一類是遊手好閒的寄生蟲，接下來幾年的政治發展更把這一區分固定為常態。再往後二十年，新世代的共和黨領袖更確定了該黨轉向大企業的方向。他們放棄經濟是由下往上成長的概念，開始主張經濟要從上往下成長。他們修正共和黨創黨先進所持的「人人皆分享經濟果實的和諧」的信念，改口堅稱，立法保護企業才能造福全體奮發向上的美國人：強大的企業可以創造就業機會，更多人可以找到工作，而國家也會成長。共和黨官員堅持以高關稅保護產業。他們減稅，也抨擊任何種類的管制。接下來，共和黨忽略了他們推動的工業制度造成經濟日益不平等的事實，他們認為每天靠幾分錢過活的工人，或是賠錢耕作的農民，只能怪自己，誰叫他們偷懶。這些人沒有努力工作，反而期待政府拿稅收去補助他們。稅收哪裡來的呢？來自**過去**努力工作的人。

一八七三年的大恐慌

大選過後，原本支持葛里利的人馬繼續抱怨非裔美國人和組織工人希望財富重分配。他們警告說，南卡羅萊納已經陷入社會主義，「決定稅制的人不繳稅……需要繳稅的人對如何決定稅法卻沒有發言權」。反格蘭特的共和黨人也有類似的抱怨。他們說，政府發包雇來工人建築道路和法院、疏濬港灣等等，但這些工人看起來很危險，像是昔日南卡羅萊納的奴隸。有位報社編輯擔心，「市政府、州政府和聯邦政府所需要的大部分體力工」，都是依據「徹底的共產主義原則」募集而來。儘管沒有根據，他卻聲稱有些機械工盡量少做事，拿的薪水卻超過比他們能幹、書也念得多、肩負重責大任的同仁。[1]

儘管一個國家會因為追求財富重分配的稅制而向下沉淪的說法實在荒謬，愈來愈多共和黨人響應這種指控。一八七一年六月至一八七二年六月這個會計年度裡，國庫花費二億七千萬美元，其中大半用在支付國家公債的利息。總歲出當中不到百分之三十六——即一億三千萬美元——來自稅收，其餘絕大部分來自關稅。關稅稽徵數字的確可觀，國庫竟有九千四百萬美元結餘。改用今天的幣值來說，國庫歲出四十億美元，收進稅收不到二十億美元，但是還有十四億美元的結餘，這絕對不是國家因財富重分配計畫正在沉淪的景象。但是事實抵擋不了共和黨在全國各個報紙所發動的強大輿論攻勢。[2]

在這種日益不喜歡工人在政治上有所發揮的氛圍下，共和黨擴大它對財富分配的定義，把會限制企業為所欲為的自由之一切都包括進來。共和黨批判的焦點不再縮限於稅收支持的政府合同會將財富分配給懶惰的工人。到了一八七〇年代中期，他們開始堅稱，政府對企業的任何監管本身就是一種財富重分配。

中西部人民結合起來挑戰政府偏袒企業的政策之後，這個變化發展起來。這些「格蘭傑人」

（**Grangers**）*力促農民推選抗拒鐵路和「中間人」的人士出來競選。所謂中間人指的是穀物中盤商和升降機操作員，他們決定了農民收成能賣出的價錢。格蘭傑人堅稱，美國的公職人員應該為人民服務，不是為壟斷者工作，也不是為「口袋已經塞滿了錢，還想要靠特別立法繼續撈錢的人」工作。一八七〇年代，格蘭傑人選出好幾位參眾議員和州長。格蘭傑人領導的中西部各州議會立即通過法律規範鐵路費率，以及升降機操作員能向農民收費的上限。所謂的「格蘭傑法令」（**The Granger Laws**）確定了政府應該監管企業行為的原則。[3]

格蘭傑法令讓企業界頭痛不已。他們怒吼，政府對企業的監管侷限了一個人全力積累財富的能力，因此其實就是一種財富重分配的形式。由於他們厭惡「共產主義」，共和黨人呼應企業界、反對政府有任何監管行為。堅定支持共和黨的《芝加哥論壇報》哀嘆共產主義正在悄悄滲透美國。「格蘭傑主義、工人主義、共產主義、憤恨主義的精神，或者你要叫它什麼名字都好，目前自稱是『工業和生產階級』的這群人的狂熱，正在全美國迅速發展。」它提出警告，國際派（**the International**）正在使美國淪為「共產主義針對我們社會發動的戰爭之戰場」，也籲請美國人要注意它的威脅和危險。[4]

一八七三年全國陷入嚴重經濟衰退之後，共和黨和工人展開激烈鬥爭，爭奪對經濟政策的控制權。傑．庫克的銀行在九月十八日宣告倒閉，帶動全國爆發「一八七三年大恐慌」（**the Panic of 1873**），金融資本家的交互關聯、特別是鐵路股票上的牽纏，意味著當庫克的銀行垮下後，銀行和經紀人像骨牌一般紛紛栽跟頭。亨利・柯魯士的銀行也垮了。股市狂瀉。紐約證券交易所停市十天。生產減緩，工廠倒閉。批發物價崩潰。失業率一飛沖天。[5]

崩盤之前，經濟已經疲軟好幾個月，但是不景氣來襲時，美國人感到震撼，他們急著要想方設法解釋為什麼會突然崩跌。企業界和勞工對於危機有非常不同的解釋，但兩者都集中在近年來的財政政策上面。從一七九〇年代起、直到一八七三年，美國法律允許貨幣可以用黃金或白銀來鑄造，但是白銀太過昂貴，已經罕有人用它來鑄幣。到了一八七〇年代，西部新發現的礦山預示著銀價會下跌，隨著經濟趨弱，農民和創業家很高興銀幣可以增加貨幣供給量，使他們容易借貸。不過，既有的企業家和銀行家卻堅信，因增加貨幣供給的前景所造成的通貨膨脹威脅，使得資本家擔心，如果他們投資新事業，他們的錢將會血本無歸。他們說，這種不安全是經濟下滑的原因。

共和黨國會選擇和有錢人站在同一邊。它在一八七三年二月例行性修訂全國貨幣法令時把白銀和貨幣脫鉤，在亟需擴張以便刺激遲滯的經濟時，這個動作大幅削減了貨幣供給。利率為此大

---

* 譯註：格蘭傑會正式全名為「全美格蘭傑畜牧贊助商協會」（The National Grange of the Order of Patrons of Husbandry）。它是一個兄弟會組織，鼓勵農家團結起來，促進社區和農業的經濟和政治福祉。它成立於一八六七年，是美國最古老的一個全國性農運團體，到了二十一世紀初仍在運作，總部設在華府。

漲，西部農民發現沒有貨幣或信用融資，他們無法做生意。（挺諷刺的是，收縮貨幣也讓投資人擔心，他們避開投資新項目，包括北太平洋鐵路，而傑．庫克卻盼望能賣出它的債券以維持不倒閉。）

崩跌之後，工人責怪貨幣法令的修改，稱之為「七三年的罪行」（Crime of 73），造成他們陷入困境，並要求政府莫再獨厚富有的東岸商人，也要開始保護工人。但是共和黨駁斥他們的叫囂。他們說，保護商人、讓他們可以安心投資新計畫，就是保護工人，因為企業界投資可以創造就業機會。任何人若是主張政府必須協助工人和農民，其實就是攻擊使美國偉大的這個制度。

選民不同意。他們受夠了共和黨偏袒企業的立法，在一八七四年把七十七名共和黨聯邦眾議員趕下台。次年起，南北戰爭以來首度由民主黨人控制了眾議院。民主黨人深信政府必須製造工人和企業之間公平競爭的條件。

骯髒的交易與海斯勝選

民主黨聲勢大振之下，一八七六年推選格蘭特總統繼任人的選戰，聚焦在共和黨究竟要代表什麼價值、什麼人這個議題上。共和黨聲稱是代表一般老百姓的政黨，它主張建造一個積極有為的政府來推動經濟發展，以便人人都有機會力爭上游。他們告訴選民，他們的立場是反對「一無是處」的叛徒，這些叛徒起先試圖在戰場上破壞國家，後來又攻訐共和黨成功的經濟政策。共和黨警告選民，千萬不能相信不值得信任、懦弱、無能的民主黨。但是民主黨指控共和黨已經變成富人黨，透過承諾發放補助、吸引黑人選民而贏得選舉，然後把錢上繳給富人菁英。[6]

兩位總統候選人反映出各自政黨的立場。共和黨必須安撫原先的自由派改革者以及格蘭特的人馬，因此他們捨棄領先群雄的聯邦參議員詹姆斯．布廉，他因為被控收受鐵路公司賄賂而名譽受損。出席全代會的代表們提名一位黑馬——俄亥俄州州長海斯（Rutherford B. Hayes），他既非改革派，也沒有貪腐惡名。民主黨方面，含糊地承諾要透過「改革」政府重振景氣、剷除耗費稅收的浪費和官僚，抑制政府和企業的關係。他們提名紐約州州長泰登（Samuel J. Tilden）為總統候選人，他是一個備受改革派愛戴的政治人物，長期以來對抗坦慕尼協會的貪腐。[7]

投票當天夜裡，盜墓者試圖偷走亞伯拉罕．林肯總統的遺體，替那驚濤駭浪的選舉定了調性。一部分拜共和黨內改革派反對海斯、仍然決心打倒格蘭特人馬的分裂之賜，泰登獲得百分之五十一的全民普選票，領先海斯的百分之四十八，差距約二十五萬張票。但是泰登距離當選所需的一百八十五張選舉人團票還差一票。雙方立刻互控對方作弊。[8]

誰能勝出要看奧勒岡州以及共和黨仍然執政的南方州——南卡羅萊納、佛羅里達和路易斯安那——的結果而定。然而每一個州的結果都有爭議。國會指派一個十五人委員會去判定接受哪一個結果。選民投票四個月之後，委員會兩黨成員立場涇渭分明，共和黨居多數席的委員會以八比七票表決通過，四個州全由海斯勝出，他因此當選總統。[9]

共和黨保住了白宮，但是他們的勝利似乎證明，支持他們的富人不顧人民的意志，貪圖擴權。國會委員會進行調查的四個月期間，鐵路大亨向南方企業界許諾，如果南方這幾個州的選舉委員會能不甩泰登的多數票，把各州的選舉人團票裁定給海斯，他們會運用影響力把政府的錢用到企業界渴望的南方橫貫大陸鐵路上面。各州果真順應支持海斯。泰登陣營因此得出結論，無論對美國政府會造成什麼傷害，大企業吃了秤砣鐵了心就是要從政府公庫中撈油水。[10]

當格蘭特總統顯得將以槍桿子支持富有商人的選擇時，這種信念就變得更強。國會裁定海斯當選總統時，北方民主黨人大怒，堅持若有必要，他們將以武力擁戴泰登就任總統。中西部各地組織起秘密軍事會社，報導亦說民主黨籍的印地安那州長正在組織印州民兵部隊以備開戰。格蘭特總統回應說，他將宣布戒嚴，對付暴力。支持泰登的人士認為，他們看到經濟寡頭在國家軍事力量撐腰下，正在破壞美國的共和體制。[11]

骯髒的妥協：一八七七年共和黨與民主黨達成妥協，一方面讓海斯當上總統，一方面共和黨讓軍隊從南方撤出，重建時代正式終結，南方黑人覺得被背叛。畫中紐約參議員康克林扮演魔鬼梅菲斯特，安排海斯接受交易。圖片來源：維基百科。

海斯總統就任後，竭盡全力化解此一恐懼。他立刻指派一位民主黨員出任郵政總長，這可是一個可以施惠許多人馬的肥缺，因為每個村鎮都有個郵局局長。海斯藉此表示他不會利用聯邦侍從體制來圖利南方共和黨人。海斯也拒絕動用軍隊保衛南方的共和黨州政府。在南卡羅萊納州，「改革派」州長候選人魏德．漢普頓（Wade Hampton）贏得全民選票，但是支持他的人馬使用暴力競選，害共和黨人嚇得不敢出門投票。現任的共和黨籍州長躲在由士兵圍住保護的州政府大廈裡，宣稱由於選舉舞弊嚴重，他應該留任州長職位。海斯警告說，他不會繼續使用聯邦軍隊保護共和黨的州政府，然後他果真在一八七七年四月下令部隊撤離南卡羅萊納州政府大廈（不過並未撤出整個南方），允許漢普頓接任州長。[12]

但是民主黨人堅持他們的看法，認為共和黨圖謀藉由「一八七六年的大作弊」（Great Fraud of 1876）鞏固他們的政治版圖。海斯一宣誓就任，他們就開始痛斥他是「意外撿到總統」（His Accidency）。即使在一八七六年大選結果尚未落幕時，民主黨人就已經開始為兩年後的期中選舉做準備，他們認定共和黨偷走了總統寶座，且絕對不會放棄壟斷權力。[13]

如果指控共和黨決心拿整個國家來為富人牟私利的說法，在一八七七年三月海斯就任時還算可信的話，到了七月底，它們就更毋庸爭辯了。七月，美國爆發第一次全國大罷工。罷工始於西維吉尼亞州，巴爾的摩—俄亥俄鐵路（Baltimore and Ohio Railroad）將員工減薪百分之二十，罷工沿著鐵路蔓延到馬里蘭、賓夕法尼亞、伊利諾和密蘇里，迫使全國鐵路系統癱瘓。暴民破壞價值一千萬美元的財產。工人、警察和鐵路公司人馬之間的衝突造成一百人喪命。[14]

組織工人希望鐵路大罷工是針對牢牢把持政府的寡頭精英發動的戰爭的第一槍，但是它卻讓共和黨以及許多民主黨人回想起巴黎公社的恐怖暴力。專門破壞罷工行動的品克頓私家偵探社（Pinkerton Detective Agency）創辦人艾倫・品克頓（Allan Pinkerton）聲稱，罷工證明「我們之中出現有毒的共產主義精神」，必須在它導致更可怕的災害之前就將它完全粉碎。鐵路局長、共和黨領袖湯瑪斯・史考特（Thomas A. Scott）很不屑地駁斥工人的抱怨。他寫說，他們根本不應該抱怨遭到減薪，他們應該感到自己很幸運，因為在如此不景氣的環境下，鐵路業者出於善心還多雇了一些人。[15]

海斯派出聯邦軍隊支持鐵路東主。他派士兵到遭到罷工、無法動彈的城市去，工人就退縮了。但是前幾個月格蘭特才威脅說要動用軍隊保衛海斯就職，現在海斯政府又使用軍隊支持鐵路大亨，更增強了許多美國人的信念，認為共和黨太過分了。湯瑪斯・史考特本身是代表鐵路業的主要說客之一，他力促南方人擁護海斯就任總統，以交換興建一條橫貫美國南方的鐵路，這段經歷對現況毫無幫助。在含有敵意的觀察家眼中，這好像是鐵路業者主宰了選舉，現在又有軍隊可做後盾。

海斯在鐵路罷工期間動用陸軍，促成民主黨堅持總統必須停止把陸軍當警察用。一八七八年，民主黨提議制訂《地方保安隊法案》（Posse Comitatus Act），規定除非經國會准許，不准總統在美國境內動用陸軍。對於這項法案，共和黨簡直不敢置信。參議員布廉逼著問來自賓夕法尼亞州的一位同僚：如果史克蘭頓市（Scranton）*選民選出一名工會領袖當市長，造成暴民滋事破壞，你要怎麼辦？面臨共產黨暴民時，他會要求軍隊介入嗎？顯然是不。《地方保安隊法案》獲得通過。《芝加哥論壇報》嚇壞了：通過這樣的法令意味軍隊不再能被派去「保護南方的有色人種選民……或是鎮壓北方共產黨的暴亂」。[16]

時代浪潮開始從共和黨退走。在一八七八年期中選舉之前的一段時期，民主黨毫不遮掩地阻撓南方黑人選民投票。南方黑人選票減少，再加上景氣持續低迷，導致共和黨輸掉了參議院。從一八七九年起，民主黨在南北戰爭以來，首度控制住國會兩院。

共和黨內鬨與第二位總統被刺

很顯然，共和黨必須重新爭取選民支持。但是應該怎麼做呢？黨的領導人應該不理睬選民對他們把政府當作是大企業的生財工具之抱怨、堅持他們的立法確實能夠保護經濟平等的理念嗎？或是他們應該向批評者屈服、展開改革呢？共和黨起先試圖從兩邊都爭取選票，但是這一努力失敗得一塌糊塗，造成黨嚴重分裂，兩敗俱傷的黨爭更導致美國出現第二次總統遭暗殺的事件。後

* 譯註：史克蘭頓市是賓州重要城市之一，二戰之前以煤礦和鐵路為主要經濟。

續的反彈使得民主黨得到足夠的政治支持，推翻掉共和黨的一些重大立法。

當海斯不肯尋求連任時，格蘭特派共和黨在羅斯科．康克林領導下，主張若要繼續控制白宮，唯一之道是動員黨內偏袒企業的機器，再次提名格蘭特回鍋競選總統。其他黨員則渴望從康克林這一夥人手中奪取權力，他們支持強大的緬因州聯邦參議員詹姆斯．布廉。一八八〇年六月的共和黨全國代表大會上，綽號分別為忠貞派（Stalwarts）和混血派（Half-Breeds）的這兩派人馬，竟然都輸給第三派。在第三十六次投票時，一匹黑馬竄出，俄亥俄州聯邦眾議員、眾議院少數黨領袖詹姆斯．加菲爾德（James A. Garfield）脫穎而出獲得提名。加菲爾德是林肯型的共和黨人，名聲清白的內戰將領、黑人權利的捍衛者。至於副總統候選人，全代會為了安撫康克林這一派人士的情緒，推舉與黨機器關係匪淺，但從未擔任過民選公職的忠貞派、紐約州英俊的花花公子契斯特．亞瑟（Chester A. Arthur）。[17]

民主黨方面，提名聲望很高的前北軍將領溫斐德．漢考克（Winfield Scott Hancock）；他們競選主軸乃痛斥共和黨炮製一八七六年「大作弊」，要求永遠終止聯邦對黑人投票的保護，堅持推翻共和黨的關稅和財政政策，也要求政府只為辛勤工作的納稅人服務。民主黨猛力抨擊共和黨，指控共和黨希望以政府之力把財富同時向上且向下輸送，民主黨誓言保護勞工「對抗貪婪和公社」。[18]

共和黨全面贏得一八八〇年選戰，拿下白宮和國會兩院。但是儘管全民有將近九百萬人投票，加菲爾德和亞瑟只贏了約八千票。換言之，共和黨雖然在選舉人團票方面穩操勝券，但是對全國政治系統不再享有任何的壟斷優勢。更令人擔心的是，南方轉而堅定支持民主黨。在全國中央位置劃出一條橫線，共和黨贏得中線以北所有各州，但是未來共和黨若輸掉紐約州——紐約一向是搖擺州——它就會輸掉總統寶座。很顯然，共和黨若繼續試圖討好所有的派系，它就無法期許一直贏下去。

大選之後的一項危機凸顯出共和黨需要以中間派政見鞏固根基。康克林仍然想把黨機器抓在手中，並藉此控制整個國家，於是決意和新任總統爭奪紐約市的侍從體系的領導權。為了展現他的力量，康克林辭去紐約州聯邦參議員職位，深信紐約州議會立刻就會再推他連任，這一來即可證明康克林而非加菲爾德才是紐約共和黨真正的領袖，也是全國黨務龍頭。（紐約州另一位聯邦參議員湯瑪斯·普萊特〔Thomas Platt〕也追隨他提出辭呈，在歷史上留下「我也是」普萊特（"Me Too" Platt）的名聲。）但是康克林失算了。紐約人受夠了他頤指氣使的臭脾氣。經過冗長的作戰，紐約州議會選出兩位新人擔任聯邦參議員。[19]

黨內這項鬥爭在一八八一年七月以暴力劃下句點。康克林派一個精神錯亂的求官者在華府火車站開槍射殺加菲爾德。據說，他大喊：「我是忠貞派，現在亞瑟要當總統了。」接下來兩個月加菲爾德在病榻上和死神掙扎時，美國人有相當多的時間省思這次暗殺行動的意義。共和黨的大企業派已經把政府的意義敗壞到無以復加的地步，行兇者就屬於這一派，竟然為了求官堂而皇之地殺害總統。選民當然認為，這不是二十年前像加菲爾德這樣的軍人拚死作戰所要建立的共和黨政府。同樣的，他們也認為現在遭到大企業派控制的共和黨再也不能治理國家。九月間，加菲爾德去世，亞瑟繼任總統。亞瑟也認知到此一傷害。他保持低調，婉拒求官者的訴求，不接受提名競選連任。[20]

一八八二年的期中選舉，唾棄大企業派共和黨人的選民，讓民主黨再度控制眾議院。民主黨人劍及履及，立刻開始推翻共和黨根據其理念訂定的政策，亦即因為價值由勞工創造，人人都應能和諧地分享利益。民主黨摒棄美國需要盡可能眾多工人的概念，國會在一八八二年通過《排華法案》（Chinese Restriction Act），禁止華人勞工移民進入美國，但是專業人員和學者不受限制。老派的共和黨人拚命反對這一法案，但是民主黨的論據是：競爭傷害勞工，只對富人有利。《排華法案》摒棄共和黨的經濟和諧理論，並在美國法律當中確立了階級競爭的概念。[21]

另一個被打倒的共和黨原則是保護性關稅有利每個人的概念。從一八七五年至一八九三年，每一年關稅帶進來的歲入大過政府的開銷；一八八一年，政府歲計剩餘高達一億四千五百萬美元。歲計剩餘讓民主黨人相信，產業並不真正需要高關稅，但是商人堅持高關稅是因為可以阻擋外國競爭，使他們得以壟斷工業，人為地訂出高昂的物價。這一來就等於壓榨消費者的所得，送進富有的製造業者口袋。堅持關稅必須僅作為國庫收入，民主黨人在一八八三年調降關稅稅率。降幅不大，但是它迫使共和黨必須承認保護主義是該黨的特定理念，而非堅持它是有利於全國的政策。[22]

最後，民主黨試圖阻止共和黨利用侍從體系控制國家。一八八三年，他們通過《潘德爾頓法案》（Pendleton Act），建立超越黨派的公務員甄選制度，終止依據黨派利益安插政府公職的陋習，以及隨之而來的黨國不分的危險。

克里夫蘭讓民主黨重掌白宮

另一方面，在共和黨來看，民主黨勢力的崛起威脅到國家的生存。由於民主黨以保護勞工的政策取代共和黨的經濟措施，共和黨乾脆拋棄了改革的念頭，團結在保護大企業亦即保衛美國這個概念下。他們認為，任何人提出別的主張就是宣揚「非美國的社會主義」（un-American socialism）。共和黨終於團結在一個清晰的主張之下，但是那個從企業角度出發的世界觀讓共和黨更加疏遠選民，使得選民日益倒向民主黨。

共和黨轉而訴諸大眾媒體，和政府應該協助勞工的概念展開作戰。一八八三年，曾經擔任過林肯總統機要秘書的約翰．海（John Hay）匿名寫了一本洛陽紙貴的暢銷書，名為《賺取麵包的工人》（*The Bread-Winners*）。《哈潑週刊》（*Harper's Weekly*）形容這是「一本徹頭徹尾美國的書」，它抨擊工會組織者及替他們說話的政客。同一年，另一位作者更進一步申論這項論據。耶魯社會學家威廉・孫納（William Graham Sumner）寫了一份宣言替「被遺忘的人」（The Forgotten Man）辯護。孫納在《社會階級互相積欠什麼》（*What Social Classes Owe to Each Other*）一書把這個人描繪為「正直、辛勤工作、獨立自主、自食其力」。像他這樣的人被課稅去支持好吃懶做的人，是絕對不公平的。更糟的是，透過破壞個人創業精神，這樣的財產重分配將摧毀掉美國。孫納主張建立「自由放任」（laissez-faire）的世界，在這個世界裡，失敗者要為自己的窮困甚至是死亡負責，以免美國淪落為滿街懶人等待施捨的國度。為了國家的好，懶人應該從社會上被清除。共和黨響應孫納在《社會階級互相積欠什麼》的論點，和他得出一樣的結論：答案是「根本互不虧欠」。《紐約時報》寫說，即使「他的觀點非常強硬、不妥協，卻很難與他們的推論爭辯，即使你可能覺得自己善良的本性被他們殘酷地傷害。」[23]

一八八〇年代中期，共和黨把他們反對政府捍衛工人利益的主張，訂入國家基本法令。羅斯科・康克林在任性地辭職、自毀政治前途之後，他轉行替大企業打官司。在一八八二年「聖馬泰縣訴南太平洋鐵路」（*San Mateo County v. Southern Pacific Railroad*）一案中，他根據自己擔任國會議員期間參與起草憲法第十四條增補條款的親身經驗，堅稱國會在擬訂增補條款中的正當程序條款（due process clause）時，不僅立意要保護個人，也要保護企業。聯邦最高法院在一八八二年沒有對康克林瘋狂的主張有明白的評論，但是四年後，它宣布康克林的理論的確成立。如此一來，企業受到憲法增補條款第十四條保護的原則，大大局限了政府對企業可能施加的監管。[24]

共和黨擁抱大企業不僅是基於哲學理由，也有實務面的考量。一八八〇年之後，南方已經堅定靠向民主黨，共和黨必須堅守住北方各州，尤其是掌握三十六張選舉人團選票的紐約州。若無包括力挺商人的《紐約時報》在內的紐約企業界的支持，他們保不住紐約。他們不僅需要企業界的選票，也需要企業界的鈔票來支付競選之文宣、報紙、演講員和造勢活動，甚至是籠絡漠不關心的選民把票投給共和黨的一些行為：一杯威士忌或一筆錢有時候比冠冕堂皇的政見來得有效。

一八八四年六月，共和黨召開全國代表大會時，與會代表一方面試圖承認民眾對格蘭特—康克林忠貞派的憤怒，一方面又想維持親企業的立場。他們提名詹姆斯·布廉，但四年前布廉是反格蘭特陣營推舉的人選。這個人選觸怒了忠貞派，但又不足以吸引改革派。提名「布廉、布廉、詹姆斯·布廉，來自緬因的大騙子」，讓希望重振黨的原始精神的共和黨人吞嚥不下去。他們在卡爾·舒茲領導下，捨棄本黨候選人，誓言把票投給民主黨所提名的改革派、紐約州州長葛洛佛·克里夫蘭（Grover Cleveland）。共和黨某一集會的主席宣稱：「我們是共和黨員，但我們不是奴隸。」黨必須專注於「堅守立場、維持純潔，力行改革」。[25]

這些獨立的共和黨員被一般黨員憤怒地貼上「不沾鍋」（Mugwumps）的綽號，但是他們顯示出風潮的方向。即使《芝加哥論壇報》都抱怨企業和政府之間的關係太惹人非議。它說：「在參議院每個衣冠楚楚、肥嘟嘟的議員背後，都可以看到有意爭取通過某項立法、或反對某項立法的大企業的身影。」《哈潑周刊》指出，參議院是「富人俱樂部」。這麼說一點都沒有誇大其詞。

一八八一年當選參議員的「滑溜吉姆」詹姆斯．費爾（James G. “Slippery Jim” Fair）身家高達三千萬美元，換算成二十一世紀初的幣值，超過十億美元以上。費爾腰纏萬貫是因為他是內華達州極為豐饒的康斯達克礦山（Comstock Lode）的部分股東，後來又把資金投資到不動產和鐵路。其他參議員身家雖不如費爾，他們對幫助他們致富的企業之忠誠與費爾不相上下。[26]

一八八四年，美國人民對金權政治的不滿將克里夫蘭送進白宮。南北戰爭以來第一次，選民放棄了共和黨，選出一位民主黨籍的總統。這局面就好像重回一八五〇年代，全民不願再見到經濟菁英接掌政府。只不過在一八八四年，兩黨易位而已。

從一八六一年林肯當選，一直到一九三三年小羅斯福當選，這七十二年間幾乎所有總統都出自共和黨。為二例外即圖中的克里夫蘭以及威爾遜。克里夫蘭同時還是美國唯一一位非連續擔任兩任總統的人。圖片來源：維基百科。

這時距離共和黨創黨才僅僅一個世代，共和黨員就背棄平等精神，投向大企業的懷抱，其立場其實與戰前奴隸主捍衛南方社會的立場相差無幾。但是，就和一八五〇年代一樣，一八八四年的大多數美國人認為，美國是一個只要努力人人都有機會崛起的國度。

後來被稱為「老守衛」（the Old Guard）的支持大企業的共和黨人，試圖透過打擊異議分子及操縱政治制度，來恢復共和黨的至尊地位。雖然他們狗急跳牆的種種措施產生短期勝利，他們的存在其實反映了共和黨為何會衰退。必須等到把一八八四年大選的結果當作一個警訊的新世代的出現，共和黨人才有機會重振林肯的原則，恢復黨的聲望。

哈理遜的商人政府

這時候，共和黨暫時從克里夫蘭的勝選退卻。他們相信世界的命運繫於他們是否能繼續控制政府。共和黨黨工相信共和黨掌握的參議院可以阻止民主黨有實質建樹，他們著手復活共和黨，並且保護它所建立的經濟制度。他們在全國各地鋪天蓋地撒下親共和黨的文宣品，不斷發表社論和新聞故事為保護性關稅辯護。他們的文宣戰只是開端，他們曉得若要贏得選戰，就必須重新改造選舉制度。他們果斷展開行動，先是重新籌措競選經費，然後再添加六個新的州進入合眾國。[27]

一八八四年敗選之後，共和黨黨務人員團結起來支持親企業派。對於一八八八年的總統候選人，他們捨棄黨領袖聯邦參議員約翰・薛曼（John Sherman），因其最近對關稅的神聖性的立場有所動搖。他們轉而推舉一名參加過內戰的老兵班哲明・哈理遜（Benjamin Harrison），他不僅是前任印地安那州聯邦參議員、前任總統的孫子*，更因為他肯聽話辦事。提名大會上，紐約一位鐵路業者力促紐約代表團捨棄薛曼，改挺哈理遜。黨因而完全落入企業界手中。[28]

共和黨人認為人類的命運繫於一八八八年選舉的結果，焦躁使得他們無所不用其極。他們指控民主黨人不忠誠、作弊，但更關鍵的是，他們募集到大量競選經費。為了找錢，共和黨領袖徵召費城百貨業鉅子約翰．萬納梅克（John Wanamaker）協助。萬納梅克建立一個委員會網絡，觸角伸向全國各地商人，大肆吹捧哈理遜是企業界的代言人，更提出警告說，民主黨若是勝選，將摧毀掉經濟所倚恃的關稅。於是乎，大量金錢湧入共和黨富得流油的黨務機器。[29]

馬克．漢納（Mark Hanna）是新崛起的「造王者」，他負責組織共和黨黨工，要奪回對眾議院的控制，以及把哈理遜送進白宮。共和黨果然在一八八八年大選拿下國會參、眾兩院多數席位。雖然哈里遜得票率並不理想，在全民普選票方面輸了約十萬張票，但是他總算拿下紐約州的關鍵選舉人團票，並得以入主白宮。哈理遜是名虔誠的信徒，當選之後他對漢納說：「上帝保佑，賜予我們勝利。」漢納事後發牢騷說：「上帝跟這件事有什麼屁關係！許多人被迫冒著牢獄之災，幫他當選總統呀。」[30]

克里夫蘭雖然贏得全民普選票，卻因為漢納的精心算計輸掉選舉。他抨擊政府即將被富人篡奪。但是哈理遜的支持者興高采烈地漠視克里夫蘭的警告、指他是酸葡萄作祟。他們感到十分興奮，終於確保國家未來安全，並且把哈理遜的得勝解釋為他們堅信保護主義是國家安全之鎖鑰，得到天意認可。其實這是一廂情願地誤判選舉結果，因為共和黨不僅輸掉普選票，也曾向舉棋不定的中立選民提出保證，他們若是重新掌握政權，將會「改革」關稅。[31]

可是哈理遜陣營還是相信選舉結果認可他們的經濟觀點。一八八九年六月，哈理遜宣誓就任總統的三個月之後，鋼鐵鉅子安德魯·卡內基（Andrew Carnegie）在銷路廣大的共和黨雜誌《北美評論》上發表一篇文

卡內基一方面是信仰社會達爾文主義的強盜大亨，一方面也宣揚資本家應該靠財富造福社會，成為美國慈善家的表率。圖片來源：維基百科。

＊譯註：班哲明·哈理遜是美國第二十三任總統。他的祖父威廉·哈理遜（William Henry Harrison）是美國第九任總統，他於一八四一年三月四日就任時已經六十八歲，直到一九八一年一月二十日雷根以六十九歲之齡宣誓就任，威廉·哈理遜一直是就職時年齡最大的總統。上任三十一天後，哈理遜不幸於四月四日因肺炎去世，不僅是美國史上第一位在任上去世的總統，也是美國史上任期最短的總統。當然，雷根的紀錄後來又被川普打破。川普二〇一七年一月二十日就職時，已經年逾七十。

章，題目簡潔扼要，就是〈財富〉（Wealth）。卡內基對經濟的理解很像詹姆斯．哈蒙德的觀點。他主張，巨大的貧富差距有利於每一個人，因為它們確保某些人可以專心致力於最崇高、最奧妙的文學與藝術，以及「所有文明的美好元素」。如果這些財富以高薪資形式分散給廣大群眾，毫無疑問，群眾會把它們浪費在食物和廉價奢侈品上面。卡內基和哈蒙德不同的是，他不是以種族界定社會的菁英階級，而是以其成員是否具備力爭上游的能力為標準。然而，原本共和黨的每個人都可努力向上攀升的觀點，演變為人人都有機會可以工作。才智過人者靠工作賺大錢，其餘的人則淪落為「泥基底」。[32]

西部六州的創立

安全入主白宮之後，哈理遜人馬開始思考如何一勞永逸阻止民主黨人破壞共和黨的政策。他們重新規畫美國的政治制度、發動宣傳攻勢，更加強調關稅的重要性，並將稅率提高到新高點。他們的計謀使得全國增加六個新的西部州，也掀起了害怕選民作弊的新恐慌，但是後來並沒能如願實現共和黨在國會中過半數。

鑑於廣大民意逐漸疏遠，共和黨領袖意識到若要保持過半數的優勢，上上之策是允許更多州加入聯邦。自從一八七〇年代以來，西部好幾個領地（Territory）申請升格為州，但是國會議員為了是否准予它們加入聯邦爭議不休，沒人願意創造出選民支持另一黨的州。一八八八年共和黨的大勝，讓民主黨慌了手腳，因為他們深知一旦共和黨控制了國會，他們會只准傾向他們的州加入聯邦。克里夫蘭總統在離卸任還不到兩星期時，簽署了一項對民主黨極為有利的法案。它規定在九個月內成立蒙大拿和華盛頓兩個州，並把土地廣闊的達科他領地切割為二，成為北達科他和南達科他，兩者將以州的身分和前述兩個領地同時加入聯邦。這個方案將使共和黨得到北達科他、南達科他和華盛頓三個新州，同時人人都預期蒙大拿會投向民主黨懷抱。[33]

次年，共和黨又批准愛達荷、懷俄明兩個西部州加入聯邦，締造了在同一年裡新增六個州的空前歷史。他們急急忙忙要讓愛達荷加入聯邦，竟然繞過正常程序，甚至招募志工來起草州憲，選民在州憲起草完竣不到幾個月就通過了它。[34]

這幾個新州都可以選出一位聯邦眾議員，但是對共和黨而言更重要的一點是，每個州會有兩位聯邦參議員。有三個新州傾向共和黨，而樂觀的共和黨人認為他們也可以拿下蒙大拿州，這樣一來就是四個州，於是在可預見的未來共和黨將能鞏固其在參議院的優勢。由於每州的選舉人團票數是參議員加眾議員席次之總和，新科參議員和眾議員將改變選舉人團的權力平衡。共和黨相信，藉由增加西部的幾個州，他們可以透過守住參議院攔下關稅修訂案，還可以經由增加選舉人團票數而保障選出共和黨籍總統。紐約再也不能在總統大選以一州之力的關鍵票數選出民主黨的總統。這是一個簡單而且似乎天衣無縫的計畫。[35]

哈理遜人馬也積極拔擢忠貞的共和黨人出任酬庸官職。克里夫蘭遵守一八八三年公職人員法的精神和條文，可是哈理遜人馬沒有這種顧忌。他們把能夠調派的職位統統授予支持者，把所有能夠控制的合約全部發包給沆瀣一氣的商人。哈理遜上任才一個星期，觀察家赫然驚覺，至少有七千人湧入華府鑽營求官。[36]

哈理遜人馬嘗試通過一項《聯邦選舉法》（Federal Elections Bill），讓任何地方只要有一百名選民要求，就可由聯邦官員監督國會選舉事務，不過它沒有成功。這個法案若是通過，將使得南方的黑人共和黨員可以投票選舉國會議員——該法案同時明文規定，地方和州之選舉被排除在外——也允許聯邦官員阻撓紐約市親民主黨的移民投票。哈理遜人馬以愈來愈火爆的語言為《聯邦選舉法》辯護，說其用意只是要防止選舉舞弊。然而，民主黨則譴稱它是「武力法」（Force Bill）。不過，共和黨也不避諱地公開宣稱，這項計畫將大幅增加他們在眾議院的席次，還稱該法案能夠阻止民主黨人「偷竊」下一屆選舉。[37]

最後，意識到除了最極端的親共和黨報紙之外，他們已失去所有媒體的支持，哈理遜人馬收購人氣不惡的《佛蘭克．李斯利畫報》（*Frank Leslie's Illustrated Newspaper*），讓哈理遜不太長進的兒子羅素（Russell）擔任共同主編。羅素操刀編務的第一期就語出驚人，質疑總統應該代表全民的主張。他揚言，哈理遜總統應該只代表共和黨人。《畫報》解釋說，這才是選舉的整個重點。「當人民選出總統和國會時，他們認為他們也在選擇政策，以及和他們有相同政治信念的人去執行政策。他們期許聯邦政府所有下屬都能完全配合新政府。」[38]

《畫報》還直言不諱它的意圖：「這將是一個企業家的政府，而生意人將徹底滿意它。」[39]

強盜大亨與共和黨的崩潰

但是，企業與人民對政府主導權的爭奪戰仍在上演。哈理遜政府向企業界卑躬屈膝的作法令人作嘔。哈理遜就職之後不到幾個月，即使溫和派的共和黨報紙也抱怨，「美國政治史上求官之徒吃相之難看，從來沒有這麼誇張」。准許六個新州加入聯邦是一個惡例。《哈潑周刊》指出，估計一八九〇年懷俄明和愛達荷兩州將有十萬名居民，它們一共會有四名聯邦參議員和兩名聯邦眾議員，而紐約州聯邦眾議員第一選區有二十萬名居民，卻只有一席眾議員。為了保住權位，哈理遜人馬故意削弱人口稠密地區人民的政治力量，這種伎倆似乎牴觸共和黨崇尚的平等代表權的原則。接下來又出現《聯邦選舉法案》，溫和派共和黨人終於忍不住痛批。不該只為了保住哈理遜的總統職位，犧牲掉共和政府的精神。連《紐約時報》也挺身反對這項法案，譏笑哈理遜人馬已經狗急跳牆。[40]

《紐約時報》說得沒錯。共和黨急欲鞏固它的權力，因為反對派已經成功地擄獲美國人民痛恨共和黨親商政策的風向。一八七〇年代，企業界組織聯合陣線，攜手瓜分市場占有率；到了一八八〇年代，聯合陣線升級為托拉斯，資方控制了整個產業。到了一八九〇年，托拉斯需要外界資金，提供資金的金主則要求在產業界有發言權，以保障他們的投資有最大獲利。洛克斐勒（J. D. Rockefeller）、J．P．摩根（J. P. Morgan）、卡內基和傑．高德（Jay Gould）等人後來被稱為「強盜大亨」（robber barons）的少數幾個關鍵人物主宰了企業界的董事會和交易密室。他們合縱連橫，積攢大量財富。共和黨的關稅保護了他們的經濟帝國，因為它們保障美國企業不會遭到外國競爭者削價競爭。

和位於經濟金字塔頂端的人形成強烈對比的是，勞工的所得和生活水平呈現崩潰之勢。從一八七七年至一八九〇年，六百三十多萬新移民抵達美國，和放棄家庭農場的本地出生美國人，一起湧入擁擠的城市。城市勞工市場人力充沛，使得工業家需要支付的薪水愈來愈低。當工人試圖組織起來以便更有效地談判時，共和黨大叫共產主義來了，並設法立法限制工會。一八八〇年代，工資一再下降，勞工的談判力量減弱。勞工發動罷工，爭取改善工作條件。但市長們往往召來警察鎮壓罷工。但是，罷工仍然有增無減。光是一八八六年一年，超過六十萬名勞工罷工或進不了工作地點，而且一八八〇年至一九〇〇年期間，超過六百五十萬名勞工參與兩萬三千多起罷工事件。一八六五年至一八九〇年期間，罷工破壞了價值數以百萬美元計的財產，也造成數十名美國人死亡。[41]

隨著城市生活壓力愈來愈嚴重，許多共和黨人勸導，窮人應該往西部冒險，另闖天地。其實這是一廂情願的想法，因為西部地區的社會流動和東部地區一樣僵化。但是對於「美國強大的工業經濟獨厚有錢人」的說法，這是一個強大的解毒劑。它怪罪勞工自己讓自己陷身低薪工作。任何一個年輕人都可以靠務農安身立命，甚至發達翻身。支持者說，林肯當年就是這樣出人頭地的。[42]

雖然有許多人不滿意哈理遜政府，真正推翻它的卻是被西部是解決經濟困境之道這個說法誤導的農民。農民在內戰之後蜂擁前往西部平原，鐵路文宣形容西部地區欣欣向榮，形勢一片大好，他們受到鼓舞紛紛西進。當他們發現自身得任憑鐵路公司宰割才能讓作物送到市場販售時，夢想破碎了。被西部前景大好所吸引、攜家帶眷西進的人，開始組織起來，要求對鐵路當局要有管控。他們發展出所謂的「同盟」（Alliances）組織，以合作社方式買、賣、碾製和儲藏他們的作物，藉此增加他們和鐵路及升降機操作員的談判籌碼。到了哈理遜就任時，農民同盟的成員宣布他們認同勞工的怒火：他們呼籲「改造不公不義的制度，廢除讓人民受到不平等待遇的法令」。[43]

然而，共和黨不但不改善他們的立法獨厚企業的問題，反而訴諸農民既懶惰、又不積蓄的老調。他們批評農民負債累累是因為他們自己追逐奢華，堅持要有昂貴的機具，要吃牛肉、雞肉，不吃便宜的豬肉和馬鈴薯。最後，他們露出懶散的本性，要求政府負責養活他們。共和黨指責說，農民同盟希望「有一種家父長式的政府」，就和勞工的想法一模一樣。[44]

由於共和黨拒絕面對他們的政策造成的經濟不平等，受剝削的農民同盟更加壯大。一八九〇年夏天被稱為「同盟的夏天」（Alliance Summer），包括著名的農民演說家瑪麗・伊莉莎白・麗絲（Mary Elizabeth Lease）在內的演講人穿梭在大平原地區。麗絲痛批「華爾街買下了美國……美國不再是民有、民治、民享的政府，而是華爾街擁有、華爾街治理、華爾街享受的政府」。她告訴農民要「少種玉米，多嗆聲抗議」。[45]

農民果真響應她的號召。加入同盟的農民人數之多，以致共和黨在西部某些州根本不敢提名人選參與期中選舉。到了一八九〇年夏天，共和黨領導人領悟到他們必須設法打破共和黨只為大企業效勞的想法，否則將面臨丟掉政權的嚴重危險。這一年七月，國會通過兩項法律，意在顯示他們和勞工站在相同立場。《薛曼反托拉斯法》（Sherman Antitrust Act）規定企業結合起來「限制交易」是違法行為，但是它是一個沒有牙齒的法令，它沒有說清楚所謂限制交易的確切意涵，而是留給法院裁量，如此開了一個相當大的漏洞給企業結合。《白銀採購法》（Silver Purchase Act）主要也是設計來削弱搗蛋分子。當一大群西部人士支持自由鑄造銀幣時，東部共和黨人大為驚慌，提出反制對策，就是讓財政部購買在市場上浮濫、過剩的白銀，並且發行更多以黃金支持的紙鈔。這將使銀幣派人士失去力量，從而保持貨幣穩定，防止通貨膨脹。[46]

雖然他們願意在小事上向對手讓步，共和黨對關稅議題的立場不動如山。首先，他們盡快把徵收關稅產生的預算結餘花掉，以證明政府的確需要關稅收進來的錢。他們先慷慨大方地支付年金給內戰退伍軍人，但這並沒有花光國庫的結餘。之後國會再通過撥款數百萬美元，興建公共建築和內戰英雄雕像。當國庫終於快枯竭時，他們就堅稱國家的確需要提高關稅才能確保人人有錢賺。俄亥俄州聯邦眾議員威廉．麥金萊（William McKinley）不但是權力極大的眾院籌款委員會（Commitee on Ways and Means）主席，也是一個小組委員會主席。這個小組委員會提出一個關稅法案，降低少許項目稅率，但是提高日常用品稅率，有些項目漲幅相當大。譬如，馬蹄鐵釘的關稅由百分之四十七大幅提升至百分之七十六。民主黨氣壞了，甚至溫和派共和黨人也大為震驚。《紐約時報》以醒目的大字標題指責，透過這一法案，「**麥金萊當扒手，偷錢償還黨欠大企業主的債務**」。[47]

一八九〇年五月，國會會期陷入一片混亂，議員們高喊要修法、大吼反對意見、互相叫罵，在沒有任何一位民主黨議員投票之下，共和黨強渡關山、通過《麥金萊關稅法》（McKinley Tariff）。他們歡呼、鼓掌，慶祝勝利。有位民主黨議員大喊：「你們現在高興，但是十一月就要哀悼了。」民主黨說對了。一八九〇年十一月的期中選舉，憤怒的選民拋棄共和黨。民主黨在眾議院取得二比一的多數優勢。共和黨則在參議院勉強以四席之差維持多數黨地位，但是有三位共和黨籍參議員投票反對《麥金萊關稅法》。麥金萊本身也輸掉眾議員議席。共和黨政府逐漸土崩瓦解。[48]

接下來，陸續有人脫離共和黨。共和黨在關稅問題上盡失民心，讓大多數美國人相信，它只在乎讓富人更富。農民同盟挖走政治光譜左翼的共和黨員，組成新政黨「人民黨」（Populist Party）；它保證要把政府從「資本家」手中搶救出來、交還給「尋常百姓」。但是溫和派共和黨員也離黨出走。到了一八九二年十一月，即使一向力挺共和黨的《紐約時報》也持反哈理遜政府的立場。它登出脫黨加入民主黨陣營的著名共和黨人姓名，因為他們相信共和黨的關稅政策「理論上有錯，實質上有害，而且絕對不道德」。加菲爾德總統內閣的司法部長韋恩・麥克維（Wayne McVeagh）公開省思說，原始的共和黨已經不復存在。他嘆息說，現在占據它位置的「是一個腐敗的政治組織，靠所謂保護性關稅所獵取的酬金豢養」。在他看來，哈理遜政府是最後一根稻草。他也退出共和黨。[49]

一八九二年，二度出馬的克里夫蘭再度贏得全民普選票，以接近五十萬票之差粉碎哈理遜連任之夢。*他也輕易贏得選舉人團的多數票支持。民主黨在眾議院丟掉二十席，但是仍然保持強大的多數優勢。共和黨兵敗如山倒，參議院也翻盤、改由民主黨控制。民主黨橫掃千軍，贏得山崩式大勝。哈理遜的「商人政府」不但沒有保住共和黨政權，還激起大反彈，聯邦政府自從南北戰爭以來首次完全由民主黨掌控。[50]

共和黨政府煽動股市崩盤

有位共和黨員說，共和黨人對民主黨會得到如此排山倒海的大勝「既驚駭、又惶惑」，但是他的結論是共和黨不該妥協，而是要更賣命地堅持自己的理念來塑造美國。堅定支持共和黨的《芝加哥論壇報》高喊：「起來，跟他們拚了！」根據一位共和黨籍參議員的說法，這次大選唯一的好處是終於「終結了威廉・麥金萊」。麥金萊是敗選的哈理遜手下無能的寵臣。現在如釋重負，終於甩掉這個包袱。不過，事實上，共和黨並沒有因為敗選而損失什麼，他們成功設法化挫敗為優勢。[51]

共和黨已經一口咬定，選民如果選出民主黨人，經濟一定崩盤。民主黨大勝之後，共和黨就要把他們可怕的警告轉化為可怕的事實。有一個商人俱樂部宣稱，哈理遜政府「毫無疑問，是美國史上最好的親商人政府」。失去這樣的政府將是一場災厄，尤其是根據共和黨的說法，民主黨信奉的根本是想要摧毀美國的社會主義和無政府主義。《芝加哥論壇報》告訴讀者，民主黨所承諾的降低關稅和寬鬆銀根將會破壞工業生產，害人民失業。但是這並不壞：「美國的勞動階級

* 譯註：克里夫蘭成為美國史上唯一不連續兩度勝選的總統。他的任期分別為一八八五至一八八九年，與一八九三至一八九七年。

需要這樣的教訓……聰明的人仍需努力做好個人規劃，才能把傷害減到最小。」《芝加哥論壇報》痛斥說：「共和黨人大可作壁上觀……這不會是他們的葬禮。」[52]

受到共和黨報紙一再報導經濟即將崩盤的刺激，投資人因心生恐懼而退出市場。這場危機之所以特別駭人，是因為它根本沒有經濟上的原因。歷史學家在解釋這場崩盤時指出，對鐵路過度投資、以及工資下降對購買力造成的傷害是主因；可是雖然兩者都是事實，在大選之後情勢已經比選前好轉。事實上，一八九二年底的經濟指標比起過去幾年好得多。在小麥豐收之後，這一年秋天農產品的出口巨幅增加，降低了十九世紀末期困擾美國的貿易赤字，並且推升了繁榮。[53]

縱使如此，克里夫蘭一當選，美國似乎立刻陷入極大的陰影。黃金開始從美國流向歐洲。這裡頭有好幾個原因，包括海關收入減少，以及共和黨發放年金的法案造成國庫空虛。但是首要問題是，歐洲人停止對美國投資。共和黨已經清清楚楚、明明白白宣示，民主黨新政府將讓貨幣貶值、創造猖獗的通貨膨脹。在這種威脅下，當然不會有人想要投資。歐洲投資人把錢抽調回國。[54]

隨著情勢惡化，即將卸任的哈理遜政府頑固地拒絕採取能讓投資人安心的措施。到了一八九三年二月，股市已經癱瘓。東部銀行家懇求政府發行公債以補足國庫，但是政府宣布財政毫無問題。二月中旬，金融家J．P．摩根趕往華府，建請哈理遜拿出對策，但是政府官員仍然處變不驚。財政部長查爾斯．佛斯特（Charles Foster）公開評論說：共和黨負責管理經濟只到克里夫蘭宣誓就任總統的三月四日為止。他的職責只是「在當天之前避免出現災難」。[55]

可是他並沒有管理好。二月十七日，星期五，在賓夕法尼亞州的韋爾克斯—巴瑞（Wilkes-Barre）鎮，瑞丁鐵路公司（Reading Railroad Company）發薪員開始發放月薪袋時，車站電報報務員遞給他一封電報。他讀完電報，關上發薪窗口，立刻啟程趕回費城。擔心瑞丁鐵路公司倒閉的員工嚇得心驚膽戰。他們的直覺沒有錯：發薪員讀到的電報警告他，華爾街翻天了。有個記者寫說，瑞丁鐵路公司像一頭被宰殺的羔羊。跟糖和鉛有關的股票也遭到重擊。瑞丁鐵路公司崩潰之後，「其他各類股票紛紛一瀉千里」。[56]

次日，瑞丁股價率先跳水，股市持續崩跌。一開盤才十分鐘，十萬股以上的瑞丁股票易手。當天收盤時，高達五十多萬股易手。股市在星期天休市，但是星期一又繼續重挫。觀察家估計，二月二十日當天市值蒸發二千萬美元。二月二十三日，股市全盤盡墨。糖業托拉斯崩跌，北太平洋鐵路也不支倒地。整個市場都隨著它們戰慄。[57]

觀察家大為驚慌，懇請哈理遜總統出手解救危機，但是八天之後就要卸任的他，堅稱沒什麼重大狀況發生。財政部長任期的最後幾天，坐著讓畫師繪畫他的肖像。華爾街對即將卸任的官員鄙視到極點。《紐約時報》抱怨說：「如果財政部的作用是製造恐懼與騷亂的話，再也沒有人比它幹得更好。」但是佛斯特部長臨別又開了一槍。當他把財政部移交給新任部長時，他告訴新聞界說：「國庫已經見底。」[58]

所得稅的努力付諸流水

克里夫蘭在一八九三年三月四日就職時，金融恐慌已經全面降臨。他試圖採用共和黨的財政措施來安撫華爾街，孰料不但未能化解危機，反而因為顯得背叛了選出他的工人和農人，破壞了自身的同盟。現在，政府失去了方向，經濟繼續動盪，而共和黨則是老神在在，呼籲選民要回歸他們的主張。[59]

到了一八九四年，陷入困境的勞工起而反抗政府，並要求賑濟，這一來又應驗了共和黨指控勞工階級相當危險的說法。首先，由傑可布·考克西「將軍」（Jacob Coxey）和查爾斯·凱利「將軍」（Charles Kelly）率領的失業的「大軍」，從十四個州和兩個領地出發，向華府進軍，領導人隨即遭到逮捕。接下來，芝加哥郊區喬治·蒲爾曼（George Pullman）的皇宮車業公司（Palace Car Company）工人罷工；因為蒲爾曼五度調降薪資，卻沒有同步降低公司宿舍的租金以及主管的薪水，然後又開除仲裁委員會的成員。到了六月底，美國鐵路工會（American Railway Union）十五萬名會員響應罷工，全國交通運輸系統全面癱瘓。克里夫蘭總統的司法部長以前是鐵路公司的律師，他想出一招，把聯邦郵政的車輛掛到蒲爾曼的火車車廂上，罷工者就變成妨礙聯邦郵政，聯邦政府藉此取得對危機的管轄權。克里夫蘭派部隊到芝加哥，再前進到全國鐵路線各州：北達科他、蒙大拿、愛達荷、華盛頓、懷俄明、加利福尼亞、猶他領地和新墨西哥領地。

接下來的衝突造成二十五萬美元的財產損失，沒有一八七七年的罷工損失嚴重，當年財產損失達五百萬美元、又有六十多人喪生，但也相當巨大。[60]

一八九四年的事件使得民意又轉回頭支持共和黨。共和黨報紙堅稱，向華府進軍的「流浪漢」是地痞流氓，他們想要掠奪勤勞的美國人之財產，並不只是不靠自力工作賺取財富的懶人。共和黨堅稱，民主黨力挺暴民；他們想為自己的特殊利益利用政府。率領部隊對付一八九四年罷工者的共和黨將軍寫說：「人民必須選邊：一邊是無政府、秘密社團、不成文法、暴民暴力，以及在社會主義的紅旗或白旗之下的全面混亂；另一邊則是建制政府、法律至上、維持良善秩序、普世和平、生命和財產絕對安全、個人自由權利，一切都在『美國國旗』的庇蔭下。」[61]

在那個翻天覆地的夏天，民主黨因為修正政府政策迎合窮人，又激怒了共和黨人。民主黨試圖依據承諾修訂關稅，但是經濟不景氣使得辯論出現變化。國庫現在不必拚命花費掉結餘款，反而急著需要更多錢。更糟的是，在工廠倒閉、遣散員工的風潮中，沒有一位國會議員願意讓他的選區之產業暴露在外國競爭之下。經過一番角力，出現一份僅只稍微調降關稅的法案。但這一來兩邊都不討好，既激怒了希望全面修訂的人，也得罪了根本不希望修訂的人。新的關稅法令立刻引起共和黨人痛罵它們是社會主義，因為為了彌補損失的稅收，它對四千美元以上的所得徵稅。《布魯克林聯合報》（*Brooklyn Union*）痛斥說：「所得稅是愛國公民投票選出來對他人課徵的稅。那些把錢存下來善加利用的人，是不用繳交所得稅的。」[62]

在一八九四年的期中選戰中，共和黨抨擊克里夫蘭和民主黨的政策造成工資下降、失業上升、企業倒閉、工人罷工和生活陷入絕境。商人大量捐款給共和黨。他們聲稱，共和黨人十一月勝利會大大改善經濟，因為把眾議院交付給共和黨就能終止反覆無常與不確定性。[63]

選民接受這樣的觀點。一八九四年的期中選舉翻轉了一八九二年的山崩局勢。人們聚集在報社門口，看到快訊宣布驚人的選舉結果時高聲歡呼。共和黨在眾議院拿下一百三十席，取得三分之二的多數優勢，也在參議院重新搶回略微超過半數的席次，使得一八九四年成為美國史上最大的期中選舉大翻轉。共和黨成功地把他們的對手和經濟崩盤及無政府狀態連結在一起。[64]

在共和黨重掌權力之前，經濟已經開始審慎的略微上升，而且上升的勢頭相當平穩。一旦共和黨當家，企業界就不再擔心他們的投資會虧本。《芝加哥論壇報》在十一月共和黨大勝之後不到幾天就評論說：「美國製造業、商人，以及一般生意人都可以長長地鬆了一口氣。」以後再也不會有對企業界的「騷擾」、不會有罷工、不會有「工業界的不滿」。它寫說，民主黨害國家陷入經濟恐慌（這個指控完全不顧崩盤實際發生的時機），再也休想重掌政權。[65]

但是為了防備萬一，共和黨也著手抑制他們努力三十年所建立的政府權力。積極有為的政府若是由共和黨來負責，似乎有利各方，但是這樣的政府若落入工農之手，他們會試圖推動不利於共和黨的經濟改革，有可能使得美國經濟發生變化。他們決心降低工人可能造成的傷害之程度。

國會在一八九四年初通過所得稅法時，共和黨就開始堅稱它違憲，因為它授予聯邦政府的權力太大。他們主張徵稅的大權必須交給各州；憲法只允許聯邦政府「直接徵稅」（direct taxation）。但是內戰時期的共和黨人摒棄這種古老的理解，國會在一八六二年分配各州要上繳稅收，而各州又幾乎總是對土地開徵稅收，當時他們提出，這種直接稅對貧窮的農民造成不公平的負擔，但富裕的城市居民基本上沒有受到影響。不過，共和黨在一八九四年改變立場。他們說，聯邦就租金、股票、債券等課稅是違憲的擴權。所得稅區隔不同地域的作法有歧視嫌疑，因為它將迫使紐約和其他富州承擔比貧窮的農業州更重的稅負。《匹茲堡公報》（*Pittsburgh Gazett*）寫說：「所得稅是混合地區主義、共產主義和民粹煽動的產物，不論它是否合憲，都是一個掛在民主政治脖子上的石磨。」[66]

話才一說出口，有位擁有紐約農民貸款及信託公司（Farmers' Loan & Trust Company）五千多美元股票的男子立刻提起訴訟，質疑所得稅是否合乎憲法。全國最知名的一位華爾街律師代表他到聯邦最高法院申訴。一八九五年聯邦最高法院大法官以五票贊成、四票反對，倒退到對憲法「直接課稅」條款的原始定義，宣布課徵所得稅違憲。任何其他形式的課稅都是擴大聯邦權力的違憲行為，不得允許。[67]

四位大法官很生氣地指出，五席大法官的裁定推翻了美國最能幹的法學家在過去一百年寫下的先例，也推翻共和黨自己在內戰期間制訂的法律。但是多數派聲稱，新稅法具有歧視性：它歧視富人！到了十九世紀最後十年，共和黨似乎已接受他們創黨元老所反對的主張。[68]

民主黨繼承了林肯精神

一八九六年，一位年輕、英俊的內布拉斯加民主黨人在民主黨全國代表大會上的演講，正中兩黨哲學的要害。民主黨籍的威廉・布萊恩（William Jennings Bryan）呼應亞伯拉罕・林肯的主張，強調說：「對於政府，有兩派主張。有一派人認為，如果你只要立法讓富有的人發大財，他們的財富會向下涓滴到下層的人。另一方面，民主黨的理念是，如果你立法讓一般庶民發財，他們的財富會向上發展，遍及到站在他們上面的每一個階級。」民主黨人被布萊恩的演講感動，提名他競選總統。他也四處奔走，爭取人民支持。他爭取到人民黨的支持，然後不眠不休地四處演說，每天發表至少二十多場演講，要求「富人承擔起合理比例的政府支出」。[69]

共和黨方面投入一八九六年的總統大選，慨嘆民主黨「破天荒的無能、虛偽和荒腔走板」，大肆宣傳他們本身才是辛勤工作的美國中產階級的真正代表。共和黨明白他們需要新票源以對抗日益擄獲民心的民主黨，他們伸手向新選民召喚，歡迎女性「合作，從民主黨和人民黨的管理無能、治理不當下拯救國家」。他們提名擬訂一八九〇年共和黨關稅法案的威廉・麥金萊為總統候選人。麥金萊接受他的政治經理人馬克・漢納的建議，留在家裡，少講話。[70]

為了彌補少一個能夠出面拜票、號召民心的候選人的缺點，漢納在全國派出許許多多代打的演講人，也在報紙上刊登大量的有利社論，這一切都拿企業界踴躍捐獻給共和黨的錢支付。

共和黨指控布萊恩發動「階級戰爭」，重申美國所有階級都應該合作的主張。《紐約論壇報》寫說，任何人挑撥階級衝突就是「人類的敵人」。年輕的共和黨人狄奧多・羅斯福在紐約州尤蒂加（Utica）向民眾演講時，指稱布萊恩是個「煽動家」，想要建立「一個暴民政府」。他希望建立一種「無法無天的紅色混亂，效法歐洲共產主義者所夢想的那樣瘋狂和惡毒」。羅斯福聲嘶力竭痛斥布萊恩計畫把民有、民治、民享的政府改變成為「一個由暴民所有、由煽動家所治、由遊手好閒、不思進取的人以及罪犯和準罪犯享有的政府」。當布萊恩抱怨共和黨使用挑釁的語言攻擊他和他的原則時，有位記者反駁說：「這是攸關國家和國旗的一場作戰。」[71]

一旦選戰被定調為在美國和無政府之間做選擇，選民堅定地支持美國。雖然布萊恩贏了南方所有各州，以及北達科他州以外每個平原州，麥金萊卻贏得超過百分之五十一的全民票。共和黨現在不再是代表林肯的西部白手起家創業者的政黨，完完全全變成沿海地區商人的政黨。代表商人的候選人，僅僅四年之前還被同僚貶抑為過氣人物，現在卻當選了總統。

共和黨一重返執政，立刻把關稅稅率調高到被民主黨降低之前更高的稅率。他們沒遭到反彈是因為在加拿大育空領地克隆岱克河（Klondike River）附近的波納札溪（Bonanza Creek）發現金礦，為美國經濟注入足夠的貴金屬，緩和了貨幣供給，減輕農民和工人的壓力。時機如此湊巧，讓民主黨和共和黨各取所需：金本位制和貨幣擴張。經歷二十五年激烈爭搶控制美國民心之後，似乎力挺大型企業的共和黨贏了。

第六章
轉向自由派

共和黨能贏得一八九六年大選，是因為他們把選戰主軸定位為在美國和世界末日之間做抉擇。但是把共和黨在一八八四年大敗看作是警鐘的許多年輕黨員，卻對黨和大企業關係太密切感到失望。這些人是徹頭徹尾的共和黨人；他們認為民主黨人不忠於國家。但是他們痛恨自己的黨的腐敗，他們之所以堅守在黨內是因為他們從一八八四年學到一個教訓：黨內分裂形同自殺之舉。十九、二十世紀之交，年輕的共和黨人在狄奧多・羅斯福、亨利・洛奇（Henry Cabot Lodge）、艾伯特・貝立芝（Albert Beveridge）和羅伯・拉福耶（Robert M. La Follette）領導下，攜手合作把共和黨帶回到延續亞伯拉罕・林肯的精神。

林肯那一世代改造政府以對付西部擴張所引發的危機，但是這個世代的危機卻是工業化帶來的。這些年輕人看到人民黨所謂的「流浪漢和百萬富翁」之間日益擴大的鴻溝，他們理解到在一個法律全都傾向於有利雇主的世界，窮人無法獲得經濟安全。過去，人們相信保護個人機會意味要有不能破壞倡議的弱政府。但是羅斯福這一世代認識到，在工業世界裡，個人的成功必須依賴積極有為的政府、而非消極無為的政府。只有拿出魄力勇敢任事的政府才能遏制企業的過度伸張，並且保障衛生的食品、生活條件、教育和取得資源，使得個人能夠成功。[1]

不過，有趣的是，這些人認為國內應有積極有為之政府的信念，源自於他們深信美國應該介入國際事務；國際上的外國列強似乎是盛氣凌人的腐敗政府，壓榨被他們殖民統治的人民。老一輩的共和黨人反對介入外國事務，但是年輕人從內戰之後美國牛仔的形象得到啟示，他們自小欣賞西部牛仔，而今兢兢業業的美國不但得從富有的東部企業界手中搶回國家，還要把美國價值傳播到世界各個角落。如果美國人要在國際間促進個人主義和繁榮，肯定也必須在國內促進它。進步派共和黨人（Progressive Republicans）堅持政府肅清城市、保護勞工安全、檢驗食品和支持教育。他們在對抗控制國會的保守派共和黨「老守衛」方面成績不彰，但是他們大大地改變了全國討論的內容，為民主黨籍總統伍德羅．威爾遜日後領導的進步派改革奠下基礎。

兩位年輕的改革派

共和黨回歸原始精神的努力始於一八八四年的大敗，當年共和黨的危機觸動了黨內一個新世代和新哲學。年輕的共和黨人認知到，黨必須承認憤怒的巨浪來自於受到共和黨「老守衛」和企業界關係你儂我儂之害的人們。他們希望出現舒茲等人自從一八七〇年代以來即主張的相同的改革。不過和舒茲不同的是，他們成長於內戰年代，他們痛恨民主黨，認為民主黨人企圖摧毀美國、而且謀殺林肯，又拒絕承認戰敗。這些年輕的共和黨人希望在黨內運作、不在黨外運作。他們在東部和西部都展開寧靜的革命。[2]

這夥人在東部的領導人是波士頓的亨利．洛奇，他個頭不高、鬍子修剪得宜，習慣性頭往後微仰以致下顎挺出。洛奇出身波士頓世家大族，哈佛畢業，交往盡是文人雅士。他在一八七四年見過舒茲。舒茲出席查爾斯・孫木楠的告別式、發表感人的追悼詞之後，洛奇的母親設宴款待這位密蘇里州聯邦參議員。當天晚宴的賓客包括詩人朗費羅（Henry Wadsworth Longfellow）、艾默生（Ralph Waldo Emerson）和大法官奧立佛・溫德爾・霍爾姆斯（Oliver Wendell Holmes）。洛奇就和這些波士頓耆老一樣變成改革派，他們變得愈來愈不齒共和黨在一八七〇年代和八〇年代愚蠢的轉向。但是洛奇和舒茲及其世代的改革派不同的是，他選擇從內部改革共和黨。[3]

洛奇和另一位年輕共和黨人的交情強化了他的改革決心。他在波士頓的聖波托夫俱樂部（St. Botolph Club）初識狄奧多・羅斯福，後來在一八八四年共和黨全國代表大會之前再續前緣。羅斯福和洛奇一樣，有個名人老爸。他出身紐約世家，先人在十七世紀就由荷蘭移民到美國。羅斯福家族從殖民時期至十九世紀末期歷二百年之經營已經富甲一方。年輕的狄奧多自幼富貴，受過良好教育，熱愛美國。不過，在他生平之年，他看到過去屬於勤奮向上的美國人的美好世界，沉淪為由富人主宰的喧囂城市，其中的移民工人就算做牛做馬也無法翻身。新興的工業城市充滿污穢的廢棄物，由群聚住處爬出的細菌直接衝擊到羅斯福。一八八四年聖華倫汀節（俗稱情人節），他的母親和年輕的妻子相隔不到幾小時，先後病逝。羅斯福和洛奇一樣，他崇拜林肯，不能忍受林肯犧牲性命建立的平等精神遭到破壞。[4]

羅斯福和洛奇聯手策畫推舉改革派在一八八四年參選總統。但是這些有教養的年輕人讓採訪全代會的記者覺得好笑的是，他們在鼓掌時「會立刻伸出手指遮著鼻子」。他們敵不過詹姆斯・

布廉的機器。不過，當布廉贏得提名時，洛奇和羅斯福並沒有和改革派同僚一起脫黨。他們留在黨內替布廉助選。[5]

老一代的改革派痛斥這兩個年輕人支持布廉這個「大陸說謊家」（the continental liar），但是遭到抨擊反而促使他們倆交情更深。脫黨支持克里夫蘭的共和黨人愈是痛批他們，兩人反倒稱兄道弟起來，互以「卡波特」（洛奇的中間名）和「狄奧多」逕呼對方。洛奇在次年寫下：「狄奧多是我所認識的人物當中最可愛、最聰明和最勇敢的人。我愈和他交往……就愈發喜愛他。」在獨立的改革派的忌恨下，兩人成為黨內務實的政治家，樂於與在大原則上同意他們觀點的任何人合作、不計較這些人特殊的意見。[6]

妻子過世之後，羅斯福暫時告別東部政壇，隱居到他在達科他領地的牧場，因此洛奇的政治生涯比羅斯福早起步，使他成為兩人專業關係上的資深夥伴。在一八八四年的選舉中，改革派把票投給洛奇的對手，扼殺他參選聯邦眾議員的美夢，但是他在一八八六年當選而進入國會。哈理遜一八八八年贏得白宮寶座，洛奇安排羅斯福被派任為聯邦公職委員會（US Civil Service Commission）委員。洛奇在眾議院裡是力求共和黨在全國迎頭趕上的主角人物，他全力推動《聯邦選舉法案》。當民主黨席捲一八九二年大選時，儘管全國趨勢不利共和黨，洛奇設法運作讓麻薩諸塞州議會推派他為聯邦參議員。一八九三年，洛奇進入國會山莊上院，成為他一心嚮往的政治家。[7]

洛奇和羅斯福將聯手改革共和黨和美國。不過，他們先著手改革世界。

莽騎兵在古巴得勝

對於海洋事務都有濃厚的興趣，替洛奇和羅斯福的事功開啟大門。海軍是兩人心中最軟的一塊。羅斯福自幼聽他南方長大的母親娓娓動人講述南方邦聯海軍的故事，他相信海權是國家強盛的關鍵；洛奇出身航運業鉅子家庭，岳父又是海軍將領。他在眾議院參加海軍事務委員會，保護波士頓附近的查爾斯頓海軍造船廠（Charlestown Navy Yard）。[8]

國會在內戰之後已經削減海軍經費，羅斯福和洛奇認為這樣輕忽海軍太不像話。強大的海軍可以在太平洋促進美國的貿易，德國、英國和俄國都已經派出海軍保護商人，在太平洋地區爭奪霸權。一八九〇年，羅斯福和洛奇在新成立的海軍戰爭學院（Naval War College）的好朋友艾佛瑞德·馬漢（Alfred T. Mahan，後世譽為海權之父）出版專書《海權對歷史的影響》（*The Influence of Sea Power upon History*），主張成功的國家必須在海外擴張。洛奇在國會成功推動一項重建美國海軍的法案。然後，麥金萊總統為了酬庸羅斯福在一八九六年助選之功，任命他為海軍部助理部長。這是一份好差事，但是應該會使他遠離媒體注意。可是，這個差事非但沒使他安靜，羅斯福反而大放異彩，在關鍵時刻改變了美國歷史的進程。[9]

想要建設美國海權的動機，使這幾位年輕美國人的挫折感更加集中在黨的方向上。羅斯福憂心日本人染指夏威夷群島的傾向越來越明顯，但美國人卻相當輕忽；美國人在夏威夷經營數十年的捕鯨和種植甘蔗，已經覺得夏威夷就是美國的禁臠。一八九三年初，美國糖業商人推翻夏威夷女王，要求美國兼併它；在此之前，《麥金萊關稅法》已經提高外國甘蔗進口關稅。哈理遜支持兼併，但是克里夫蘭傾聽夏威夷人的憤怒，堅持要調查整個事件經過。等到麥金萊入主白宮時，民間輿論嚴重反對兼併。這個議題擱置在參議院，夏威夷的命運在風中飄搖。

接下來一八九八年，醞釀已久的古巴戰爭終於爆發。古巴人對抗西班牙殖民政府已經有數十年之久，但是一八九五年開始的全面游擊戰給此一衝突帶來新的恐怖水平。為了敉平游擊隊，西班牙軍隊展開「再集中」政策，強迫古巴人遷進由鐵絲網包圍住的城鎮裡。這些城鎮形同集中營，但是在鎮外逮到的人，一律視同叛黨吊死。[10]

羅斯福及其友人認為美國不能坐視不管此一動盪局勢；美國毫無疑問應該控制夏威夷和古巴，以及太平洋薩摩亞島的加煤站。但是很少人想要夏威夷，共和黨建制派也擔心會傷害古巴島上很有價值的糖業利益，不肯派兵干預古巴情勢。許多上年紀的人對戰爭的記憶猶新，不肯考慮發動戰爭。麥金萊本身是內戰退役軍人，也是最後一位親歷戰事的白宮主人，並不急切要派美國軍隊參戰。他評論說：「我經歷過一場戰爭。我看過屍骸堆積，我可不想再看到另一場戰爭。」在年輕的共和黨人看來，黨內前輩反對他們認為想當然耳需要伸張美國國力的主張，足證企業界的金錢利益已經把美國社會閹割去勢。羅斯福抱怨說：「銀行家、經紀商、單純的製造商和單純的商人，他們的精神位居主流，令人意志消沉。在政治事務方面，我們通常在心態上，特別是在道德上，十分麻木。」[11]

年輕的共和黨人為夏威夷情勢感到憤怒，但是他們因古巴議題與老一代決裂。他們要求美國人要協助鄰人。軍事干預將是保護無辜、傳布美國價值和增強國勢的道德聖戰。如果共和黨果真如一八九六年大選所宣揚，要反對壓迫、經濟落後和不公不義，它必須在鄰近地區也捍衛這些價值。羅斯福堅稱，和西班牙開戰「不僅合乎正義，也有益於美國的光榮和利益」。一八九八年二月十五日，美國海軍軍艦「緬因號」（*USS Maine*）在哈瓦那海灣爆炸，羅斯福在一場公開晚宴上對著操縱共和黨黨務機器的馬克・漢納揮拳怒吼，提出警告：「我們將為古巴的自由開戰……不能聽命懦弱的商業界！」[12]

「緬因號」炸毀之後十天，羅斯福下達命令給在香港的美國海軍艦隊司令官喬治・杜威（George Dewey），如果美國對西班牙宣戰的話，就全力攻打駐守菲律賓的西班牙軍隊。一八九八年四月二十五日，美國果真對西班牙宣戰，太平洋艦隊開向馬尼拉，杜威攻打西班牙艦隊前留下一句名言，對屬下軍官下達命令：「葛里利啊，你準備好了就可以開火了。」六個小時之後，整個西班牙艦隊成為在海上載沉載浮的殘骸。到了八月中旬，一萬二千名菲律賓人和一萬一千名美國士兵把西班牙部隊趕出馬尼拉。國會一宣戰，二十多萬男丁自願從軍，要到海外打一場傳播美國道德意識的聖戰——同時也是針對國內的聖戰。他們認為怯懦的商人只關心他們的帳簿，無視於勇武精神與獨立。[13]

為了展現戰爭的根源是美國的個人主義理想，並沒有受到東部政界和商界的束縛，羅斯福和其他主戰的鷹派強調美國的西部精神是激勵他們的靈感泉源。「水牛比爾」（Buffalo Bill）誇口，給他「三萬名印第安勇士，就可以把西班牙人趕出古巴」。傑西·詹姆斯的哥哥佛蘭克自告奮勇、要率領一支牛仔兵團參戰。結果是，國會授權羅斯福、而非佛蘭克·詹姆斯，去召募一支牛仔騎兵兵團。根據《紐約時報》一位記者的報導，羅斯福希望召募「強壯的邊疆英雄」，他們不需要再經歷作戰訓練。他們會有自己的馬匹和槍枝，「更重要的是，他們曉得如何照料自己，在任何環境下都能堅忍不拔、長期作戰。他們不需訓練或考驗，而且還可傳授堅毅及行伍本色給正規軍的老兵」。羅斯福強調他的部隊來自全國各地及各行各業：哈佛學生和印第安人、北方人、南方人、白人、黑人、窮人、富人，統統都有。任何肯吃苦、能打拚的人，「只需依其表現受評斷」，都可以當羅斯福的牛仔代表美國。新聞界拿水牛比爾主持的「大西部秀」（Wild West Show）裡的牛仔和槍戰人物之名，給這支兵團取了綽號「莽騎兵」（Rough Riders）。[14]

羅斯福利用他是這支兵團副指揮官的地位，展現什麼才是真正的管理。他帶領新聞記者們到古巴，他們把他描繪成一位打破貪腐無能的東部政客之桎梏的政壇新人。羅斯福抱怨華府官員浪費掉可用來贏得戰爭的時間，而他衝破繁瑣官樣文章，幫他的弟兄比其他兵團更快拿到長槍、營

一八九八年，羅斯福與莽騎兵在攻下聖璜山後的合照。圖片來源：維基百科。

帳、制服和運輸工具。當他不同意軍方政策時，他向記者痛批官員不明白戰場狀況。不消幾天，政府領袖就向羅斯福屈服。[15]

在古巴，這些西部作風的美國個體痛擊一支老派歐洲帝國的部隊。一八九八年六月三十日，一萬七千名美國軍隊在聖地牙哥（Santiago）登陸；次日，其中七千人攻上聖璜山（San Juan Hill）和水壺山（Kettle Hill），占領俯瞰城市的高地。羅斯福的「莽騎兵」也參與攻擊作戰——不過他們是以步戰攻打山頭，因為他們的馬匹在前往古巴的海上旅程被整得七葷八素，等到被推下海、要牠們游泳上岸時，大半淹死。當西班牙艦隊試圖突破美軍封鎖、逃出聖地牙哥灣時，美國軍艦把他們七艘軍艦全部擊沉，殺死四百七十四名西班牙水兵、切斷古巴和西班牙之間的聯繫。七月十七日，聖地牙哥的西班牙守軍投降。十天後，下一個月即將出任麥金萊總統的國務卿的共和黨人約翰・海——他年輕時曾經擔任過林肯總統的機要秘書，一八八三年寫過一本小說《賺取麵包的工人》——寫信給羅斯福說：「這是一場精彩的小型戰爭。師出有名、謀算細密、鬥志高昂，更受到垂憐勇者的幸運之神眷顧。」[16]

羅斯福一回到美國，立刻投入競選紐約州州長，承諾會把他在達科他領地就鼓吹的西部個人主義帶進東部政府。他的競選吸引了全國的注意。根據《印地安那波利斯哨兵報》（*Indianapolis Sentinel*）的報導，他曾經拋棄政治前途為美國原則作戰，他在對抗官商勾結時，將會和對抗西班牙人一樣奮勇當先、親冒火矢，像印第安人一般呼嘯著殺上山頭。支持者把羅斯福視為新美國的化身。有個支持者在《紐約時報》大呼，他的事業告訴年輕人「比起賺取財富還有更高、更可貴的理想，報效國家是愛國公民的首要職責」。他決心把美國國力拓展到海外，顯示出「他是真正美國男子漢的氣概和力量」。不像看到外國敵人就怯懦的老人，羅斯福將捍衛「國家的榮譽，對抗低聲下氣、喪權辱國的求和派人士。」[17]

然而，羅斯福堅持所有的美國人，不論其種族或階級，都可以成功地向上攀升，其實是一廂情願的想法。事實上，到了一八九〇年代末期，苦幹實幹未必能讓許多城市工人、農民或有色人種翻身。大企業的興起長期以來都壓制了薪水工人養家活口、發達致富的能力。農民被農產品售價下跌和成本上升兩頭擠壓。至於非裔美國人，他們的地位是內戰剛結束那幾年以來最糟的。歧視黑人的「吉姆・克勞法」（Jim Crow laws）在南方執行種族隔離。對黑人施行私刑處罰事件在一八八九年為《聯邦選舉法案》爭吵時大幅躍升，而到了一八九八年，許多美國人認為肅清社區裡會「敗壞」選票的人士是愛國的表現。傳教士宣揚私刑的益處，也有人把自己和遭受私刑的受害人合照的照片寄送給朋友炫耀。[18]

不過，即使未能重申林肯兼容並蓄的遠見，羅斯福已經重新搶回林肯的意識形態語言。政府應該支持所有苦幹實幹的人。它不應該再被腐敗的老式生意手法綁架。

高舉帝國大旗的貝立芝

但是美國人應該把這個願景散布到全世界嗎？國會議員已經一致認為美國不應該併吞古巴，但是菲律賓呢？它是從事太平洋貿易的船隻十分理想的加煤站，而且如果美國不要，等著搶它的其他國家可不少。美國應該像歐洲國家一樣成為帝國強權嗎？主張政治獨立的國家應該強逼另一個國家接受它的統治嗎？

在這個議題上，共和黨的分歧呈現出世代差異的特色。安德魯・卡內基這些老一代的共和黨人反對進行殖民實驗。他在暢銷雜誌《北美評論》上發表文章，列舉理由。美國不需要新市場；它已經比世界上任何其他國家出口更多商品。擴張進入全是「異域種族」的地區將是錯誤的，這些人絕對不會成為美國人。要管理一個殖民地政府是非常昂貴的，要維持必要的陸海軍兵力保衛它也是非常昂貴的。偏遠的屬地很容易遭到攻擊，軍事保護相對於美國本身所需也必須更加強大。浪費錢搞殖民實驗，還不如把錢用在國內，擴大河道、開鑿穿越尼加拉瓜的運河、或疏濬密西西比河下游。最後，併入一個不情願的殖民地，會使民主國家變成獨裁專制。卡內基追問：「我們在菲律賓的學校要掛出什麼樣的臉孔：是我們自己的獨立宣言，可是又不准他們獨立嗎？」[19]

羅斯福和洛奇等年輕的共和黨人徹底不同意老一輩反帝國主義的論調。可是，替共和黨提出帝國主義論調的並不是他們這批東部世家菁英，而是來自西部的一位新人。印地安那州的艾伯特·貝立芝和羅斯福、洛奇一樣在一八八四年出道，他是一個鐵桿共和黨員，想把黨改造為一個現代、進步的勢力。貝立芝強烈主張，和西班牙開戰是天意要美國干預，要在全力以赴的愛國擴張之下，化解一切國內的政治和經濟衝突。[20]

一八九八年九月十六日，貝立芝在印州共和黨會議上發表一篇意義深遠的演講，題目是「高擎大旗邁步前進」（The March of the Flag）。它把令老一代共和黨人驕傲不已的歷史成就與美國海外擴張結合在一起。他說，南北戰爭證明上帝認可美國人和他們的自由勞工經濟，因此交付給他們一項使命。貝立芝縷述美國國旗從革命時期至十九世紀末的進展，他歌頌美國人是如何從物產豐富的曠野中開闢出一個光榮的國家，在北美大陸繁衍生息。他們現在不該把他們活力奔放、欣欣向榮的社會模式傳播到世界各地嗎？受殖民的人民越是不願接受美國的主宰，越是增強他的論據，因為這證明他們無法替自己做出最好的決定。貝立芝堅稱，一八九八年的問題不是黨派歧異，而是美國要走向何方。「美國人民應該繼續向全世界拓展其商業霸業嗎？當自由之子的力量與日俱增，自由體制難道不應該拓展它所施加人民的福澤，直到服膺我們的理想的帝國在全體人類的心中建立起來嗎？」[21]

老一代的共和黨人不敢苟同貝立芝強悍的帝國主義，但是他的主張引起年輕人的響應，他們希望把國家從他們眼中闇割無能、貪瀆腐敗的東部菁英手中搶救出來。中部地區的共和黨人大量複印「高擎大旗邁步前進」當作競選文宣。當西班牙和美國在一八九八年十二月達成和平條約時，菲律賓人沒有參加談判，西班牙交出對古巴的控制，並且作價兩千萬美元把菲律賓、波多黎各和關島讓渡給美國。在參議院裡面，東部的共和黨、民主黨和人民黨沒有足夠的票數封殺此一條約。年輕的共和黨人結合美國的偉大和經濟擴張的概念，把美國帶向帝國主義的道路。

新興國家之夢與強勢政府

美國在海外的擴張野心在國內也產生重大的影響。如果美國人要把他們的世界觀傳播到世界各地，他們必須在國內造就良好公民，俾能作為其他民族效仿的典範。然而，血汗工廠、疲憊的母親、童工、貧民窟、無知和赤貧，這些羅斯福等人看到的工業美國的畫面，讓他們擔心在這種環境長大的孩子根本「不適任美國公民的重責大任」。培育健康公民之必要和年輕共和黨人的帝國夢，兩者是並肩齊進的。羅斯福、洛奇和貝立芝等新興共和黨領導人認為必須要提出作法，解決工業社會的弊病。[22]

為了治療美國的宿疾，年輕共和黨人重新恢復林肯的政府哲學。和林肯一樣，他們擔心財富集中會使個人一貧如洗。和林肯一樣，他們認為政府有責任防止巨富控制國家。和林肯一樣，他們希望有個強大的政府能培養年輕人的能力，使他們實現安居樂業。和林肯一樣，他們呼籲要有個積極有為的政府支持中產階級。

羅斯福闡明新世代的觀點：他主張政府要能服務強大的、年輕的國家之需要。羅斯福的政治原則毫無疑問源自林肯一八五九年在密爾瓦基發表的那篇演講，當時林肯駁斥工人將成為社會永久的「泥基底」的觀點。羅斯福堅稱，林肯認為財產權十分神聖，但是沒有人的權利來得重要。羅斯福說，他「既重視人，也重視財富；但兩者若發生衝突，人勝過財富。」在林肯的時代，這個原則適用於奴隸制度；到了二十世紀初，它適用於富有的企業，也適用於強大的工會：前者欺負他們的勞工，後者則企圖將其意志強迫個人接受。和林肯一樣，羅斯福認為國家的健全要依賴苦幹實幹、受過教育的個人，因為他們的勞動能創造價值、累積財富並雇用他人。在財大氣粗的資本家與廣大的受薪工人之間，政府必須堅定對抗社會主義，有如共和黨自從一八七〇年代以來的主張。但是它也必須管制大企業。[23]

年輕共和黨人重新包裝林肯的思想以處理工業時代的危機，他們重新界定了「美國自由主義」（Ameircan liberalism）的概念。湯瑪斯．傑佛遜寫進獨立宣言的「自由」原則，可以溯源到英國哲學家約翰．洛克的思想；洛克主張保護個人、對抗或許會妨礙一個人盡情實踐潛能的大政府。年輕的共和黨人篤信個人主義，但是他們也相信他們需要的是一個強大的聯邦政府來管制企業與提供社會福利，以捍衛自由主義的世界觀，而非十九世紀共和黨人所提倡的「自由放任」政府。貝立芝在他會見羅斯福的前一天晚上發表的演講中，他宣稱暴民正在破壞社會，但是巨富也在破壞社會。他們擾亂貿易的自然法則，需要「斥責、管制和約束」。沒有政府的干預，個人無法靠自己出頭天。在進步派共和黨人當家掌權之後，「自由」（liberal）這個字詞依然指的是個人與生俱來的價值，但是現在擁護自由主義的人相信要讓個人能夠成功，需要強大的政府，不是弱勢的小政府。[24]

羅斯福向大企業宣戰

與嶄新的自由主義概念關係最密切的人就是羅斯福本人。雖然是個東部人，他的政治啟蒙來自西部。妻子去世後，他隱居到西部騎馬、趕牛，沉浸在他最嚮往的美式生活中：徜徉在大西部，人人都獨立自主，司法廉潔公正。雖然羅斯福的兩個牧場主管都從緬因州雇來，他卻堅稱西部人代表理想的美國人。他們勤勞、忠誠、熱於助人，又獨立自主。雖然事實上西部的社會階級和東部一樣，羅斯福卻一口咬定，西部人以完全平等的立場相互交往。[25]

一八九八年從古巴回國後，羅斯福在紐約州州長選舉中大獲全勝，他的政見是將把誠實的西部式政府，帶到堪稱貪腐象徵的紐約州。他告訴民眾，他將破除官僚作風、切割特殊利益，以及保護每個辛勤工作的人，不問他們的種族和信仰是什麼。即使遠在南卡羅萊納州的一份民主黨報紙也承認他會成為「一位能幹的州長，會好好整頓那些壞蛋，讓他們嘗嘗從來沒有過的教訓」。[26]

羅斯福一就任州長就開始把政府和已經控制住政府的企業隔離開來。他強化文官服務法，取締又擠又髒的血汗工廠。新移民生活和工作都在工廠裡，睜開眼睛就製造產品，晚上上床，醒了就立刻工作。共和黨建制派對羅斯福的一道措施特別憤怒，即他強迫公共街車等提供公共服務的公司繳稅。商人抵制，但是他不為所動。他表示，公司「應該公平分攤所有公共支出」是大家都必須遵守的原則。[27]

紐約的共和黨建制派後來決定把這個淨找麻煩的羅斯福州長送上位高權輕的副總統職位。羅斯福起先不肯接受提名，但是後來心想，他的名氣應該可以讓他把他對美國政府的新觀點推動到全國。一九〇〇年，再次面對威廉・布萊恩的挑戰，共和黨人宣稱民主黨會毀了國家，反而他們共和黨已經締造全世界最成功的經濟，又無私地傳播到全世界，還伴隨著美國所代表的自由與民權。一九〇〇年，麥金萊和羅斯福在全民票上面領先六個百分點，順利當選正副總統。[28]

羅斯福認為在副總統這個位置上他可以改變國家方向的想法，完全錯了。一接任副總統，他發現自己做不了什麼事。他唯一的正式職責是主持參議院院會，而參議院要到十二月才開議。他百無聊賴，向聯邦最高法院首席大法官請教，如果他進法學院修完課拿學位，是否不宜。首席大法官嚇了一跳，提議由他自己來督導羅斯福的研修。[29]

羅斯福很生氣，但是商人們擺明了他們根本不怕行政部門這個新血。一九〇一年二月二十五日，J・P・摩根把生產全國三分之二鋼鐵的業者結合起來，組成美國鋼鐵公司（US Steel Corporation），市值十四億美元，這幾乎比聯邦政府的全年預算高出三倍。接下來在十一月十三日，J・P・摩根的北方證券公司（Northern Securities Company）把全國互相交戰的主要鐵路公司合組成一個旨在迴避反托拉斯法的集團——成立一家控股公司。即使死忠於共和黨的《芝加哥論壇報》也大吃一驚說：「從來沒有這麼龐大的商業利益被統合納入一個經營團隊之下。」當中西部各州州長表示，他們的州議會將設法禁止如此強大的結合時，北方證券公司則是火上加油，宣布他們要把所有的生意交易和營運保密。[30]

但是當工業界不改其常經營事業之際，一九〇一年九月，一個名字古怪的無政府主義者卓果斯（Czolgosz）刺殺了麥金萊總統，這一下子打翻了全局。羅斯福在信中告訴洛奇：「以這種方式接任總統實在太可怕，但是如果膽小卻步就更加可怕。」馬克．漢納和共和黨「老守衛」就不是這麼樂觀其成。漢納搥胸嘆氣：「我在費城就告訴麥金萊，提名那個野人將是大錯。我告訴他，萬一他死了，會有什麼狀況。現在，你瞧！這個該死的牛仔果真當了美國總統。」[31]

羅斯福立刻展現他的信念，和林肯一樣，他要成為每一個底層美國公民的總統。十月間，他歡迎著名的黑人教育家布克．華盛頓（Booker T. Washington）到白宮作客，就和林肯在一八六三年接待著名的黑人廢奴主義者佛瑞德里克．道格拉斯一樣。華盛頓相貌堂皇、灰眼珠炯炯有神，在非裔美國人社區和共和黨圈子都是知名的領袖。七個月前他剛出版他的自傳《走出奴隸》（*Up from Slavery*），闡述共和黨鼓勵人們藉由教育和工作力爭上游的思想，如何使一個貧窮的黑奴之子成長為重要的改革家。南方白人痛批羅斯福以晚宴招待華盛頓是侮辱南方。總統反駁說：「唯一明智、光榮和合乎基督徒精神的作法就是，無論是對待黑人還是白人，只能以他作為一個人的表現來決定。」區分宗派不和的日子已經過去：羅斯福有個南方人母親、北方人父親，又有個西部牧場，他期許自己當全國領導人。[32]

麥金萊過世之後不到三個月，羅斯福首度到國會發表咨文，它推崇個人主義的精神和財產必須受到保護的信念，但是它也堅持政府必須整頓美國的工業環境。新任總統解釋說，首先，政府不應該准許違法犯紀的移民進入美國。他指的是無政府主義者，譬如殺害麥金萊的那名兇手；另外也包括任何「沒有健康的體魄、堅毅的精神、聰明的頭腦和堅決的目標，不能以全力善盡自己的職責，並且把兒女培養成為社會上守法、敬神的成員」的移民。政府應該開始整頓督察工廠，限制女工和童工的工時，它也應該把自然資源交給每個人、而非聽任自然資源被貪婪的商人利用。羅斯福又說，當然，美國應該建設強大的陸軍和海軍，以便將這些原則推廣到全世界各地。[33]

雖然有種種政府積極主義的激進觀點，羅斯福的咨文讓黨內保守派「老守衛」鬆了一口氣。新總統雖然主張改革，他反對全盤的政治和經濟變動。他支持造就「後內戰」經濟的共和黨政策；他只希望改善制度所衍生出來的違法濫權。「老守衛」能夠放心的是，如果必須改革——到了一九〇一年，顯然已是非改不可——改革至少是出自共和黨人之手，而不是由持經濟異端思想的民主黨人來推動。老一輩鬆了一口氣，羅斯福的咨文本質上是保守的。[34]

儘管西部痛恨北方證券公司籌組大集團，羅斯福並不反對巨型結合。他沒有要摧毀大企業；他只要政府能夠監督和控制企業結合，防止企業界犯罪，就和防止街頭犯罪一樣。他希望透過透明化建立公平公正。只要人民真正了解企業在做什麼，政府就可以考慮監管或課稅以保護公共利益。[35]

深怕這個牛仔總統會大砍托拉斯的參議員和商人們大大鬆了一口氣，原來他只要求「透明化」。這種要求很容易不去理睬它。《芝加哥論壇報》很高興羅斯福支持商業，也只建議以審慎的方式決定托拉斯是否真正是個問題。換句話說，羅斯福只是嘴上說些老生常談。根據《芝加哥論壇報》的說法，「嚴肅、可敬而且富可敵國的參議員們立即以最欣喜的態度承認，這位年輕而且據說毛躁的總統，以不偏不倚的態度來面對托拉斯問題。」羅斯福雖然聲名在外是個狂野的激進派，但是看起來他根本無意削弱大企業的力量。[36]

起訴北方證券公司

《芝加哥論壇報》和心繫企業界的參議員們都錯了。羅斯福期待國會會去檢討政府中被企業力量腐化的制度，以及造成財富向上巨幅移動的弊病。就最低限度而言，它要調查造成鐵路怪獸北方證券控股公司誕生的計謀。但是參議員們無心遷就年輕的總統，幾個月時間過去了，還是沒有提出任何對付托拉斯的法案的動靜。西北部居民長久以來就和鐵路當局抗爭，當他們開始抱怨政府毫無作為時，羅斯福趁勢向國會進軍。[37]

一九〇二年一月初，明尼蘇達州提出訴訟，要制止北方證券公司成立，理由是這種結合牴觸明尼蘇達州法律。在聯邦最高法院還在思索是否要受理這個案子時，羅斯福政府丟下一顆炸彈。二月間，羅斯福的司法部長告訴新聞界，政府認為北方證券公司的成立違反《薛曼反托拉斯法》，他不久就要提出訴訟，阻止它的成立。[38]

企業界大吃一驚，不只是因為羅斯福下手對付企業結合，也因為他未跟華爾街商量就採取行動。當J．P．摩根抱怨事先沒被知會時，羅斯福冷靜地告訴他，重點就在這裡。深感意外的J．P．摩根說：「如果我們做錯了什麼，派你的人（司法部長）來見我的人（他的一位律師），他們可以喬好它嘛。」總統謝絕了。司法部長解釋說：「我們不想喬事情。我們要制止它。」[39]

情勢很清楚，羅斯福打算終止企業和政府的親密關係。《波士頓環球報》（*Boston Globe*）報導：「對羅斯福總統行動的批評鋪天蓋地而來。某些重量級金融家說，他重重打擊了全國金融證券業。」羅斯福則不甩企業界的抨擊。他宣布：「倘若你沒有違法，政府提出的訴訟就傷不了你。」二月底，聯邦最高法院裁定，它不能受理明尼蘇達州的提告。三月十日，聯邦政府出面提告，要求停止北方證券公司的成立。[40]

一九〇二年八月，羅斯福總統啟程前往新英格蘭地區和中西部，號召民眾支持他對北方證券公司的進攻。他告訴聽眾，他不是要摧毀企業，而是要它們以公共利益為念，就和他擔任紐約州長時的作法一樣。他要求人人都要「規規矩矩做生意」。就如《波士頓環球報》所說：「羅斯福想要透過打造和執行法律來實現他的理想，亦即『無論男女老幼，不分貧窮富貴，全都享有平等的正義。』他會告訴你，對於J・P・摩根先生和洛克斐勒先生，以及無法付得起房租的窮人，他一視同仁。」[41]

威斯康辛構想與爬糞媒體的貢獻

羅斯福跑到中西部去闡釋他的主張並非意外。自從格蘭傑運動初期以來，西部就成了反對企業力量對政府的干預的重鎮。在羅斯福時期，另一位年輕的進步派共和黨人羅伯・拉福耶領導此一改革。拉福耶將提供藍圖給羅斯福，讓他循著兩個世代之前林肯定下的路線改造美國政府。

和羅斯福及洛奇一樣，拉福耶也是在內戰期間長大的小孩。他生長在威斯康辛州麥迪遜市（Madison）附近一座農場，父親出生於肯塔基，和林肯的父親一樣從肯塔基遷移到印地安那，後來又轉到威斯康辛落戶。拉福耶在威斯康辛的青年時期，親眼看到一八七〇年代格蘭傑運動的騷動，西北部農民抗議政府遭到鐵路公司控制。他號召那些害怕富人併吞國家、以雄厚財力壓迫弱勢的平民。拉福耶的一位前輩提出警告：「金錢正以有組織的力量蠶食鯨吞土地。誰應該統治：財富還是人？誰應該領導：金錢或智慧？誰應該擔任公職：受過教育、愛國的自由人，或是企業資本的封建農奴？」[42]

拉福耶之所以成為共和黨人有許多原因和羅斯福及洛奇相同：為聯邦軍隊開赴前線歡呼送行

的年輕人，不會在林肯、格蘭特和薛曼之外的政黨找到政治歸宿。但是就和羅斯福及洛奇一樣，拉福耶認為追求權力的欲望已經使黨和大企業形影不離，而他擔心共和黨機器的唯一目的只是永遠執政，而不是公平治理國家。當他競選戴德郡（Dade County）地區檢察長時，拉福耶遭到共和黨地方機器的反對，他成為推動良善施政的十字軍，向人民效忠、而非向金錢利益低頭。當他在一八八四年競選聯邦眾議員時，以共和黨候選人身分參選，但是他以圈外人的姿態當選。[43]

拉福耶當選時年僅二十九歲，成為最年輕的國會議員。他體格壯健、兩眼炯炯有神，沒有幽默感，傲慢自大，並且深信只有他的政治思想是正確的。但是他也是有原則的人，守住全國愈來愈反對政府遭到大企業腐化的立場。他在國會任職到一八九一年，因為與威斯康辛州黨部大老公開決裂，完全失去他們的政治支持。他回歸到人民，呼籲選民從共和黨機器搶回他們的州。一九〇〇年，選民選出拉福耶為州長；他擔任州長至一九〇六年，然後轉進參議院。

拉福耶在州長任內推動後來被譽為「威斯康辛構想」（Wisconsin Idea）的施政。有一本書介紹此一制度，羅斯福為它作序，提起威斯康辛「本質上就是明智實驗立法的實驗室，目標是為全體人民爭取社會及政治進步」。拉福耶不空口倡導改革的需要，他找出如何落實的方法。他拜訪威斯康辛大學教授、議會代表和州政府官員，請他們提供技術專長以解決社會問題。他們聯手設計措施以解決本州的需求。他們攻擊大老政治、管制鐵路、推動以累進稅率課稅，也支持聯邦參議員由人民直接選舉。羅斯福宣布：「我們整個國家都應該學習威斯康辛經驗。」[44]

有一本新雜誌協助把此一中西部實驗介紹到全國。一般報章雜誌普遍都贊同推動改革，但是最積極的聲音是《麥克魯爾雜誌》（*McClure's Magazine*）。創辦人麥克魯爾（S. S. McClure）是中西部地區販賣咖啡壺的商人，認識小鎮和農場的許多人，並且了解他們也對波士頓及紐約改革派關心的議題同樣感興趣。他創辦的這份月刊刊載長篇深度報導，透過熠熠而起的新秀作家艾達．塔貝爾（Ida Tarbell）生花妙筆寫的一系列有關林肯的文章，在一八九〇年代中期吸引許多讀者。早期的傳記作者把林肯在西部的童年生活描繪為又窮又髒、亟待克服萬難、力爭上游的悲慘生活，但是在塔貝爾筆下，西部成為孕育林肯總統的智慧與道德勇氣的試煉場。塔貝爾的林肯系列文章為《麥克魯爾雜誌》吸引來超過二十五萬名的訂戶。[45]

一九〇三年一月號的《麥克魯爾雜誌》月刊發動一種新形式的新聞報導方式。這一期包括塔貝爾揭發標準石油公司（Standard Oil Company）、林肯．史蒂芬斯（Lincoln Steffens）揭發明尼亞波利斯（Minneapolis）市政府的貪瀆和雷．貝克（Ray Stannard Baker）揭發工人在煤礦罷工中的暴力行為。雖然一般性譴責托拉斯、貪瀆和暴力的文章經常有，《麥克魯爾雜誌》的記者專注在單一實體錯綜複雜的運作。他們鉅細靡遺地研究單一托拉斯、單一市政府和單一工會的密謀詭計，他們的報導震撼讀者，催生出一個力圖改造如此濫權腐敗的政府的改革運動。

羅斯福對於他所謂的這種「扒糞」報導並不以為然。扒糞的典故出自約翰．班揚（John Bunyan）十七世紀所寫的基督教寓言書《天路歷程》中的那些可憐人物，他們忙於低頭扒糞掃地，以致於忽略了天堂。但是艾達．塔貝爾等扒糞記者站在羅斯福這一邊，替總統的進步主義主張強烈發聲。麥克魯爾本人在一九〇三年一月號親筆寫的評論就說，這三篇文章或許可以給予一個統一的標題：「美國人瞧不起法律」（The American Contempt of Law）。民眾納稅養出這些不法行為，現在該是民眾要求落實正義的時候了。[46]

羅斯福化解礦工罷工

工業家的勢力無遠弗屆，證實了人民必須起而反抗他們的意識。一九〇二年秋天，北方證券公司案仍懸在聯邦最高法院時，煤礦工人和煤礦業主之間的對峙使得民意轉而支持羅斯福、反對大企業。大約十五萬名礦工自從一月以來就在賓夕法尼亞州罷工。到了九月間，需要煤炭過冬的東部城市居民開始慌張。罷工領袖一再表示願意談判，但是礦場業主堅不退讓，希望逼得礦工沒飯吃就會投降。

聯邦政府沒有權力介入罷工事務，但是羅斯福認為基於公眾利益，必須有所行動。或許更重要的是，他也認為在即將舉行的期中選舉，選民會把沒有暖氣怪罪到共和黨身上，就像西部農民在一八九〇年把缺雨怪罪到共和黨身上一模一樣。後面這一點給了他武器把不願屈服的煤礦業主（他們絕大多數是共和黨人）拉上談判桌。十月間，羅斯福把業主和勞工領袖兜攏在一起。起先，業主拒絕談判，要求祭出《薛曼反托拉斯法》對付工人，但是羅斯福威脅說，除非業主接受成立一個研究解決之道的委員會，並尊重其最後決定，否則他要派部隊接管礦場。委員會討論期間，工人回到礦區工作。整個東北地區冰冷的房子再度恢復溫暖。

次年三月委員會提出報告時，礦工得到百分之十的加薪，業主也得到礦區恢復開採。但是最大的贏家是羅斯福，他證明了一個有魄力與手腕的政府可以化解各方利益之間的爭執，找出嘉惠每一方的解決方案。《倫敦泰晤士報》（*London Times*）恭喜他的大膽實驗，並且建議：「請美國人力挺他們的總統，鞏固他的權力。如果天底下有任何人可以領導他們脫離危險，此人非羅斯福先生莫屬。」[47]

羅斯福的聲望如日中天。他開始兌現諾言，把政府還給人民，而非交給權貴豪門或暴民。他效法林肯，想方設法發揮有所作為的政府力量去監管企業，讓每個美國人都有機會過好日子。他最大的目標就是創造一個由健壯、知禮尚義、在經濟上不虞匱乏的個人組成的國家。共和黨在期中選舉中保住國會兩院的多數席次；雖然民主黨贏得更多席次，依據一九〇〇年人口普查所做的選區重畫卻幫助共和黨保住政權。看起來，新時代於焉展開。

《叢林》與進步主義立法

但是保守派「老守衛」根本不想要新時代。參議院愈來愈成為代表大企業利益的富人采邑。麥金萊和羅斯福兩位總統時期，參議院有四位元老參議員與共和黨主席馬克．漢納（他現在也是聯邦參議員）密切合作，為華爾街利益代言。這四人是羅德島州的尼爾遜．艾德里奇（Nelson W. Aldrich）、威斯康辛州的約翰．史彭納（John C. Spooner）、康乃狄克州的歐維爾．普萊特（Orville H. Platt）和愛荷華州的威廉．艾里森（William B. Allison）。艾德里奇是這夥人的頭頭，堅信高度的保護主義是確保美國經濟的屏障。艾德里奇儘管有湛亮的黑眼珠和海象般的鬍子，但是長相其貌不揚，走在街上都不會引人注意。不過他是全國最有權勢的人物之一。他操控的城市鐵路和政治，使他成為千萬富翁，他也小心翼翼地代表富人的利益。一九〇一年，他的獨生女嫁給石油大王約翰．洛克斐勒的獨生子，締造政商豪門聯姻的典範。艾德里奇是個樂天派的人，只要人們照他的意思辦事，他是既和藹又可親。有位記者寫說：「艾德里奇既不動之以情，也不說之以理，他只是主宰一切。」他也控制企業界捐獻的鉅額競選經費，迫使國會議員們臣服於他。[48]

一九〇二年，共和黨藉著在眾議院掌握過半席次的優勢，推選另一位「老守衛」，伊利諾州的約瑟夫．坎農（Joseph G. Cannon）為議長。綽號「喬大叔」的他自從一八七三年以來幾乎不

改革派對代表大企業利益的艾德里奇，既痛恨，又懼怕。圖片來源：維基百科。

間斷地擔任眾議員。他專制霸道，以鐵腕治理眾議院，既控制各委員會的組成，又掌握眾議院院會的法案，讓老一輩的共和黨人穩如泰山。

「老守衛」在這些大老的領導下掣肘羅斯福。總統必須極力作戰才能讓國會動起來，給予他在第一次咨文中所要求的「透明化」。不過國會後來還是通過設置商務部和勞工部，可以調查企業的作業狀況。隨著羅斯福的第一任任期即將屆滿，「老守衛」在紐約北方的阿迪倫達克山（Adirondacks）聚會，背後痛罵白宮裡這位毛躁後生小子。他們商議提名漢納參議員在一九〇四年取代羅斯福為總統候選人。他們這廂在策畫，羅斯福那廂也沒閒著，他悄悄利用派任公職的特權在關鍵重大的幾個州破壞共和黨老一派機器。當漢納在一九〇四年二月湊巧地因傷寒症而去世時，羅斯福重獲提名的障礙就消除了。民主黨提名默默無聞、無所作為的紐約州法官艾爾東・帕克（Alton B. Parker）為總統候選人時，他注定勢如破竹贏得大勝。羅斯福贏得超過百分之五十六的全民票，重新奪回過去轉向支持威廉・布萊恩的西部各州。共和黨在國會贏得的多數席優勢，大過他們自南北戰爭以來的成績。看來全民都喜歡羅斯福，以及他繼承自林肯的進步主義原則。[49]

有了民意做後盾，羅斯福在一九〇四年致國會的咨文中要求依據林肯在一個世代前主張的原則改造工業美國。他提出強大的新立法以培養好公民，以及恢復美國社會的公平。他要求聯邦監督勞工和商業、鐵路安全法、清理貧民窟、為城市兒童設立學校、市立公園和運動場。他鼓勵移民，但只歡迎「正確的一種人」：也就是會成為良好公民的人。至於西部，他主張建立森林保護區，以保護水源和原木的供應；以及建立漁獵保護區，來保護「美國曠野的獨特性」。這種豪邁的美國主義也是他替菲律賓設定的目標，美國人在當地仍不接受菲律賓人可以統治自己的主張。[50]

國會根本不甩他。

但是羅斯福已經賦予進步主義改革的動力。一九〇五年十二月，他抱怨鐵路業者透過秘密交易中飽私囊，而好幾篇扒糞文章也證實他的抱怨。到了一九〇六年，老百姓受夠了「老守衛」保守派議員，尤其是艾德里奇這一幫人。威斯康辛把代表人民、力主改革的州長拉福耶送進聯邦參議院。「鬥士鮑伯」（Fighting Bob）在一九〇六年一月二日就任。二月，《柯夢波丹》（*Cosmopolitan*）雜誌把有關進步主義改革的辯論帶到全國。它先刊登一系列扒糞文章，總標題是「參議院叛國」，集中火力抨擊艾德里奇的貪腐和跋扈。一九〇六年三月十五日，羅斯福寫說：「巨富的愚蠢、短視近利；他們的貪婪和傲慢……以及商界和政壇的腐敗，往往會在大眾的頭腦中產生非常不健康的躁動不安。」鐵路業者和他們的參議員意識到他們必須向全民壓力低頭。羅斯福的戰爭部長威廉·霍華德·塔虎脫（William Howard Taft）饒富深意地說，由於羅斯福「激發起民心，使得他們無法抵抗全民的要求」。[51]

一九〇六年，作家厄普頓·辛克萊（Upton Sinclair）出版一本小說《叢林》（*The Jungle*），描寫銀行家和雇主欺負一個天真的立陶宛裔移民家庭，害得這些滿懷希望、辛苦工作的人最後竟然無家可歸、淪落風塵，甚至不幸喪命。它立刻成為進步派需要的火砲。辛克萊描述芝加哥的食品加工廠將染病的牛製成肉罐頭出售、用化學品將肉染色以遮掩其腐敗，最噁心的莫過於有工人不幸失足墜落煉油槽，屍體被混入其他動物肉品後，直接被包裝成「杜爾翰上等純豬油」上市銷售。群眾得知後大怒，向國會施壓，要求它出面整飭食品加工業。

一九〇六年六月，儘管面臨保守的「老守衛」的強烈抗議，國會接二連三迅速通過三項重大的進步主義法案。《赫本法案》（Hepburn Act）授予聯邦政府有權力對鐵路訂定最高費率。《純淨食品及藥物法案》（Pure Food and Drug Act）明訂製造、販售或運輸攙雜或虛偽標籤之食品或藥物為違法行為。《肉品檢驗法》（Meat Inspection Act）授予聯邦政府權力監管及檢驗包裝肉品以供跨州販售之工廠。這三項法令象徵聯邦政府權力畫時代的改變，自此以後它可以保護個人對抗工業資本主義的胡作妄為。《芝加哥論壇報》指出，這幾項法令「激烈地背離了過去政府的作法」。[52]

但是羅斯福總統並不以此為滿足。到了一九〇七年，羅斯福再也無法容忍企業界拒絕讓步，他擔心他們的頑抗會引爆勞工革命、毀了整個國家。他痛斥「大財團中的壞分子」，呼籲政府為了人民公益應該管束這些人。他希望針對大企業有更強的監管、要制訂遺產稅和所得稅。國會不甩他，他就在一九〇八年一月重新提出過去一年所有的建議案，同時要求聯邦監管證券市場。他猛烈抨擊對企業友善的聯邦最高法院，因為它多次駁回目的是保護勞工的措施。最後，他公開點名批評石油業和鐵路業的高階主管，抱怨「過去六年所通過要求企業誠實的法案，全部遭到這些人反對……他們發動殘酷和無恥的詭計，動用幾乎無限制的金錢所能取得的一切資源來阻撓」。羅斯福愈來愈確信，美國非改革不可。[53]

女性意識的抬頭

但是總得有人接棒領導。一九〇四年大選之後，羅斯福相當戲劇化地宣布他不會再競選連任，因此一九〇八年的總統寶座人人都可逐鹿。多數美國人支持進步主義的理想，兩黨都支持羅斯福的政策（不過羅斯福也承認勞工有理由不滿意共和黨）。大選將是人格特質之爭。一九〇四年推舉艾爾東·帕克為候選人而大敗之後，民主黨這次再度擁護政壇常青樹威廉·布萊恩出馬競選總統。共和黨則提名羅斯福內閣的戰爭部長、前任菲律賓總督、博學多聞但乏味無趣的威廉·霍華德·塔虎脫。塔虎脫或許比不上布萊恩的群眾魅力，但是他能獲得一九〇八年的關鍵人物——羅斯福——的支持。一般公認他是羅斯福總統欽點的接班人。

誰最能繼續推動羅斯福的願景？布萊恩主張增強管制和降低關稅。塔虎脫說他只要執行已經制訂的法令，並且允許關稅「修訂」。企業界支持共和黨，威脅說如果布萊恩當選，他們就要關閉工廠、取消訂單。按照塔虎脫的說法，如果布萊恩當選，「代表企業界將會癱瘓，我們將再次看到上一次民主黨執政時期出現的商業災難」。[54]

在這場熱度不高的大選裡，塔虎脫以大約七百五十萬票勝過布萊恩的六百五十萬票而當選。一九〇八年大選的真正贏家是進步主義。兩大黨候選人都支持羅斯福的政策，而其他一些小黨候選人則聲稱他的改革做得還不夠；一九〇八年的選舉顯示全國都支持改革。大選過後不久，羅斯福向國會發表最後一次咨文，他抨擊「老守衛」，也向國會議員提出警告說，勞工應該從他們創造的財富當中分配到更大的份額。在一九〇八年時，國會已經有相當多的進步派議員贊同他。

此時也出現一種新選民。針對美國社會的改革運動為女性爭取政治權力創造了一個契機。自從憲法增補條款第十四條排除賦予婦女投票權以來，女性就極力爭取投票權。她們雖然在西部幾個領地有所斬獲，但並未在全國層面獲得注重。不過，到了二十世紀初期，女性改革派重擬她們爭取投票權的論述。她們不再說她們與生俱來就應該有投票權，有如老一派的女權運動家伊莉莎白・史丹敦（Elizabeth Cady Stanton）和蘇珊・安東尼（Susan B. Anthony）的主張。現在改革派說，女性應該享有投票權是因為她們可以替國家肅清工業化的弊端。這一派的論述說，女性道德心較高、又有母性的本能，可以制衡只想要財富重分配的貪得無厭的男性選民。隨後幾年，女性也加入籲求進步主義改革的行列。

塔虎脫政府轉向財團

塔虎脫高頭大馬、滿腦子法律條文，要他當精力充沛、充滿想像力的羅斯福的接班人，其實是很奇怪的人選。羅斯福設法在保守派和進步派之間保持平衡，是因為他對共和黨和進步主義的原則都忠誠，而且，坦白說，他也根本不甩別人有什麼看法。塔虎脫卻全然不同，他既無鮮明的人格特質，也沒有志趣去溝通黨內的重大分歧。塔虎脫真心盼望的目標是主持聯邦最高法院，他認為擔任總統是不得已、退而求其次的職位。他沉迷於法律問題的理性思辨，使他在推展政務時針對法條細節斤斤計較，無法像羅斯福那樣揮灑自如、大破大立。[55]

塔虎脫果然說到做到：把已經明文規定的法條拿出來約束托拉斯，相對於羅斯福有四十四項反托拉斯訴訟，塔虎脫針對壟斷行為提出九十項法律訴訟。但是塔虎脫不喜歡衝突、不喜歡群眾，也不喜歡政治。他寧願與少數幾位親信打橋牌、打高爾夫，或是睡覺、吃東西。他不太信任勇於任事的積極政府，擔心它很容易被民主政治腐化。他偏好的是在法院裡，讓有學養深厚的人安靜地坐下來，辯論法院判例。有一則軼事可以說明他如何看待總統一職：一知道已經當選無虞，他立刻束裝前往喬治亞州奧古斯塔（**Augusta**）休假六個星期，因為當地有個高級的高爾夫球場。[56]

塔虎脫的保守主義在新關稅法案上表露得一覽無遺。羅斯福避免在關稅議題上開戰，但是塔虎脫幾乎一上任就召集國會加開院會，以調降關稅。特別會議召開之前，眾議院議員已經花了好幾個星期研擬新法案；議員們發現要調降關稅會遇到一個棘手問題：選民們希望最好每種東西都調降關稅，但是他們自己生產的商品的關稅可不能調降。這代表很少行業願意接受調降關稅，也很少議員預備接受會影響他們選區的調降。進步派要求有重大修正，但是保守的「老守衛」只經過幾天辯論就通過他們本身擬訂的法案。[57]

參議院方面，艾德里奇和其他保守派大老，與拉福耶領導的進步派及一群西部反對派對幹起來。在審查眾議院的關稅案版本過程中，參議院財政委員會把八百多項商品向上調升。進步派大怒，一再投票反對如此修訂，但是因為主張調高關稅的民主黨人，在會影響他們本身選區的法案其他條款上，與艾德里奇等保守派合作，保守派可以不甩進步派。在拉福耶和西部進步派高聲怒罵下，《潘恩—艾德里奇關稅法案》（Payne-Aldrich Tariff）在不到一個月內即由國會表決通過。[58]

事實上，這項新的關稅法案根本不是調降關稅；它反而傷害西部人，偏袒東部商人。但是塔虎脫總統卻支持它。塔虎脫和坎農及艾德里奇站在同一邊，抱怨西部進步派共和黨人太聒噪不懂事、淨講些討好群眾的蠢話，只會幫到民主黨。他宣稱這項關稅法案是「共和黨曾經通過的法案當中最棒的法案」。塔虎脫到西部視察演講時，拒絕提起投票反對關稅法案的本地進步派議員的名氏，也不肯循傳統禮儀，邀請他們到總統專用列車拜會。華府素來尖酸刻薄批評政客的新聞記者組織的「烤肉俱樂部」（Gridiron Club）*——塔虎脫一向痛恨他們的調侃——在年度餐會中送給來賓一份羅斯福政策的清單，暗諷未來八年它們將被束之高閣。[59]

關稅法案之爭造成共和黨分裂。進步派自此深信不疑，保守的「老守衛」已經被大企業收買。新關稅法案通過後，在西部人心目中，坎農和艾德里奇已經成為托拉斯、金融家和鐵路的象徵。他們代表「大財團中的壞分子」，羅斯福曾經警告，提防國家被他們毀了。最後，當塔虎脫的內政部長被指控允許羅斯福政府曾經保護的土地開放開發時，進步派公開造反。[60]

羅斯福脫黨參選

羅斯福不希望在塔虎脫執政初期影響到他，因此前往非洲狩獵——J・P・摩根因此開玩笑說：「希望每一頭獅子都能善盡職守。」一九一〇年二月林肯生日當天，羅斯福不在國內，坎農發表演講痛批羅斯福以及他所主張的管控大企業、保護勞工的思想；這篇演講稿得到各地報紙大量轉載。喬大叔堅稱，共和黨的原則把美國帶往繁榮昌盛，而這些原則的核心來自林肯，但林肯的政治哲學是以嚴格恪遵憲法為基礎。他以企業界老朋友的姿態高呼，任何人若是主張以不同的方式來治理政府，那就是離經叛道的激進派。[61]

一九一〇年六月，羅斯福回到美國，非常氣憤塔虎脫竟然轉向保守主義，也惱怒坎農對他的侮辱。羅斯福反駁說，林肯是個「偉大的激進派」，苦心孤詣地開闢出一條中間道路，使得人人都有向上爬的機會，進而領導國家前進。他教訓黨內大老：「今天許多好心人聽任自己僵化為石，成為極保守的反動派，摒棄和反對所有的進步，可是他們還是依循傳統、行禮如儀向林肯致敬，他們最好確實記住，這位偉大的激進主義之保守派領袖（great conservative leader of

---

* 譯註：烤肉俱樂部創立於一八八五年，是華府最古老也最高層的記者組織。只有受邀請者才有資格加入成為會員，且幾乎都是華府主要報社、新聞社、電台的高層主管。

radicalism）真正代表的意義。」[62]

八月間，羅斯福應邀到堪薩斯州歐沙瓦托密（Osawatomie）紀念廢奴主義者約翰・布朗（John Brown）的活動演講。他砲火全開，痛批黨內保守派大老。他痛斥坎農所謂林肯會和大企業站在同一邊的說法。在歐沙瓦托密，當著南北戰爭退伍老兵的面，羅斯福把林肯的信念當作是自己的信念。羅斯福指出，林肯毫不妥協地對抗特殊利益，他們扭曲政府以為己用，偷走辛苦耕耘的人掙來的果實。在林肯時期，政府受到的威脅來自「奴隸力量」；一九一〇年，威脅則來自大企業。美國目前被「一小撮富得流油、隻手遮天的人統治，他們只想要鞏固與擴張其權力」。這種現象必須停止，否則國家前途堪憂。羅斯福堅稱，他並不主張把財富重分配給懶惰的人，而只是想保障人民的財富都是他們自己努力賺來的，而不是任由他們在政府睜一隻眼閉一隻眼的情況下，透過操縱股票和財務詐騙而成為巨富。他和林肯一樣，相信人人都應該有機會透過辛勤工作發達致富。聽任特殊利益主宰經濟，讓剩下的每個人過著事實上如同奴隸的生活，國將亡矣。

羅斯福在歐沙瓦托密要求政府要勇於承擔責任，恢復公平的經濟競爭環境。為了國家的利益，政府應該監管大企業和勞工的條件。羅斯福主張企業運作透明化、監管企業和禁止企業捐助政治競選經費。為了防止過多財富的累積，他主張要有累進稅率的所得稅和遺產稅。他堅持政府必須替未來世代保護天然資源，不能聽任工業家統統搶走。為了保障機會平等，他主張實施最低工資、限定最高工時，以及改善工廠環境。為了保障未來公民健康的成長，他主張要規範管理童工和女工的工作。[63]

要真能確保政府的公義與公民的健康，美國需要有一個強大的全國政府。各州和各城市在過去十年來已經通過保障童工的法律、改善了工廠環境，也限制女工工作時數，但是羅斯福希望把這些東拼西湊的地方及州法規統合起來，制訂出一部全國法典。羅斯福把他這套計畫取名「新國家主義」（New Nationalism）。他宣稱，一個強大、健康的國家對每一個美國人都有利，現在該是時候建立一個全國政府了，它應該如林肯一樣為國家利益而效命，而非只為富人服務。當然，如此的進步主義願景需要有強而有力的領導人，而羅斯福非常清楚誰是最適任的人。[64]

到了一九一〇年秋天，進步主義聲勢如日中天，共和黨保守派大老顯得岌岌可危。十一月的期中選舉，民主黨控制了國會。兩個月後，拉福耶和進步派國會議員組成「全國進步派共和黨同盟」（National Progressive Republican League）。改革的熱情繼續蔓延，到了一九一一年十二月，羅斯福決定出馬挑戰塔虎脫、爭取共和黨總統候選人提名。一九一二年六月的全國代表大會上，黨機器排除羅斯福派的代表的與會資格，再度提名塔虎脫競選連任時，羅斯福瀟灑地脫離黨組織，加入進步黨（Progressive Party）；進步黨於八月提名他競選總統。羅斯福發表一篇演講，痛批塔虎脫把共和黨出賣給大企業。他告訴聽眾：「我們站在世界末日的關頭，我們為上帝而戰。」民主黨提名他們自己的改革派伍德羅．威爾遜，他是曾任普林斯頓大學校長的歷史教授，現任的紐澤西州長。美國社會主義黨（American Socialist Party）在一九一二年也推出總統候選人，由勞工領袖尤金·德布斯（Eugene V. Debs）代表參選。三個主要政黨的政綱都籲求進步改革，社會主義黨則更進一步，主張最後要終結資本主義，讓勞工控制政府。

一九一二年大選，三大黨的候選人廝殺得天昏地暗。三人當中，塔虎脫愛打高爾夫、愛休假，又支持新的關稅法案，儘管他對付托拉斯頗有建樹，但大家都認為他是大企業的代表。他在三大候選人中得票最低，只拿到約三百五十萬票，充分顯示他維持現狀的作法有多不得人心。不過，塔虎脫還是拉走羅斯福許多選票；羅斯福得票第二高，略微超過四百萬票。兩人合起來的票數超過贏家威爾遜州長。威爾遜雖然只得到六百二十萬票，卻贏得到當時為止最大的選舉人團票——威爾遜四百三十五票、羅斯福八十八票、塔虎脫八票。德布斯在全民票方面獲得九十多萬票，得票率百分之六。

選民把國會和白宮交給民主黨，這可是一八九三年以來的第一遭，他們盼望民主黨政府能擺脫大企業的控制。一九一三年三月初民眾聚集在華府街頭歡慶新任總統威爾遜就職時，民主黨人朝塔虎脫狠狠開了一槍。他們帽子上的彩帶印了一行字：「沒有人喜歡胖子！」[65]

第七章
美國人的信仰就是做生意

選民在一九一三年一選出威爾遜和進步派民主黨人執政，立刻有個觀察家向《華盛頓郵報》宣稱，進步主義已經得勝，老朽的共和黨「死了，像凱撒一樣死了，像門上的釘子一樣死了，死得再也沒有復活的希望」。他可是錯得一塌糊塗。威爾遜擔任總統嚇壞了共和黨人，於是他們又退回到「老守衛」們的思想。威爾遜的進步主義立法其實體現了羅斯福呼籲的改革，但現在的共和黨堅定地反對它。一旦他們重新掌握政權，立刻把共和黨保守派的政策原封不動付諸實行。在一九二〇年代，有史以來第一次，傾向大企業的共和黨可以在沒有民主黨或共和黨改革派的干預下肆意治理美國。其結果是美國終於實現了他們衷心盼望的繁榮富庶。[1]

至少表象是如此。

威爾遜調降關稅與進步立法

威爾遜出任總統對共和黨而言是一大考驗，共和黨人幾乎在威爾遜一就任時就放棄他們對進步主義的承諾。他們無法想像能和一位民主黨籍總統合作，尤其是一上台就威脅要調降關稅的威爾遜。他們退回到堅持任何政府行動若是想要打造公平的經濟競爭環境，就是社會主義的思想。他們的反對在一九一八年達到高潮，他們痛批威爾遜提議的國際聯盟（League of Nations）是一種社會主義陰謀，要摧毀獨立宣言和美國憲法，將「國際主義」強加到美國身上。

除了那些最具進步主義思想的共和黨人，譬如塔虎脫政府不歡迎的拉福耶等人，對於所有的人而言，威爾遜當選總統可以說是一種詛咒。自從一八九七年以來，這是首度由民主黨人入主白宮。威爾遜可不是克里夫蘭這樣的北方民主黨人。威爾遜來自維吉尼亞州，父親擁有黑奴，曾在南方邦聯部隊擔任隨軍牧師，而且從一八七二年至一八七四年，他就住在哥倫比亞，離南卡羅萊納州政府大廈只有一條街距離。

更糟的是，民主黨也控制了國會，使得一九一三年成為南北戰爭以來僅有的第二次，民主黨控制全國政府，共和黨卻無從制衡。有些共和黨人還記得南北戰爭、或是民主黨曾在一八七六年威脅要以武力擁立泰登為總統、或是克里夫蘭執政時期他們本黨報紙所用的語言；在他們看來，國家已陷於存亡絕續的危險關頭。《華盛頓郵報》驚呼：「南方已經鳴鼓出兵。你們若還想在這兒自保，最好別再分彼此。」亨利．洛奇等人長期以來所擔心的南方邦聯將接掌政權的噩夢，似乎已經實現。此外，威爾遜將重建時期以來就不再實行種族隔離措施的聯邦政府機構，立即恢復種族隔離。[2]

威爾遜繼承了羅斯福的進步主義動力，但是儘管當共和黨掌權時共和黨看待自己人的路線相當敬佩，而今換民主黨人主政，就得另當別論。美國人希望政府擺脫和大企業的密切關係，而今威爾遜人馬著手去做。可是，追隨拉福耶和羅斯福的許多共和黨人，卻無法支持威爾遜。當新總統提名威廉．布萊恩出任國務卿時，他們大為惶恐。自從一八九〇年代以來他們竭盡全力才勉強阻擋住、不讓他接近權力的這個危險的社會主義者，竟然將要出任重要官職。

威爾遜主張回到小企業和自由創業的世界，他這種倒退的思想讓共和黨進步派不敢置信。從他們的角度來看，期待一個國家可以恢復為以小企業為基礎的經濟，實在蠢得可笑。即使在某些奇蹟下可以辦到，它也只是重新創造早先導致托拉斯興起的環境。但在實務上，威爾遜的「新自由」（New Freedom）很像羅斯福的「新國家主義」，依賴強大的聯邦政府打破托拉斯，但是當大家終於搞懂雙方其實殊途同歸時，共和黨卻更加抱怨這個民主黨籍總統。[3]

最根本的是，共和黨人反對威爾遜的經濟學。威爾遜召集國會在一九一三年舉行特別會議以修訂關稅。在國會集會之前一個月，他軟硬兼施逼國會議員支持降低關稅，軟的方式是和他們商量，硬的方式是扣住人事任命案，直到他們投票支持他的法案才放行。威爾遜為了確保關稅真的會修訂，竟然採取震撼所有人的作法：他親自到國會山莊提出他的籲求，成為一八〇一年約翰·亞當斯總統親臨國會演講以來第一位如此做的總統。共和黨議員們習慣不理會總統的咨文，把自己關在密室裡協商、訂定法律，現在卻必須忍受大學教授出身的威爾遜來上課，聽他講為什麼共和黨最重視的議題——關稅——需要廢止。[4]

一九一三年春天和夏天期間，民主黨國會議員推翻共和黨透過保護性關稅推動經濟發展的理論。他們的替代方案就是，遵守民主黨人在南北戰爭之前所持的信念，亦即關稅只應該用來籌措歲入。民主黨的新關稅法案幾乎把稅率腰斬減半，從接近百分之五十降到百分之二十五。可想而知，共和黨痛恨這樣修訂。初步法案才剛發表，亨利・洛奇就宣稱它「非常激進」，警告說這將會摧毀麻薩諸塞州所有的產業。他告訴《波士頓環球報》：「關稅修訂狠狠打到它們，你愈是研究這項法案，就愈發覺得它太糟了。」他認為這就是國家玩弄進步主義運動招來的惡果。[5]

歲入法案另有一部分讓共和黨人大為不爽：所得稅。調降關稅代表歲入會減少，為了彌補短絀，民主黨提出對三千美元以上所得課徵累進稅。當民主黨人在一八九四年嘗試課徵所得稅時，聯邦最高法院宣布其違憲。但是民主黨的計畫卻得到塔虎脫總統的助力，塔虎脫支持修正憲法、允許開徵所得稅，因為他認為聯邦徵稅權很重要——畢竟政府從一八六一年至一八九五年都使用此一權力。威爾遜就任之前一個月才通過的憲法增補條款第十六條，使得開徵所得稅合乎憲法。民主黨的歲入法案把政府的費用從窮人身上移轉到富人身上，導致共和黨「老守衛」恨之入骨。他們抱怨說，這是社會主義的作法，歧視資本家，尤其是紐約市的華爾街社群。[6]

巨富們很快就有更多理由討厭威爾遜民主黨人。自從一八九〇年代以來就擾亂經濟的財金恐慌，讓人人相信必須要提出能穩定貨幣市場的對策。一九〇八年，羅斯福還在任上，國會成立一個委員會改革全國的銀行和貨幣法令。共和黨主宰這個委員會，它在一九一二年一月提出的報告反映對委員會提供意見的金融界之建議。它建議成立一個全國銀行家協會，可以提供緊急貸款、紙鈔互相支援，並且擔任政府的財務機構。

民主黨人立刻對此一似乎是把國家金融交付給少許富有銀行家之計畫大譁。他們成立一個委員會，由路易斯安那民主黨人阿爾瑟內・浦久（Arsene Pujo）為主席，調查金融家的權力。委員會立刻挖掘出一個「金錢托拉斯」——由J・P・摩根領導的一小群有力的銀行家——的活動。他們經營全國的銀行、商業和工業，控制超過二百二十億美元的資金。年輕的律師路易斯・布蘭迪斯（Louis Brandeis）取材浦久委員會的報告，寫了一本書《其他人的錢及銀行家如何利用它》（*Other People's Money and How the Bankers Use It*），描述一批金融家寡頭如何影響國家。透過匯集每個存戶的存款成為天文數字，他們能夠收購公司，然後再利用其力量支持關稅和托拉斯。到最後，「金錢托拉斯」利用人民的錢對付人民。這本書立即獲得大眾注目，時隔一百年仍在發行。[7]

布蘭迪斯後來成為美國最高法院第一位猶太裔大法官，支持社會改革，並對言論自由有卓著的貢獻。圖片來源：維基百科。

當國會在一九一三年修訂銀行及貨幣制度時，民主黨的計畫反映出全國愈來愈不信任富有的金融家。新計畫雖然保留了共和黨所要的一個私有的「聯邦準備銀行」（Federal Reserve banks），它同時要成立一個監理理事會，人員不來自金融業，而是由總統提名、經參議院通過後任命。全國銀行都必須加入「聯邦準備體系」，而政府——不是銀行——負責發行新的全國貨幣「聯邦準備券」。威爾遜在一九一三年十二月簽署頒布《聯邦準備法》（Federal Reserve Act）。[8]

新制度承諾要穩定經濟，一如共和黨人在一九〇八年所主張，但是共和黨卻反對它。新銀行法並沒有把銀行體系國有化，只採取相當溫和的措施，試圖透過政府監理民營銀行，制止金錢投機引起的暴起暴落，並且允許跨區域的金融擴張和收縮。即使如此，共和黨人還是聲稱它是布萊恩的降低利率、擴大貨幣供給量制度的復活。透過允許政府無限量發行貨幣，它會製造通貨膨脹，這一來會摧毀經濟信心，驚慌的歐洲金融家把錢抽調回國，美國就貨幣枯竭。共

DECEMBER 24, 1913-SIXTEEN PAGES. PRICE TWO CENTS.

PRESIDENT'S SIGNATURE ENACTS CURRENCY LAW

Wilson Declares It the First of Series of Constructive Acts to Aid Business.

Makes Speech to Group of Democratic Leaders.

Conference Report Adopted in Senate by Vote of 43 to 25.

Banks All Over the Country Hasten to Enter Federal Reserve System.

Gov-Elect Walsh Calls Passage of Bill A Fine Christmas Present.

PRESIDENT WOODROW WILSON.

WILSON SEES DAWN OF NEW ERA IN BUSINESS

Aims to Make Prosperity Free to Have Unimpeded Momentum.

HOME VIEWS OF CURRENCY ACT

"A Christmas present to the people of the country," is the name Gov-Elect David I. Walsh gives to the Currency act.

FOUR PENS USED BY PRESIDENT

WASHINGTON, Dec 23—President Wilson signed the Glass-Owen Currency bill at 6:01 o'clock tonight in the presence of members of his Cabinet, the Congressional Committee on Banking and Currency and Democratic leaders in Congress generally.

威爾遜總統於一九一三年十二月簽署《聯邦準備法》，聯邦準備系統由此誕生。圖片來源：維基百科。

和黨人聲稱，這套銀行法令會毀了美國。[9]

民主黨不斷提出進步主義的立法，也不斷地惹惱共和黨人。一九一三年五月，國務卿布萊恩確認各州通過憲法增補條款第十七條，可以由人民直接選舉聯邦參議員。這項措施是人民黨長久以來主張的改革，可以終結大企業收買選舉、讓尼爾遜・艾德里奇這類人當選參議員的力量。一九一四年頒布的《克萊頓反托拉斯法》（Clayton Antitrust Act）明訂操作價格以及交互出任企業董事為違法；它規定企業主管所監督的實體若有違法行為，個人亦需負責；它也保護工會不受反托拉斯法限制。（《華盛頓郵報》不安地說：「這不是玩弄美國企業精巧機器的好時候。」）一九一六年的《聯邦農場法》（Federal Farm Act）以比原先商業銀行低廉的利率，授信融資給農民。支持者歡呼說，《聯邦農場法》長久下來將使農民和其他商人站在相同的立足點上。威爾遜也支持婦女投票權，一九一九年，國會通過憲法增補條款第十九條，保障婦女投票權。這條增補條款經各州批准後，於一九二〇年生效。政客再也不能忽視婦女及兒童的需要，對這方面的漠視正是進步主義出現的原因。[10]

威爾遜抱怨共和黨是「一個精於不做事、又狡猾地故步自封的政黨」，而共和黨則團起起來，批判威爾遜是禍國殃民的南方邦聯派和社會主義者。一九一六年的選舉，民主黨保持住控制政府，但僅是險勝。威爾遜在全民票方面表現不惡，比共和黨對手前任最高法院大法官查爾斯・休斯（Charles Hughes）多出五十萬票，但是選舉人團票卻情勢混沌，直到加州以不到四千張全民票的差距判定民主黨勝出，大勢才告底定。[11]

共和黨阻撓國際聯盟的建立

一九一四年爆發的第一次世界大戰給了共和黨天賜良機，讓他們可以宣揚威爾遜陰謀摧毀美國。共和黨很難從抨擊總統的國內立法上勝利，因為它們普獲民意支持，有時候甚至還得到跨黨派的支持。但是外交領域上則不然：共和黨的帝國主義立場頗孚民心，而民主黨若是有立場的話，也就是克里夫蘭和布萊恩所界定的反帝國主義主場，非常不受歡迎。

威爾遜起先主張美國對大戰保持中立，而共和黨的帝國主義派認為保持中立形同叛國。狄奧多．羅斯福怒不可遏，威爾遜和民主黨人讓美國人對一場攸關美國前途的戰爭毫無準備。他搖旗吶喊，要求美國子弟為正義而戰，並且堅稱威爾遜比德國人還更惡劣，因為他敗壞美國的道德精神，讓美國人誤以為交戰雙方並無區別。羅斯福聲稱，從這方面來講，威爾遜有如社會主義者，他們針對美國工業發動罷工，形同資敵，削弱國家，阻撓美國的建軍備戰。羅斯福把威爾遜比擬為釘死耶穌基督的羅馬總督龐提烏斯．彼拉多（Pontius Pilate），聲稱威爾遜徹頭徹尾非美國人（un-American）。[12]

但是威爾遜無法避免戰爭太久。德國在一九一七年初鋌而走險決定發動無限制潛艇戰之後，德國魚雷擊沉了五艘美國船隻。接下來，有情報外洩，說是德國政府力促墨西哥向美國開戰。一九一七年四月，威爾遜要求國會向德國宣戰。一年後，美軍開始大量開拔到歐洲，馳援兵疲馬乏的盟軍部隊。

弔詭的是，明明是進步派的威爾遜領導參戰，共和黨「老守衛」的聲勢卻因此大漲。一九一七年俄羅斯的布爾什維克革命在共和黨保守派看來，正好證明威爾遜民主黨人是傷害美國獨特價值的陰謀之一環。民主黨人與布爾什維克一樣，支持改革以協助勞工，並且試圖節制因為十九世紀末不受管制的工業主義而產生的企業濫權行為。但是當布爾什維克革命把歐洲一個大國變成共產主義國家時，進步主義改革不再像是拯救資本主義的作法，而像是企圖摧毀資本主義。在共和黨「老守衛」看來，布爾什維克明明白白證明，任何人主張工業改革就是要推翻資本主義，而資本主義是締造美國繁榮的根本。

接下來，正因為共和黨對威爾遜的仇恨，時機的巧合竟然就此改變了威爾遜的施政、美國的歷史以及全世界。一九一八年十一月的期中選舉湊巧碰上大戰結束。威爾遜在選前向選民提出警告，推選共和黨人不利作戰。雖然羅斯福和洛奇在一八九八年也用過完全相同的語言，呼籲選民選出共和黨掌握優勢的國會，現在的共和黨人聽了卻勃然大怒。共和黨人聲稱民主黨只想「讓美國只給民主黨人安全」，他們怒稱，共和黨人「忠於美國而願為國捐軀，但不願幫民主黨治理美國」。他們又指控威爾遜獨裁專制，只想獨攬大權。[13]

第一次世界大戰結束前夕，威爾遜號召美國人民選出一個民主黨占優勢的國會，憤怒的共和黨正好利用這個時機來封殺威爾遜的傑作，亦即國際聯盟。離投票日還有幾個星期，威爾遜在凡爾賽宮談判和平條約時提議組建國際聯盟，預備以這個國家共同體來保護每個國家的邊境、解決國際爭端、裁減軍備，以及成立一個國際法院。這是解決國際衝突相當進步的方法：把即將爆發的議題拿出來公開討論，期望在訴諸武力之前達成公正、周全的解決方案。但是在一九一八年的選舉季，有關國際聯盟的任何詳細內容都還沒有訂定出來，共和黨人在洛奇和羅斯福領導下，編造這個計畫的謠言，指控威爾遜預備強要美國接受不利的和約。他們說，如果共和黨人沒有機會參與談判，威爾遜就能為所欲為；而威爾遜呼籲選民在一九一八年讓民主黨掌握國會，正是因為他刻意排除共和黨在談判桌外。在他們手裡，籌組中的國際聯盟變成用來號召共和黨選票的武器。

他們的謠言攻勢起了作用。選民的怒火讓選舉不利於戰時的總統。共和黨在眾議院以超過四十八席取得過半數優勢，另外也控制了參議院。他們在參議院只多出兩席，優勢不大，但已經夠了。批准和平條約需要共和黨的合作，但是共和黨人毫無合作的意願。他們說，國際聯盟就是一種共產主義，會摧毀美國。有一個人指控說，「你不妨在腦子裡設想一下，一個沒有獨立宣言的世界，沒有我們的憲法和自由體制的世界，沒有我們解放種族和民族宣言的世界，沒有這個國家的世界」，你就會看到國際聯盟的世界。共和黨人異口同聲指控國際聯盟把國家主義換上「國際主義」。洛奇指出，國際主義是共產主義的目標。另一位參議員看到更直接的共產主義關聯：威爾遜曾經是教授，而教授治國的政府最後終將走向布爾什維克主義。共和黨認為他們有責任制止這個人的野心得逞。[14]

正當共和黨對國聯發動猛攻的時候，威爾遜不幸中風，導致他無法為之辯護。共和黨的反對不僅扼殺了國際聯盟，更讓許多美國人相信，任何形式的國際合作都會毀掉他們所認識的美國，使它遭受社會主義者的控制。這種說法在二十世紀、乃至二十一世紀初，每在關鍵時刻就會再次浮現。它使得外交斡旋總是很容易被批評者一口咬定，談判是為了掩飾社會主義，美國人必須透過自身獨立的軍事行動來堅持國際權力，否則就會失去對美國的控制權。

罷工與紅色恐怖

共和黨一恢復控制國會，就在國內點燃對共產主義的恐懼心理。他們立刻針對威爾遜政府在戰時得到的權力下手。一九一八年十一月十一日上午十一時，戰火一止息，共和黨國會立刻削減軍事預算。突如其來如此一砍，全國經濟下墜，造成百分之二十的失業率。物價騰升到一九一四年以來的兩倍以上。全國勞工被失業和高物價夾擊，走上街頭罷工。

罷工並沒有讓共和黨意識到，因為聯邦支出突然大減才引爆的經濟危機，他們只看到共產主義、社會主義或無政府主義。他們的反應或許並不像回顧起來認為的那麼牽強。在一九一八年，沒有人真正了解現代經濟是如何運作。而且，畢竟是無政府主義者在一九〇一年謀殺麥金萊總統、又在一九一四年殺害奧地利斐迪南大公爵而引爆第一次世界大戰。他們並沒有因戰爭就銷聲匿跡。當無政府主義者在一九一九年四月和六月寄送炸彈給著名的美國人，包括國會議員和洛克斐勒時，共和黨人認為無政府主義的病毒仍在美國肆虐。

九月，波士頓一千五百名警察當中有三分之二以上為了爭取組織工會權利而罷工。這下子證實了共和黨人的恐懼。全市絕大部分警察脫離工作崗位，流氓走上街頭嬉鬧，他們推翻水果車，從停靠路邊的汽車卸下備份輪胎、打破商店櫥窗，偷走珠寶、帽子、襯衫、領帶以及鞋子。男子在街上聚賭，跑到警察局門口擲骰子。一群流氓把一輛電纜車的電纜拉倒。暴民總共引起的損失估計是三萬四千美元，其實不過約略一場小火警的損失，但是全國各地報紙把波士頓事件形容成「布爾什維克噩夢」，不法暴民顛覆了文明城市的秩序，滿街開槍、強姦和搶劫。從加里福尼亞到賓夕法尼亞的報紙都尖嚷「全市陷入恐怖」和「布爾什維克在美國不再是幽靈」。《華爾街日報》警告說：「列寧和托洛斯基正在路上」，即將來到美國。《紐約時報》報導一位參議員的警告，他說，一定要迅速處理，否則「這個國家將在兩年內見到蘇維埃政府成立」。[15]

九月十一日，共和黨籍的麻薩諸塞州長不理民主黨籍波士頓市長——後者同情罷工員警——的反對，接管全市。他宣布：「任何人在任何地方、任何時間都沒有權利發動危及公共安全的罷工。」原本默默無聞、個性嚴肅的卡爾文．柯立芝州長因為這句擲地有聲的話，開始受到政壇矚目，被譽為對抗無政府狀態的文明堡壘。全國各報轉載他的照片和他的談話。七萬名民眾受到這位嚴峻的北方佬的感動，信件和電報如潮水般湧進他的辦公室，稱讚他的勇敢立場。評論員解釋說，勞工太超過了，威脅到美國政府的存亡。柯立芝州長堅守反「布爾什維克」的立場，制止了「蘇維埃政府的萌芽」。[16]

雖然威爾遜總統也譴責罷工者，共和黨領袖卻把罷工怪罪到威爾遜和民主黨身上。共和黨宣傳協會（Republican Publicity Association）堅稱，民主黨鼓勵「有組織的勞工施暴」。它警告說：「除非制止針對共和黨的一切運動，否則美國將會俄國化。」就和他們在上個世紀的作法一樣，報紙和企業領袖指控任何鼓吹大政府的團體是陰謀摧毀美國。工會首當其衝，備受攻擊，但是對工會的不滿也席捲了教會機構，因為它有些成員為工會組織辯護。非裔美國人也被波及，他們要求改善環境卻導致《紐約時報》嘆息，「閉著眼不看事實也無法否認……布爾什維克的煽動已經延伸到黑人社群」。教育界人士也被指控傳播共產主義：你瞧，白宮不就有一位社會主義教授嗎！石油業大亨愛德華．杜賀尼（Edward L. Doheny）在一九一九年堅稱：「美國大多數大學教授都在教社會主義和布爾什維克主義。」他又列出一些跌入泥淖的企業主管的名字，包括主持J．P．摩根事業的一些人、共和黨銀行家，甚至有個人後來成為希特勒的狂熱崇拜者。共和黨人堅稱，民主黨「對無政府主義者和殘酷的共產主義者……過分寬大」。[17]

針對共產主義到處蔓延的攻擊並不只限於口頭。一九一九年和一九二〇年後來被稱為「紅色恐怖」（Red Scare）時期，暴民四出修理工會組織者和非裔美國人。紐約的麥迪遜廣場花園和華爾道夫大飯店發生械鬥；在西維吉尼亞州，一群暴民強迫一百一十八個罷工的鋼鐵工人親吻一面美國國旗；在華盛頓州仙特拉里亞（Centralia），暴民和工會成員爆發衝突並造成四人死亡，之後憤怒的公民在當地企業界領導下，對新成立的激進派工會「世界產業工人」組織（Industrial Workers of the World）——綽號「烏布利」（Wobblies）——一名成員施以私刑。[18]

看起來美國就要爆發全面的階級戰爭了。一九二〇年五月，警方逮捕兩名義大利移民，懷疑他們與安置炸彈的無政府主義者有關聯。警方控訴尼可拉．沙可（Nicola Sacco）和巴托羅密歐．凡伽蒂（Bartolomeo Vanzetti）在麻薩諸塞州布萊恩垂（Braintree）持械搶劫和殺害兩名男子。*接下來，九月間，一名馬車伕把一輛裝滿炸藥和金屬彈片的篷車停在華爾街最繁忙的街角，那正是J．P．摩根銀行的對面。爆炸案造成三十三人死亡和兩百萬美元的財物損失。雖然現在歷史學家認為對沙可和凡伽蒂的指控不無道理，但是街頭小民把他們被捕看作是兩個窮老百

* 譯註：沙可與凡伽蒂都是義大利裔的美國人，且為激烈的無政府主義者。在一九二〇年，他們被控在一樁武裝搶案中殺害兩人，並在隔年被判處死刑。但有大量證據顯示二人為無辜的，聲援他們的行動在全美展開，甚至蔓延至東京、倫敦、巴黎等城市。一九二七年兩人仍被處死。一九七七年，麻州州長杜卡基斯（Michael Dukakis）宣布他們遭受到不公平的審判。

姓遭到美國富有的權力掮客羈押。華爾街爆炸案進一步強化了尋常老百姓受到攻擊的印象。損失發生在華爾街，但是三十三名死者、兩百名傷者卻都是小職員和速記員，沒有一個是金融家。[19]

美國需要休養生息

共和黨從他們對共產主義的焦慮得到的教訓是，政府應該更努力保護企業利益。第一次世界大戰期間，威爾遜政府監督及協調食品、燃料的生產，以及和作戰有關的所有產業。大戰結束後，企業界不但沒有反對這種管制，還盛讚管制帶來的效率，並要求更多合作，然而，這一次，政府的監督倒是不必了。他們要求政府廢除自從一八九〇年代以來使得產業界難以大規模合作的反托拉斯法令。[20]

由於進步派共和黨人在威爾遜執政時期已經受到重創，這項工作現在容易多了。羅斯福已經退出共和黨，拉福耶也因為強烈反對美國參戰，以致成為全國最受仇視的人。艾伯特．貝立芝的「高擎大旗邁步前進」的演講幫助進步派崛起掌權，他大體上支持威爾遜的政策，直到國際聯盟出現，因為他厭惡它才停止支持。他在一九一一年離開參議院；一九二〇年代完全退出政治，專心研究歷史。到了一九二〇年代，作為一項運動，共和黨進步主義已經失去它的一致性和重要性。

一九二〇年六月初，共和黨在芝加哥召開全國代表大會，重新復活他們在十九世紀末期的世界觀。羅斯福在前一年去世，雖然黨代表們對這位去世的領袖執禮甚恭，但是很明顯，他的思想已經跟他一起埋葬。與會代表向少數碩果僅存的「老守衛」致敬——「喬大叔」·坎農八十四歲，亨利·洛奇七十歲。有位威斯康辛進步派代表提議立法賑濟當時經濟壓力沉重的農民、工人和人民時，其他代表嘲笑他、噓他、威脅要把他趕出會場，痛罵他是社會主義者。唯一一個讓代表們更嫌惡的人是威爾遜，在他們看來，威爾遜領導的民主黨根本不是美國人，應該被視為「敵人」。共和黨要求恢復高關稅和少管閒事的政府。[21]

共和黨決心提名一位企業界人士，因為正如一位代表所說：「我們的全國政府應該像經營企業一般去經營。」再也別去招惹受過高等教育的教授們，或是利用「威斯康辛構想」指導政策以達成最適的社會結果；現在該是直接找商人出山的時候了。除了這個要求，經歷「進步主義時期」的動盪之後，套句某位代表的話，黨代表們要找個能夠「休養生息」的人。他們所要的是回到一個已經不復存在的美國，羅斯福之前的世界，當時的政府只透過支持大企業來維持經濟，認為企業興旺就會創造就業機會和改善人民生活。共和黨代表們認為，政府唯一的職責是促進企業繁榮。不胡搞什麼社會福利立法，它們只會搞亂一池春水。[22]

黨代表們提出了一個又一個人選。呼聲最高的前三人都不怎麼亮眼，下一層級的人選更是平庸之輩。在民意風潮轉為反對威爾遜的背景下，共和黨想找個與威爾遜相反，且當選後少管閒事的候選人。

最後，前任俄亥俄州長提名俄州寵兒、現任的聯邦參議員華倫·哈定（Warren G. Harding）。他在充滿陳腔濫調、超級簡短的演講中，稱許哈定是「俄亥俄州的第二位麥金萊」：沉靜、不擺架子，而且有勝算。他可以贏得俄亥俄這個關鍵州；共和黨在一九一六年輸掉俄亥俄州，也輸掉總統選戰。前任州長話聲一停，哈定的照片由屋頂飄飛下來。附議提名哈定的演講比起提名演講還更簡短，充分顯示哈定是誰根本不重要。有位代表說：「恢復正常」（Back to Normal）和「美國優先」（Ameircan first）應該作為選戰的口號；國家需要「安全可靠、理智清醒的人」。可是，即使代表們只想趕快從昂貴的芝加哥旅館退房，逃離酷暑盛夏，仍需歷經十次投票，和深夜關在「煙霧瀰漫的房間裡」喬了半天，才搞定提名哈定。提名人選一宣布，代表們立刻衝出會議廳，滿臉通紅、汗流浹背，搶搭計程車趕回老家。[23]

在一九二〇年代的美國，哈定是個完美的象徵性領袖：一個老派的小鎮人物，外表體面大方。他出身俄亥俄州馬里恩市（Marion），英俊瀟灑，是一位會和人勾肩搭背、愛打牌的鄰家大叔。哈定和不苟言笑的威爾遜可說是南轅北轍的兩個極端。被問到對於被提名參選總統有何感想時，哈定說，他覺得就像明明手中只有一對八、卻抽到「葫蘆」的幸運兒。威爾遜是一位聰明、高高在上、國際知名的大學教授（有位記者形容他是「一種代表正義智慧的冷冰火焰」）；哈定則是個鄰家大叔，會在你出遠門時替你注意門戶安全。作為一位「老守衛的忠實門徒」，哈定覺得羅斯福是個叛徒。《紐約時報》認為他毫無建樹且沒有特色，形容他是非常值得尊敬的二流政治人物。的確，真正為哈定榮獲提名而興奮莫名的人，只有他的馬里恩市老鄉，他們的熱情洋溢登上全美許多大報版面。[24]

真正受到各方矚目的候選人是副總統候選人、麻薩諸塞州州長卡爾文．柯立芝。柯立芝因為處理波士頓警察罷工事件而聲名大噪，被視為保護美國不受布爾什維克主義侵襲的英雄。

大選呈現一面倒之勢，有位加州共和黨人評論說，如果這是一場為爭奪獎金的拳擊賽，「警察一定會因為戰況太慘烈而介入」。哈定在選戰中的主要職責就是閉上尊嘴、表現堪為人君之姿。他是和威爾遜截然不同的對照人物，他承認不諱他的反智精神，甚至引以為傲。他承認他對歐洲事務一竅不通。對於吵得不可開交的戰時稅問題，他告訴一位秘書，他根本搞不清問題的來龍去脈、前因後果。他是個非常差勁的演講家，威爾遜的女婿評論說：哈定的演講「給人的印象是，用了一大堆浮誇的詞句漫無目的遊走以尋找主題；有時候那些散亂的文字還真的逮到一個模糊的思想，得意洋洋地誇耀它，他淪為它們的囚徒，直到因為不斷地重複而又死去。」威爾遜要民主黨候選人詹姆斯．考克斯（James M. Cox）解說清楚複雜的國際聯盟議題，以此爭取選民支持；哈定只說他要恢復「常態」。[25]

大選一開始計票，立刻顯示絕大部分美國人渴望恢復常態。哈定和柯立芝贏得百分之六十以上的全民票，也贏得北方和西部每一個州。他們甚至打進牢不可破的南方，拿下田納西州，締造重建時期以來共和黨首次在田納西勝出。有位觀察家說：「這哪裡是山崩，這是大地震啊！」[26]

哈定的幫派治國

哈定把小鎮溫情帶進白宮，四周盡是因他一人得道而雞犬升天的俄亥俄老鄉親。他們被稱為「俄亥俄幫」；哈定的商務部長赫伯特・胡佛（Herbert Hoover）很不以為然地稱他們是哈定的「玩伴」，抱怨他們在白宮通宵達旦打撲克牌。他們對政府的見解主要就是替自己和朋友拚命撈錢、榨取好處，不到一年，他們把國家的體制與資源敗壞殆盡。哈定的內政部長收下一個裝著十萬美元現金的手提箱，外加二萬五千美元的「借款」，就把政府在懷俄明州茶壺頂（Teapot Dome）和加州麋鹿山（Elk Hills）的油田出租給石油大亨。（其中之一湊巧是愛德華・杜賀尼，此人堅定反對社會主義，始終相信社會主義已經滲透從大學校園到J・P・摩根辦公室等等美國的每一個角落。）俄亥俄幫其他成員甚至是由司法部長帶頭，收取烈酒商的紅包，對退伍軍人局（Veterans Bureau）的貪汙舞弊視若無睹。[27]

謠言紛傳白宮樓上一堆人喝酒、打牌，房裡香菸煙霧裊繞、威士忌酒瓶散滿盤子，到處都是撲克牌和籌碼；有個觀察家指出，常見的畫面是「背心鈕子解開、雙腳伸到桌上，痰盂隨侍在側」。到了一九二三年夏天，黑色幽默也傳遍華府：貪腐和違法傳聞不斷。新聞記者威廉・艾

與學者出身的威爾遜不同，哈定給人一種親切的感覺。但他經常被認為是美國歷史上最糟糕的總統之一。圖片來源：維基百科。

倫．懷特（William Allen White）有一天發現哈定鬱鬱寡歡，痛苦抱怨：「老天爺呀，總統真不是人幹的！我不擔心我的敵人……但是懷特啊，我的好朋友，我那些他媽的好朋友，他們讓我半夜睡不著覺！」[28]

一九二三年七月，哈定總統夫婦出發前往阿拉斯加和西岸旅行。此時醜聞才剛開始爆出來，就在出發前不久，兩名俄亥俄幫成員自殺身亡。哈定捨棄他平常的同伴，邀請正直的胡佛同行。這位商務部長對總統的邀約感到訝異，但是欣然同意，可是不久他就後悔萬分。哈定很興奮，他愛熱鬧的習性使他在旅途中盡可能地享受遊行和慶祝活動的樂趣。當他不想和民眾攪和時，就把同伴召來橋牌桌上，徹夜打牌；胡佛因此痛恨橋牌、此後終身不再打牌。[29]

七月二十七日，哈定在演講中突然口齒不清，講稿也掉在地上。他似乎立刻恢復，但病情很快就加速惡化。總統專車急奔舊金山，不久總統就死在病床，極可能是因為心臟病發作。羅斯福的女兒愛麗絲為他蓋棺論定：「哈定不是壞人。他只是個笨蛋。」[30]

企業主導國家

俄亥俄幫的陰謀很快就吸引了全國的注意，但是他們盜用公帑的劣行相對於他們濫用權力的方式，可就小巫見大巫。有哈定這樣一個弱勢總統，權力可能又落入到國會手中，但是歷經羅斯福、塔虎脫和威爾遜執政的二十年，國會變得派系林立、相互掣肘，國會議員比較懂得如何反對法案，而非制訂法案。政府官員遂填補此一真空，尤其是商務部長赫伯特・胡佛和財政部長安德魯・梅隆（Andrew Mellon）。在他們主持下，政府推行了親商派共和黨人原先只能夢想的政策。

在哈定忙著打牌、國會議員又只會爭論不休之際，政府官員把政府交付給了企業界。商務部長這個職位，哈定延攬在第一次世界大戰期間及之後管理世界糧食供應相當成功的胡佛出任。面對戰後的經濟下挫，胡佛堅決反對政府支援失業工人，認為這會引起「家父長式作風」並摧毀美國。他認為，解決失業問題最好的辦法是，政府透過對外貿易協定來增進出口，進而刺激民間投資。胡佛立刻開始組織及擴大商務部。在他任內，商務部成長為一萬五千名員工，預算超過三千七百萬美元，也是企業和政府之間最重要的連結。[31]

胡佛忙著和商人諮商、增強商務部，安德魯・梅隆則負責處理戰爭負債。梅隆不是政客，而是匹茲堡銀行家；他的腰纏萬貫似乎可以證明他懂得如何理財。梅隆形容枯槁、陰氣沉沉，接任財政部長時已經年近七旬。梅隆在一八七〇年代得到富有的父親資助，從伐木和煤礦業起家。到了一八八〇年，他加入父親主持的銀行，稍後不久就接管父親事業。起先，他投資在土地、煤礦和鐵礦上。然後轉向鋼鐵、石油、造船、水公司和鋁業。一九二〇年代中期，他已經名列美國巨富之一。[32]

梅隆的當頭要務是國會為了支應戰爭，已經開徵極重的稅負。一九一六年九月，歐洲的戰火頗有席捲美國之虞，國會通過一項緊急歲入法，籌募二億美元國防經費。一年之後，它又通過非常高的累進稅，籌募有若天文數字的二十五億多美元。最高級距所得的納稅人的稅率為百分之六十三。早先的估計是這項累進稅將從所得課徵到約八億五千萬美元——其中五億美元來自華爾街——另外十億美元來自超額獲利。一九一六年稅法已經產生抱怨，認為富人稅負太重。但是在一九一七年的戰爭期間，第二項稅法在無反對票之下輕騎過關，在參、眾兩院都獲得通過。這項特別稅法在當時是美國政府史上最大數額的歲入法案，且普遍獲得支持，因為美國人很自豪，願意承擔保家衛國的經費。[33]

但是戰爭一結束，共和黨人堅持稅負太重會拖垮經濟，許多民主黨人也贊成這個立場。共和黨人在一九一九年控制國會之後，替高級距所得者降低稅率，而梅隆一九二一年接任財政部長後更進一步降低稅率。他在各大雜誌上發表文章，宣揚「政府的新節約運動」，向讀者說明在戰後增加生產力的唯一方法是增加在工業上面的投資。要這麼做，唯一的方法是釋放資本。政府必須削減其預算，稅必須降到使富人能夠投資到經濟上。梅隆宣稱：「政府就像企業，能夠、也應該依循企業原則管理。」[34]

哈定去世不僅沒有減少、反而增強企業界對政府的影響力。柯立芝一接任總統，和梅隆有關係的企業主完全遮掩住共和黨十九世紀政治家，如亨利．洛奇這些人的光芒。有了柯立芝坐鎮白宮，梅隆進一步削減他認為會阻礙對經濟投資的稅負。他在一九二四年的一本書，試圖號召讀者支持他的大計，他引述工業家亨利．福特（Henry Ford）的一句話：「對富人課重稅並沒有使窮人減輕稅負。它們把負擔加在窮人身上。」他解釋說，向富人課稅會打擊個人勤奮向上、主動創業的積極性，因此摧毀國家。如果美國沒有免掉對富人課稅，將會淪為其他國家的追隨者，而非領導者。[35]

私底下，梅隆找國稅局局長請教如何躲避所得稅，然後採用局長的意見申報自己的所得稅。可是他又轉過身來警告美國人，要讓富人不逃稅的唯一方法是完全廢止累進稅，使他們沒有誘因去作弊。共和黨國會同意梅隆的見解。一九二六年，它替最富有的美國人削減所得稅和遺產稅。一九二八年，國會保留相同的所得稅稅率，但是賦予梅隆法定權限，可就「與國內稅法相關規定」做任何他認為合宜之決定。梅隆也就毫不客氣運用這項權力，大量給予退稅、扣除和減免。從一九二一年至一九二九年，他總共退稅三十五億美元給富人。如此慷慨退稅的大部分利益都被共和黨人囊括。總共有十七個人在一九三〇年選舉捐給共和黨人一萬美元，他們全都得到梅隆的退稅。[36]

柯立芝政府努力促進商業，它不僅釋放資本，也採取直接行動。身為商務部長，胡佛與行業公會合作開發商務行為準則。理論上，這麼做是為了幫助企業避免不公平作法；實際上，行為準則使得業者可避免反托拉斯訴訟。聯邦貿易委員會（Federal Trade Commission）是威爾遜總統任內成立的機構，旨在取締壟斷和托拉斯，現在卻變成全心全意鼓吹和企業界合作的機關。聯邦貿易委員會的新任首長抱怨說，原本的聯邦貿易委員會是「散布社會主義的宣傳機構」。他說，在他領導下，今後它將不再傷害企業主，而會協助他們。在新的聯邦貿易委員會監理下，企業併購大增。一九一九年至一九三〇年期間，美國有八千家企業消失。地區性的公用事業、店家和電影院整併成為全國性的公司，誇稱他們以精細的全國組織取代笨拙的地方性管理。蒙哥馬利・華德（Montgomery Ward）、伍爾沃斯（Woolworth）和美國商店（American Stores）等連鎖百貨公司、藥房或超級市場在全國各地紛紛出現。[37]

與此同時，政府一面保護美國企業，一面積極開發國外市場。哈定總統時期，國會已經把關稅稅率從威爾遜時期的低點回升到從前共和黨的水平。它也賦予總統可以隨意調升或調降關稅的權力。哈定和柯立芝一共更動關稅稅率三十七次；其中三十二次為調升（油漆刷子把手和短尾鵪鶉的關稅倒是得到了調降）。同時，胡佛力促歐洲國家向美國採購。在這些措施下，美國企業大為興盛。一九二五年至一九二六年，美國成立二萬二千多家製造業新公司，工業生產起飛。企業獲利上升。如果工資沒有上升太多，至少也未下降。企業主讚美共和黨的方案。[38]

無所作為的柯立芝

柯立芝在史冊留名，被公認是個毫無作為的總統，崇拜企業有如宗教。在相當大程度上這個評價是公平的；如果共和黨人的主張是正確的，一個好總統就應該少管閒事。一八八〇年以後，共和黨人在反對政府推動社會福利政策的同時，卻動用政府力量支持產業。他們抵制克里夫蘭總統要重新平衡富人在政府中的權力之言論，甚至在他上任之前就設法擋下他的政府之作為。他們禮貌地忽視同黨的羅斯福總統之提議，忽視他主張政府要替社會不同群體製造公平競爭環境的政見。但是他們對威爾遜感到恐慌。威爾遜藉著羅斯福已經啟動的勢頭，通過了強而有力的進步主義立法。共和黨領導層不喜歡這些新法律，更不喜歡積極任事的行政部門對經濟的干預。柯立芝沉默寡言、又不活躍，他希望讓企業界和政府不受干涉地攜手合作，因此他的行為作風正好吻合共和黨人對於總統的期許。

柯立芝以無所作為而聞名，又因在私下場合沉默寡言而有「沉默的卡爾」之稱。圖片來源：維基百科。

最後，政府和企業界似乎已經知道該如何兼顧工業生產的效率與對財產的保護。第一次世界大戰的經驗使得政府和企業界能夠摒棄過去的強盜大亨的掠奪作風，一面踐踏經濟，一面大肆爭權奪利，並想清楚如何經營全國經濟。通往繁榮的未來之道路似乎很清楚了。

未來的變化的確地動天搖！戰爭摧毀了歐洲，但強化了美國。它釋放出新技術，讓商人和政府官員有充分信心發展能夠推銷他們的新工具。一九二〇年十一月二日，東匹茲堡ＫＤＫＡ廣播電台播出選舉結果，宣布選民選出了哈定和柯立芝為正副總統時，無線電台首度展現威力。電力在一九二〇年代徹底改變了美國；到了一九二九年，超過三分之二的美國家庭都有了電燈，除了最貧窮的偏鄉之外，各地都能延長光照時間。電力帶來了冰箱、洗衣機、吸塵器、縫紉機和烤麵包機，伴隨著消費經濟快速膨脹，這些產品也賣翻了。美國人急於購買新產品，現代廣告則大肆宣傳擁有這些商品象徵著主人的高貴、精緻、浪漫和有權力。社會改革和宗教開始不吃香，因為經濟繁榮似乎消泯了構成社會衝突核心的經濟鴻溝。人們渴望世界不要改變，大家都想隸屬於一個運作良好的組織。一九二〇年代中期的一本暢銷書《無人知曉的人：發現真實的耶穌》（*The Man Nobody Knows*）指出，耶穌基督不是一個溫馴的精神領袖，而是「現代商業的創始人」，他「從企業的基層挑選出十二個人，把他們打造成一個征服世界的團體」。[39]

當柯立芝寫下「建造一座工廠的人也建造了一座廟堂，在裡面工作的人也在裡面敬拜上帝」時，他並沒有放棄美國為大企業服務的最大原則。柯立芝和他那個時代的其他美國人一樣，認為美國終於找到如何將非凡的工業生產用來提升文明水準的秘訣。商業興盛、生活水平提高，美國人也有了時間閱讀、學習、發明和改進。[40]

林肯嚮往的願景似乎終於實現了，共和黨人聲稱這是他們的功勞。他們說，他們已經解決了美國所有的主要財政問題。他們在一九二八年的政綱上，信心滿滿地承諾將會繼續執行柯立芝政府的政策，因此提名赫伯特．胡佛來接棒執行。胡佛發表接受提名的演說，他闡述這個時代的共和黨願景。他說，感謝共和黨的政策，「我們美國人比起過去任何國家的歷史都更接近戰勝貧窮的終極勝利。貧民窟即將從我們中間消失了……假設有機會繼續執行過去八年的政策，我們將很快在上帝的幫助下，看到貧窮將從這個國家消失的那一天。」[41]

共和黨人提出警告，把國家交付給民主黨將會導致蕭條，但是在一九二〇年代商業欣欣向榮的時期，這種警告沒有真正的必要。美國人民不需要被說服相信共和黨已經發現了發財致富的秘密。一九二八年，選民捨棄民主黨候選人紐約州長艾爾．史密斯（Al Smith），選出了胡佛。胡佛得票率高達百分之五十八點二。共和黨人只輸掉麻薩諸塞州、羅德島州和深南部。[42]

大選過後第二天，股市出現「勝選行情」，市場頂尖的股票上漲五至十五點，近五百萬股易手，僅比六月交投最熱絡那一天成交量稍低一點。十一月十六日，市場又打破舊紀錄，交易量超過六百五十萬股，工業平均指數上漲四點五點。[43]

胡佛在他的就職演說中洋溢著無比的信心。他在傾盆大雨中發表講話，告訴美國人說，問題不在於如何防止落後，而是如何進一步進展達到更高的水平。他說：「我們的國土資源豐富，美麗動人，有數以百萬計的幸福家庭，享有舒適和機會。世界上沒有任何一個國家的進步機構比我們更先進。沒有任何一個國家的成就果實比我們更安全。沒有任何一個國家的政府比我們的政府更值得尊敬。沒有任何一個國家比我們的更受到人民愛戴。我對他們的能力、志節和高尚目標始終抱有信心。我不擔心我們國家的未來。」他的結語是：「前途一片光明。」[44]

一九二〇年代代表了那個時代共和黨願景的最終成功：政府和企業攜手努力實現林肯的夢想，讓美國國勢蒸蒸日上，通往富強繁榮。到了一九二〇年代結束時，共和黨似乎已經把美國帶到人類成就的頂峰。

第八章

共和黨與小羅斯福新政

在一九二〇年代末期令人頭暈目眩的日子裡，共和黨人看不到他們所歡慶的繁榮是以兩個可怕的謬誤作為基礎。第一，媒體熱烈報導的生活水平上升其實並不普遍，它們主要只嘉惠到白人、中產階級與城市美國人。第二，一九二〇年代的繁榮奠基在投機泡沫，並非堅實的經濟成長。當泡沫破裂時，爆炸的威力為世所未見，證明了共和黨自從一八八〇年代中期以來所持的基本立論錯得一塌糊塗。

大為震驚的共和黨人試圖以他們傳統的陳腔濫調來解釋一九二九年的股市大崩盤：腫脹的聯邦政府吸乾了稅款，貪婪的工人要求的薪水超過雇主所能負荷的程度。共和黨要求政府降低工資，也盼望工人束緊腰帶。但是如此軟弱的處方無法對抗全球危機。它需要一個深獲民心的民主黨政府展開力挽狂瀾的政府行動，保護美國人不在經濟大蕭條時期餓死。當民主黨占了中央舞台時，共和黨人發現自身左支右絀、不知該如何是好，無法設計出一套新的意識形態以取代造成大禍的舊意識形態。當共和黨人想方設法重新搶回地位時，他們分裂為兩派。兩派之間的敵意日升，彼此爭奪對黨的控制權。進入到二十一世紀，鬥爭更加激烈。接下來的八十年，共和黨人極力設法對付「新政」（New Deal）引起的意識形態危機。

種族與移民問題的惡化

在整個一九二〇年代，大學教育、冰箱和休閒時間等享受只限於一小群直接受惠於經濟榮景的群體之間。農村地區居民打開前門，看到的仍然是一望無垠的田地、搖搖欲墜的茅坑。對他們來說，富裕生活只是遙不可及的夢想。在第一次世界大戰以及一九一八年的流行性大感冒，在全球造成二千萬至四千萬人喪生之後，農產品價格崩潰。物價到了一九二五年開始復原，但是全球競爭和過度生產導致一九二九年的價格還不及一九一九年的一半。[1]

西部國會議員憂心忡忡，在一九二〇年代兩度試圖支撐農產品價格，但是柯立芝總統否決法案，並且提出警告，認為這麼做會使農民失去自立的能力、不得不依賴官僚大軍的慈悲，並且把財富重新分配給特殊利益團體。他說，如果政府走上這一條危險道路，每個特殊利益團體碰到困難都來要求政府援助，將只是時間早晚的問題。柯立芝告訴他們，農民最佳的希望是學習融入現代經濟，透過尋找更好的方法來推銷作物。[2]

共和黨人對非裔美國人更是吝於伸出援手。哈里遜政府在一八八九年提供聯邦之力保護黑人選民之後，南方私刑開始大盛，白人指控他們的黑人鄰居敗壞了美國社會。接下來的第一次世界大戰和一九二〇年代，有將近兩百萬名非裔美國人進入北方的工廠，加劇了北方的種族衝突。白人痛恨在芝加哥、底特律、紐約和其他城市的黑人區定居的新移民。他們認為新來者是愚蠢的鄉巴佬，他們靠著接受低薪，搶走原來城市居民的工作。[3]

這場「大遷徙」（The Great Migration）永久改變了美國的種族關係。種族議題不再是「南方問題」；它們現在是全國性的問題，北方人的束手無策和南方人的無奈毫無軒輊。一九一九年夏天，全國各城市爆發種族動亂，造成數十人死亡，數千人無家可歸。七月底的芝加哥，一名黑人男孩遊蕩到只准白人進出的沙灘，竟被白人青年用石頭活活砸死；接下來十天的暴動，造成三十八人死亡，五百多人受傷。一九二一年，土爾沙（Tulsa）的暴民放火燒毀全美國最富有的黑人社區，殺死人數不詳的非裔美國人（有人估計，死者不下數百人）。三K黨重新組織起來要捍衛「傳統美國」，號稱有四萬名黨員，其中大多在北方。同時，從歐洲戰場回國的黑人士兵——他們前往戰場是為美國價值作戰——不願意再回到二等公民的地位。

共和黨領袖面對全國種族緊張並沒有錦囊妙計。共和黨在一九二〇、一九二四和一九二八年的政綱中對非裔美國人的安全只提出差強人意的保證，聲明希望制訂聯邦反私刑法。但是到了胡佛總統就任時，共和黨似乎放棄了他們傳統上與黑人社群維繫的緊密關係，反而擔心冒犯了脆弱的白人心理。胡佛在種族議題上接二連三失言，說出種族歧視的話語。他提名一位南方人出任聯邦最高法院大法官，而此君曾經主張在南北戰爭之後不應該那麼早給予非裔美國人投票權（參議院否決掉他的人事任命案）。接下來，「金星母親」（Gold Star Mother）——兒子在第一次世界大戰為國捐軀的母親——要前往歐洲探視墳墓，胡佛竟然在專船上實施黑白隔離。他解散戰功彪炳的黑人「第十騎兵團」，讓他們去做卑微的工作。最糟的是，一百名黑人領袖在一九三二年大選期間拜訪胡佛，總統竟然不讓他們踏進白宮，只在室外接待他們。[4]

共和黨也轉為反對移民。他們早期的「移民是一個國家財富的基礎」的理論，在一八七〇年代勞工抗議風潮中已經衰退。一八九〇年代，羅斯福正在發展他的改革願景時，他把歧視移民奉為他的美國主義之核心。一九〇九年，羅斯福的朋友洛奇提出一項法案，要限制來自南歐和東歐的移民。一九一七年，威爾遜總統時期，有一項移民法擴大政府權力，讓它可以排斥它認為不宜的移民。

一九一九年共和黨重新掌握國會，大幅強化了移民限制。一九二一年，國會對每年允許進入美國的移民人數設下限制，也依據出生國家之別訂定移民配額。這道法令付諸實施的第一年，移民到美國的人數急劇下跌，從八十多萬人降到約三十萬人左右。一九二四年《移民法》更進一步降低移民人數。它規定，從一九二七年起，每年只准許十五萬人進入美國。國會制訂配額制，俾便限制猶太人、東歐人、南歐人和亞洲人來美國。

當時的美國人之所以急於阻擋外國移民，有部分原因是他們有一種根深蒂固的信念，認為移民會帶來政治和經濟的激進主義。一九二七年八月，這兩股勢力結合起來，在波士頓處決了沙可和凡伽蒂。這兩人在事實上很可能於某種程度上與他們被指控的搶劫和謀殺罪行脫不了關係，但是他們受到的公審卻令全世界倒盡胃口。在處決當天，除了南極洲之外，全世界每一洲都爆發抗議活動。兩名犯人坐上電椅伏法之後，小說家約翰．帕索斯（John Dos Passos）*記錄下那些在一九二〇年代神奇圈子外面的人士之絕望感受：「他們把我們用棍棒驅離街頭他們更強大他們更富裕他們雇用及解雇政客報紙編輯老法官有名氣的小人物大學校長守衛人（聽商人大學校長評斷美國將不會忘記她的背叛）他們雇用警察裝備上槍械制服警車巡邏車……我們就是失敗的美國。」[5]

黑色星期二股市崩盤

那些歌頌一九二〇年代繁榮的人士貶抑約翰．帕索斯這類人是黑鬼和吹毛求疵者，但是他們對美國當時社會的批評卻暴露一個真相，它很快就會傷害共和黨整個計畫。一九二〇年代的新經濟嘉惠的人太少，無法永續。當疾風吹起時，整座大廈就垮了。

偉大的工程師胡佛當選總統，似乎保證共和黨將永久當家執政，繁榮也將伴隨而來。經濟成長的列車勇往直前，人人都想跳上車。投資到生產鋼鐵、煤、公用事業、交通運輸和消費者產品的行業是合理的選擇，它們凸顯出這是人類史上的新年代。隨著投資人衝進股市，股價上升。股價一路飆升，再飆升。

到了一九二九年，搶買股票變成搶進股市投機。一九二八年春天，看來太高的股價到了一九二九年秋天卻變成低得可笑。一九二八年三月，Radio每股股價九十四點五美元；到一九二九年九月每股一百零一美元，但是因為多次除權，一九二八年以來的持股實際價值是五百零五元。同樣的，蒙哥馬利・華德在一九二八年三月每股一百三十二點七五美元，一年半後實值四百六十六點五美元。美國製罐公司（American Can）一九二八年三月每股七十七美元，十八個月後高達一百八十一點八七五美元。股價只升不跌，人人都跳進股市。[6]

資金寬鬆助長投機風氣。梅隆在胡佛內閣留任財政部長，他的減稅政策把現金灌注進股市。他的三十五億美元退稅款也灌注進股市。沒有太多錢可以燒的人也能透過保證金交易進入股市，藉此只要付一兩成的股價，餘額則向經紀商借，反正人人都預期股價會大漲，屆時再賣出償還借款即可。到了一九二八年底，經紀商的貸款又為市場灌注進約六十億美元。針對更小的玩家，一九二〇年代末期，信託投資出現。在市場專家操盤下，這些基金把一些普通股湊集成投資組合。小投資人可以購買信託基金的股份，因此人人都可以投資股市。到了一九二九年初，美國每天成立一個新投資信託。這一年投資信託經手交易超過八十億美元。[7]

＊ 譯註：約翰・帕索斯於一九一六年哈佛畢業後足跡踏遍歐洲和中東各地；第一次世界大戰期間在法國戰場開救護車、拯救傷兵。他的著名作品《美國三部曲》（*U.S.A. Trilogy*）在一九八八年經「國家圖書館」推崇為二十世紀一百大最有影響力英文小說的第二十三名。

很少人出言警告股市泡沫。若是有人抱怨泡沫，則被抨擊為無知、反美國的烏鴉嘴。當參議員們緊張地建議要改進股市監理時，普林斯頓大學學者約瑟夫・勞倫斯（Joseph Stagg Lawrence）嘲笑他們是有偏見的狂熱分子，基於「鄉巴佬的無知」才抨擊「一群無辜的人」（他指的是華爾街），勞倫斯也因為這一番話名流史冊。看好股市的人極力鼓吹：「對美國要有信心、牛市將到來！絕對不要看空美國！」一九二九年九月，牛市開始出現裂縫，但是盲從者並不緊張。十月十七日，著名的經濟學教授厄文・費雪（Irving Fisher）歡呼股價已經達到「像是永久的高原」。他預期在幾個月之內可以看到股市「比今天還更高」。[8]

十月二十四日，星期四，是末日的開端。當天上午交易熱絡，記錄價格的自動收報機膠帶跟不上。股價一路下跌之下，經紀人怕被套在過高的價位，於是更是大量拋售股票。膠帶更加落後，而經紀人更加恐慌，更加緊拋售。隨著市場下跌，停損指令（股價跌到某一定點時，經紀人必須自動賣出）把愈來愈多的股票拋出，使得市場有如跳水。許多投資者完全賣出持股。當天晚上七點八分半鐘，膠帶終於追上所有的交易紀錄，它顯示總共一千二百八十九萬四千六百五十股股票易手，十分驚人。[9]

事實上，主要銀行家在二十四日下午已經展開護盤動作，當天整個股市的下跌實際上相當小，因為下午的市場已經穩住上午的頹勢。但是上午那可怕的幾個鐘頭已經殲滅掉數十萬名小投資人。不僅他們想像中的財富消失了，他們憧憬的美好未來也全毀了。市場在星期五和星期六似乎復原，但是人們在星期天不免要重新思考信心要放在哪裡。十月二十八日，星期一，股價在出脫熱絡下又一瀉千里。《泰晤士報》工業指數下跌四十九點。金融界人士再也不敢誇口有信心，大家屏息等待。[10]

接著海嘯來襲！十月二十九日在歷史上被稱為「黑色星期二」。紐約證券交易所大廳的鑼聲在上午十點準時響起，股市大盤爆量殺出，全部低價脫售。經紀人只求有人出價就賣。但是根本沒有買家願意承接。（傳說，有個聰明的跑單員出價每股一美元買到一堆股票。）當股票收報機晚了兩個半小時才記錄完畢最後一筆交易時，顯示共有一千六百四十一萬零三十股股票易手，工業指數又下跌四十三點。如果十月二十四日是屠殺無辜的人——有人這麼說——十月二十九日就是屠殺每一個人。[11]

股市繼續下跌。十一月中旬三天交易使得工業指數又下挫五十點，才站穩在不及兩個月前一半的位置。經紀人亟需現金，要求客戶繳錢填補他們以保證金購買的股票。催繳令一出，原本在稍早一波災情中倖存的人也垮了。更慘的是，有些樂觀的投資者在第一波大跌時「危機入市」，紛紛搶購便宜貨，而今隨著市場崩跌也跟著其他所有人一起沒頂。當時美國全國人口約一億二千萬人，投機在股市中的人數可能不到一百五十萬人。但是即使不玩股票的人看到股市大跌，也突然間對經濟前景轉趨熊市心理。[12]

四分之一美國勞工失業

共和黨領袖或許可以解釋，股市下挫是對市場過熱的正常矯正，但是隨後而來的蕭條使得絕大多數美國人相信，現代共和黨的經濟理論全錯了。自從一八八〇年代以來，共和黨一直說執行他們強勢貨幣、高關稅、低稅負和無管制的計畫，將為美國創造無止境的增長和繁榮。一九二〇年代，他們把這個願景付諸實踐。當結果是墜入無法想像的既深又久的蕭條時，它破壞了美國人對共和黨的信心。

華爾街崩盤反映出此一共和黨經濟理論的核心弱點。一九二〇年代的商業興盛使勞工生產力增加約百分之四十三，但是工資沒有上升，從生產力提升而增加的獲利落入企業東主口袋。結合梅隆的稅務政策和股市的配紅，這代表財富向上巨幅移動。一九二九年，百分之五的人口取得全國三分之一的所得。股市崩盤洗刷掉這一群人的購買力，而其他人則沒有所得可以點燃經濟動力。[13]

另外惹大禍的是把所有主要產業全綁在一起的企業結構。就和瑞丁鐵路公司一八九三年一倒連累所有人一樣，一家大公司在蕭條期間垮台，啟動連鎖反應，把經濟的整個部門行業消滅掉。胡佛總統鼓吹的合作，在時機好的時候增強產業，但是時機不好，它拉著大夥一起陪葬。

梅隆所監督的銀行結構有更嚴重的結構性問題。獨立銀行一垮，導致其他銀行被擠兌以彌補前者的損失，然後它們全都一起垮。更慘的是銀行和製造業不一樣，製造業生產某些東西，而根據一位觀察家所說，銀行提供給顧客的只有類似賭場的輪盤。老式銀行的特色是謹慎小心，但在一九二〇年代它們已經被大膽冒險的業者取代，後者只重耀眼的成長。胡佛總統在職的最後一週，九百萬個儲蓄帳戶消失。與此同時，融資突然收縮：光是經紀商放款的終結就擠乾將近三十億美元。[14]

一九三二年，製造業生產量還不及一九一三年的水平；生鐵的生產量更比一八九六年還低。對外貿易大跌，在一九二九年之後三年，由一百億美元下跌到三十億美元。農產品價格也相應大跌：從一九二九年至一九三二年，小麥每一布什爾（bushel）由一元五分跌到三十九分；玉米由八十一分跌到三十三分；棉花從每磅十七分跌到六分。到了一九三二年，紐約市失業人口達到一百萬人；艾克隆（Akron）六成的勞動力找不到工作；賓夕法尼亞州多諾拉（Donora）將近一萬四千名工人當中，只有二百七十七人有全職的工作。到了一九三三年，每四個勞動力當中就有一人失業：總數字是一千三百萬人失業。人們付不出房租或房屋抵押貸款，失去房子，住進由包裝紙箱搭起來的陋屋遮風擋雨。[15]

這就是共和黨的經濟奇蹟。

共和黨提油救火

財政部長梅隆的理論是造成危機的重要原因，但他仍堅信他最清楚政府究竟應該做些什麼：什麼都不做。他告訴胡佛說：「清算勞動力，清算存貨，清算農民，清算房地產。它將清除掉系統中的腐爛部分。高生活費和奢靡生活將會有所節制。人們將會更辛勤工作，節儉持家。物價將會有所調整。有創業精神的人會從較不能幹的人那兒承接起殘局。」用這種方式處理，痛苦會很劇烈，但很短暫。梅隆試圖讓胡佛接受在一八七〇年代已經證明有效的無為而治。[16]

胡佛有過在歐洲賑濟飢民的經驗，他對刻意讓美國老百姓餓肚子的主張頗有保留。他也注意到過去五十年世界已經變了。一八七〇年代，就算大環境不行了，農民還能回老家頂一下，這種選擇在一九二〇年代的城市生活中已經不可求。但是胡佛政府對於危機的初步解答卻完全抄自梅隆的經濟理論：它減稅、並提高關稅。不幸的是，稅率已經很低，釋放不出太多資金，大多數人一年下來只看到多幾塊錢可以花用。而提高關稅只能扼殺貿易。[17]

美國老百姓失去工作、房子、信心和希望，胡佛政府卻高唱節約、道德和個人主義。共和黨領袖堅持，問題的根源不在共和黨的主張，而是服務貪婪的選民之大政府。政府太浪費；公職冗員太多。共和黨人宣布，想要恢復經濟成長，首先政府必須恢復企業界的信心，他們擔心他們的獲利會因課稅而消失，這些稅款被政府拿去供養一批懶惰的公務員。因此，國家必須刪減政府支出。政府該做的第一件事是遣散公職人員，並且堅持留任者接受減薪。[18]

大多數美國人也同意，自己的經濟問題自己該負責，但是他們不再信任共和黨的政策。共和黨過去常被視為政治與經濟政策的先知，突然間被人民棄如敝屣。他們甚至還極力粉飾太平，低估問題的嚴重性。十月二十四日股市恐慌賣盤之後，胡佛宣布：「國家的根本基礎，亦即商品的生產和配銷，仍然健全如昔。」雖然這句話不是百分之百真實，不過美國實際的生產數字並沒有比一八九二年和一九〇七年的衰退時期來得糟，或是比一九二〇年糟。當事態沒有復原時，總統繼續宣稱情況已有改善。其實不然。[19]

一九三〇年，共和黨主席、俄亥俄州聯邦參議員西蒙．費斯（Simeon D. Fess）指出，共和黨領袖無論說什麼，選民都會朝反方向去想。費斯無法了解為什麼選民變成逢共和黨必反，他暗示一定有一股陰謀在反對共和黨。他抱怨說：「共和黨高層人士開始相信有一種串通好的陰謀，要利用股市抹黑政府……每一次政府官員對商業狀況發表樂觀的談話，市場立刻下挫。」《紐約時報》嘲笑費斯，建議說如果共和黨領袖相信這種陰謀存在，他們唯一的上上之策就是閉上尊嘴。[20]

突然間，共和黨和企業界的密切關係變成十惡不赦。一九二八年，銀行家還被當作社會的中流砥柱；股市大崩盤之後，他們變成寄生蟲。一九二九年十月之後，人們開始找他們的錢時，常常發現被他們的銀行家和經紀商偷了。比起被小咖偷走幾千美元更惡劣的是，企業界發放給大咖高額的退職金。一九三二年，人們在街上排長龍隊伍領取賑濟食物，大通銀行（Chase National Bank）執行委員會表決通過給予即將退休的董事長終身年薪十萬美元。曾任證券交易所總裁的共和黨員理查・惠特尼（Richard Whitney）向參議員們宣講，處理危機的好辦法是透過削減政府薪資和退伍軍人福利來平衡預算。（他本人的薪水可不能減，因為他的薪水「太低了」——年薪只有六萬美元——可是已經是參議員年薪的六倍。）六年後，人們發現惠特尼竊取資產、投入到失敗的公司。當惠特尼垮台後，大家才清楚，華爾街這些偉大的國王們竟然沒穿衣服。[21]

小羅斯福登場

自從南北戰爭以來，共和黨人通常都能說服選民相信，一旦民主黨當家執政，經濟就會不振，但是一九三二年情勢不同了。共和黨的計畫得到完全的執行，結果卻是史無前例的經濟災難。胡佛是有投資部分預算到公共工程計畫，以協助失業勞工，但是原則上他相信應該由地方和州的慈善機構協助受害人度過難關。這一年的民主黨總統候選人紐約州長富蘭克林・狄拉諾・羅斯福（Franklin Delano Roosevelt）向美國人民承諾要推行「新政」，運用政府力量對抗蕭條。但是胡佛譴責這種政府積極任事的主張是危險的激進主義，會害死美國。胡佛堅稱，這場大選不是就人或就政黨做選擇，「這是兩種相互衝突的美國政府理論之間的決一死戰」。[22]

胡佛呼應安德魯．強生的說法，指稱羅斯福提議的「新政」工程計畫會「奴役」納稅人，並且創造一支官僚大軍。這是「重懲富人的計畫」，會給美國帶來階級差異，而共和黨則堅持凡人皆生而平等的傳統。羅斯福的計畫會「破壞憲法的精神」。銀行家和企業家附和胡佛的警告，認為民主黨將摧毀國家，因此呼籲擁護胡佛連任總統。不過，當羅斯福指責共和黨這是在製造恐懼時，其他選民聽進去了。羅斯福說，他們的「恐懼大合唱」乃是一種威脅；它不符美國精神、也危害政治自由。[23]

富蘭克林．羅斯福以將近百分之五十八的全民票輕騎過關贏得一九三二年大選。胡佛已經看到自己將會敗選，而且輸得很慘，但是他覺得有責任全力奮戰。胡佛承襲共和黨自從一八七〇年代以來就堅定不移的信念，他也真心相信民主黨會毀掉美國。他相信，民主黨的政府積極主義是社會主義，而共和黨堅持小政府和私有企業，才是真正的美國精神。胡佛對羅斯福的大勝大為震驚，他拒絕依慣例發函邀請候任總統在就職前夕到白宮共進晚餐。在白宮總管家堅持必須邀請羅斯福前來致意之下，胡佛不得已才安排了跟他喝下午茶會面。[24]

反對新政的小塔虎脫派

小羅斯福政府的政策導致共和黨在未來十年分裂為兩個集團。一邊堅守信念、認定政府積極主義就是社會主義，而小羅斯福企圖以公共工程和賑濟計畫處理經濟蕭條的困境將會摧毀國家。塔虎脫總統的兒子、聯邦參議員羅伯・塔虎脫（Robert Taft）領導這個死硬派，他們的靈感來自小城鎮的中西部。塔虎脫參議員曾經擔任過胡佛總統的幕僚，對這位工程師總統十分敬佩。另一派的共和黨人則逐漸接受現代經濟需要政府干預，不過他們一向認為共和黨可以比策動它的民主黨人更長於管理此一過程。這一派集中在東部城市，在一九四〇年接受湯瑪斯・杜威（Thomas E. Dewey）的領導，而這位曼哈頓地區檢察官以嚴打組織犯罪而聞名。

羅斯福執政初期，共和黨人團結一致反對民主黨的公共計畫。當民主黨人開始通過立法支持工人權利、提供政府工作機會和救濟貧窮老百姓時，共和黨人仿效胡佛，尤其是一九二〇年代在共和黨政策下發大財的企業界，堅稱民主黨竟然明目張膽地在搞財產重分配。民主黨的勞工法令已經夠糟了，可是更可惡的是它的赤字開銷。羅斯福的智囊顧問擁護凱因斯的經濟理論。凱因斯一則主張政府投資基礎設施可以促進就業機會，再則也認為在經濟下行期間實行赤字開銷，可以刺激成長，也不致於排擠私人企業。可是這些赤字最後還是必須償還，而共和黨人痛恨民主黨的稅務政策，因其主要對象是企業的獲利和富豪。羅斯福在一九三五年告訴國會說：「我們的歲入法律在許多方面讓少數人獲得不公平的好處，而且它們對防範財富和經濟實力不公正地集中在少數人手中絲毫沒有作用。」這一年的新歲入法規定，針對五百萬美元以上的所得課徵最高可達百分之七十五的稅。[25]

新政實施初期幾年，共和黨針對羅斯福的倡議，給他戴上社會主義者的帽子，指控他摧毀自由企業，隨後個人自由也會陪葬，只是時間遲早的問題。共和黨人一向深信民主黨早已被有組織的勞工掌控，而且民主黨人利用政府將財富從「有者」手中拿走、重新分配給「無者」，有如共和黨從一八八〇年代以來所預測一樣。羅斯福一上任不久立即恢復一九一七年革命後與俄羅斯斷交的外交關係，這個動作更被共和黨用來指控總統的用心險惡。[26]

此時非裔美國人棄共和黨轉而支持羅斯福，更讓共和黨人驚覺紅旗升起。影響力頗大的黑人報紙《匹茲堡信使報》（*Pittsburgh Courier*）編輯羅伯．范恩（Robert L. Vann）曾經擔任過共和黨官員，他鼓勵仍有投票權的非裔美國人支持羅斯福。范恩在一九三二年九月有一場著名的演講，他預言：「我看到數百萬黑人把牆上林肯的照片轉了方向。」新政計畫不成比例地幫助處於經濟地位底層三分之一的人民，而非裔美國人也不成比例地困陷在這個底層三分之一的族群當中。高達一百萬個非裔美國人家庭——占黑人人口的七分之一——在一九三〇年代靠政府薪水生存；另外有三百位學者訪問昔日黑奴、記錄他們的生活，對於今天的歷史學者而言，這是無價之寶的資料來源，同時也是一個承認這些邊緣人之重要性的極具象徵意義的動作。[27]

羅斯福和他夫人艾蓮諾（Eleanor）刻意凸顯他們以平等的態度對待非裔美國人一如其他公民。胡佛總統曾經拒絕在白宮室內接待支持他的黑人代表，羅斯福則敞開白宮大門，邀請非裔美國人訪客和貴賓。他聘請多位黑人顧問，出外旅行也拜會黑人組織。有一次，有個貧窮的黑人農民席爾維斯特・哈里斯（Sylvester Harris）面臨房子要被銀行拍賣的危險，打電話到白宮求助。羅斯福湊巧聽到，拿起電話、答應伸出援手，官方果真也追蹤處理。自從一八九〇年代以來，黑人即遭受政府最高層刻意的漠視，羅斯福此舉的用意不言可喻。[28]

一九三六年，為了讓羅斯福和非裔美國人社區難堪，南方白人流傳一張羅斯福夫人和黑人預備軍官學員合照的照片。被問到她有何回應時，羅斯福夫人回答說，她對這張照片毫不介意。這和胡佛總統在白宮草坪接待黑人代表團，有如天壤之別。她日後評論說：「我們……需要不分種族、膚色或信仰……力求機會平等。」[29]

羅斯福夫人呼應的是林肯和早期共和黨人的語言，但是反對新政的共和黨人卻氣憤黑人社區得到政府的庇蔭。這個想法可以上溯到重建時期初期對共產主義的忌憚，也可以連結到詹姆斯・哈蒙德的想法：即黑人低下階層若是得到政治權力，將會迫使財富重分配。實際上，新政保持許多種族歧視的政策，從來沒有平衡地處理種族和族裔關係，但是它不完美的記錄已經足夠讓傳統的共和黨人狂怒。

共和黨的盛怒讓觀察家擔心。墨索里尼已經在義大利推動法西斯主義，這是以狹隘民族主義為基礎的一種政府形式，並建立以政治和經濟菁英統治的警察國家。受到墨索里尼的啟發，希特勒在德國也建立類似的制度。注意日本狀況的美國人並不多，但是熟悉亞洲事務的某些外交官開始擔心，發生在日本的政治暗殺很像歐洲法西斯主義的味道。當日本在一九三七年侵略滿洲並要求其人民全面效忠時，情勢變得毫無懸念：日本、義大利和德國政府都在無情地打壓社會主義，以及其他任何的民主思想。

這種形式的政府會在美國出現嗎？許多人擔心答案是肯定的。一九三三年，休斯頓家族演藝王朝的開山祖師華德・休斯頓（Walter Huston）*在《加百利現身白宮》（*Gabriel over the White House*）這部電影演出。電影中的天使加百利附身在類似胡佛的總統身上，使他成為解散國會、破壞民權的獨裁者，並且迅速地處決犯人。令人震驚的是，從後來的發展來看，這部電影不只是警告，而是一道藥方。一九三六年，羅斯福面臨路易斯安那州聯邦參議員休伊・朗（Huey Long）的強大挑戰，爭奪對民主黨的控制；朗在他本州具有獨裁者的權力、號稱擁有七百五十萬以上的追隨者。有「無線電台傳教士」（radio priest）之稱的查爾斯・柯林神父（Father Charles Coughlin）是另一個可能的獨裁者。他原本強烈支持羅斯福，但是到了一九三〇年代中期，他的激烈言論從社會正義轉為惡毒的反猶太主義、國家主義和法西斯主義。柯林神父的收音機聽眾人

---

* 譯註：華德・休斯頓一家四代全都在好萊塢影藝圈出類拔萃；從他以下三代都得過奧斯卡獎。一九四八年他在兒子約翰・休斯頓（John Huston）編劇兼導演的電影《碧血金沙》中演出，榮獲奧斯卡最佳男配角和金球獎最佳男配角。第二代約翰・休斯頓編、導、演俱佳，屢獲奧斯卡及金球獎最佳導演獎提名。他本人也因《碧血金沙》得到奧斯卡及金球獎最佳導演；另外一九八五年因《現代教父》再獲得一座金球獎最佳導演獎。約翰的女兒安潔莉卡・休斯頓（Anjelica Huston）也因《現代教父》得到奧斯卡最佳女配角。

數眾多，在一九三〇年代中期，他每天可接到一千多封粉絲來信。[30]

到了一九三五年，玩弄法西斯主義的美國人越來越多，以致於辛克萊．路易斯（Sinclair Lewis）*寫出他著名的小說《不可能在這裡發生》（*It Can't Happen Here*），描繪一個可怕的世界：一位民選總統變成獨裁者，拘捕反對者，把他們關進囚犯營，並且成立美國版的蓋世太保SS褐衫隊†，命名為「義勇兵」（Minute Men，簡稱MM），一支所謂的「愛國」軍隊。「當法西斯主義來到美國時，它將包裹在國旗之中，高舉著十字架。」一般人都把這一段名言當作是路易斯說的，但是實際上它出自在耶魯神學院任教的美以美會牧師哈福德．陸考克（Halford E. Luccock）。一九三八年，陸考克的一篇演講經《紐約時報》轉載，他提出警告說，當法西斯主義來到美國時，它將打出「美國主義」（Americanism）的旗號。他說：「利益團體將利用『美國傳統』這樣冠冕堂皇的口號來奪權斂財，以掩飾許多違背美國和基督教傳統的罪惡，如目無法紀的暴力、催淚瓦斯和霰彈槍、剝奪公民自由等等罪行。」他說，「過去從來沒有過如此強大的扭曲力量，把社會和國際問題隱藏在謬論、偏見、以及歇斯底里的恐懼之下……並把關係人類福祉的許多理想，例如關注和平和勞工集體談判之權利，用恐懼和偏見加以抹黑。」[31]

一九三六年，反對新政派控制了共和黨。在這一年的總統大選，共和黨向全國選民宣示，民主黨政府的政策威脅自由和個人企業，迫使人們依附於政府之下。民主黨已經啟動反富人的階級戰爭，培育「對商業和工業的恐懼和疑慮」，以致於經濟蕭條遲遲無法克服。共和黨人堅稱，新政的真正目的不是要救濟被經濟崩潰摧毀的人，而是要建立一個能維持民主黨政治霸權的官僚體制。共和黨的政綱邀請「所有的美國人，不分黨派，和我們一起來捍衛美國體制」。[32]

至於總統人選，共和黨提名堪薩斯州長、石油業高階主管出身的有錢人艾佛瑞德・藍登（Alfred Landon），藍登一方面擔心新政浪費國庫公帑、扼殺企業，一方面維持住共和黨人對勞工組織的敵意。不過，即使藍登也願意接受一九二〇年代的共和黨主義不能一成不變的想法，他勉強支持對梅隆的價值觀進行某些溫和的調整。然而他還是慘敗，得票率僅有百分之三十六點五，遠遜於羅斯福的百分之六十點八。（藍登只贏了緬因州和佛蒙特州。）

共和黨力挺藍登卻慘敗之後，它的黨員轉向能做藍登所不能的一位新領袖：為了未來，他將復活一九二〇年代的共和黨主義。俄亥俄州聯邦參議員羅伯・塔虎脫是塔虎脫總統的兒子。他是一個現成的代表人物，家境優渥，名字家喻戶曉，又具有堅定的思想。年輕的塔虎脫在第一次世界大戰之後曾經追隨胡佛在歐洲任職，他從來沒有放棄胡佛老式的世界觀：即個人要憑藉自身力量自立自強、力爭向上。塔虎脫是個靦腆的中西部上層階級人士，不能接受來自東部、尤其是東部城市，有關政府應如何處理多變的新經濟之新思想。他也發自肺腑地痛恨共和黨的改革派——

* 譯註：路易斯在一九三〇年榮獲諾貝爾文學獎，是第一位獲此殊榮的美國作家。

† 譯註：希特勒的國家秘密警察部隊Geheime Staatspolizei，德文縮寫GESTAPO，中文音譯蓋世太保。

譬如狄奥多・羅斯福──害他父親在一九一二年不能連任總統。[33]

塔虎脫代表十九世紀末期的共和黨理念，它強調小政府、財政健全，以及孤立於世界事務之外。塔虎脫這一派人沒明白，最初共和黨要擴大政府權力以幫助企業的主張，就是明白反對南方人士對憲法的狹隘字面詮釋。塔虎脫認為，在內戰之後共和黨發展出來的親善企業界乃是憲法本身的要求。他相信自己是這套建國原則忠心耿耿的捍衛者，任何人若想要擴大政府權力以推動企業成長之外的任何目標，都是在腐蝕國家的根基。[34]

塔虎脫和支持者相信他們才是真正的共和黨人；其他人雖然自稱是共和黨人，骨子裡卻欣賞新政，實乃與狄奥多・羅斯福同流合污的的改革派，由於狄奥多・羅斯福離經叛道的作風在一九一二年造成共和黨的分裂，才讓政府落到威爾遜這一派危險的民主黨人手中。[35]

塔虎脫這一派人發現與南方保守派民主黨人有共同的目標；後者也不能忍受新政支持非裔美國人。「公民協會聯合會」（Federation of Citizens Associations）會長宣稱，任何人鼓動反對種族隔離就是「非美國」。根據他的說法，黑人會窮，不是因為他們是弱勢團體；他們會窮，是因為他們不知節儉。塔虎脫共和黨人和南方民主黨人此一臨時性的結盟始於一九三〇年代，將在二十世紀下半葉的美國政治產生地動山搖的變化。[36]

隨著國家愈來愈放心接受民主黨的改革，塔虎脫這一派人卻愈來愈死守一九二〇年代的共和黨主義，認定新政是徹頭徹尾的社會主義。在往後的二十世紀各年代裡，這些人以及他們的理論繼承人將和任何形式的政府積極主義作戰，認為它是對美國本身的攻擊。

支持新政的杜威派

可是，並不是所有的共和黨人都支持塔虎脫派。在民主黨政府推行新政的頭幾年，事實上大多數共和黨人逐漸意識到，一九二〇年代的問題正是源自於林肯和狄奧多·羅斯福所警告的：政府和經濟遭到有錢人控制。雖然這個制度給某些人帶來不尋常的好處——就如奴隸制有利某些人一樣——在以平等理念為基礎的社會，它卻無法永續。有些人能夠操縱制度，因此他們極其富有；其餘的人卻相當貧窮。這些共和黨人認為，為了美國國祚永續，政府必須在法律與經濟上面維持競爭條件公平。

領導溫和派共和黨人的是湯瑪斯·杜威，這位年輕的曼哈頓地區檢察官在一九三六年將侵占公款的前任證券交易所總裁理查·惠特尼繩之以法而聲譽鵲起——惠特尼曾經告訴參議院，他的年薪六萬美元並不夠多。杜威派共和黨人接受政府積極主義要削減企業的違法亂紀。他們承認新政政策的價值：雇用八百五十多萬人，他們的薪水使得家人免於飢寒；鋪設超過六十五萬英里的公路；打造或修整超過十二萬座橋梁；興建超過十二萬五千棟公共建築物。他們相信失業及老年保險等社會安全網，以及監管食品和藥物安全，在個人無法控制本身食品安全、住宅或環境條件的世界是非常重要的。

這一派共和黨人接受政府監理金融和股市的重要性。一九三三年，民主黨國會為了防止另一次股市泡沫，通過《聯邦證券法》（Federal Securities Act），規定發行新股必須向證券交易委員會註冊登記，並且發行股票的公司必須向可能的投資人全面充分揭露。它授權證券交易委員會透過規範保證金交易、抑制投機。同年，國會試圖保護人民的金錢，通過《葛拉斯—史蒂嘉爾法》（Glass-Steagall Act），分隔開投資銀行和存款銀行；擴大聯邦準備制度、納入儲蓄銀行；並且成立「聯邦存款保險公司」（Federal Deposit Insurance Corporation），防止個人銀行帳戶遭銀行不當管理。

這些共和黨人甚至願意管制企業，以便扶植中產階級。他們接受民主黨的《全國勞工關係法》（National Labor Relations Act）——俗稱《華格納法案》（Wagner Act）——它規定勞工有權利組織工會和集體談判，界定雇主對待勞工的不公平作法，並且成立新機關「全國勞資關係委員會」（National Labor Relations Board），如果勞工作證指出雇主對待勞工不公，它可以發出「停止及終止令」（cease and desist orders）。他們也接受民主黨制訂最低工資——時薪零點七五美元——以及每週最高工時四十小時，另外也禁止雇用年齡未滿十六歲的童工。

按照杜威的說法，杜威這一派人馬和民主黨人不同之處在於「信心」。杜威說，民主黨是失敗主義者，認為美國的偉大日子已經過去，經濟發展是有侷限的，而共和黨「對我們自己、我們的制度和我們本身的傳統有信心」。杜威說，美國最天才之處就是私人企業，但是民主黨的敵意和重稅阻止企業界重新起動國家偉大的經濟引擎。他接受羅斯福推行的政府改革，但是呼籲選民透過摒棄「新政的腐敗」，「恢復美國的偉大」，並且回到「充滿生機和勇往直前的美國」。[37]

《大兵法案》創造戰後經濟榮景

杜威和他的支持者在美國參加第二次世界大戰之前的立場是，贊成美國介入、協助英國和法國，至於塔虎脫和他的人馬則是堅定的孤立主義者。隨著戰爭日益接近，杜威派在黨內占了上風。杜威派在一九四〇年控制住總統候選人提名，而在一九四五年，共和黨打造出美國史上最偉大的社會福利立法之一——《大兵法案》（the G.I. Bill），這項法案反映了林肯的精神，有助於一九五〇年代成為有史以來最繁榮的時期。但是當美國熱情擁抱一個敢於大破大立的積極政府，塔虎脫派卻愈來愈孤立於現代社會趨勢之外，也不接納黨內同志之意見，他們的怒火愈升愈高。

塔虎脫派的孤立始於針對美國是否應該介入第二次世界大戰之分歧，在爭辯中最後杜威派占了上風。塔虎脫派共和黨人反映亨利．洛奇的主張，反對介入外國事務，但是杜威認為需要重整軍備，認為這是重建美國經濟的大好機會。在他看來，小羅斯福之孤立主義非常不可取。他主張國家應該在國防經費方面投入金錢和商業專門技術。

日本一九四一年十二月轟炸珍珠港，結束了美國是否應參戰的辯論，杜威派主張備戰似乎有先見之明，因此在黨內取得優勢。塔虎脫派共和黨人措手不及，只好含沙射影羅斯福總統故意製造出日本攻擊事件，以便美國介入歐洲戰局，這個指控在日後成為美國一個流行的神話。塔虎脫持續堅持，美國人必須讓歐洲人自己去打出一個結果，而把注意力擺在亞洲；美國工業家自從一八七〇年代以來即在亞洲做生意，而美國若必須在亞洲參戰，他認為也可以輕鬆獲勝。杜威派因為強調建設軍隊，與政府在歐洲戰場上和盟軍部隊合作的戰略一拍即合。當這樣的戰略獲得成功，杜威派的聲勢就壓過塔虎脫派。[38]

儘管杜威派在是否介入海外戰爭的爭辯中佔了上風，但這也使得他們難以在第二次世界大戰期間團結共和黨內部，發展出一套一致的願景。若是支持戰爭，他們會和塔虎脫派的孤立主義者愈走愈遠，因為塔虎脫派一直擔心美國被騙進一場不需要參與的戰局；若是反對戰爭，他們又會疏遠了選民。很多支持羅斯福的勞工遷徙到西部地區從事戰時工業的工作，卻忘了去辦理選民登記投票，這讓共和黨占了不少優勢。但是，勞工缺席戰時投票的傾向也使共和黨無法發展出強勢立場；他們不能攻擊新政，因為他們若對勞工計畫發動任何攻擊，可能誘使這些移工去登記要投票，這反而削弱了共和黨因移工不投票而取得的優勢。[39]

即使沒有強大的政綱，杜威派在一九四〇年擊敗塔虎脫派，提名華爾街律師溫德爾·威爾基（Wendell Willke）代表共和黨競選總統。這是一個非常大膽的人選：人人都曉得，即將來臨的戰爭需要一個睿智且手腕靈活的政壇老手，而威爾基卻從來沒有公職經驗。不過，他是個高明的戰術家。威爾基和塔虎脫派不一樣，他意識到共和黨已經走到意識形態的十字路口。他認為關稅再也不是能打贏選戰的政治議題，共和黨必須找到新路線和支持者。他接受新政，不過他誓言清除它的低效率和貪腐。他也接受美國介入世界事務的思想，抨擊羅斯福忽略做好適度的參戰準備。為了增強共和黨，威爾基提議爭取黑人選票，而那是柯立芝和胡佛所疏遠的。

威爾基給共和黨開的藥方並沒有說服選民放棄羅斯福。羅斯福以百分之五十五的全民票，領先威爾基的百分之四十五，贏得連任。威爾基的方程式並沒有隨著時間進展更得民心：共和黨在一九四四年提名杜威本人出馬競選總統，他的得票率幾乎與四年前威爾基的得票率一樣。

一九四五年，共和黨向民眾盼望政府有所作為的壓力屈服，提議一項改造了美國的立法，通稱《大兵法案》的《服役軍人調適法》（Servicemen's Readjustment Act）。國會在一九四三年已發展出共和黨版本的法案之前身，當時民主黨擔心若是一千五百萬軍人從戰場上復員回家，瞬間湧入勞動市場將造成經濟蕭條。民主黨希望給予退伍軍人失業福利以及教育福利，認為後者可使部分退伍軍人就學、暫時不進入就業市場。他們也希望保證最高二千美元的購屋置產或創業貸款，以幫助還鄉軍人平穩過渡恢復平民生活。共和黨反對他們以為的社會主義福利計畫，但是在退伍軍人團體施加極大壓力之後，共和黨意識到反對協助退伍軍人的法案不啻政治自殺。幾乎所有的共和黨人都回心轉意支持《大兵法案》，打出的理由是他們並非支持一般的社會福利計畫，而是幫助退伍軍人——過去的政府也都這麼做。民主黨版本的《大兵法案》在一九四三年通過，但是要等到兩年後的修訂才反映共和黨的信念。

一九四五年戰爭結束，顯示擔心會再發生蕭條是過度憂慮了。絕大多數復員軍人找到工作：平均而言，他們在三個月之內都能找到工作；只有百分之十四退伍軍人失業一年或以上。這代表法案所提供的失業福利不如提供就學補助條款來得重要。一九四五年底，國會修訂法案，以反映共和黨專注經濟成長的要求，而不是民主黨所擔心的失業嚴重。新法案增加政府提供的就學補助款額度，以及它給予退伍軍人的助學金。《大兵法案》不再是為了對抗景氣衰退；它成為刺激經濟成長的媒介。

《大兵法案》協助四百萬退伍軍人購屋置產。房屋興建帶動不動產交易。房子一蓋好，它繼續活絡經濟。不久，房子裡出現戴尿布、穿新衣的小孩，他們要吃要喝、要玩玩具、騎腳踏車、上學、弄壞家具，不久又要看電視。戰後出現的嬰兒潮創造對家用產品的需求，以致於一九六二年商業界設計、販售的一張恭賀喜獲麟兒的卡片，它的賀詞是：「好消息！……對於尿片業……賀卡業……玩具業……牙齒矯正醫師……童裝業……娃娃車製造業……牛奶業……超級市場……小兒科醫師……家具業……鞋業……百貨公司……全都是好消息！另外，申報所得稅扣抵也是好消息！……恭喜大家！」[40]

《大兵法案》幫助退伍軍人接受職業訓練或取得大學學位。百分之五十一的退伍軍人——約七百八十萬人——回到學校念書。女性和非裔美國人也都同樣有資格申請《大兵法案》各項補助，但是，法案的福利大部分由男性白人享用。大學興建宿舍和新的教學大樓以容納較年長的學生，有些學校因為他們而學生人數倍增。退伍軍人大學生往往最認真念書，因為他們已經不能再蹉跎。《大兵法案》不僅替美國勞動力市場增加許多有技能的經理人，也提供了四十五萬名工程師、十八萬名醫護專業人員、三十六萬名中小學老師、十五萬名科學家、二十四萬三千名會計師、十萬七千名律師和三萬六千名神職人員。[41]

《大兵法案》提供房屋和高等教育給將近八百萬人，從而改造了美國。數百萬家庭晉升中產階級，享有戰前無法想像的生活水平。起先是被退伍軍人團體施壓而被迫支持《大兵法案》，共和黨卻因而重振原始共和黨的願景——他們在一八六二年通過《公地放領法案》和《撥地興學法案》——協助美國窮人可以有錢買房子和上學。他們的政策為美國的經濟繁榮締造了龐大的基礎。

塔虎脫派事事掣肘杜魯門

一九四五年四月十二日，羅斯福才剛宣誓就任第四任總統不久，就因大量腦出血猝死，共和黨也因此獲得重生的機會。由於羅斯福個人受民眾愛戴，他主政時的民主黨並未投注資源打造基層組織，等到副總統哈利·杜魯門接任總統，民主黨缺少一個強大的黨組織在背後支持他，因而替共和黨的東山再起開了一扇窗，尤其是此時的美國必須面對戰後復員必然會帶來的衝擊，這加劇了杜魯門的重擔。當共和黨站穩腳步，黨內塔虎脫派的力量也水漲船高。塔虎脫派共和黨人累積一定實力之後，就謀求與保守的南方民主黨人合作，推翻新政。

大戰結束對美國經濟帶來極大的衝擊。有一個故事流傳說，一九四五年八月日本投降的次日，你在華府怎麼打電話都無法接通，因為官員們紛紛打電話向承包商解除合約，造成線路大當機。與此同時，工會要求提高工資及發放年金。工會的力量有多強呢？戰時美國全國就業人口約五千四百萬人，工會會員有一千三百多萬人，約占勞動人口的百分之二十四。另外，通貨膨脹也山雨欲來。一九四六年，政府結束戰時的物價管制和配給制度，需求推動物價攀升。政府取消委外合同、勞工組織蠢蠢欲動，加上物價上升，三者同步來襲，讓杜魯門總統十分頭疼。[42]

在一九四六年的期中選舉中，杜魯門的支持度跌到空前低點，共和黨輕鬆獲勝。一九二八年以來，這是共和黨首次掌控國會參、眾兩院。經過十年以上的在野，他們終於又回到鎂光燈下。對於黨的幸運的翻轉，沒有人比塔虎脫參議員更高興。身為共和黨政策委員會主席，他是實質上的黨魁。雖然選民一如平常的期中選舉、不會支持在白宮當家的政黨，而把票投給共和黨，而且共和黨支持的《大兵法案》也極受歡迎，塔虎脫把選舉結果解讀為民意要他推翻新政，並停止政府干預企業。[43]

一九四七年，塔虎脫派開始與富有的南方民主黨人合作，後者痛恨新政的民權立法和稅制。

此一結盟將重塑未來兩個世代的美國政治。他們聯手封殺擴大政府計畫的倡議，認為杜魯門和他的新政式政策正帶領美國走向在東歐各國肆虐的共產主義。他們重新回到一八七一年那個違背共和黨原始精神的論述，宣稱杜魯門總統向美國人課稅是為了支持大政府、摧毀個人企業，以及破壞「自治」——這是迂迴掩飾南方種族主義法律的說詞。換句話說，杜魯門想當獨裁者。杜魯門很生氣國會對他事事掣肘，替第八十屆國會取個綽號「啥事也不幹的國會」（Do Nothing Congress）。[44]

塔虎脫派共和黨人一方面與杜魯門槓上，另一方面他們和南方民主黨人的結盟使他們能夠推動自己的法案，以恢復一九二〇年代共和黨的政策。雖然塔虎脫和他的民主黨盟友繼續抨擊國家債台高築，他們仍推翻杜魯門的否決，削減所得稅和遺產稅。根據《紐約時報》報導，減稅額達四十八億美元。老派的保守派抱怨，認為減稅會製造通貨膨脹，傷害國家償債能力。但是，塔虎脫派共和黨人拿梅隆的說法回答：減稅可以刺激企業，強大的企業可以解決所有的問題。[45]

另外，他們又推翻杜魯門的否決，通過《里德—布爾溫克爾法案》（Reed-Bulwinkle Act），允許各鐵路公司不用擔心遭到反托拉斯訴訟，只要州際商務委員會（Interstate Commerce Commission）核准的話，就可以共同商議費率。《紐約時報》估計，這可以使鐵路業者每年節省一億美元，並且破壞掉目前針對大型鐵路公司進行的反托拉斯訴訟案件。這則新聞一出來，鐵路公司股價立刻飛騰，鐵路業者也立即向州際商務委員會申請調升費率。[46]

一九四七年，共和黨人攜手南方民主黨人攻擊新政原則的核心。他們推翻杜魯門的否決，通過《塔虎脫—哈特雷法案》（Taft-Hartley Act），破壞羅斯福賴以撐起美國經濟的支柱《華格納法案》，它賦予勞工對美國政治可以有統一的聲音，使得勞工和他們的雇主可以平起平坐談判。塔虎脫派痛恨《華格納法案》，因為它規定如果一家公司有過半數勞工表決通過加入工會，工會將代表公司全體勞工。這個條款用意是增加有組織的工人之力量，可是很弔詭的是，它同時替工會造成困難：如果勞工不加入工會，也能得到工會代表勞工爭取來的福利，他們幹嘛要繳費當會員？勞工領袖回應之道是在合約中加入「保證入會」（union shop）的條款*，要求受雇於一家公司的每個人都必須加入工會。塔虎脫派痛恨此一制度，因為它把巨額金錢交付到工會幹部手中，他們可以用它來影響政治。[47]

塔虎脫聲稱，《塔虎脫—哈特雷法案》只是要把工人和雇主之間的權力平等化，當「完全一面倒的」《華格納法案》把所有權力都交給勞工領袖時，勞資關係已經傾斜了。《塔虎脫—哈特雷法案》削弱工會組織罷工的能力，也不允許公司只能雇用工會會員。它賦予政府停止會影響公共安全的罷工的權力。《塔虎脫—哈特雷法案》也不准工會捐款給全國性的政治競選，並要求工會領袖宣誓絕非共產主義者。[48]

共和黨人直接攻擊共產主義，認為它已經滲透美國政府的最高層。他們逼杜魯門的司法部列出一份顛覆組織的名單，這些組織的會員，不論是現任會員或過去的會員，都被認為不忠於美國，可以成為革除聯邦職務的理由。當名單在一九四七年十月公布時，包括幾個民權和勞工組織在內，其中之一得到羅斯福總統夫人艾蓮諾的支持。很顯然，共和黨想要在政府中揪出共產黨員。紐倫堡戰犯法庭的資深律師亞伯拉罕・波梅蘭茲（Abraham L. Pomerantz）指出，即使納粹黨員被控訴時，得到的憲法保障也勝過聯邦政府員工。[49]

甚至更加明顯的是，在電視鎂光燈之下，國會追打好萊塢的共產主義者；國會議員指控這些人為匪張目，散布顛覆美國資本主義的言論。共和黨一九四八年勝選，眾議院非美活動委員會（House Committee on Un-American Activities）成為塔虎脫派共和黨人反共運動在國會的打手，來自加州的一位新進聯邦眾議員理查・尼克森將從這裡崛起。

一九四七年十月二十日，眾議院非美活動委員會展開聽證會，要揭露共產黨員已經滲透進入好萊塢，而且他們曾得到羅斯福人馬的協助。委員會要求許多從事電影製作的人士出席作證。聽證會使得全國陷入分裂。一方面，華德・迪士尼堅稱，共產黨人鼓動他的員工罷工，也試圖摧毀他，影星賈利・古柏（Gary Cooper）也說：他很震驚讀到「粉紅色劇本」（pinko scripts）。另一方面，影星亨利・方達（Henry Fonda）和凱薩琳・赫本（Katharine Hepburn）宣稱，他們絕對反對他們所見到的抹黑行動。任何人若認為聽證會冒犯言論自由及人們有權在法院為自己辯護，就

---

* 譯註：所謂「保證入會」即雇主同意只雇用工會會員為勞工，或是規定勞工在受雇之後某段時間內必須加入工會。

被國會議員抨擊為不忠誠。十個被傳出席的人拒絕作證，主張他們享有言論自由和集會自由的保障。他們遭到藐視國會的處罰。被稱為「好萊塢十人幫」（The Hollywood Ten）的這一夥人，被列入黑名單，遭到電影業排擠。[50]

加州追查共產黨員的行動展開之後，導致「演員同業工會」（Screen Actors Guild）要求其幹部宣誓他們絕非共產主義者。這個工會的主席是三十六歲的英俊演員隆納德·雷根，他熱愛工會、也熱愛國家。他在國會作證說，好萊塢的確有共產黨員，但是他們不會有太大的群眾基礎。對聯邦調查局他也說同樣的話，雖然事實上他不可能知道尚未公開的任何事情。不過，當時好萊塢一般的公評都說他很照顧演員工會的會員，態度友好、公正。[51]

一九四八年共和黨的形勢大好，似乎很有機會贏回白宮。塔虎脫的確自信滿滿，相信他即將當選下一任總統。《塔虎脫—哈特雷法案》的辯論使他成為全國最著名的共和黨人，因此他預期自己會獲得提名。可是結果讓他傷心絕頂，因為共和黨六月冒著溽暑在費城舉行的全國代表大會，竟然戳破他會得勝是華府的一個大泡沫，而且他老古板的立場在新政大受歡迎的美國毫無市場可言。共和黨全代會再次提名湯瑪斯·杜威競選總統，另外推舉加州州長厄爾·華倫（Earl Warren）為其搭檔。在這場首次經由電視播報的全國代表大會中，共和黨制訂的政綱包括：呼籲擴張社會安全和教育、制訂聯邦民權立法、男女同工同酬、農產品價格支撐、國際參與，以及塔虎脫的降稅和反共主張。[52]

共和黨投入大選時享有結構上的大優勢。民主黨分裂了，不僅分裂為二，還分裂為三派。杜魯門領導正規的黨組織。進步派民主黨人反對他，另擁亨利・華萊士（Henry A. Wallace）為他們的候選人；華萊士在杜魯門之前，也是羅斯福的副總統。南方白人民主黨員無法忍受黨支持黑人權利——民主黨全代會將它納入一九四八年政綱，企圖吸引新的城市黑人選民——他們推出自己的「狄克西民主黨」（Dixiecrat）候選人：四十五歲的南卡羅萊納州州長史莊・瑟蒙德（Strom Thurmond），他堅決反對民權、支持種族隔離（不過，要等到數十年之後大家才知道，他在二十多歲時生下一個黑白混血女兒）。

民意調查都說杜威將贏得大選。強烈支持共和黨的《芝加哥論壇報》編輯部深信杜威會當選，在一九四八年十一月三日流出數百份報紙，斗大的標題是「杜威擊敗杜魯門」。結果是它成了美國新聞史上的大笑話。得意洋洋、當選連任的杜魯門在聖路易市高舉一份《芝加哥論壇報》讓記者拍照。

塔虎脫和他的追隨者錯了。美國人喜歡新政改革——尤其是捍衛勞工的立法——不希望它們被完全抹煞掉。投票的結果根本稱不上相當接近。杜魯門拿到百分之四十九點五的全民票，杜威得票率為百分之四十五點一。瑟蒙德的種族隔離派得到百分之二點四的選票，他在深南方各州得票超過一百萬張；華萊士的進步派拿下另百分之二點三的選票。民主黨重新掌握國會參、眾兩院。顯然塔虎脫共和黨人老派的願景無法和新政競爭對抗。

第九章
艾森豪與新願景

共和黨內足以與羅斯福的民主黨世界觀一較高下的新願景來自一個預料不到的人物：率領盟軍贏得第二次世界大戰的德懷特．艾森豪將軍。艾森豪在歐洲規畫及執行作戰時，已經認真思考美國政府的性質。他受到林肯的啟發，將其願景重新打造成適合戰後的現代世界。在艾森豪手中，積極任事的美國政府將培育強大的中產階級，就如林肯當年所計畫，但是它的範圍不限於美國國界；在艾森豪治下，美國將在全球各地促進經濟發展。

偉大將軍的成長背景

艾森豪在一八九〇年十月出生於德克薩斯州農村，嬰孩時期遷居到堪薩斯州艾伯林（Abilene），他生長在一個有六個兒子的窮苦家庭，雙親僅能勉強維持一家人溫飽。當艾森豪和他兄弟與鄰居男生打架、蹺課時，艾伯林還是一個典型的十九世紀鄉鎮。它的街道沒鋪砂石或瀝青，小鎮只有一名警察，少數幾間店家根本不做廣告：他們曉得，人們若有需要就會自己找上門來。五分錢可以買一打雞蛋；三分錢可以買一條麵包。[1]

生長在傳統上支持共和黨的堪薩斯州，艾森豪因為地理因素、也因為家庭傳承關係而支持共和黨——他有個父執輩名字就叫亞伯拉罕．林肯．艾森豪——而他的生活也反映林肯的願景。一家人養雞、養牛也養馬，另外有個菜園。艾森豪的父親在一家奶酪工廠擔任工程師，賺取薪水維持一家生計。他鼓勵兒子們也工作。德懷特自幼種玉米和黃瓜出售；當他年歲稍大，就採蘋果、收割小麥、組裝穀物筒和包裝冰塊。在這樣的小鎮，少數人雖有辦公室工作，他們也得下田耕作。這裡沒有什麼社會階層高低的歧異，而根據地方上的傳說，全鎮最富有的人一個月僅賺一百二十五美元。[2]

艾森豪到西點軍校接受大學教育，軍隊在課堂內、課堂外都教育他。他的上級長官注意到他擅長組織，在第一次世界大戰期間派他主管一個新兵營區，訓練即將派到海外戰場的士兵。他非常討厭政客的干預，這些人為了讓支持者高興，三不五時阻撓他按照規範不偏不倚下的決策。艾森豪不怎麼甩政治干預。和政客的接觸使他相信，他們通常重視選民及自身事業的利益大過國家利益。[3]

一九一九年，艾森豪自願參加一趟卡車運補旅程，其目的是要凸顯美國需要改善公路系統。為了這項任務，他得從首都華盛頓開車到舊金山。不安全的木橋、糟糕的地面、泥濘和動輒故障的器材設備，意味這趟旅程極有意義：車隊花了兩個月時間橫跨美國，平均每小時從來走不到十英里。當卡車隊顛簸穿過一座又一座的城鎮街道時，艾森豪有許多時間觀察四周景況。他看到人民從一戰及緊接著在戰後爆發的流行感冒大難中勉強恢復過來，但是他們對未來前途懷抱樂觀心態。各地歡迎委員會盛情接待車隊官兵，艾森豪則藉機向他們請教當地特色和產業狀況。這些見聞有助於他日後思索美國在世界的角色。[4]

陸軍對艾森豪的教育養成最大的貢獻是，他奉派到巴拿馬擔任福克斯．康諾（Fox Connor）將軍的副官有三年之久。康諾注意到這個年輕人的聰明才智，鼓勵他研究軍事歷史、戰術和哲學。他們討論蓋茨堡戰役、地形和莎士比亞。艾森豪日後形容他追隨康諾的那一段歲月，「宛如念一個軍事和博雅教育研究所」。康諾悄悄地訓練這位年輕人後勤管理，讓他每天寫戰場需求表。康諾精研外交事務，使得他的年輕副官印象深刻地認識到，美國不肯加入國際聯盟意味另一場世界大戰即將爆發。他提醒艾森豪要有準備。[5]

康諾安排他的副官在一九二五年八月到萊文沃斯堡（Fort Leavenworth）的陸軍指揮參謀學校受訓。艾森豪以全班第一名結業，然後派在約翰．潘興（John J. Pershing）將軍麾下負責撰寫美軍在第一次世界大戰歐洲戰場的準則。然後他被調到陸軍戰爭學院研習戰略，接受日後擔任大將的訓練。讓他沮喪的是，他的才華，包括他在潘興麾下磨練出來的寫作技能，使他成為陸軍參謀長道格拉斯．麥克阿瑟將軍的理想幕僚人選。當他的長官密謀甩掉難以相處的麥克阿瑟，把他調去當菲律賓政府組建軍隊的顧問時，艾森豪選擇聽其安排。從一九三五年至一九三九年，艾森豪在馬尼拉炎熱的氣候中努力工作。

一九三九年，艾森豪奉調回美國。日軍偷襲珍珠港之後，他在陸軍高層的晉升十分迅速。雖然競爭對手批評他不具現場指揮的經驗，長官卻賞識他決勝千里之外的長才。一九四二年十一月，美英聯合參謀本部（Combined American and British Chiefs of Staff）派他出任北非盟軍最高統帥。一年之後，又把他調任歐洲盟軍最高統帥。兩年之後，大戰在艾森豪指揮下結束。世界史的新時代於焉開始。

深切的人道關懷

艾森豪比跟他同時代的人士更深刻了解新時代。他生長於美國的小城鎮，這個世界很像十九世紀。他童年時期的美國仍然受關稅高牆保護，眼裡只有美國自己，和其他國家孤立。他成長期適逢狄奧多・羅斯福把美國帶進美西戰爭和國際舞台；他因為沒被派到歐洲參加第一次世界大戰而鬱鬱寡歡。

第一次世界大戰結束並沒有帶來美國人所盼望的和平與繁榮。戰火停止才十年多一點，西方世界就陷入空前惡劣的蕭條。對於艾森豪和其他大多數美國人而言，經濟大蕭條徹底改變了他們對政府和經濟的想法。南北戰爭之後，政府就壓制那些被認為是「社會主義者」或「共產主義者」的人們，包括一八七七年的鐵路罷工者、一八九〇年代衰退期間追隨傑可布・考克西和查爾斯・凱利向華府行軍的「大軍」，以及一九一九年的「烏布利」。在第二次世界大戰之後幾年間，艾森豪這些人的觀點起了極大變化。他們沒把不滿意的工人視為對美國方式的威脅；反而是他們看到了政府必須加以處理的重大不公不義。保護平等成為艾森豪世界觀最高的優先任務。

艾森豪在第二次世界大戰的經驗使他相信，在現代世界裡沒有任何東西——的確是沒有任何東西——比起政治和經濟平等更加重要。對他來講，戰爭不只是軍事衝突；它是社會因為不平等而撕裂後的症狀。

一九四五年四月，美軍士兵解放了納粹奧爾德魯夫（Ohrdruf）集中營，這個營區負責把人犯轉送到布亨瓦德（Buchenwald）。他們對眼前的景象完全沒有心理準備：納粹最後一刻試圖湮滅大屠殺的事證，放火焚燒的屍體堆還在冒煙悶燒，活人已經餓得沒有力氣走動。艾森豪在一個星期後來到現場視察，也被眼前景象嚇到骨子裡去。他寫說：「我作夢都想不到這個世界會有如此滅絕人性的殘暴獸行！」他決心竭盡全力不能讓這種暴行再度發生，他力促記者和國會議員到集中營參觀，俾便留下見證人、照片和影片，以防日後有人或許會試圖否認發生這種慘劇。他下令附近地區的士兵只要不在前線，就到奧爾德魯夫和布亨瓦德參訪，也命令離奧爾德魯夫最近的城鎮哥達（Gotha）的每個公民都來看看在他們眼皮子底下發生的慘劇（哥達市長夫婦參訪之後回家就自縊身亡）。[6]

艾森豪對美國有信心，和在他之前的共和黨人一樣，強烈相信經濟自由是一切福祉的基礎。美國人的理想是人人都有經濟機會，而他相信它必須出口到世界，以防止貧富懸殊的極端在各個國家之內造成政治極端主義的崛起。他反對共產主義，但是他也同樣害怕法西斯主義；後者已經造成奧爾德魯夫和慘烈的世界大戰。[7]

艾森豪意識到經濟上被剝奪的人特別容易受到政治和宗教極端主義的蠱惑。他們很容易被強人領袖操縱去支持他的目標——任何目標——只要它保證可以提供一個讓他們享受富足和尊嚴的世界。這種極端主義在納粹手中已經十分危險，但是一九四五年讓艾森豪更加憂心。美國一九四五年夏天在廣島和長崎投擲原子彈，改變了人類衝突的意義。如果一個具有群眾魅力的政治或宗教狂熱分子鼓動被剝奪的民眾支持另一場戰爭，如果這個領導人握有核子武器，他可以摧毀整個世界。[8]

艾森豪相信，民主政治已經陷入危機。他認為，未來的世界大戰將是意識形態的戰爭，亦即個人主義和「國家主義」之間的鬥爭。蘇聯正在盡最快速度向其他國家輸出以國家為中心的意識形態，使得個人主義「遭受持續不斷的致命攻擊」。為了抵抗蘇聯擴張其意識形態，美國人必須促進民主政治，作法就是展現它有提升生產力和生活水平的強大能力。保障世界繁榮不再只是關係到和平或正義。它是拯救人類唯一的方法。[9]

塔虎脫與麥卡錫合謀

艾森豪的世界觀並沒有立刻廣為人知。杜魯門在一九四八年當選連任使得塔虎脫派共和黨人相信，共和黨的問題出在它繼續是個聊備一格的「我也是」的政黨。他們堅持，共和黨人在一九二〇年代每件事都做對，不應該屈服於壓力而接受政府計畫。真正忠貞的共和黨人相信小政府和對企業親善的政策；任何人若是擁護政府支持商人以外其他任何人，他就不是共和黨人。按照他們的觀點，除了促進商業之外的任何政府積極作為，都會把美國帶上共產主義的道路。共和黨人不能跟在民主黨之後走向不道德的泥淖；他們必須堅守柯立芝和胡佛秉持的原則。10

當共和黨的「造王者」在一九四八年捨棄塔虎脫而提名杜威時，塔虎脫倍感受傷；當杜威不肯摒棄新政，而且打一場在塔虎脫看來只是附和民主黨的選戰時，塔虎脫更是驚駭。杜威可恥的敗選使得塔虎脫更加深信自己對了：共和黨必須採取強硬路線、回到過去，在他們和新政民主黨人之間畫清界線。當東部共和黨人談論要向民意壓力屈服、接受社會安全網時，塔虎脫認為他們以及和他意見不同的其他人，全是敵人——不僅是他的敵人，也是美國的敵人——全是想要利用政府重新分配財富的人。換言之，都是共產黨人！

除了一九二〇年代的共和黨人之外，塔虎脫把任何人都視為具有共產黨人傾向，這一點可以一直上溯到重建時期的共和黨歷史，但是它在一九五〇年代有了新的歷史動力。共和黨人自從一八七〇年代以來就擔心共產主義，當時巴黎公社的新聞使他們害怕政治上活躍的南方黑人勞工和北方城市的白人勞工會仿效法國的公社分子，試圖在美國重新分配財富。從當時以來，共和黨實際上把每項想動用政府力量於勞資之間建立公平條件的努力，都看待成共產主義的陰謀布局。一九一七年的俄羅斯大革命在第一次世界大戰之後的美國引爆「紅色恐怖」，而塔虎脫這批人剛在政壇起步。接下來，在一九四九年的中國，毛澤東的共產黨軍隊把蔣介石的國民政府逼到退守福爾摩沙（今天的台灣），在大陸建立共產主義政府。

中國共產黨占據中國更加深塔虎脫派共和黨人的反共意識。第二次世界大戰爆發之前的緊張時期，塔虎脫派及他們在中國有企業利益的盟友，堅持美國必須介入亞洲事務，而非歐洲事務，但是他們被民主黨籍的總統和議員們擋住。塔虎脫人馬認為共產黨奪占中國就是證據，說得客氣，就是民主黨被他們的外交政策帶錯路了。講得難聽，就是政府官員刻意串謀以圖促進共產主義的散播。如果有任何美國人高興中國出現共產革命的話，人數也不會太多，但是在已經害怕新政改革就是國內版的共產主義的共和黨人心目中，中國這樣一個廣土眾民的國家成為國際共產主義的一員，是很可怕的事情。[11]

來自威斯康辛州的一位資淺共和黨籍聯邦參議員，協助塔虎脫派把他們的政治恐懼症傳播到全國各地。一九五〇年二月九日，約瑟夫．麥卡錫在西維吉尼亞州惠靈（Wheeling）出席慶祝林肯生日的集會時發表演說。他宣布國務院裡有兩百零五名工作人員是共產黨，這些人負責打造美國的國家政策，而民主黨籍的國務卿狄恩．艾奇遜（Dean Acheson）知道這件事。他說他沒有足夠的時間一一唸出所有這些人的名字，但是他向聽眾肯定地說，杜魯門政府不肯調查「政府中的叛國賊」。[12]

力挺共和黨的《芝加哥論壇報》大幅報導這則新聞，次日麥卡錫又保證會到國務院向艾奇遜透露「五十七個持有黨證的共產黨員」的姓名，條件是國務卿要允許國會調查國務院人員的忠誠紀錄。艾奇遜是設計第二次世界大戰之後重建歐洲的「馬歇爾計畫」的靈魂人物，在前一年，他也努力撮合西方十二個國家成立「北大西洋公約組織」，以對抗蘇聯的軍事力量。塔虎脫派共和黨人不希望參與國際事務，尤其不願介入歐洲事務，他們痛恨這兩項計畫。麥卡錫的用意昭然若揭，艾奇遜國務卿刻意保護他屬下的共產黨人。次日，麥卡錫發電報給杜魯門總統，指控他保護政府內的共產黨員；《芝加哥論壇報》在頭版上刊登此一指控。而麥卡錫要他的辦公室廣發剪報。麥卡錫寫說：「閣下的不作為將使民主黨淪為國際共產主義的同路人。」[13]

國務院官員要求麥卡錫舉證他的指控；《華盛頓郵報》譴責麥卡錫玩「下水道政治」，指控他試圖破壞國務院對亞洲政治的正確評估；《紐約時報》惋歎他對國務院發動「打了就跑」的攻訐。但是它們的憤怒得到的注意卻遠遠不及麥卡錫的指控所得到的注意。麥卡錫精嫻媒體操作，總是比查證他的故事的新聞記者們快一步。記者為了他編造的故事打電話給他時，他扯的謊言已是舊聞。事實查證被掩埋在報紙內頁。頭版上是麥卡錫最新的指控。[14]

塔虎脫派共和黨人跳進來與他一搭一唱。塔虎脫本來有機會遏止麥卡錫的極端主義，可是他卻稱讚麥卡錫。《芝加哥論壇報》抨擊杜魯門總統，堅稱麥卡錫的指控「不能一笑置之或嗤之以鼻」。[15]

杜威派共和黨人試圖反擊麥卡錫，但是並不成功。一九五〇年六月一日，緬因州聯邦參議員瑪格麗特．蔡斯．史密斯（Margaret Chase Smith）在麥卡錫前面兩排起立發言發表她所謂的「良心宣言」（Declaration of Conscience）。她說：「我以共和黨人身分發言，我以女性身分發言。我也以聯邦參議員身分發言。我以美國人身分發言。」史密斯說，她和任何人都一樣希望共和黨在即將舉行的選舉大勝，但是她不希望見到「共和黨騎在『謗瀆四騎士』——恐懼、無知、偏執和汙衊——的背上走向政治大捷」。她的結語說：「身為美國人，我譴責共和黨『法西斯主義者』，跟我譴責民主黨『共產主義者』一樣強烈。對於你、對於我和對於國家，他們同樣危險。」杜威派悄悄地讚許史密斯，但是只有六位共和黨籍聯邦參議員表態支持她的宣言。麥卡錫把他們譏稱是「白雪公主和六矮人」。[16]

麥卡錫根本沒把杜威派共和黨人放在眼裡。他已經在全國得到極大的迴響，而一九五〇年六月北韓在蘇聯撐腰下進犯南韓，韓戰爆發更是點燃反共野火。一九五〇年期中選舉之前，他到處助選，而他所支持的每個候選人都當選。他誓死反共的論調和塔虎脫派共和黨人多年來的主張一致：只有共和黨人才會在國內及國外都與共產主義作戰。

塔虎脫在一九五〇年也是憑這樣的政見當選連任參議員，他的連任成功使他相信，美國人民渴望老派共和黨的政策復活。共和黨員在一九四八年給了三心兩意、沒有定見的杜威派機會，可是他們以慘敗收場。身為老派共和黨無可爭議的領袖，而且他們這一派提出麥卡錫的勝選方程式，他滿心期待共和黨將在一九五二年提名他競選總統。[17]

半路殺出了個艾森豪

結果塔虎脫卻大吃一驚。一九二〇年代的共和黨主義是國家唯一真正道路，這個塔虎脫的主張嚇壞了艾森豪；艾森豪清楚地看到，世界的安全繫於美國在國際上的領導。這位將軍從第二次世界大戰解甲歸田後，對政治毫無興趣。他曾經見識過政客必須討好利益團體的場面，他也相信今天的問題極大，甚至不是政治能處理的。他一再地堅持他不會出馬競選總統，但是許多人認為他是故作姿態，不過他在自己最私密的文件中都說不會競選。需要有強大的理由才會使他回心轉意。挺諷刺的是，這股推力竟然來自塔虎脫這位最不希望艾森豪涉入政壇的共和黨大老。

艾森豪唯一一次和政治扯得上關係的活動是，六歲時拿著火炬參加為麥金萊造勢的遊行。他相信軍人應該超脫於政治之外，因此從來不曾投票，也不輕易表示政治意見。沒有人曉得他是哪一個政黨的黨員。民主黨和共和黨都在一九四八年邀請他代表他們參選總統。他統統回絕。[18]

艾森豪反而接受邀請出任哥倫比亞大學校長。對於一位統率大軍打勝仗的將軍而言，這似乎是很突兀的選擇；但是如果曉得他對付戰爭常借重本身對歷史、外交事務和哲學的了解，這就很順理成章了。和進步派共和黨人深信專家建言一樣，艾森豪相信學術研究有助於明智地處理第二次世界大戰之後全球經濟不平等的嚴重問題。他答應接任哥大校長時有一個條件，即他將花費相當多時間開發一個智庫，號召全國第一流人才集思廣益解決戰後國家問題。一九五〇年，他創辦

「美國議會」（American Assembly），他把這個組織視為他個人最偉大的成就之一。

艾森豪很快就離開哥大，踏入政壇。他擔心聯邦政府權力愈來愈大，也擔心在民主黨主政下，聯邦預算日益擴增，但是他更關心塔虎脫派共和黨人的孤立主義。艾森豪後來決定，他必須在韓國問題上公開反對塔虎脫派共和黨人。北韓一發動入侵，美國立即派兵制止共軍南進，使得美國在第二次世界大戰才結束五年，就又捲入一場新的海外戰爭。

美國官員擔心共軍入侵南韓只是聲東擊西，真正目的是方便蘇聯入侵準備不足的西歐。北韓南侵時，一年前才建立的北約組織其實還只是一個紙上軍事同盟。杜魯門拜託艾森豪到歐洲考察，了解歐洲重整軍備的狀況。[19]

艾森豪從歐洲考察回國後準備提出報告。他設法爭取塔虎脫支持北約組織，但是塔虎脫要的是裁減所有的對外援助，不是增加對外援助。塔虎脫對於爭取一九五二年共和黨總統候選人提名是志在必得，他如果當選總統，勢必會扼殺掉艾森豪的理想，亦即美國設法藉由提升全世界的生活條件，進而抑制政治及宗教極端主義的擴散。艾森豪認為塔虎脫的孤立主義會後患無窮。艾森豪向塔虎脫保證，如果塔虎脫支持北約組織，他就不會跟他競爭總統寶座。塔虎脫拒絕。艾森豪看來別無選擇，只有接受堅持他參選的人士的意見。一位記者寫說，艾森豪將軍在一九五二年「放下五顆星，預備接下四十八顆星*」。[20]

* 譯註：當時全美只有四十八州。阿拉斯加與夏威夷於一九五九年才加入成為第四十九與五十州。

共和黨的全國代表大會在七月酷暑中於芝加哥舉行。贏得提名需要六百三十名黨代表支持，塔虎脫有共和黨機器的支持，助他掌握到五百三十票。艾森豪以歐戰勝利英雄之姿有極高的聲望。他也得到杜威派共和黨人的支持，掌控住關鍵的紐約州。杜威和小亨利·洛奇（亨利·洛奇的孫子）努力為艾森豪爭取翻盤。兩派經過一番激烈廝殺——包括動拳頭打群架，以及塔虎脫派指控艾森豪若勝出將導致黨走上敗選之路——艾森豪成為共和黨一九五二年的總統候選人。[21]

至於副總統搭檔，全代會提名反共不遺餘力的加利福尼亞州聯邦參議員理查·尼克森。尼克森頗獲塔虎脫陣營的嘉許。不過，尼克森成為艾森豪的搭檔並未平息塔虎脫陣營的怒火。他們譴責他們所謂的「東部建制派」：指控杜威這一票紐約客自稱是共和黨人，但是其實污染了共和黨以及身為美國人的真正意義。

在美國歷史的潮流下，艾森豪獲得提名似乎是不可避免的結果，但是塔虎脫和杜威—艾森豪派之間的緊張關係引爆劇烈的危機。塔虎脫原先預期自己會獲得提名，不料艾森豪半路殺出，這讓塔虎脫派十分不滿。艾森豪派和塔虎脫派之間的激烈鬥爭將在未來兩個世代的美國政界餘波盪漾，而艾森豪及其政策的成功更使塔虎脫派人馬和他們的繼承人相信，他們是有心傳播共產主義的國際陰謀的受害人。未來的幾十年，抱持塔虎脫精神的共和黨人會相信只有他們才是優秀的美國人。其他任何人必須先從政府內部肅清，再從共和黨內肅清，最後則必須逐出美國政壇。

我喜歡艾克

艾森豪是最後一位出生在十九世紀的總統，說話具有典型的十九世紀共和黨風格，但是他掌握可把政治帶進新時代的科技可資運用。儘管他的世界觀相當有深度，艾森豪的競選政見很簡單，易於傳播。艾森豪就如前總統狄奧多．羅斯福一樣，他保證要制止政府貪腐。他承諾要拔擢誠實的男女出任公職。他也告訴選民，他將親赴韓國視察，設法停止僵持不下的戰爭。共和黨競選委員會打出來的政見主軸是「1K2C」：韓戰、共產主義和貪腐（Korea, Communism, and Corruption）。共和黨的政見很有吸引力，加上艾森豪的高人氣更是如虎添翼。選戰的口號是「我喜歡艾克」（I Like Ike）。[22]

但是共和黨人真正的利器是有可以掌握話語權、並且傳遞到全國的新科技。艾森豪喜愛旅行和與群眾接觸，很熱情地與興高采烈的群眾碰面。和過去數十年的候選人一樣，他坐火車巡迴全國各地、與地方政客會面、幫在地候選人造勢，也盡可能與最多的選民握手拉票。不過，一九五二年也是有史以來第一次，艾森豪和民主黨候選人、伊利諾州州長艾德萊．史蒂文生（Adlai Stevenson）能夠利用飛機四處拉票。艾森豪為了選戰，飛行旅程為三萬五百零五英里、火車旅程為二萬八百七十一英里。[23]

兩黨候選人也開始運用電視這個新媒體。一九四八年的兩黨全代會首度使用電視，但是攝影機只記錄大會例行活動、汗流浹背的與會代表、沉悶的演講和俗氣的喧鬧。一九五二年，艾森豪人馬特別編造事件，讓觀眾透過電視看到。他們安排候選人和好萊塢演藝人員同台出現，他們沿著遊行路線分發彩帶拉炮給黨工，製造勝利的氣氛。（洛杉磯有個男子太興奮了，拿到彩帶拉炮都沒打開，就往艾森豪身上擲過去，差點砸破艾森豪腦袋。）[24]

電視使得艾森豪競選團隊可以利用精心製作的訊息來拉票，它不用說大道理，只要讓選民感動即可。當反對者指控尼克森接受政治捐獻者送的禮物時，共和黨全國委員會付費買下半個小時的電視時間，讓他為「基金危機」辯解。尼克森向電視機前的觀眾解釋，遭人非議、用在幫他競選參議員的一萬八千美元是良性的捐款，不是惡性的捐款。他說，大部分政客利用繼承來的財富支付競選經費，但是他出身一般百姓家庭，沒有祖上庇蔭。從前沒有過候選人談論競選財務的先例，現在他侃侃而談，說他小時候在家裡開的雜貨鋪工作、半工半讀念大學，他和太太派特（Pat）都必須工作，直到他從軍入伍。他們省吃儉用，存錢買房子。他們現在還在付房屋抵押貸款，另外還負債八千五百美元。他們開的是一輛老爺車。尼克森說：「事情就是這個樣子。我們沒賺太多錢。但是……我們賺來的每一毛錢都是本本分分、誠誠實實賺來的。」他又說，派特沒有貂皮大衣，「但是她有一件可敬的共和黨布外套，而我一直都告訴她，她穿什麼都漂亮。」他說，他收到的禮物是「一隻小可卡獵犬」。尼克森六歲的女兒為牠取名「格子花」（Checkers），他說：「我們會留住牠。」[25]

這場「格子花演講」（the Checkers speech）吸引了六千萬名觀眾，許多人認同尼克森辛苦起家、好不容易才出人頭地的故事。評論家指出，他這番話並沒有真正回答收受捐款合宜與否的問題，但是它已經無關宏旨。尼克森的故事已經為自己塑造一個誠實、認真的形象。當醜聞爆開時，艾森豪一度考慮要換掉尼克森，但是「格子花演講」之後，尼克森在一九五二年共和黨的提名就穩妥了——他的歷史地位也穩妥了。從此以後，沒有一個政客敢忽視精心製作的電視訊息之強大影響力。

艾森豪的中庸之道

艾森豪和尼克森以將近百分之五十五的得票率，超過史蒂文生的百分之四十四點五，當選新任正副總統。共和黨人又回到白宮。他們也控制了國會。艾森豪得到他需要的民意委託，可以打造一個正義、繁榮和安全的世界。他所沒有的是自己黨內塔虎脫派的支持，這些人對新流行的美國政府的觀念恨之入骨，他們在艾森豪任期內發動新型的政治作戰，企圖徹底封殺政府管制和社會福利。

不過，艾森豪還是相信他是得到全民託付的總統，因此理直氣壯地去重建他理想的現代世界。他給國會的第一項咨文就重申亞伯拉罕・林肯和狄奧多・羅斯福的精神，以及他們要代表全體美國人，而非僅只代表共和黨員的決心。他不肯將勞方與資方的利益分開來看待，他認為明智的經濟政策將造福每一個人。一方面，他主張降低全國負債、追求預算平衡、降低通貨膨脹，然後當這些任務都已安全上軌道了，就要降低稅負。另一方面，他堅持勞工集體談判的權利，也意識到勞工的薪資必須高到足以買到他們需要的東西。這個方程式的兩頭將推動全球經濟的繁榮，世界秩序有以賴之。他說：「我們所有人，工人和農民，工頭和金融業者，技工和營造商，全都必須生產、生產、再生產。」唯有透過如此的生產力才能保證世界經濟的平衡，由此才能產生宗教和政治的穩定。

艾森豪把前人的意識形態予以調整，以配合一九五二年的現代世界。他解釋說，新經濟創造出兩大需求。首先，個人必須防患未然，對抗非他們所能控制的力量所創造出來的災難。其次，政府必須承擔某些必要的社會服務。它必須照顧人們因失業、年老、疾病和意外所蒙受的苦難。它必須保護他們不會吃到不安全的食品和藥物。它必須照料到健康醫護和住宅的需求。而且，就如林肯和羅斯福所堅持的，它也必須提升人民的教育水準。

艾森豪替他這個世界願景取了新名字。他稱它為「完全不受約束的個人自由和涵蓋全國的社會福利兩者之間的中庸之道」。他的結語是：「我們必須依據此一原則來生活與工作……行動有力量，待人有憐憫，思慮有條理。」艾森豪的一位支持者寫道，支撐現代共和黨主義的哲學是：「如果有一份照顧老百姓的工作非做不可，但又沒有人能做，那就是聯邦政府該發揮功能的時刻。」[26]

世界和平是可能的

艾森豪總統率先在國際事務上推動他的願景。一九五三年三月初，艾森豪就任後不久，蘇聯領導人史達林死了；總統因此有機會重新調整美蘇之間日益上升的敵意。四月中旬，艾森豪不顧自己急性腸炎的病情，堅持向報界編輯人發表演講，闡明他對世界未來前途的願景。

他說，所有的人都渴望「和平、友情和正義」，而且他痛惜美蘇之間節節升高的軍備競賽。即使兩大超強設法避免了原子戰爭，把金錢和精力投入軍備競賽將會限制他們造福世界上其他國家的能力。「歸結到最根本，每製造一門大砲、每下水一艘軍艦、每發射一枚火箭彈，都代表是從吃不飽飯的飢民、從寒天而衣不蔽體的窮人的手中的偷竊。」勞動者的汗水、科學家的才智，以及孩子們的希望，若是花費在學校、醫院、道路和房屋的建設上，都要比花在軍備上有意義。艾森豪說，世界和平是可以達成的，「不是透過戰爭的武器，而是透過小麥和棉花、牛奶和羊毛，肉類、木材和稻米」。[27]

塔虎脫派共和黨人嘲笑艾森豪這套「填飽肚子的外交理論」，極力鼓吹不要介入歐洲事務，但是在亞洲要採強硬政策。可是艾森豪總統堅持要運用自己掌握的一切工具，在全世界各地促進自由和抵抗極權主義。第二次世界大戰之後的世界陷入十分複雜的局面，小國家紛紛冒出頭，推翻好幾個世代以來占領他們的殖民列強。隨著國界變動，衝突也加劇。和其他許多共和黨人一樣，艾森豪傾向於將這些民族主義運動錯誤解讀為共產黨的擴張，而且他試圖阻止開發中國家擁抱極權主義。[28]

艾森豪上台後的第一年，他必須在歐洲、中南半島（越南、柬埔寨和寮國）、朝鮮半島和伊朗等地，就棘手的事件進行談判。他相信他最強大的武器是人道援助，但是他也採用其他辦法。他承諾出錢幫法國在中南半島繼續他認為的反共作戰，不過他拒絕派美軍部隊投入他認為無法征服的地形去進行地面作戰。艾森豪急欲結束韓戰的僵局——美軍已有二萬一千人戰死、十萬四千人負傷或失蹤——但又不至於將衝突升高到迫使中國和蘇聯全面參戰的地步，艾森豪低調地威脅要在戰術情況下動用核子武器。一九五三年七月，雙方同意停火、恢復戰爭前即已存在的邊界而結束戰爭。艾森豪最不成功的策略是他動用中央情報局，把經由民主程序選出的伊朗領導人推翻，換上巴勒維國王主政，只因為這位領導人計畫把伊朗的油田收歸國有。這場政變短期內有效，但是巴勒維國王不孚民心，在一九七九年給美國製造了極大的麻煩。[29]

艾森豪的方法很多，但萬變不離其宗：以促進經濟繁榮和打擊極權主義來確保國際局勢的穩定。

五〇年代的榮景

艾森豪展開其任期時懷抱很大的希望，盼望共和黨掌控的國會能通過他的國內方案，因為即使塔虎脫派共和黨人不喜歡他，理論上他們肯定會與二十年來第一位同黨總統合作才是。艾森豪的第一步是控制聯邦赤字，不讓稅金收入被負債的利息吞噬掉。他急欲平衡預算，說服國會展延已經排好時程要屆滿的稅目，同時也削減國防預算。一九五四年，共和黨通過修訂稅法：國會訂定所得稅累進稅率，從二千美元以下所得稅課百分之二十，到超過二十萬美元以上所得稅課百分之九十一。一九五六年，艾森豪平衡了預算，他是二十世紀最後一位共和黨籍總統達成預算平衡。[30]

但是艾森豪不只是一個財政上的鷹派。和在他之前的林肯、羅斯福一樣，他想要透過運用聯邦政府促進成長，來創造他所謂的「進步」的美國。為了開放企業發展，他請國會削減監理管制和物價控制，並且恢復國家對外海石油鑽探的管制。雖然批評者抱怨他和企業界走得太近，他私下的筆記透露他對只斤斤計較企業獲利、看不到全面繁榮的重要性之人士愈來愈失望。一九五六年，他否決一項法案，因為他相信它已經遭到石油業者收買。他寫下，他同意法案的目標卻否決它，是因為「有些民間人士……想要藉由高度可疑的活動，擴大他們本身的利益。我認為這樣……太傲慢、太違背合情合理的標準，以致於對政府處理的廉正與否產生懷疑。」[31]

艾森豪運用政府去創造個人機會和公共安全網。他要求國會成立衛生教育暨福利部，國會迅即通過。在他任內，共和黨控制的國會沒有通過太多民生福利立法。一九五四年，選民把國會兩院都交給民主黨控制，在民主黨人協助下，艾森豪擴大社會安全以涵蓋大約一千萬名原本不包括在內的公民。他提名尼爾遜・洛克斐勒（Nelson Rockefeller）——尼爾遜・艾德里奇和約翰・洛克斐勒的孫子——出任衛生教育暨福利部副部長；洛克斐勒立即試圖建立全國醫療照護制度。艾森豪也要求聯邦補助工業困窘地區、資助學校，以及出錢廣建公路網。[32]

聯邦補助工業困窘地區和學校的提案沒有成功，因為南方民主黨人希望這些設施仍然保持種族隔離，不過廣建公路網的法案順利過關。一九五六年，《聯邦補助公路法案》（Federal-Aid Highway Act）規定在十年之內提供二百五十億美元，於全國興建四萬一千英里的公路——這是美國史上最大規模的公共工程計畫。這項法案點燃美國經濟引擎，不只提供就業機會，並把各州聯結起來，也在新建公路沿線創造出汽車旅館、餐廳和加油站的新市場。雖然六十六號公路這條橫貫美國的舊公路因此凋萎*，州際公路系統（Interstate Highway System）卻改造了美國形貌。[33]

艾森豪的「中庸之道」奏效。一九四五年至一九六〇年之間，美國國民生產毛額從二千億美元成長到五千億美元，躍升兩倍半。新繁榮的成果惠及全國民眾，新近接受高等教育的退伍軍人加入快速成長的中產階級。他們的躍升不僅讓他們自己獲得成功，也藉由替非技術勞工建立健全的市場，而有助於教育程度較低的勞工。從一九四五年至一九七〇年，各個經濟階層的人的所得都倍增。雖然居住在農村地區以及都市中心低收入住宅社區的美國人並沒有平等地分享到普遍的繁榮，但整體而言，一九五〇年代是個富足的年代：糖果色的汽車、獨棟家庭住宅、玩具、電視機、穩定的工作和高等教育。在二十世紀下半葉，政客們無不努力想要找回艾森豪時期的經濟盛況。[34]

＊譯註：國道六十六號始建於一九二六年十一月，由芝加哥一路連貫到洛杉磯。途經伊利諾、密蘇里、堪薩斯、奧克拉荷馬、德克薩斯、新墨西哥、亞利桑那以及加州，全長近四千公里。在州際公路興起之後重要性逐漸被取代，而在一九八五年六月被正式從美國國道系統中除名。

第十章
保守主義運動的興起

艾森豪的政策反映全國廣大的共識，但是追隨塔虎脫參議員的共和黨人即使在一九五三年他去世之後，仍然堅定地反對總統的立場。過去當民主黨建立一個積極任事的大政府，提供基本的安全網、開發基礎設施建設以及加強監督企業時，兩黨關係已經夠糟了。而今當一位頗孚民望的共和黨籍總統遵循相同路線時，塔虎脫派共和黨人變成認為民主、共和兩黨都已經無可救藥、遭到共產主義腐化。艾森豪想在國內及國外促進平等和發展，塔虎脫派共和黨人則抨擊這種立法，聲稱它在搞財富重分配，而艾森豪願意與外國政府合作，他們也批評它是姑息主義。他們對共和黨主義採取日益強硬路線的作法。

支持塔虎脫派共和黨人的是「全國製造業者協會」（National Association of Manufacturers）和「經濟教育基金會」（Foundation for Economic Education）的強硬的自由意志主義者（libertarians）。他們痛恨政府管制和課稅，他們反抗艾森豪的共和黨主義。他們在報紙、雜誌和收音機裡灌輸政府必須不干預經濟的訊息；他們把任何形式的經濟干預都貼上共產主義的標籤。他們整合草根俱樂部和組織來對抗共識，認定它們從人民身上竊取稅款，以便奴役他們。[1]

起初，這批年邁的少數派的批評似乎只是無意義的垂死掙扎，只吸引了少數不成熟的追隨者的注意。但是當一位名叫威廉．巴克萊（William F. Buckley Jr.）的年輕政治作家，採用了麥卡錫的伎倆來呈現塔虎脫派立場，針對所有不贊同其原則的人士發起一場攻勢，塔虎脫派共和黨人開始取得優勢。巴克萊堅稱相信自由放任政府的菁英，必須重新掌握社會、封殺政府積極主義。他把這種激烈改造現代美國的行動稱為「保守主義」（Conservatism）。

如果不是因為「種族」這個關鍵因素的攪局，巴克萊的咆哮本來根本就是狂人的夢囈。在一九五七年，當艾森豪動用聯邦部隊到小岩城中央高中（Central High School）執行法院裁定的撤除種族隔離，巴克萊新創辦的政治雜誌《國家評論》（*National Review*）又重新召喚了傳統共和黨把聯邦協助非裔美國人和共產主義扯為一談的連結。白人美國人固然喜愛艾森豪的中庸路線為他們做了許多事，卻不是那麼肯定希望聯邦政府協助他們的黑人鄰居，尤其是巴克萊的《國家評論》清楚揭露，聯邦政府拿稅金養聯邦部隊，卻派他們護送黑人子弟到白人的學校去念書。

面對源自一八七〇年代流行的觀念，亦即積極任事的政府會運用稅款幫助黑人，美國人又退回到他們祖先的解決辦法。但一九六〇年代的「保守主義運動」（Movement Conservatives）以比一八九〇年代的反動更加徹底的方式來修正共和黨的意識形態，不但摒棄林肯的世界觀，轉而全面投靠詹姆斯・哈蒙德。他們堅持嚴格解讀憲法，憲法是反對政府呼應人民意志的。他們主張，開國先賢刻意創造一個保護富人「免於群眾暴政」的政府，不受要求財富重分配的人欺負。「保守主義運動」堅稱，美國的開國原則不是平等，而是保護財產。要達成這個目標，唯一的方法是解散聯邦政府，恢復「州權」制度。

和十九世紀末期抨擊政府積極主義的美國人一樣，「保守主義運動」援引被理想化的西部個人主義神話，相信這些人根本不希望政府插手任何事，他們體現的就是努力工作，靠白手起家自立自強。這個形象在一八七〇年代就未必全然成立，到了一九五〇年代更是未必盡然，但這無礙於他們的熱忱。往後一個世代，「保守主義運動」打著西部精神的招牌，推銷他們的政治理念，同時也受到第二次世界大戰之後美國特殊的人口結構很大的影響。

塔虎脫對國際外交的攻擊

塔虎脫派共和黨人沒有什麼希望能夠攻擊艾森豪大受歡迎的經濟政策，因此他們藉由指控他帶領美國墜入致命的共產黨「國際主義」（internationalism）來阻撓他的施政——對於任何還記得為國際聯盟爭吵不休的人而言，都知道國際主義這頂帽子相當沉重。第二次世界大戰之後，他們的指控專注在聯合國上面，一九四五年十月，在美國主導下成立的聯合國意在取代效果不彰的國際聯盟，以及化解國際衝突。塔虎脫派共和黨人痛恨這個新組織。他們主張，聯合國反對種族隔離將會推翻南方各州的法律，而美國加入聯合國等於開門迎盜，讓外國共產黨進來接管美國，使美國成為世界新秩序的一部分，透過條約強加社會主義於美國之上。為了關掉可把美國和共產主義連結在一起的陰謀，俄亥俄州聯邦參議員約翰・布立克（John Bricker）*提議修訂憲法，把締結條約的權力移轉到國會，從而保證不會有任何條約可要求美國奉行某些政策。[2]

艾森豪意識到如此大幅度更動憲法權力會羈束住外交事務的進行。即使國會能夠成功談妥條約，也能在參議院獲得通過，每一項條約都可能遭到任何一州的挑戰，理由是各條約可能會影響各州的政策。這樣一來就形同各州將會指揮外交事務，然而，正是當年根據「邦聯條例」這麼做造成災難性的後果，才促成開國先賢制訂憲法時把外交大權集中在聯邦政府手中。如果布立克的修憲案獲得通過，政府就會變得幾近不可能訂定外交協定。美國將被迫陷入孤立主義。當然這正是塔虎脫派所希望的結果。他們巡迴全國各地宣傳，在各式各樣的集會、電台節目及新聞報導上提出警告，聲稱有個重大陰謀要把美國賣給共產主義。他們說，只有布立克修憲案可以保護美國不致沉淪陷入外國控制。[3]

艾森豪大為震驚，專家和選民之間的落差竟然如此巨大：專家了解修憲案的影響深遠，選民卻籠罩在恐懼之下，投書如雪片飛來，也頻頻到訪，要求總統支持修憲案。全國民眾竟然相信整部憲法會被一份對外條約所推翻，而且政府裡有一股惡毒的陰謀預備把美國拖進世界新秩序。[4]

艾森豪堅決反對如此大幅度修改行政部門的外交事務權限，但是他的反對只是更增強塔虎脫派共和黨人的信念，深信共產主義正在併吞美國。當艾森豪把布立克的主要盟友克萊倫斯．曼寧恩（Clarence Manion）拔除掉一份政府小職位時，支持塔虎脫的一份報紙聲稱，總統「終於向惡

＊　譯註：布立克曾任俄亥俄州長，一九四四年獲共和黨提名，與杜威搭檔競選正副總統，但是敗給民主黨的羅斯福和杜魯門。他在一九四六年當選聯邦參議員，一九五八年競選連任失利，自此退出政壇。

毒的國際主義陰謀的不斷叫囂讓步，這些人以《紐約時報》和亨利．魯斯的《時代生活》（*Time-Life*）兵團為首，偕同《華盛頓郵報》和新政專欄作家一起興風作浪」。[5]

曼寧恩本人更是大力回擊。他接受電視台訪問時說：「很不幸，左翼共產主義者……在這個政府裡很有力量。」曼寧恩回到印第安那州去到處寫文章投訴、在電台發表談話，鼓動對艾森豪的反對。他對人數稀疏的聽眾提出警告，呼籲要記住「左翼……很強大，有組織，財力也雄厚。根據憲法，許多巨大的財富應由民營企業建立，卻已經落入國際主義者、世界政府者、社會主義者和共產主義者的指揮下。這筆龐大的金錢很大一部分用在將美國『社會主義化』」。[6]

參議院在一九五四年二月底擊敗布立克的修憲案，但僅是險勝。儘管未能推行美國孤立主義，塔虎脫人馬至少說服某些美國人，讓他們相信任何試圖參與外國合作的作法都代表共產黨的接管迫在眉睫。[7]

麥卡錫的瘋狂典範

麥卡錫參議員反共十字軍戲劇化地登場，為塔虎脫派共和黨人如何推動他們剛萌芽的大業指點了一條新路徑。麥卡錫的人氣在一九五〇年一系列聽證會之後開始滑落，他試圖藉由加強對政府內部共產黨員的調查，來重振聲勢。不過，這時候他追打的已經不是民主黨政府，而是艾森豪政府。麥卡錫與企業界資助的塔虎脫派報紙密切合作，而他為了吸引媒體的注意，竟然口不擇言，甚至公然說謊。他的風格最後摧毀了自己，但是在他殞滅之前已經啟示塔虎脫人馬以新方法展開對艾森豪中庸路線的鬥爭。

一九五三年一月，麥卡錫開始調查國務院的國際新聞總署（International Information Agency）。麥卡錫恫嚇證人、捕風捉影扣人帽子和破壞別人事業的作風是那麼地惡名昭彰，以至於「麥卡錫主義」（McCarthyism，這個字詞是《華盛頓郵報》漫畫家赫伯特・布洛克在一九五〇年一幅插畫中創造出來的）這個字詞迄今仍被普遍用為沒有證據就含沙射影地誹謗他人名節的同義詞，而且通常以弱勢者為對象。麥卡錫往往追打過去和左翼政治有某些關聯的中級文官（譬如有一個遭他污衊的人是研讀名著的讀書會成員，讀過馬克思的作品），但是這些人並非共產黨黨員。聽證會進行得零零落落，沒有挖出太多共產黨員潛伏在政府裡的證據。很少案件有結論：當它們不再製造聳人聽聞的標題時，就開始變得無聊。它們一失去駭人聽聞的宣傳價值，麥卡錫也就對它們失去興趣。[8]

但是麥卡錫提供新聞給支持塔虎脫派共和黨的報紙。採訪共產主義的記者替他找到證人，也經常在他們作證前指導證人。赫斯特報系（Hearst）和麥考密克報系（McCormick）熱烈支持他；它們合計的發行份數破七百萬份。麥卡錫也得到艾佛瑞德・柯爾伯格（Alfred Kohlberg）的支持。這位富有的中國紡織品進口商力挺退守台灣的蔣介石國民黨政府，也相信國務院裡有陰謀蓄意把中國奉送給共產黨。柯爾伯格出資辦了三份聞名全國的右翼雜誌，而且把它們的研究和編輯人員交付給麥卡錫運用。《芝加哥論壇報》的威拉德．愛德華茲（Willard Edwards）回憶說，麥卡錫「剛好呼應我們長久以來的主張」。因此，他說：「我們給予他全力支持。我們對他從來沒有任何批評。」[9]

麥卡錫以是否足夠愛國來檢視各項社會議題。譬如，真正的美國人必須是異性戀者。一九五〇年代之前，同性戀關係在美國不是被忽視、就是被接受，譬如說不生養孩子的兩個女性之「波士頓婚姻」（Boston marriages）*，或城市勞工階級的男同性戀文化都是。但是麥卡錫調查政府中的「同性戀及其他性變態」，以「考量為什麼他們受雇於政府的原因是不可取的」，這一來使得異性戀成為愛國主義的核心。雖然他的左右手羅易．柯恩（Roy Cohn）是男同性戀，麥卡錫堅稱情感上的脆弱、道德上的軟弱，以及同性戀容易遭到勒索，使得他們構成安全上的漏洞。他抨擊「那些共產黨和同性戀者，已經把四億亞洲人出賣給無神論者當奴隸，使美國人民陷入被催眠的夢遊狀態，盲目地走向一座懸崖峭壁」。他譴責姑息共產黨的「粉撲外交」（powder puff diplomacy），拿它與他自己的「鐵權出擊」（bare knuckle approach）做對比。[10]

麥卡錫也把信仰基督教視為愛國的表現。他和他的追隨者強調，共產主義者是不信上帝的無神論者，任何反共的人也必須捍衛宗教。麥卡錫是天主教徒，而包括麻州民主黨籍的甘迺迪家族在內天主教徒，傾向於支持他。

全國最大十家日報及所有主要新聞雜誌等許多媒體，都批評麥卡錫的荒謬，但是它們都小心翼翼。從十九世紀末到二十世紀初的「進步主義時期」（Progressive Era）開始，報紙就與黨派立場保持距離，力求「客觀」：它們不加詮釋地報導事件。平鋪直敘的報導方式的後果是，即使記者知道麥卡錫的指控不實，他們還是把它散播出去。以任何標準來說，一位參議員指控政府成員都具有新聞價值。《紐約時報》解釋說：「只因為它們通常被證明為誇大或不實，就不去理會麥卡錫參議員的指控，即使不是不可能，也是相當困難的。」[11]

沒有人曉得如何對付麥卡錫的新式抹黑手法。艾森豪瞧不起麥卡錫，試圖藉由不理不睬削弱他的影響力。私底下，總統很生氣；但在公開場合，他維持讓麥卡錫主義自生自滅的態度。到最後，麥卡錫自己毀了自己。一九五三年秋天，他追打艾森豪鍾愛的美國陸軍，指控軍中隱藏著「顛覆」活動。麥卡錫在嚴重誤判之下恫嚇一位得過勳章的二戰戰場老兵，觸怒陸軍退役將士。而且對於麥卡錫而言更重要的是，此舉造成和總統之間無法修復的決裂。次年年初，陸軍發起反攻，指控麥卡錫對陸軍官員施壓，要求善待他的朋友。麥卡錫的調查都是關在房間裡進行，而且

---

* 譯註：所謂「波士頓婚姻」這個名詞源自作家亨利．詹姆斯（Henry James）一八八六年的小說《波士頓人》（*The Bostonians*）。它指的是兩個富裕的女性，財務上不必依賴男性而同居在一起的關係。有些是具有羅曼蒂克性質，即今人所謂的蕾絲邊、女性同性戀；有些則未必是。

依麥卡錫的條件報導，但現在陸軍對麥卡錫的聽證會經由電視轉播。將近兩千萬人看到麥卡錫對人的霸凌、閃躲、攻擊和扯謊。當麥卡錫藉由指控一名年輕律師同情共產主義，企圖以此支持他的薄弱立場時，反方的律師約瑟夫・奈伊・威爾許（Joseph Nye Welch）以字斟句酌的語詞不勝厭煩地作答，它引起同樣覺得噁心的觀眾共鳴。威爾許說：「閣下，你難道沒有一點羞恥心嗎？你還有沒有羞恥心呢？」[12]

麥卡錫完了！他的人氣直線下墜，原本成天追著他跑的記者們現在棄他如敝屣。參議院在一九五四年十二月「譴責」麥卡錫，他在兩年半後去世，得年僅有四十八歲。民主黨人威廉・普羅克斯米爾（William Proxmire）在特別選舉中勝出，遞補麥卡錫的席次。他告訴選民，麥卡錫是「威斯康辛州、參議院和全美國之恥」。

但是麥卡錫和他的調查給予共和黨內的塔虎脫派寶貴的啟發，認為他們可以利用虛構的故事實現他們的目的，只要這個虛構故事可以煽動美國人的恐懼心理、又能不受公開檢驗。麥卡錫的民粹煽動作風讓塔虎脫的死硬派追隨者學到一課。他聲嘶力竭地吶喊；他做出瘋狂的指控；他洩漏部分真相，但是誤導事實；他虛張聲勢，又躲躲藏藏。他讓所有大人物聞之色變。他的古怪動作引人注意。雖然聯邦參議員的身分讓他可謂已經身居權力中樞，他卻以圈外人自居，猛打他所謂的腐敗制度。他宣稱反對他的人士一心想要摧毀美國，他承諾要捍衛美國。當他的聖戰開始洩氣時，他放棄了，但是他留下一群盲從者。

麥卡錫直至身故都有酗酒的毛病，但是他的支持者堅稱他是被「白宮中臭薰薰的偽君子」領導的一群人所擊敗。有一個人甚至說：「麥卡錫是被克里姆林宮的皮條客慢慢折磨至死。」[13]

在塔虎脫派共和黨人看來，麥卡錫之後，若要保護美國，愈來愈需要透過瘋狂的指控，以便捍衛自由市場資本主義、異性戀和基督教信仰，迎戰他們所謂的左翼無神論政府。

巴克萊的反啟蒙保守主義

麥卡錫的支持者當中，沒有人重要性比得過威廉・巴克萊，他把麥卡錫的主張昇華為一種新的政治運動。巴克萊的父親是個富有的天主教徒石油業者，他意識到自己不能接受當時美國人對政府角色的共識。借用麥卡錫的技術，他決心挑戰一九五二年從塔虎脫手中搶走提名的東部建制派。他把麥卡錫粗鄙的自我中心主義轉化為一種令人震驚的意識形態，而其前提為：歐洲啟蒙時期的中心思想——即社會是因理性論辯而進步——錯得非常離譜。他宣布，美國人選擇艾森豪的中庸路線這件事，證明不能信賴人民去選出正確的人事物。菁英必須從已被帶到錯誤路線的群眾手中，奪回對美國的控制，進而領導國家走向宗教和自由市場資本主義。

巴克萊在耶魯大學部就讀時就以激進派之姿開啟政治之路，他發起運動反對他在耶魯校園看到的無神論。大學畢業後，他把運動推向全國，於一九五一年出版一本書《上帝與耶魯人：「學術自由」的迷信》（*God and Man at Yale: The Superstitions of "Academic Freedom"*）。現代大學接受了啟蒙運動自由追逐知識的傳統，認為通過對思想進行廣泛、細膩的討論，是達到真理的最佳方法。由於各種思想在公眾辯論中受到檢驗與競爭，人們將能夠從中選擇最好的方案。巴克萊否認這個對啟蒙運動的「迷信」。他說，真相不會在一場思想自由競賽中勝出；學生只會被導引誤入歧途。為了證明，他提出下列事實：即大多數美國人竟然捨棄塔虎脫共和黨主義、而選擇新政。

巴克萊不認為他所擁護的政治經濟把世界拖進大蕭條困境，他反而呼應十九世紀末的共和黨人，主張政府對經濟的任何干預，只要不是支持企業，就是社會主義。他疾呼，不能允許人們經由思想的自由競賽去選擇，大學應該排除如凱因斯經濟學這一類的「壞」思想，反倒應該灌輸個人主義和基督教信仰。[14]

《上帝與耶魯人》是針對長久以來理性討論與真誠查核事實這種學識傳統的半吊子批判。它斷章取義，從巴克萊瞧不起的教授之言論中挑出一些話，淨從最壞的角度去批評它們的不是。譬如，耶魯大學有一門課很受學生歡迎，校方不讓他參閱其他學生考卷上的答案，他就一口咬定校方動機邪惡。它恰恰表明了巴克萊所倡導的一種思想：它不是建立在理性推敲的論據之上，而是藉由不實地表述反方意見，假裝成是受到迫害的少數派，並將反方抹黑為社會主義者和無神論者的工具，來捍衛基督教和個人主義。

跟著第一本書之後，巴克萊在一九五四年又出版《麥卡錫和他的敵人》（*McCarthy and His Enemies*），時間剛好是陸軍和麥卡錫在國會聽證會大鬥法之後。他這本書有位共同作者布倫特・波澤爾（L. Brent Bozell）。波澤爾是他的妹夫，也是天主教徒、耶魯校友。該書的宗旨是要檢驗麥卡錫的戰術，並結論道麥卡錫或許是破壞了某些人的名譽，但是瑕不掩瑜。這本書重新賦予麥卡錫主義一種正義之師的地位，只是它不是反對真正的共產黨員，而是反對在兩位作者眼中任何沒有極力反共的人：他們把這些人稱為「自由派」（Liberals）。雖然巴克萊和波澤爾給予這個團體一個用英文大寫字母起頭的名字，暗示它是一個有組織的政黨，事實上根本沒有這樣的組織。兩位作者幾乎把美國每一個人都看成是他們堅稱的危險陰謀組織的成員。因為巴克萊和波澤爾把蘇聯式的共產主義和新政的共識混為一談。他們堅稱，麥卡錫值得被稱頌，因為他挑戰「正統」的中庸理論。

巴克萊和波澤爾承認他們是激進派。他們的目標是建立純粹基督教和個人主義的「新正統」，如果必須用麥卡錫的粗暴手段去做，那就做吧。他們盼望有朝一日美國將會肅清自由派的國家，就和它目前整肅共產主義國家一樣。兩位作者的結論是，「麥卡錫主義……是一個聚集民心的運動，靠它的思想可以把一心上善、堅定不屈的人團結起來。」即使是才為剛去世的塔虎脫寫了一本同情性傳記的記者也發現，《麥卡錫和他的敵人》的論點令人咋舌。[15]

但是巴克萊才剛正要起步。一九五五年，他創辦《國家評論》，要以這份雜誌對抗巴克萊眼中，瀰漫在美國各地的自由派推動的共產主義陰謀。他堅稱這份雜誌的經費來自支持他主張的一股時代潮流，但是事實上它的資金主要來自於一位痛恨工會、痛恨反種族隔離政策又有錢的南卡羅萊納紡織廠老闆，一位洛杉磯的石油大亨，以及他富有的父親。[16]

巴克萊訂出他所謂的保守主義精神，認為這個意識形態可以抵抗他所想像的自由派陰謀。巴克萊的保守主義擁抱的世界觀與詹姆斯·哈蒙德及其夥伴在一個世紀前的主張若合符節。巴克萊宣布，政府必須侷限自己的角色於只保護生命、自由和財產。任何更進一步的行動都會戕害自由與進步。二十世紀的改革導致的政府成長，「必須被毫無保留的抵制」。巴克萊痛斥反對他的人士為「社會工程師」（Social Engineers），妄想建立「烏托邦」。雖然他鼓吹的意識形態二十年前才慘烈失敗，他堅稱是他、而不是他的對手，才真真實實地反映人類的心聲。他厭惡替小羅斯福和艾森豪當顧問的知識分子的同流合汙，聲稱這些人想「把他們的流行謬論和謬誤強加在國民身上」，而且差一點成功。[17]

他說，這些「謬論和謬誤」正在摧毀美國。巴克萊宣稱有一個陰謀勢力控制了兩黨，打出「『國家團結』、『中庸路線』、『進步主義』和『兩黨合作』等愚蠢和不知悔改的口號」。雖然當時的美國經濟指標是有史以來最佳，他堅稱目前的政府透過扶持「信奉社會主義教條」的工會組織，正在摧毀自由和富裕。《國家評論》提議要講出「被迫害的企業界這一面的故事」。最後，巴克萊矛頭直接瞄準艾森豪，批評他裁減武器、發展貿易等國際合作之構想。他說，自由不是建立在強大的政府上面，而是建立在分權上面。[18]

觀察家指出，巴克萊的這種保守主義非常偏激。在他們看來，中庸路線才是真正的保守主義；它以經驗為依據；它經過試驗，也取得成功，創造無比的社會、經濟和政治安定，而且普獲民心支持。真正的保守主義誕生於法國大革命之後的餘波當中，其理想為依據現實經驗進行治理，並推動漸進式的改革，而非根據一種意識形態藍圖憑空改造社會。巴克萊或許可以把他的主張稱為保守主義，但是實際上它們是真正的保守主義者所反對的激進主義。

艾森豪支持民權引發反動

巴克萊的觀點是絕對的菁英主義，不可能希望靠它在經濟上的表現吸引到普羅大眾的支持。但是艾森豪的中庸路線政策當中有一點是美國人長期以來即不贊同的。這一點就是種族。美國人好幾個世代以來被教導把政府保衛黑人權利視為社會主義。拜巴克萊及其友人的宣導之賜，美國人現在把為民權奮鬥與戰後的共產主義緊緊綁在一起。

艾森豪相信美國必須反對種族不平等，不僅是因為這樣做是對的，也因為直到人人平等成為普遍事實之前，共產主義國家都可以利用種族歧視來指責美國的言行不一。種族隔離不僅在道德上不應當，政治上也是一大包袱。艾森豪一就職，立刻就下令海、陸軍基地的學校和醫院打破種族隔離，也對華府的民間企業施壓，要求它們廢止種族隔離，否則政府就不與它們簽約做生意。[19]

艾森豪起初廢除種族隔離的動作只限於行政部門有絕對控制的範圍，但是他的最高法院卻把這個動作推廣到全國。在艾森豪繼承的聯邦最高法院中，全部九位大法官全都認同民主黨。他相信法院應該超越黨派意識，決定派任的大法官雖是共和黨籍，但是他們在政界的良好名譽可以恢復民眾對法院判決的信任。一九五三年十月，艾森豪任命加州前任州長厄爾．華倫出任聯邦最高法院首席大法官。華倫深得民心，已經連任三屆州長，他既是政治人物，也是律師，把擴大盟友的高明技巧帶到最高法院。在指標性的檸檬林訴訟案（Lemon Grove court case）訴訟期間，他擔任加州地區檢察長。加州高等法院在這個案子上判決，把墨西哥裔小孩和白人小孩隔離施教的學區是違法的。*

華倫在檸檬林訴訟案中清楚看到黑白分校而教是不平等的這個原則，並將之發揚光大，成為施行於全美國的法律。一九五四年，華倫主持的聯邦最高法院做出「布朗訴教育委員會」

---

* 譯註：檸檬林是加州聖地牙哥郡毗鄰墨西哥邊境的一個小城市，一九三〇年全由白人組成的學區委員會開會決定，秋季開學時利用一座農倉另設一所「新學校」，收容檸檬林小學的七十五名墨西哥裔學生，讓他們和留在原校的九十五名白人學生分別受教。墨西哥裔家長抗議，向法院提出訴訟。加州高等法院次年裁定學區敗訴。這是美國司法史上第一樁種族隔離施教措施被裁定敗訴的案子，不過當時並沒有引起全國太大的注意。

一九五九年，小岩城的抗議群眾高舉「種族混合就是共產主義」的招牌。圖片來源：維基百科。

（Brown v. Board of Education）判例，把自從南北戰爭以來即施行的「分離而平等」（separate but equal）的分校施教原則判為違憲。拜華倫善於拉攏盟友之賜，這項裁決經九位大法官全票通過。

艾森豪也動用聯邦武力支持打破種族隔離的政策。若干學校和平地展開黑白合校作法之後，一九五七年九月，阿肯色州長歐維爾·法布斯（Orville Faubus）派出州國民兵阻止九名非裔美國人學生到小岩城中央高中報到上學。州長在種族隔離派施壓下遲遲不肯退讓，於是艾森豪下令將阿肯色國民兵收歸聯邦調度，並且派一〇一空降師保護「小岩城九生」（Little Rock Nine）入學。

這是重建時期以來，第一位總統派部隊到南方保護黑人權利。南方白人民主黨員反對種族融合，但是重新復活上個世紀反重建言論的是巴克萊這一夥人。為了號召白人種族主義來支持他們的經濟方案，他們祭出老派的論據，聲稱聯邦支持黑人權利就是與共產主義聲氣相通。政府積極主義太浪費錢，把納稅人的錢拿去重新分配給官員和非裔美國人。

一九五五年十二月，羅沙帕克絲女士因為拒絕讓座給白人而被警察逮捕。圖片來源：維基百科。

從種族立場上，塔虎脫派共和黨人可以撕裂民眾對新政方案的支持。貧窮的白人是小羅斯福民主黨的粉絲，但他們絕不是他們黑人鄰居的粉絲。一九五五年，黑人社區成員組織起來要求在美國社會享有合理的地位，抗議十四歲的艾梅特・提爾（Emmett Till）在密西西比州遭人私刑殺害，另外有蒙哥馬利市（Montgomery）的黑人婦女羅莎・帕克絲（Rosa Parks）拒絕只能坐在公共汽車後方的黑人區，這時候南方白人反擊了。一九五六年初，九十九位國會議員在南卡羅萊納州民主黨人史莊・瑟蒙德領銜下，寫下「憲法原則宣言」（Declaration of Constitutional Principles），譴責撤除種族隔離是違憲的。它很快就被通稱為「南方宣言」。

直到這一刻之前，《國家評論》勉強維持發刊，如今這份岌岌可危的刊物卻突然撿到槍，有機會參與全美的種族問題之戰，從理論上為種族隔離辯護，給予維吉尼亞報紙編輯人詹姆斯・奇爾派垂克（James Kilpatrick）一個平台，向讀者宣稱，撤除種族隔離挑戰了傳統的美國價值。他說，非裔美國人不具有聯邦最高法院九票通過的平等權利。反倒是白人社區具有長期以來即確立的「和平和安寧的權利；免於動盪和失序之自由的權利」。他斷言，撤除種族隔離將導致流血暴力，暗示黑人將會憤而施暴，雖然事實上是白人群眾襲擊非裔美國人。[20]

這個警告在南方白人耳裡聽了很受用。積極有為的政府在一九二〇年代後提供經濟安全網，證明不受約束的資本主義是災難，這點他們很喜歡。政府發包的工程在貧困地區創造就業，這點他們也喜歡。但是艾森豪動用政府力量實現不問種族與膚色的人人自由，這他們就不喜歡了。他們相信，黑人就是圖謀政府能發動財富重分配，這在南北戰爭之前就有跡象，在重建時期就更肯定。如果艾森豪動用聯邦部隊捍衛黑人權利，那麼或許塔虎脫派共和黨人指控政府積極主義是另一種共產主義還真就對了！

威爾許創立約翰柏奇社

結果要靠一個秘密組織來把《國家評論》中精英的論述傳播給一般選民。艾森豪總統派部隊到小岩城的第二年，全國製造業者協會教育委員會（Education Committee）主席羅伯·威爾許（Robert Welch）創辦了「約翰柏奇社」（John Birch Society）。威爾許寫了一本充滿了陰謀理論、只給少數臭味相投的人看的書，號稱能揭露政府散播共產主義的陰謀。威爾許在《約翰・柏奇的一生：一個美國男孩的故事和他的時代之慘痛經驗》（*The Life of John Birch: In the Story of One American Boy, the Ordeal of His Age*）這本書中說明，第二次世界大戰結束時，年輕的美國傳教士約翰・柏奇因為發現共產黨陰謀搶占中國，遭到國務院暗殺。國務院人員秘密協助共產黨，在柏奇讓全世界知道中國即將淪亡前，成功幹掉他。透過約翰柏奇社，威爾許把對種族的恐懼和反共串聯起來，把它們組成反對艾森豪共和黨主義的一個草根組織。[21]

威爾許在一九五八年十二月成立他的組織，迎戰他所認為的在政府中鬼鬼祟祟的共產主義。威爾許運用他做業務行銷的訓練，把這個社團組建得像一家公司，而他自己是負責人。支薪的第一線協調人先募集地方上的小組長、小組長再去召募社員。會議在社員家中舉行，因而方便鼓勵親友家人也來加入。地方小組只要人數超過二十人，就分開為二。組織的宗旨是說服美國人相信共產主義對他們的日常生活構成致命的威脅，以及要建立一個草根運動以挑戰控制共和黨的溫和派。挺諷刺的是，威爾許組織約翰柏奇社時，靈感來自共產黨：他認為辯論會削弱權力，因此絕不容忍異議，並堅持秘密行動。[22]

在第二次世界大戰期間及戰後發了財的大工業家，紛紛加入約翰柏奇社陣容，他們有：密爾瓦基市葛瑞德鑄造廠的威廉・葛瑞德（William Grede）、威奇塔市（Wichita）寇氏工程公司和寇氏石油公司的佛瑞德・寇氏（Fred Koch）*，以及田納西州奇洛基製造公司（Cherokee Mills

Manufacturing Corporation）的海恩雄（A. G. Heinshohn）。他們對政府管制的厭惡，非常契合威爾許所謂共產主義已經滲透到全美各地的警告。但是保護勞工安全和工資的法律一般都普受歡迎。不喜歡政府管制的主張無法吸引廣大的支持。

於是，政府將透過政策把財富重新分配給非裔美國人這個論調，被威爾許拿去大做文章。按照他的說法，新興的民權運動反映了共產主義正在悄悄蔓延。他解釋說：「我們南方各州的問題幾乎完全是共產黨人一手促成的。先是讓小小的人民衝突引爆南方白人和黑人之間的不和，然後他們將進一步煽風點火，把小火焰擴大為內戰的大火……今天在南方用來製造麻煩的口號『民權』，與他們在中國使用的『土地改革』的口號完全相同。」[23]

在企業界的大力贊助下，強烈反共的約翰柏奇社很快地就在南方和西部散布開來。由於這個團體一向保密，它的社員確切人數外界難以得知，但是它至少有一萬人，可能還更多，這比美國共產黨所誇耀的黨員人數還多。但是比起基層社員更重要的是，約翰柏奇社所吸引的金錢和注

* 譯註：佛瑞德·寇氏的父親哈利十九世紀末從荷蘭移民到美國，佛瑞德從麻省理工學院化工系畢業後，投入石油開採提煉業。他在一九二八年赴蘇聯工作，見識到共產主義的暴虐，自此終身堅決反共；一九五八年參與創立約翰柏奇社。佛瑞德的兩個兒子查爾斯和大衛接掌父業後，穩步多角化發展事業，到二十一世紀初以營業額計，寇氏公司已成為美國第二大私營企業，兩兄弟被富比世、彭博和胡潤等機構評列為世界前二十大巨富。他們兄弟都是保守主義運動的金主。

意。到了一九六二年，這個組織每年可以收到上百萬美元的捐款。透過把包括艾森豪在內的對手貼上共產黨的標籤，約翰柏奇社得以強迫政客容忍他們的極端主義，因為政客們深怕自己成為約翰柏奇社下一個攻擊的目標。共和黨政客認為，約翰柏奇社或許做得過火，但是他們愛國。[24]

高華德編造的西部神話

為了對抗共產主義日甚一日的威脅，美國人又回頭去尋找英勇的西部牛仔文化，就和他們在一個世紀前的作法一樣，這種文化替保守主義運動打造出一位令人尊敬的代言人。從十九世紀末葉以來，蠻荒西部節目在西部一直很受歡迎，而且在一九五〇年代中期，隨著電視此一新媒體日益普及，西部片更大放異彩。觀眾打開電視機，轉到《鐵腕明槍》（*Gunsmoke*）、《曠野奇俠》（*Rawhide*）、《牧野風雲》（*Bonanza*）和《篷車英雄傳》（*Wagon Train*）等節目，觀賞劇情黑白分明的簡單劇情，內容不外乎是強壯英勇的白人男人苦幹實幹、赤手空拳闖天下的故事。一九五九年，電視上有二十六個西部故事。該年三月份有一個星期，十大熱門節目有八個是西部故事。[25]

一九五〇年代，沒有其他政客比起亞利桑那州共和黨聯邦參議員巴利・高華德（Barry Goldwater）更受惠於西部形象的大受歡迎。他自稱是蠻荒西部之子。高華德回憶說，他的祖父麥可・高瓦瑟（Michael Goldwasser）受到加州黃金熱潮的吸引來到美國，於一八五二年抵達

高華德素有「保守先生」之稱，曾擔任五屆亞利桑那州的聯邦參議員，該席位之後由約翰·馬侃接任。圖片來源：維基百科。

舊金山，搭驛馬車「前往最新的礦區城鎮」，然後和兄弟合開一家酒館，四周都是「賭博、威士忌和狂野的女人」。

到了一八八〇年，高瓦瑟兄弟定居亞利桑那州的普里斯考特（Prescott），經營一家相當成功的百貨公司，販售這個西部新領地拓荒者想要的每種東西。高瓦瑟兄弟把事業擴張到鳳凰城，建立起非常賺錢的公司，後來雇用了下兩代子弟（他們把姓氏改為高華德）。但是在巴利·高華德的口中，祖父的致富是意外。他聲稱，祖父高瓦瑟「並沒有追求財富、權力或安逸生活。他追求的是自由和獨立」。

巴利·高華德喜歡說，當他父親巴隆·高華德（Baron Goldwater）和愛妻在一九〇九年生下他這個長子時，亞利桑那還是西部一個領地。「汽車是個新奇的發明。蒸汽火車頭和馬匹載運我們的貨品。行人的移動都靠馬匹和路面電車。」但是高華德的回憶不只呈現出一個美好寧靜的過去；它們代表一種政治意識形態。「當時沒有聯邦福利制度，沒有聯邦規定的就業保險，沒有聯邦機構監督空氣品質、我們吃的食物，或我們喝的水。」高華德擔心聯邦政府再擴張下去，美國人就得犧牲他們的獨立。高華德說：「我們不認識聯邦政府。我們要做什麼，全靠自己來做。」[26]

高華德對家族歷史的描述也反映了他理想中的美國，但是實際上那是他創造出來的形象。高華德和他的支持者把他本人看作是舊西部的化身並沒有錯。但是，和其他生活在舊西部的人一樣，高華德家族是透過聯邦政府的慷慨大度崛起的。軍方的合同使得高華德家族有開辦第一家商店的第一桶金；聯邦撥出補助經費在一九〇五年開始興建羅斯福水壩，替鳳凰城的人口增長奠定基礎，也造就高華德家族事業的發達。第一次世界大戰以及一九二〇年代陸續的建設工程，為高華德家族企業灌進更多財富。一九二〇年代期間，聯邦的經費支撐亞利桑那百分之十五的經濟。然後，特別重視南方和西部的羅斯福新政登場。包括胡佛水壩和五十個各種聯邦機構在亞利桑那運作，聯邦政府在新政時期在亞利桑那州注入三億四千二百萬美元，只拿走不到一千六百萬美元的稅收。[27]

高華德自幼就是一個有錢人家的闊少爺，有奶媽、司機和女傭伺候。他走在鳳凰城時身上根本不必帶錢，想要什麼東西統統可以賒帳，只管記到他老爸名下，而他老爸早已把事業的日常經營委託給專業經理人代勞。高華德只念了一年大學，意興闌珊就輟學。當他結婚時，娶的是繼承大筆財富的富家女。[28]

但是高華德卻堅稱，他的家產是靠辛勤工作賺來的，而且他痛恨新政訂下的勞工法規。他痛恨《華格納法案》，其主要精神是一家公司過半數員工表決加入工會後，工會即可代表公司全體員工集體談判。高華德這一類人士指控小羅斯福總統因為把權力交給工會，傷害了工人。工人透過強大的工會領袖談判出來的合約，通常不問經濟好壞，都有一條自動加薪的條款，但雇主認為它會製造失控的通貨膨脹。雇主也認為，每個工人相同的合約會破壞美國的個人主義，因為它把工人當作可以互換的。工人再也不會根據他們本身的功績表現而升遷，他們的未來將只看年資。有組織的工人崛起，意味失業、暴亂、流血和階級戰爭。高華德支持麥卡錫，跟麥卡錫一樣深信共產黨人流竄於全美國。在政府送錢到高華德顧客手中的時代，高華德卻反過來抱怨必須納稅給政府資助這些政策。[29]

高華德這一類塔虎脫派共和黨人重新端出十九世紀的語言反對工會。人人應該有依據他本身希望的條件訂定工作合約的自由。他們說，他們要的是保護一個人的「工作權」。高華德把摧毀工會的政治力量奉為他的使命，他說，這是因為工會領袖偷走了美國人的自由。他說，他們「比蘇俄更危險」。[30]

到了一九五八年，高華德預備不只要反民主黨，也要挑戰艾森豪和中庸路線的共和黨。當總統公布一九五八年預算案、要求國會核准七百一十八億美元的支出時，高華德在參議院院會上抨擊他。艾森豪不是亂撒銀子，但是不景氣隱然將來襲，總統和他的顧問都很清楚，在這種關頭縮減政府就業機會、砍政府合約是錯誤的。失業和缺乏購買力將波及到整個經濟體，使得情勢雪上加霜。但是高華德和塔虎脫派共和黨人不贊成這種凱因斯理論。高華德在參議院院會上指控同黨的總統輕信「社會主義的誘惑聲」。[31]

高華德和其他塔虎脫派共和黨人的痛批沒有發生作用。一九五八年的期中選舉，共和黨人在七個州打出支持自由工作權、反工會的政見。在其中六個州，持這個政見的候選人都被擊敗。在全國各地，自由工作權的倡議把選民嚇跑，捨棄了共和黨。選民讓民主黨在參、眾兩院都掌握強大的多數優勢。但是亞利桑那已經是具有工作權的州，它繼續帶頭支持塔虎脫派共和黨人的主張。選民以百分之五十六的得票率把高華德送回參議院。《時代雜誌》稱許「這個身材高瘦、古銅膚色的四十九歲銀髮男士，他的祖父趕著騾子創業，而今那五家百貨公司每年可賺進六百萬美元，還留下一位熱情有勁的孫子」。[32]

《一個保守派的良知》

看起來共和黨的艾森豪派似乎已經埋葬了塔虎脫的極端派，但是痛恨美國共識的富人現在找到一名猛將繼續作戰下去。高華德風度翩翩、相貌英俊、人脈廣闊。他曾經公開譴責《布朗訴教育委員會》之判決「不是依據法律」，也不滿艾森豪動用部隊到小岩城中央高中執行撤除種族隔離。克萊倫斯・曼寧恩是塔虎脫派關鍵的幕後操縱者，決定推舉高華德爭取一九六〇年的總統候選人提名。雖然這項努力沒有成功，高華德爭取提名的過程卻鞏固了保守主義運動的意識形態凝聚力。

為了推動高華德的參選，曼寧恩出資製作有關塔虎脫共和黨原則的宣言。他寫信給一位朋友說：「我們希望出版一本一百頁的冊子，介紹高華德參議員的美國主義，企業界可以購買它，然後透過數十萬人分發出去。」他找來巴克萊的妹夫布倫特．波澤爾執筆撰寫這一宣言。最後的成品取名為《一個保守派的良知》（*The Conscience of a Conservative*），並掛上高華德的名字，於一九六〇年春天上市。[33]

《一個保守派的良知》復活了詹姆斯．哈蒙德的思想，並追隨當年哈蒙德的腳步，堅稱它們才是唯一真正的美國精神。波澤爾寫說，上帝的律法和自然律是永恆不變的。他把和他信念相同的人稱為保守派，主張保守派必須把這些永恆的律法運用到現代世界。他的核心宗旨很簡單，有如一個世紀之前哈蒙德的主張：美國憲法嚴格限制政府的職權。波澤爾和哈蒙德一樣，主張政府只應該維持秩序、對抗外敵和公正執法。除了這些職責，波澤爾再加上一項：促進經濟成長。超過這些功能以外的任何事物都會把政府帶到暴政的狹路去。[34]

和哈蒙德一樣，大多數美國人對一個積極有為之政府的渴望，被波澤爾棄之不顧。他堅稱開國先賢並沒有建立民主政體，因為他們了解「群眾的暴政」。他說，若是有機會，人民會把票投給保證會有更棒的經濟方案的政治人物，亦即哈蒙德所說的財富重分配。根據波澤爾的說法，開國先賢厭惡這個想法，希望確保聰明的菁英，而非暴民，主司其事。因此，他們精心訂定憲法，保證無論人民想要什麼，政府絕對不會改變富人越來越富的自然趨勢。[35]

林肯建立共和黨，正是為了保證少數權貴菁英不會以犧牲勞動工人的方式來治理國家，但是波澤爾堅稱，勞工有了政治聲音就會帶來社會主義。他要求回到一八六〇年以前的世界，如同奴隸主一般主張，美國的自由奠定於財產權之上。南北戰爭期間的共和黨曾經相信，聯邦政府可以無限制地徵用個人財富，用以支應國家政策之需。但是波澤爾聲稱，課稅以支應政府行動之費用，會因破壞財產權而危害自由。真正的美國人應該打倒聯邦政府的積極主義，讓國家恢復它真實的基石：州權。按照波澤爾的說法，唯有小政府，而非立法保障，才能恢復非裔美國人、農民和工人的自由。他寫說，聯邦最高法院無異議地反對種族隔離學校的立場，是違憲的，因其建立起人治而非法治的制度。聯邦對農業的規定也是違憲的，只會鼓勵農民偷懶。聯邦勞工法令使得工人享有過大的政治權力，他們利用此一權力來鼓勵低效率、降低生產和提高物價。把這些因素加起來，這些作法侵犯了自由，他認為，也降低了美國人的生活水平。[36]

除非選民把國家搶回來，恢復開國先賢由富有的菁英保護財產的立國原則，美國將一直淪為一個極權國家。減稅「將還給個人捍衛其自由與尊嚴的方法，也保證國家有充足的經濟實力，作為抵禦外敵的終極防衛」。[37]

波澤爾的宣言在這兒存在奇怪的矛盾。他雖然一方面倡議削減支出、降低稅負，一方面也堅信美國還未準備好和蘇聯全面鬥爭。波澤爾警告說，美國人正在輸掉冷戰，「我們國家的生存再度受到威脅，就和建國初期一樣」。艾森豪對外援助的「餵飽肚子理論」（stomach theory）強化了共產主義政權，而他設法與蘇聯和解，則正好上了共產黨的當。至於聯合國，它更是大大削弱美國的安全。美國必須在軍事、政治和經濟等所有領域占有主宰優勢，並以先發制人的行動推翻專制政府。只有如此，其他國家才會尊敬美國，唯有尊敬才能使它們不會嘗試把共產主義散布到美國國土。打造世界最強大的軍力將非常昂貴，是的，但是這種錢值得花。[38]

波澤爾迴避一個基本矛盾：既要減稅又要在不製造難以負荷的債務之下增強美國軍事實力，是不可能的。他以極力稱頌美國的富強繁榮來掩飾此一矛盾，但是這個矛盾將在未來數十年中，對美國人的生活產生日益劇烈的影響。[39]

在一百二十七頁的《一個保守派的良知》中，塔虎脫派共和黨主義轉向保守主義運動。它反映的是富有雇主的心態，這些人瞧不起「群眾一般智力的頭腦」，偏愛「聰明的個人之智慧和奉獻」。它不去正視美國經濟已經有了極其卓越的生產力，而且創造出來的財富嘉惠大多數老百姓。它認為艾森豪的中庸路線大受歡迎其實不能證明應該支持它。它的受歡迎反倒證明，不能信任人民會替國家選擇正確的道路。只要有機會，他們就會背棄美國傳統的有限政府，轉向社會主義。這份宣言如果沒有對種族隔離提供知性上的論據，它最多也不過就是一位人脈廣博的年輕耶魯狂人的夢囈。但是加入對種族隔離的辯護之後，它獲得相當多的追隨者，成為一顆熠熠發亮的政治明星號召行動的宣言。

高華德並沒有贏得共和黨的提名，而且一九六〇年大選的結果讓保守主義運動嚇壞了。艾森豪的聲望非常高，出席一九六〇年共和黨全國代表大會的代表們選出他的副總統理查·尼克森為共和黨的總統候選人。尼克森比保守主義運動盼望的立場更加溫和，但是他們接受他，一則是因為他有深厚的反共背景，再則是他們相信他會勝選。當他敗給民主黨候選人、麻州聯邦參議員約翰·甘迺迪時，保守主義者大為震驚，因為他們始終認為甘迺迪是個沒有大腦的繡花枕頭。起先，他們堅稱甘迺迪不是合法產生的總統，雖然他在全民票方面多過尼克森十二萬五千張票，在選舉人團票方面也以三百零三票遙遙領先尼克森的二百一十九票，但他們認為民主黨的勝選是買來的。（這話出自共和黨特別諷刺。共和黨在一八七七年把全民票輸給對手二十五萬票的海斯送上總統寶座，又在一八八九年把全民票輸給對手十萬票的哈理遜送進白宮；可是現在他們就有臉這樣說。）當他們的抱怨引起不了迴響時，他們得到的結論是，美國已經落入共產主義手中了。[40]

保守主義運動認為，共和黨會失去白宮是因為艾森豪的中庸路線根本就是把新政這道冷菜拿出來回鍋再炒，因此誓言共和黨必須採取更強硬的立場，反對新政對美國的背叛。有位先生在《國家評論》上撰文表示，他們必須「翻轉從林肯至羅斯福與艾森豪時代，整個美國知識界的趨勢」。他們保證要把時鐘轉回到南北戰爭之前的日子去。[41]

聯邦政府對西部與南部的開發

雖然保守主義運動在一九六〇年於全美範圍內還是個小團體，第二次世界大戰後人口的變化有助於它的思想在南方和西部散播。保守主義運動的西部形象對於這些區域的美國人很有魅力，這兒正是大約一個世紀之前牛仔文化開始散布的相同地區。第二次世界大戰期間，人員和聯邦政府的經費流向西部和南方，因為政府把軍事設施和工業分散開來，以防敵人打擊人口稠密的東部時，全國備戰動員措施不致於癱瘓。南方和西部的土地便宜，不動產開發商和企業界為了吸引軍方來他們的地區，願意把他們的土地以象徵性的價格長租給政府。戰後，政府的資金繼續湧入，但是就有如十九世紀末期出現的盲目認知一樣，南方人和西部人看不到他們對聯邦政府的依賴，反而支持保守主義運動。[42]

在南方，保守主義運動和新興的國防工業及機械化的引入同步成長。許多南方白人的農場在大蕭條時期破產了，現在走出貧困，獲得穩定工作，而新興工業也吸引許多北方中產階級南下，擔任經理人。人口結構如此變化恢復了共和黨在固若金湯的民主黨南方攻城掠地的機會。一九三〇年代還在排隊等候聯邦方案賑濟的許多人，現在變成受薪階級，得開始繳稅了。在他們看來，尤其是在約翰柏奇社成立之後，這些稅金似乎流到他們非裔美國人鄰居的口袋，這一點令他們痛恨不已。它們是保守主義運動言論的沃土。與此同時，許多南遷的北方人早已是共和黨人。這些原本的北方佬不願加入南方民主黨，成為保守主義運動在「梅森—狄克生線」（Mason-Dixon Line）*以南地區發展的對象。[43]

南方白人特別容易受到保守主義運動捍衛種族隔離言論的感召。非裔美國人民權運動和共產主義之間時有連結，至少自從一九五七年以來就在南方流傳，但是直到一九六二年才出現具體跡象。黑人退伍軍人詹姆斯・梅瑞迪斯（James Meredith）想要進入密西西比大學就讀，卻被密西西比州長羅斯・巴奈特（Ross Barnett）支持、匆匆訂定的一道密州法令所擋下。甘迺迪總統支持梅瑞迪斯有權進入密大就讀，他反對南方白人對密州的控制，推翻州長的裁定，下令聯邦介入，協助梅瑞迪斯註冊入學。甘迺迪必須召集由聯邦控制的警察及部隊在危機期間壓制暴動。

於是，當聯邦政府採行有如重建時期的作法，在「深南方」（Deep South）州促進一名非裔美國人的權益，南方白人對政府的積極作為的反應也與一八七〇年代一樣，逕行指控政府有如共產主義，這個指控和保守主義運動相互呼應。干預密大入學事件的部隊是由誰支付薪水的？納稅人耶。汽車擋泥板上的標語出現「卡斯楚兄弟在白宮」——把甘迺迪總統和司法部長羅伯・甘迺迪兩兄弟比擬為古巴共產黨政府的菲德爾・卡斯楚及其弟弟。三K黨在北卡羅萊納州做了一幅路邊大廣告牌，講得更直白：「請幫助和共產主義及種族融合作戰。」[44]

國防工業與加州的起飛

二十世紀中葉西部人口結構的變化比起南方各州還更劇烈，它也助長保守主義運動。但是在西部，保守主義運動的成長出於反共的經濟吸引力、大於它反對種族融合。

二戰期間，國會撥款超過七百億美元到西部，其中將近一半分派到加州。

一百八十多億美元用在西部興建三百四十四座工廠，包括鋼鐵廠、飛機廠、製鎂工廠。到了一九四三年，加州新興的飛機製造業雇用員工將近二十五萬人。同時，加州的造船業雇用員工二十八萬人。一九四四年，洛杉磯躍居為僅次於底特律的製造業中心。[45]

從前，戰爭過後，美國經濟就突然轉向，不再專注軍事生產。但是第二次世界大戰之後，因為冷戰興起，軍事支出仍然持續攀升。一九五〇年至一九五九年期間，國防委外項目的預算增加百分之二百四十六，每年高達二千二百八十億美元。同一時期，美國非軍事企業的擴張只有約百分之七十六。到了一九六二年，國防項目占聯邦預算的百分之六十二。國防支出主宰了美國經濟。[46]

---

* 譯註：梅森—狄克生線是美國賓夕法尼亞州和馬里蘭州、馬里蘭州和德拉瓦州之間的分界線。美國獨立革命之前的一七六三年至一七六七年由英國測量家查爾斯．梅森（Charles Mason）和傑里邁亞．狄克生（Jeremiah Dixon）共同勘測之後畫定。它在南北戰爭期間成為北方自由州和南方蓄奴州的界線。

一九五〇年代，加州每年拿到的國防經費是其他任何一州的兩倍。在這十年期間，國防委外項目，以及國防部發放的軍職及文職人員薪餉，給加州注進五百億美元以上。由於國防承包商群聚，洛杉磯及其周圍各縣水漲船高。人們紛紛前來建飛機和生產電子品。洛杉磯一九四〇年人口僅有一百五十萬人；到了一九六〇年，洛杉磯大都會區號稱人口超過六百萬。[47]

這些人全都需要食品、衣服、住家、家用電器、娛樂和奢侈品。營建業興旺，房地產開發業起飛，零售百貨業一飛沖天。醫生、牙醫、律師、會計師和數以千計的小生意人都分享繁榮成果。華德．迪士尼不落人後，也前來投資興建迪士尼樂園；這個雄心勃勃的計畫成功，代表觀光客也開始湧進南加州。[48]

和南北戰爭之後的年代一樣，西部不尋常的成長是藉聯邦支出打造出來，但也跟過去一樣，二十世紀西部的創業家痛恨聯邦政府。國防承包商明白，他們的生計依賴聯邦政府的工程合約，它們是由聯邦稅收付款的。但是來到本區域、靠國防工業員工的薪水過活的生意人，卻沒有如此直接看到關聯。在他們眼裡，他們是個體戶創業者，聯邦政府透過不必要的勞動法規和稅賦重新分配財富，偷走他們合理的利潤。國防工業及環繞著它興起的企業，它們的員工需要支付房貸分期付款、子女學費和一般消費者債務，他們與雇主一樣焦慮，稅負吞噬了他們的所得。[49]

這個特殊的西部經濟模式有助於保守主義運動的成長。在國防工業為重的社區、尤其是南加州，反共在政治上是一門好生意。國會議員可以大聲反共，一方面譴責政府花錢搞公共工程，另一方面又贊成要維持強大的軍隊，後者可以把聯邦的錢導入他們的選區。

艾森豪很清楚，這個新興的軍事—工業體系只是換上不同名義的公共工程計畫，但是不像花在辦教育或建造公路的錢，無止境的建軍不會給社會帶來長期利益。艾森豪一九六一年卸任時，他的告別演說強調軍火工業和政府關係太密切的弊病。他指出，有史以來第一次，美國擁有永久性的一個龐大的軍火工業。每年美國花在軍事安全方面的支出，超過全國所有企業加總起來的淨所得。整整三百五十萬名男女直接參與國防工業；其他許多人在環繞著這些公司的周邊地區謀生。「在每個城市、每個州政府辦公大樓，以及聯邦政府的每個單位」，國防工業都在發揮它對經濟、政治，甚至精神層面的影響。它影響到美國社會的根本結構。艾森豪把它稱為「軍事—工業複合體」（military- industrial complex），認為它頗有危害美國的自由和民主發展之虞。

艾森豪駁斥一直宣揚這個說法的保守主義運動，認為他們完全錯了。美國並沒有像他們喋喋不休所說的，已經失去它在世界上的優勢地位，但是美國的領導和威望取決於美國必須善用其力量，以促進世界和平和人類發展。他警告說，如果在傲慢或缺乏理解之下運用，權力會造成嚴重傷害。在艾森豪心目中，美國實在不應該再繼續建軍備戰了。美國反倒是必須致力於裁減軍備。我們沒有奇蹟妙方解決現代社會的問題，沒有辦法靠砸大錢、搞大建設就能阻擋日積月累必然會出現的危機。按照艾森豪的想法，對付這種危機唯一的方法是，運用良好的判斷和追求平衡與妥協，這個藥方和保守主義運動的絕對主義作法大不相同。親歷世界大戰的總統懇求自己黨內的本位主義頑固分子看清楚，國家政策不是兒戲。另一場世界大戰會摧毀人類文明。[50]

西部共和黨人不理睬艾森豪和東部共和黨人對急遽膨脹的國防工業力量的擔憂。他們認為這些東部人親共產黨，是塔虎脫所譴責的東部建制派的一部分，已經被巴克萊所謂的有錢、有良好教育的東部「自由派菁英」所腐化。艾森豪和甘迺迪禮賢下士，傾聽常春藤盟校知識分子的專業經驗，造成西部企業界不滿他們的觀點在華府沒有受到重視，因而強化了他們的信念——他們在沒有同意的情況下，被無能又專斷的東部建制派統治。西部國防工業界是巴克萊及其同仁在《國家評論》中提倡的保守主義運動主要的支持來源。[51]

當東部企業界支持甘迺迪時，保守主義運動對東部建制派的厭惡心理又來到高點。這位民主黨籍總統對企業友善、加強貿易、於一九六三年減稅，又知節制、不輕易啟動反托拉斯行動，頗討東部跨國公司領導人的歡心，他們逐漸轉向民主黨。東部企業家和民主黨籍總統水乳交融，增強了共和黨內的保守主義運動。在東部人慷慨解囊捐錢給民主黨時，西部人在共和黨全國層次圈子裡的勢力也愈來愈大。[52]

雷根在加州崛起

當保守主義運動在南方和西部散布開來時，南加州的人口結構使當地居民成為《上帝與耶魯人》、《國家評論》、《約翰柏奇的一生》及各式各樣文學的主要讀者。這些作品得到富有的工業家在背後出資贊助，警告大家美國正在落入共產黨手中。從加州這個反共的溫床，保守主義運動前途最為看好的領袖登場了。[53]

南加州居民絕大多數為白人，而且許多人的工作依賴國防工業。他們從大蕭條的深淵中長大，遷居到加州找工作，現在過著「美國夢」的生活。他們忽略政府支出才是他們能夠過上好日子的關鍵因素，反而自以為是靠自己的雙手打下的天下，也發展出對個人成就相當大的信心。有位女士回憶戰後她在南加州的生活，她說：「這是上帝的國家。它使你如此振奮想要當個美國人，你會想要盡全力使它維持這個樣子。」[54]

來到欣欣向榮的加州市郊城鎮的人，大部分是新居民，沒有社區關係，住在沒有城鎮中心的一片廣闊的新開發社區。像約翰柏奇社這樣的組織有在地、溫馨的分會，能協助培養社區意識，同時又推動吻合市郊居民經濟利益的意識形態。喝咖啡話家常、烤肉聚餐、橋牌社聯誼等也都是居民分享對個人主義的肯定、對共產主義的恐懼的場合。教會更是重要，因為對抗無神的共產主義本是宗教的宗旨。[55]

有個加州人正是這種心態的代表人物——來自伊利諾州、談笑風生的隆納德·雷根。這位光彩四色的英俊硬漢生於一九一一年，運用他甜美、磁性的嗓音在廣播電台工作，然後在一九三七年搬家到好萊塢，成為二流的演員。他在二戰之後頭幾年相當走紅，但旋即走下坡，部分原因是他活潑、清新、好男孩的形象在一九五〇年代退流行，也因為他花太多時間參與政治活動。一九四七年，他成為「演員同業工會」會長，他既保護演員工會的會員，也對抗他懷疑是共產黨背景的工會分子。

雷根起先是民主黨員，但是在周遭政治氣氛影響下逐漸右傾。一九四九年，他與元配髮妻離婚，三年後，娶了共和黨籍的女演員南西・戴維斯（Nancy Davis），他的政治立場開始轉變。一九五四年，他接下工作，主持奇異公司（General Electric）贊助的每週一次電視節目。他也替奇異公司巡迴全美各地發表激勵人心的演講，強調美國自由企業體制能保障工人、雇主和消費者等社會上的所有參與者，都和睦共處地分享所有利益，除非政府或工會弄髒了這口井。

一九五五年，雷根成為《國家評論》訂戶。一九六〇年，他針對甘迺迪接受總統候選人提名時發表的演說向尼克森寫了一封信，信中的口徑頗符合巴克萊本人的論述。他表示：「是不是應該有人替甘迺迪那天馬行空、充滿想像力的政策貼上合適的標籤？在那一頭孩子氣的凌亂頭髮下，仍然還是年邁的卡爾・馬克思的腦子。」[56]

不久，雷根就在加州各地共和黨俱樂部發表政治演說，運用他低沉充滿磁性的嗓音，傳遞橘郡（Orange County）的反共福音。

保守派的反智力量

到了一九六四年，保守主義運動在美國的影響力有長足進展，從舞台邊緣逐漸躍升為主角。一九六三年十一月，甘迺迪總統在被瘋狂指控為共產黨員的聲浪中遭到暗殺而身故，造成許多時事評論家，包括共和黨籍的聯邦最高法院首席大法官厄爾・華倫在內，懇求保守主義運動停止仇恨言論。但是巴克萊靈巧地宣稱，他的措詞用字很正派，反而是首席大法官華倫等自由派譴責右翼「極端主義者」的言論，才激化黨派對立、摧毀了國家。按照巴克萊的說法，自由派——並非保守派——才是「仇恨販子」，「煽動對美國右派人士進行私刑」。保守主義運動逐漸相信他們是站在美國和世界末日之間僅有的守護者，而他們把目標鎖定在白宮。[57]

一九六四年，保守主義運動決定推舉高華德競選總統。起先，高華德獲得黨內提名的機率似乎相當渺茫。在紐約聲望很高、四度當選州長的尼爾遜・洛克斐勒似乎十拿九穩會贏得共和黨提名。洛克斐勒是個典型的艾森豪派共和黨人，在民主黨和共和黨政府都有豐富的工作經驗。他在紐約州長任內，擴大教育體系、支持工會加薪要求、出資興建公共工程，及開發低收入戶住宅和成功的推動社會福利計畫。和艾森豪一樣，洛克斐勒認為自己主要是個解決問題的人，並非政黨意識分明的人。

高華德卻和洛克斐勒及其實事求是的才幹相反，他是保守主義運動口無遮攔的發言人，他們被普遍認為太激進，不符現代美國的需要。但支持者還碰上一個更困難的障礙，就是高華德斷然拒絕出馬爭取提名。但是支持者不為所挫，推出二十個人組成的秘密團隊，製造一個草根運動要徵召他。他們號召到相當大的支持，但是不太能成功說服沒有太大意願的高華德，直到某一事件說服他傾向接受提名。[58]

洛克斐勒個人生活上的不檢點，使得高華德陣營得到從天外飛來、預想不到的禮物。洛克斐勒一向喜歡在女人圈中打轉，但在政壇他也不是唯一的——即使有情婦，只要稍加掩飾，也不致妨礙他贏得提名。但是他在一九六二年與結褵三十二年的髮妻離婚，次年再婚，娶了一位剛離婚的女士；她拋下和前夫生的四個小孩，投入洛克斐勒豪門。這種行為代表洛克斐勒威脅到美國家庭的穩定，而美國家庭卻是美國社會的基礎。支持他爭取提名的力量當下潰散。雖然還有其他幾個參選人有心爭取提名，高華德進軍白宮的路打開了。

一九六四年，共和黨在舊金山「牛宮」（Cow Palace）舉行全國黨代表大會，象徵西部在黨內力量的竄升。高華德派黨代表控制了會場，當洛克斐勒州長講話時噓聲四起，然後建立一個遵照《一個保守派的良知》所開的處方之政綱。它大談「美國的道德墮落和動搖」，主張個人主義、小政府、州權、減稅，以及建立全世界最強大的軍隊。高華德現在一面全力投入選戰，一面拉抬保守主義聲勢。他在接受提名的演說中宣布：「為了捍衛自由，極端主義不是罪惡……為了追求正義，溫和不是美德。」艾森豪對高華德贏得提名，大為震驚，但是前總統胡佛則歡欣

施拉夫利在七〇年代成為反女性主義的悍將，積極反對墮胎與「平等權利修憲案」的通過。圖片來源：維基百科。

鼓舞。[59]

保守主義運動認為他們支持的候選人相當正派，號召選民要響應他們。其中有兩人給運動帶來重要的新動力。有一個人把保守主義運動的菁英主義和民粹派的憤怒結合起來；另一個人則賦予運動一種溫文儒雅的光環。

伊利諾州共和黨婦女聯合會（Illinois Federation of Republican Women）會長菲莉絲．施拉夫利（Phyllis Schlafly）把反菁英的陰謀理論帶進保守主義運動。她為了支持高華德寫了一本很薄的小書，取名《選擇並非附和》（*A Choice Not an Echo*）。她指控有一群東部富人陰謀破壞共和黨真正的代表——塔虎脫派共和黨人——以便遂行對他們自己有利的干預主義外交政策。這些「秘密的造王者」是一群靠新政外交政策的奶水養大的金融業者與銀行家。施拉夫利主張這個世界分裂為二：黑人與白人、共產主義和自由。但是這些陰謀野心家不肯承認這種涇渭分明的對立，因為他們可以從國際合作這個「危險」的概念中收割更多利益。而且錢還不少！她指出，用在外交事務上的年度支出，從一九四一年的一百三十億美元攀升到一九六四年的高達一千億美元。這些人刻意破壞塔虎脫共和黨，提名比較弱的中間路線候選人，維持住讓他們上下其手揩油的制度。即使尼克森原本是個堅定的反共人士，也被國際主義野心家收編。[60]

溫和派路線非常受歡迎，但是施拉夫利拒絕承認這個事實。她堅稱，新出來的民意調查專家喬治・蓋洛普（George Gallup）根本就是假貨，是國際主義陰謀野心家「宣傳機器」的爪牙，所以才故意做出高華德的極端主義不受選民支持的民調。她說，假民調完成調查後，野心家利用報紙和廣播電台摧毀他們選定的人員之外的所有人。[61]

高華德會不屈不撓地對抗東部的野心家和共產主義。他會提供「選擇、而非附和」。施拉夫利宣揚的是一種反智的保守主義，那正是艾森豪非常痛恨的。她寫說，蛋頭學者抱怨高華德對複雜的問題「只有一句話的解決方法」。但是簡單的解決方法才是答案！美國該拿共產主義怎麼辦？阻止它啊！建制派的共和黨人反對提名高華德，其實正好證明他才是適合這項工作的不二人選。他是草根型接地氣的候選人，是庶民的代表，普羅大眾基於理念而支持真正的共和黨人，不是為了拿好處才支持共和黨人。和巴克萊一樣，施拉夫利不要什麼立場超然或跨黨派合作。她寫說：政治運動應該「有競爭、有對立」，而她決心貢獻全力、促其實現。[62]

施拉夫利把民粹的陰謀論和反智主義帶進保守主義運動，而雷根則帶來溫文儒雅。十月底，也就是大選投票日之前不久，他透過電視發表支持高華德的演講，講題是「選擇的時刻」（A Time for Choosing）。這篇演講等於是普及版的《一個保守派的良知》，它攻擊過去三十年的溫和派路線，主張小政府和對共產主義全面開戰。政府對企業的監管等於極權主義。雷根熱情地稱讚個人，又抨擊「遠在華盛頓的一小撮知識菁英」，這些人自認為「比我們自己更懂得如何替我們規劃人生」。

和巴克萊當年攻擊耶魯教授一樣手法，雷根精心挑出幾樁美國人民因為政府行動而受害的案例，也一竿子打翻一條船，貶抑受到政府協助的人。他不提政府資助新興的國防工業，幫助了加州的繁榮。在他語言親民的演講中，只有飽受壓迫的個人和自以為是、愛管閒事的政府，它們由遠在天邊的菁英掌控。艾森豪提倡教育，虛心向學界求教，雷根的演講則和施拉夫利的書一樣反智，把哈佛的教育批評為一文不值。他說，問題出在自由派，而他說的自由派指的是任何人、不管他是民主黨或共和黨，只要不是保守主義運動成員就是。雷根聲稱，高華德和那些極權主義心態的菁英恰恰相反，「他有信心，你、我有能力、有尊嚴、有權利為自己做決定，決定我們自己的命運」。

雷根解釋說，沒有左或右的問題，只有超越與墮落的問題：「向上超越到符合法律與秩序的終極個人自由，或是向下墮落到極權主義的螞蟻窩。」除了保守主義運動成員，人人都在墮落的道路上。在林肯啟發性的言詞上，雷根加上對世界末日的警告：「我們將替我們的子女守住地球人類最後的最佳希望，還是我們的作為會陷他們於數千年黑暗的深淵之中？」[63]

對於保守主義運動，雷根是一張王牌：透過他做過演員和奇異公司代言人的經驗，練就一身非凡的演講能力。他溫馨、風趣、有說服力。同樣的原則出自波澤爾之手，讀起來就像是富家子弟了無心意的八股文章，從雷根口裡出來就聽來言之成理且無可質疑。保守主義運動找到了完美的發言人。

第十一章

保守主義運動劫持共和黨

從一九六四年至一九八〇年，保守主義運動擄獲了共和黨。這並不是一個自然而然或無可避免的結果。一九六四年十一月的觀察家認為保守主義運動是極端分子，很快就會被掃進歷史課本的注腳裡。或者認為他們不值得太大的注意：一九六七年出版的一本共和黨黨史隻字未提威廉・巴克萊。但是任何人如果認為保守主義運動已經過氣，那就錯了。一九八〇年，他們選出一位自己人入主白宮。[1]

保守主義運動藉由操作種族議題和政府積極主義之間的關係贏得選舉，這成了他們拿手的選戰策略。但是保守主義運動最厲害的是，對於一九六〇年代和一九七〇年代可怕的種種複雜議題提供清晰、簡單、正面的答案。在這些年代，美國跌跌撞撞經歷越戰、高通貨膨脹、社會動盪、水門事件和伊朗人質危機。這些全都是盤根錯節的問題，而由於國際上的種種麻煩，它們變得益發錯綜複雜。但是保守主義運動以黑白分明的言語來解釋它們，使得人們很容易就明瞭善良的美國人應該站在哪一邊。在如此混亂的時代，保守主義運動的反智主義反而成為一個優點。他們的言論並未解決現實問題，那並不重要。它似乎提供一條道路讓選民能夠找回過去純樸美好的繁榮和安全，這一點才重要。

對他們更有幫助的是，他們深信自己是正確的，他們在任何事物上都不肯讓步。隨著他們的固執，他們迫使美國其他人脫離政治光譜的中間位置，靠向他們的立場。

詹森「大社會」掀起的反彈

雖然高華德在一九六四年慘敗，他的參選替保守主義運動在十六年後的勝利奠定基礎。一九六四年，絕大多數美國人被高華德要當總統這個想法嚇壞了。高華德自稱是保守主義者，但是他承諾要徹底推翻自從經濟大蕭條以來維持美國經濟相當穩定的凱因斯經濟學，把時鐘倒轉到一九二〇年代。他得到約翰柏奇社和菲莉絲・施拉夫利等極端分子的支持，而且他堅持極端立場，譬如明白地提議贊成前線指揮官使用戰術核子武器。共和黨領導人勉為其難地支持他，也有許多人則跳船，轉而支持民主黨候選人。[2]

一九六四年，選民把遞補甘迺迪遺缺繼任總統的林登・詹森再次送回白宮。這位德克薩斯州政壇老手得到百分之六十一點一的全民票，大勝高華德的百分之三十八點五。很顯然，保守主義運動並沒有如他們自稱的代表多數美國人的心聲。

不過，高華德的參選完成三項重要任務。第一，他為保守主義運動開闢規劃了通往權力的路線圖。為了推動這位亞利桑那州聯邦參議員的競選，他的支持者善加運用郵遞信函名單和同情他們的媒體。由於大額政治捐款人大多是溫和派，高華德團隊繞過他們，向個別選民爭取小額捐款。小額捐款積沙成塔，不僅現金湧入，捐款人也承諾會出席投票。高華德團隊為這位亞利桑那州聯邦參議員爭取到兩千七百多萬張選票，而且財務沒出現赤字。他們的草根策略十分成功。大選過後，高華德團隊把他們的草根組織推廣到全國，成立「美國保守同盟」（American Conservative Union），把許多不同的保守派團體集合起來，並且擴大他們的影響力。他們也成立「爭取自由青年美國人」（Young Americans for Freedom）和「爭取自由世界青年十字軍」（World Youth Crusade for Freedom），作為新世代蓬勃發展的青年文化的另類選擇。[3]

第二，高華德的參選把「深南方」從民主黨手中搶過來。高華德贏了六個州：南卡羅萊納、喬治亞、阿拉巴馬、密西西比、路易斯安那和他的老家亞利桑那。南方白人喜歡高華德的捍衛州權、痛斥《布朗訴教育委員會》裁定為違憲，以及不贊成政府動用聯邦部隊撤除種族隔離。他們拋棄民主黨、投入共和黨懷抱，因為推動民權的民主黨令人失望。共和黨領導人沒有錯失爭取此一新選民的可能性。

最後，高華德的大敗給了民主黨占盡絕對優勢的一年。第八十八屆國會在一九六五年一月開議時，民主黨在兩院都握有超級多數席次。掌握如此決定性的民意支持下，詹森在國會推動通過一系列堪可比擬小羅斯福總統「新政」的法案：聯邦補助教育、住宅立法、反貧窮立法、農村開發補助、醫療保險與醫療補助（Medicare／Medicaid），以及捍衛黑人投票的《投票權法案》（Voting Rights Act）。他又決定派出地面部隊到越南協助對付共產黨叛亂。

詹森的「大社會」計畫（Great Society）掀起了整個保守主義運動的劇烈反彈。即使國會通過掃除貧窮的法案，並且增加弱勢族群參與政治的權力，全美各地種族暴力事件一再上升。投票權似乎是緩和南方農村情況的萬應靈丹，可是它們對北方的非裔美國人卻起不了作用。製造業在北方沒落，轉進到西部大為興盛，使得北方城市低收入住宅區的黑人失業嚴重。與此同時，中產階級的白人遷出城市、搬到戰後新興的郊區定居，傷害了城市的稅基，造成城市稅收下降。黑人困居在擁擠的街坊，走上街頭作亂。一九六五年八月，洛杉磯的瓦茲區（Watts）爆發六天的動亂，造成三十四人死亡、一千多人受傷，財物損失超過四千萬美元。明明已經制訂反貧窮法案，也授予黑人民權，黑人還是爆發動亂，使得白人納稅人覺得辛苦賺來的錢被拿去繳稅，卻送到忘恩負義的破壞分子手中。

保守主義運動反租稅、反福利、反民權立法的立場爭取到許多支持者。一九六六年的期中選舉，共和黨在眾議院增加四十七席、在參議院也增加三席。他們並沒有在國會取得過半數席次，但是已經能夠阻滯「大社會」立法的通過。《美國新聞暨世界報導》週刊（*U.S. News and World Report*）指出，「大重擊」已經過去。美國人不喜歡高華德，但是他們愈來愈不苟同沒有節制的新政。他們似乎寧願接受艾森豪的中庸路線。[4]

但是保守主義運動相信選舉結果證明是另一個方向才對，事實上，美國人熱愛中庸路線這個錯誤認知已經完蛋大吉。「美國保守同盟」指出，它所支持的一百五十三位聯邦眾議員候選人只有二十人落選。共和黨也贏得八席州長，包括隆納德·雷根當選加州州長。雷根以保守主義運動的語言贏得選舉，他保證把「領取社會福利的遊民送回工作崗位」；針對反越戰的大學生在柏克萊加大校園的抗議活動，他強調要「清理柏克萊的混亂」。隨著他們在共和黨內的音量日益增大，保守主義運動開始把注意力投向一九六八年的總統大選。[5]

尼克森試圖兩面討好

一九六八年共和黨要提名總統候選人的話，艾森豪的副總統理查・尼克森是合乎邏輯的人選。但是保守主義運動並不信任「狡猾的狄克」（Tricky Dick）。他們的反對迫使內心裡是個溫和派的尼克森採取訴諸種族主義、日後被稱為「南方策略」（southern strategy）的競選作法，並把自己交給新媒體策略家，讓他們精心打造他在電視上的形象。這些策士當中有一位名叫羅傑・艾爾斯（Roger Ailes），他很清楚該怎麼利用以看似自發舉辦的小鎮會議的電視廣告，來傳達保守主義運動的精神。

尼克森在贏得提名之前就遇上勁敵。保守主義運動大將雷根本身也想爭取提名，迫使尼克森搶著爭取四年前高華德贏得的南方各州之支持，以便占上風。他拉攏南方各州黨代表，尤其是史莊・瑟蒙德，他早年以「狄克西民主黨」候選人身分參選過總統，但是在一九六四年轉向加入共和黨，支持高華德。尼克森在贏得黨內提名後調整安排，提名溫和派的馬里蘭州長史畢洛・安格紐（Spiro Agnew）為副總統候選人。尼克森希望安格紐作為搭檔，可以替共和黨守住和「深南方」毗鄰的各州。[6]

尼克森曉得在大選中，他在「深南方」一定會輸給主張種族隔離的第三黨候選人，亦即前任民主黨籍阿拉巴馬州長喬治・華萊士（George Wallace），因此他轉向爭取北方城市的民主黨人。北方城市的選民非常畏懼種族暴動，願意接受能夠保證安定和公平的任何領導人。尼克森承諾要恢復美國的法律和秩序，要讓說服國內互相交戰的派系握手言和。

尼克森選戰的主題來自保守主義運動，訴諸一般老百姓。這個老百姓就是一八八三年威廉・孫納所謂的「被遺忘的人」（Forgotten Man）之再版。他是苦幹實幹的中產階級納稅人，一點都不起眼、沒受到政府的關心和注意，同一時間特殊利益團體卻叫囂著要國家給他們更多福利。從當年尼克森成功的「格子花演講」，這是合乎邏輯的延伸：當時尼克森把自己描繪成一般美國大眾的代表，這個主題也扣住一九六〇年代的動盪。尼克森承諾要恢復傳統的美國，獲得人民迴響，因為他們對日益猖獗的反文化運動和暴力暴亂十分憂心。[7]

保守主義運動喜歡這個主題，但是它在一九六〇年代末期不是必勝的保證。為了打動人心，尼克森求助新媒體。一九六〇年他和甘迺迪的政見辯論透過電視轉播，使他吃癟落選，之後他就不信任電視。但是他在一九六八年聘用一位年輕的廣告業高手幫他包裝，向選民推銷。哈里・崔李文（Harry Treleaven）認為電視已經把政客轉變成名流、演員，他們的台詞與表演的重要性，遠遠超過任何政策立場。尼克森的幕僚想法和崔李文一樣。尼克森的一位媒體顧問寫說：「選民基本上是偷懶的。理性需要相當高程度的紀律、集中注意力；感性就可愛多了。理性會讓觀眾卻步，它攻擊觀眾，要求觀眾表態同意或不同意；感性則安撫觀眾、鼓勵觀眾，也不要求他們勞動大腦……當我們和他們爭辯時，我們……要求他們費功夫思索……但情緒很容易就被掀起，比較淺層，比較能被塑造。」[8]

崔李文賦予尼克森的保守主義論述一種超越事實根據的視覺語言。他創造出一位沉穩的候選人，有總統的氣勢，能夠解決國家急迫的問題。為了不讓笨拙的尼克森在攝影機前表演，他聘用一位聰明的青年攝影師，從檔案照片取材建構電視廣告，以連續畫面創造出一種氣氛。有一個廣告亮出共產黨領導人僵硬的影象，配上飛彈、軍用直升機飛過螢光幕，再加上駭人的音樂。然後鏡頭一轉，出現自由女神像，旁白再播出「尼克森」。另一個廣告是一群年輕的美國人攜手合作「為全世界人類創造和平與進步」。又有另一個廣告是可怕的殺戮景象，然後保證「光榮地結束越戰」。每一個廣告的結尾一定有一句：「世界的命運取決於你這一票。」[9]

競選團隊雇用一名年輕的電視製作人，說話粗魯的羅傑．艾爾斯。艾爾斯指導尼克森因應不同市場需求，在各地小鎮會議上做不同的表演。艾爾斯在小心管理的節目中親自挑人來向候選人發問，而且一定不讓新聞界發問。（艾爾斯大吼：「在這個地方，我們一定需要一個老黑。」或是「不能再找農民了。他們全都問同樣他媽的無聊的問題。」）艾爾斯安排鼓掌、布景、尼克森的回答、攝影機的角度、群眾為候選人歡呼、尼克森化妝的黑影，所有細節無不詳加規畫。他說：「讓我們承認吧。許多人認為尼克森平淡無聊。認為他沉悶透頂，看了就討厭。」但是經過巧妙安排，電視可以「使他們忘掉這一切」。[10]

的確是如此。不過，尼克森的選戰也因民主黨這一方的一團混亂而如虎添翼：民主黨被曠日持久的越戰搞得焦頭爛額、詹森總統放棄競選連任、羅伯・甘迺迪六月初遭到暗殺身亡、以及七月份全國代表大會在芝加哥舉行時碰上激烈的抗議。尼克森贏了一九六八年大選，但是贏的不多。他只比民主黨候選人、副總統修伯特・韓福瑞（Hubert Humphrey）多出約五十萬票，而打出種族隔離政策的候選人喬治・華萊士在南方得到將近一千萬票。這表示過半數以上的美國人沒把票投給尼克森。*選民也把民主黨送回國會，在參、眾兩院據有強大的多數議席。但是尼克森進了白宮，而且拜他競選之賜，保守主義的思想擴散到全國。

由於民意支持程度太弱，尼克森似乎別無選擇，必須站在中間路線，同時又得讓保守主義運動滿意。這可不是一件容易的事。在他就職時，二次大戰之後的經濟榮景正在退潮。強大的消費者支出和巨大的國防預算加總起來，造成猖獗的通貨膨脹。尼克森藉由削減預算、提高富人稅，試圖抑制通貨膨脹，同時又把九百萬窮人納入免稅範圍。但是當裁減支出把失業率衝高到政治上

* 譯註：尼克森全民票三千一百七十八萬三千七百八十三票(百分之四十三點四）；韓福瑞三千一百二十七萬一千八百三十九票(百分之四十二點七）；華萊士九百九十萬一千一百一十八票(百分之十三點五）。

難以嚥下的百分之六點二的時候，尼克森改弦更張。他凍結物價與工資，減稅，暫時停止外匯以美元換黃金。美國老百姓恢復信心，開始又消費，一九七一年出現一整年的經濟榮景。[11]

尼克森在國內立法方面設法玩兩面手法。他向主流美國提出社會方案，同時若非暗中破壞這些方案，就是把執行方案的權力下放給各州。譬如他主張政府建立窮人保障所得，但數字訂得很低，以致於擁護窮人的人士批評此一計畫，國會沒有通過它。他主張保護環境，簽署強硬的《一九七〇年空氣清潔法案》（Clean Air Act of 1970），然後又設法讓企業界勝過環保法規。他把經費投入文化項目，把國家文藝基金會（National Endowment for the Arts）的預算從七百七十萬美元提升為六千一百萬美元，但是拔掉東岸文化組織指導這筆經費使用的權力。[12]

尼克森利用保守主義運動當選總統，同時又想維持溫和派支持他，使他處於岌岌可危的地位。這是他最終難以為繼的根源。

肯特州大槍擊事件

一九七〇年的事件逼著尼克森政府倒向保守主義運動的懷抱。一九七〇年春天，對於自己無力推動越戰「越南化」——即以經過訓練的越南軍隊取代美軍部隊——深感挫折，尼克森決定轟炸柬埔寨境內的北越補給基地。美國人原本寄望尼克森能以光榮的方式結束越戰，也認為戰爭正在緩和下來。當他們發現戰事實際上居然升高，在失望和憂心之下，他們轉而責難總統。美國人已經反對戰爭，走上街頭遊行，尤其大學校園反戰抗議聲浪特別強大。五月四日，在俄亥俄州肯特州立大學（Kent State University）的一場衝突中，國民兵部隊開槍打死四名學生。肯特州大槍擊事件迫使尼克森全盤放棄拉攏溫和派支持他的希望。他發動政府之力支持保守主義運動。

全國民眾看到一個年輕女子因為朋友遭射殺而呼天搶地的驚恐畫面，又看到一個傷心欲絕的父親追問事情怎麼會發展到這種地步，大為震撼；尼克森在他自己和抗議者之間畫下一道鮮明界線。在廣為轉載的評論中，他把肯特州大的受害人稱為「遊手好閒的流浪漢」，然後透過白宮新聞秘書發表簡短的聲明：「當異議人士訴諸暴力時，就會招致悲劇」，似乎把危機怪罪到學生身上。《新聞周刊》（*Newsweek*）指出：「尼克森先生短命的全民政府終於崩盤。」[13]

肯特州大事件之後，尼克森極力依據巴克萊在十多年前畫下的界線把國家區分開來。尼克森嘉許一般美國老百姓，他們愛國、支持總統，對政府唯一的期待是不去煩擾他們。一九六九年，他發表一篇演講、呼籲美國百姓支持他的越南路線，他籲請「沉默的多數」（silent majority）支持他對抗「叫囂的少數」（vocal minority），後者透過走上街頭抗議，把他們的觀點強壓過「多數人的理智和意願」。一九七〇年，沉默的多數對抗嗆聲的少數的概念，與另一股概念匯流，認為美國民眾在此危機當口必須堅守陣線，對抗年輕的激進派、非裔美國人和女權主義者，這些特殊利益團體全都決心摧毀美國。[14]

一九七〇年一月五日，《時代雜誌》推崇尼克森的轉變：「中道的美國人」被《時代雜誌》推選為「年度風雲人物」。這些男男女女上教堂、愛美國、痛恨抗議者。他們擔心整個國家就要失控，因為自由派、激進派和桀敖不馴的年輕人在扯謊的傳媒協助下正在奪權。他們覺得遭到重稅宰割，而且對於稅金該如何運用愈來愈沒有講話的餘地。他們不滿通貨膨脹破壞了他們經濟崛起的機會。他們擔心毒品泛濫、性解放和暴力猖獗。他們痛恨「憤怒的少數」得到政府的關注，而他們只得到政府以高高在上的態度對待。

中道的主流美國大眾與黑人、知識分子和專業人士不同，他們依據他們的傳統價值奉行文化團結。他們擔心女性走出家庭去工作，希望恢復傳統的家庭結構。他們稱讚高華德的思想，也擁護加州州長雷根等政治人物。雷根對異議分子堅持強硬路線，一度撂話：「如果必須流血」才能終結抗議，「那我們就幹吧。」[15]

一九七〇年之後，尼克森及其人馬藉由煽動這些中產階級白人選民對抗希望政府伸出援手的特殊利益團體，想要創造新的共和黨多數派。他們把美國人畫分為兩類，一類是朝九晚五、守法繳稅的個人，另一類則是「詆毀美國者」，一群盼望政府施捨救濟的懶人。在一九七一年九月的勞動節，尼克森把四體不勤、好吃懶做的人和辛勤工作、力爭上游的人做對比。他說，具有強大工作倫理的人建設了美國，但是現在有一股「聲音」正在攻擊工作倫理。他宣稱：「我們看到有些弱勢團體成員被告知去走社會福利之路，而不是走努力工作、自力更生、有自尊的道路。」[16]

這股強大的意識形態卻出現一項矛盾，尼克森作為傳統美國價值代言人此一立場的力量，竟然開創了一個巨大的外交空間，讓他大幅脫離共和黨傳統的外交政策。共和黨的反共派仍然氣憤中國共產黨在一九四九年接管中國，而美國企業界親台灣的「中國遊說團」支持尼克森。但是尼克森曉得共產中國日益壯大，不應該一直被孤立。一九六九年中俄邊界發生小型武力衝突時，尼克森和他的國家安全顧問亨利．季辛吉發現有機會可以和中國展開對話。美、蘇、中外交關係三角化，可以讓美國有力量從不同方向對蘇聯施壓。[17]

經過三年的悄悄準備，尼克森總統夫婦訪問中華人民共和國。一九七二年二月，他們以一個星期的時間參訪歷史古蹟、城市、學校和工廠。他們的一舉一動都由隨行的龐大記者團從對外封閉逾二十年的這個國家，不斷地透過文字和影像報導傳回美國。尼克森總統和毛澤東有一番短暫的對話，他也對中國總理周恩來產生敬意。這次大膽的訪問啟動美國和中國之間的現代關係，從而改變了歷史的進程。誠如尼克森在向中國東道主敬酒時所說的，這是「改變世界的一週」。這次訪問在政治上之所以可能，正是因為他已成功向美國選民證明他是個堅定的反共人士。[18]

水門案與尼克森下台

一九七二年的總統大選對尼克森來說可謂易如反掌。他訪問中國之行大獲好評，短暫的經濟復甦也振奮了選民，而且民主黨仍然深陷分裂。但是尼克森黑白分明看待世界的方式最終使他徒留悔恨。

一九七一年六月，《紐約時報》開始刊登後來被稱為「五角大廈文件」（Pentagon Papers）的政府秘密研究，詳載美國介入越戰的始末。它顯示自杜魯門至詹森，歷任總統都沒有就越戰對美國人民說實話。研究止於尼克森總統上台之前，但是尼克森認為文件外洩是有陰謀要破壞他的越南政策。如果人們要洩露關於他執政時的類似資訊——有太多可以揭露的內幕——他的總統大位就難堪了。[19]

之後他就把所有心思放在對付政敵之上。尼克森不滿意聯邦調查局追查可能的陰謀分子不夠積極，他在白宮內部設置一個特別調查小組制止機密外洩，小組代號「水管工人」（Plumbers）。「水管工人」為了抹黑把五角大廈文件洩露給《紐約時報》的丹尼爾·艾斯伯格（Daniel Ellsberg），他們偷闖入艾斯伯格心理治療師的診所，尋找能夠中傷他的資訊。

闖入這位加州心理治療師診所只是開端。到了一九七二年一月，政府官員已經營運起非法的暗黑政府。總統連任委員會（Committee to Reelect the President）——後來大家都知道它的逾矩行動，並利用它的英文縮寫給它取了綽號CREEP[*]——在一九七二年大選之前就破壞對手。按照他們的一位法律顧問的說法，他們的手法是「胡整亂搞」（ratfucking），包括在報上安插假投書；替民主黨人的集會活動聘用供應商，然後用空頭支票付帳；派間諜潛入對手陣營；以及竊聽電話。一九七二年六月十七日，他們潛入華府時髦的水門大廈民主黨全國委員會總部，試圖布線竊聽電話。[20]

水門大廈一名保全警衛發現有一扇門被撬開，警方獲報後逮到五名男子正在民主黨總部裡拍攝文件和安裝竊聽器材。白宮否認對這樁「三流小偷闖空門事件」知情。大部分報紙接受白宮的否認，但是《華盛頓郵報》兩名年輕記者鮑伯・伍華德（Bob Woodward）和卡爾・伯恩斯坦（Carl Bernstein）循著闖空門者掩飾得並不高明的金錢流向一路挖，竟然發現直接連到白宮的軌跡。尼克森再次抄襲巴克萊和保守主義運動的手法，責備伍華德和伯恩斯坦的糾纏分明就是自由派媒體的偏見。

水門事件的殺傷力在大選之前並沒有引起外界注意，尼克森和安格紐以令人意想不到的百分之六十點七得票率贏得連任。他們拿下四十九個州、五百二十張選舉人團票。民主黨正副總統候選人喬治・麥高文（George McGovern）參議員和沙金特・薛瑞福（Sargent Shriver）[†]勉強拿到百分之三十七點五的全民票，在選舉人團方面只贏得華府特區以及麻薩諸塞州一個州。然而，

* 譯按：字意為偷偷摸摸潛行，美國俚語罵人行為卑鄙就用這個字。

† 譯註：薛瑞福娶了甘迺迪總統的妹妹尤妮絲為妻；甘迺迪上任後，創立「和平工作團」（Peace Corps），派青年志工前往其他國家服務，即由薛瑞福擔任第一任團長。

時隔不到幾個月，選民因為發覺遭到欺騙而盛怒，矛頭轉向尼克森。一九七三年三月，水門案一位被告在法院審理期間供稱，他和同案被告為了保護雇主，供證不實。白宮法律顧問約翰・狄恩（John Dean）立刻變成公訴檢察官的證人。四月間，尼克森的三名高階顧問辭職，總統被迫指派著名檢察官阿奇巴德・考克斯（Archibald Cox）擔任特別檢察官調查整個事件。五月，參議院開始召開聽證會，檢視醜聞案愈滾愈大的骯髒內幕，並且透過全國電視播放聽證會經過。

事態發展急轉直下。隨著水門事件升溫，副總統安格紐於一九七三年中因為涉嫌在馬里蘭州長和副總統任上陰謀、敲詐、收賄和逃稅等罪名遭到調查。他承認逃稅罪名以避免被判入獄，在一九七三年十月成為史上第二位辭職下台的副總統。第一位辭職的副總統是約翰・卡宏（John Calhoun）*，他於一八三二年離開安德魯・傑克遜總統，重回參議院。[21]

同一時期，參議院聽證會發現存在白宮橢圓形辦公室內對話的錄音帶。考克斯簽發傳票，要調閱錄音帶紀錄，尼克森下令司法部長艾略特・李察遜（Elliot Richardson）開除考克斯。在一九七三年十月二十日所謂的「星期六晚大屠殺」事件中，李察遜和司法部副部長威廉・魯克紹斯（William Ruckleshaus）拒絕執行尼克森的命令，並相繼辭職抗議；司法部第三號人物羅伯・波爾克（Robert Bork）願意執行開除考克斯的命令。民眾怒火迫使尼克森向美國人民保證：「我不是一個惡棍」，並指派新的特別檢察官里昂・賈渥斯基（Leon Jaworski）。賈渥斯基為了調閱錄音帶紀錄和尼克森一路纏訟到最高法院；最高法院無異議全票支持檢察官。尼克森這一方無計可施，只好交出錄音帶紀錄謄本。謄本的內容不僅罪證確鑿，語言風格也相當嚇人。尼克森一向用心經營出他是個正直愛家好男人的形象，可是錄音帶內容卻顯示他是個氣度偏狹、滿口髒話的混混。尼克森曉得這些錄音帶會傷害他的形象，把他的髒話全部塗黑。「刪除髒話」成為一九七四年的熱門字詞。[22]

眾議院開始起草彈劾文書，指控總統妨礙司法、濫用權力和藐視國會。然而，尼克森堅稱他無罪，他並不知道底下人涉及罪行。接下來在八月初又出現一捲新錄音帶，它是在水門大廈被闖入之後幾天所錄，裡頭聽得見尼克森和一名助理謀畫以國家安全為理由保護政府。即使不想將本黨總統判定有罪的共和黨籍參議員們，這下子也曉得保不了他了。高華德前往白宮傳達這個訊息。[23]

一九七四年八月九日，尼克森成為美國歷史上第一個辭職下台的總統。他並未承認任何罪行，只向美國人民報告，他在國會已經沒有足夠的支持度可以促進國家利益。他怪罪媒體，它

---

* 譯註：約翰．卡宏是十九世紀上半葉美國重要政治人物，南卡羅萊納州人，歷任眾議員、戰爭部長、副總統、參議員、國務卿等不同職務。他在南北戰爭爆發前十年去世，可是他的政治主張影響南方邦聯甚大。他在一八二四年有意競選總統，但是支持度不高，退而求其次，表示有意參選副總統，經選舉人團強大支持當選，在約翰．昆西．亞當斯總統之下擔任副總統。一八二八年，又蟬聯成功，在安德魯．傑克遜總統之下擔任副總統。但是他和傑克遜嚴重不和，於任期屆滿前幾個月首度當選聯邦參議員，任期一八三二年十二月至一八四三年三月。卡宏在一八四四年至一八四五年擔任國務卿；一八四五年底又選上參議員，回鍋任職至一八五〇年三月病逝為止。

們的「揭密、指控和諷刺」都只是為了摧毀他。保守主義運動固有的偏執使總統癱瘓，他不得不辭職，但是即使到了最後關頭，他和保守主義運動的追隨者還都堅持他們敵我意識強烈的意識形態。[24]

越戰、通膨與石油危機

很弔詭的是，尼克森含辱下台並沒有減弱保守主義運動，反而使其更加強大。他的垮台使得盲目追隨者更相信美國社會的確有問題。有些人堅信，水門事件證明的確有自由派陰謀存在，以新聞界為前鋒，要搞垮所有保守派總統。至於那些無法漠視尼克森的確犯罪的人士，則認為整起潰敗證明大政府是不對的，必須予以限制。

一九七四年八月，原先被尼克森挑選來遞補安格紐副總統職缺的前任眾議院少數黨領袖、出身密西根、人緣極好的吉拉德·福特（Gerald R. Ford）*再上層樓，從尼克森手裡接下總統印信。福特兩年多的總統任期老是被政敵揪住前朝遺留下來的問題打，這也增強了保守主義運動的勢頭。

福特起先試圖把尼克森時代的風風雨雨做個了斷，讓國家擺脫分裂、跨步前進。他發布一道全面特赦令，赦免尼克森可能犯下的任何有違職責之犯行。這個動作討好了保守主義運動，卻得罪了另一方的美國人，他們認為應該送去坐牢的四十八名政府官員，至少少了一人。接下來，福特試圖安撫溫和派共和黨人，主張大赦逃兵犯，並且提名尼爾遜・洛克斐勒為他的副總統。共和黨在一九七四年期中選舉大敗，在眾議院丟掉四十八席，民主黨掌握超過三分之二議席的多數優勢。共和黨在參議院也丟掉四席，民主黨占六十席之優勢。[25]

越南戰爭的後果也使福特陷入困境。尼克森在一九七三年一月簽署「巴黎和平協議」，結束美軍在越南行動，不過他向緊張的南越盟友承諾美國會繼續保護他們。可是當北越部隊在一九七四年十二月入侵南越時，美國國會拒絕伸出援手。一九七五年四月，美國報紙刊登可怕的圖像，

＊　譯註：美國憲法增補條款第二十五條在一九六七年二月生效之前，關於總統、副總統出缺的繼承問題曾經出現若干疑義。總統出缺由副總統繼任正式總統、而非代理總統，固然因威廉・亨利・哈理遜總統在一八四一年四月就任一個月就病逝，由約翰・泰勒副總統繼任已成為定例，但是副總統出缺未有人遞補，而且空缺多年的問題則一直沒有解決，最著名的例子是羅斯福一九四五年一月就任，四月就病逝，杜魯門副總統繼任後，副總統空缺將近四年一直未補。一九六三年十一月甘迺迪總統和詹森副總統在德州達拉斯同一場合分乘不同車輛出現，甘迺迪卻遇刺身亡。詹森繼任總統，副總統職位也是遇缺未補。第二十五條增補條款在這個背景下迅速獲得通過。第二十五條通過後，第一個適用的案例就是一九七三年十月安格紐辭職出缺，福特經尼克森提名繼任副總統。不料，一九七四年八月尼克森下台，福特更上層樓接任總統，成為美國史上第一位沒經過全民及選舉人團大選程序就擔任副總統及總統的「超級福將」。福特旋即提名尼爾遜・洛克斐勒為副總統，使他成為第二位適用第二十五條增補條款出任副總統的政治人物。

驚慌的難民從屋頂上攀爬進超載的直升機，匆匆撤出西貢時，北越部隊已經打下南越首都。

福特也必須收拾尼克森留下的經濟問題。尼克森因振興美國經濟而贏得一九七二年大選，卻造成通貨膨脹如脫韁野馬。一九七三年，石油輸出國家組織的阿拉伯會員國氣惱美國在「贖罪日戰爭」*中支持以色列，宣布石油禁運，迫使油價從每桶三美元飆升至二十一美元。福特接任時，美國已深陷「停滯性通膨」，一個國家同時出現高失業率和通貨膨脹此一似乎有悖常理的情勢。這一來產生顧此失彼的兩難：有助於解決失業問題的政策，卻會使通膨問題惡化。福特起先試圖以提高公司稅和高所得者稅負來抑制通貨膨脹。當失業率接下來飆升超過百分之七時，他趕快又改為減稅二百二十八億美元。和尼克森政府一樣，福特政府靠赤字預算營運。[26]

福特政府的財政問題改變了美國家庭的經濟狀況。美國人原本傾向於儲蓄，但是一九七〇年代初期猖獗的通貨膨脹卻意味借錢來花比較划算：消費者可以用今天的低價位買東西，日後再以廉價的美元返還借款。現代信用卡在一九六〇年代中期出現，並於一九七三年之後的十年間起飛。信用卡的使用增至五倍，於一九八二年高達六百六十億美元。隨著利率攀升，一般美國人也試圖透過此一市場獲利。貨幣市場帳戶——允許個人投資綁成一束的短期、高利率債券工具——崛起。從一九七四年至一九八二年，美國投資人在貨幣市場基金的持有部位從十七億美元上升至超過二千億美元。股票共同基金大盛只是時間的問題。[27]

投資人專注在新型財金工具上並不是反映樂觀，而是反映恐懼。艾森豪時代的繁榮和信心已成過去，如今的美國經濟疲弱、社會動盪、政治大亂。美國不再是林肯心目中全世界最偉大的國家。一九七〇年代最熱門的民歌〈美國派〉（American Pie）的副歌是「再會吧，美國派小姐……」（Bye, bye, Miss American Pie...）也就不是意外。這首唐・麥克林唱的歌的製作人日後評論說，它是「一個時代的喪葬演說」。[28]

供給面經濟學與福音教派

伴隨著一九七〇年代助長保守主義運動的發展，美國人愈來愈熱愛南北戰爭之後美國西部的思想，強調堅毅的個人主義的形象和小政府。西部衣飾和文化成為主流。牛仔褲不再只是詹

＊ 譯註：以色列一九四八年復國以來，和阿拉伯國家衝突不斷。一九六七年六月，以色列發動「六日戰爭」，先發制敵，不到一星期，從東鄰約旦攻下約旦河西岸及耶路撒冷；從東北邊的敘利亞占領地勢居高臨下、威脅以色列甚巨的戈蘭高地；從西南邊埃及的西奈半島一路打到蘇伊士運河。以色列大獲全勝。一九七三年十月初，趁猶太人過齋月的贖罪日假期，埃敘聯軍兩面夾擊，起先打得以色列陣腳大亂，以色列總理梅爾夫人和國防部長戴陽在日後檢討時都被迫辭職下台。不過，以色列國防軍旋即搶回優勢，戰爭在三週之內落幕。這場戰爭是阿拉伯人少見曾經占了上風的戰爭。後來美國卡特總統促成以、埃領導人在大衛營和談達成和平協定，以色列交還西奈半島，埃及在沙達特總統領導下亦退出蘇聯羽翼。敘利亞則歷阿薩德兩代父子總統執政，仍與以色列持續鬥爭至今，成為蘇聯／俄羅斯在中東的鐵桿盟友。

姆斯．狄恩（James Dean）這類小太保的穿著，它們到處都是。一九七五年一年，李維牛仔褲（Levi's）就賣了七千五百萬件。隨著李維牛仔褲暢銷，牛仔長靴和牛仔帽也走出農場，進入通俗文化。這些美國新「牛仔」升起南方邦聯旗，它在經濟大蕭條時期已經淪為恥辱的表徵，現在卻戲劇性地重現江湖、大受歡迎。一九七五年，南方搖滾樂團林納．史金納（Lynyrd Skynyrd）在一場南方邦聯旗飄揚的大型戶外音樂會上對觀眾說：「水門事件於我何有哉？你的良知會讓你不安嗎？請說實話。」[29]

為了推動保守主義運動，信徒們專注在教會和其他強調傳統價值的組織——巴克萊告訴他們，自由派反對傳統價值。南方及西部各地的福音派宗教團體強調個人主義和自由市場資本主義。瞧不起教育，也嫌惡東部建制派，他們只在乎個人與上帝的關係，有男性家父長領導的傳統家庭，以及經濟自由的思想。雖然他們的運動集中在得到政府極多經費挹助的地區，他們卻堅持最後這項信念。雖然福音派運動並沒有明白支持種族主義，在他們世界觀的核心，他們深信政府的服務旨在協助非裔美國人。因此，經濟學增強了什麼才是優秀的美國人這一以白人為中心的觀點。

福特在社會議題上遵行溫和派路線，他支持針對憲法的「平等權利修憲案」（Equal Rights Amendment），以保護女性權利及支持女性墮胎。但是共和黨卻持保守主義立場。除了親商業的主張之外，共和黨開始致力於扭轉現代社會的價值。在一九七〇年代初期，有一個名稱為「家庭」（The Family）的基督教秘密組織，開始支持在企業、大學和尤其是國會及其他政府官署，舉辦祈禱會。到了一九七〇年代中期，共和黨已經投注在動員白人新教徒為其投票部隊的行動。共和黨步向右翼，迫使福特在一九七六年捨棄洛克斐勒為他的副手，改提遠遠不夠溫和的堪薩斯州聯邦參議員羅伯．杜爾（Robert Dole）為搭檔。但是在水門事件之後，誰也救不了共和黨。民主黨挑戰者、前任喬治亞州長吉米．卡特，和他的搭檔、明尼蘇達州聯邦參議員華德．孟岱爾（Walter Mondale），攜手贏得百分之五十的全民票，而福特和杜爾得票率只有百分之四十八。[30]

保守主義運動在卡特時期繼續擴大勢力。石油仍然相當昂貴，燃料短缺益加嚴重。經濟持續不見好轉，通貨膨脹飛騰至兩位數字。通貨膨脹把中產階級美國人推升到高所得級距的納稅人；他們在最需錢的當下，卻遭逢加重稅負。地方城鎮提高房地產稅，試圖彌補稅收下降；憤怒的不動產所有人矛頭指向政府。加州人的怒火特別旺盛。一九七八年，加州選民以公民投票方式通過「第十三號提案」（Proposition 13），這是針對州憲的修正，限定不動產稅為不動產現金價值的百分之一，若要提高州稅，需經州議會三分之二以上多數票表決通過才行。

美國似乎已經從國際社會的頂峰位置滑落下來。伊朗伊斯蘭領袖何梅尼大主教（Ayatollah Khomeini）的追隨者推翻艾森豪支持擁立的國王之後，又在一九七九年扣押駐德黑蘭大使館裡的五十二名美國人當人質，這件事令美國人民痛苦地意識到美國地位的衰弱。一九七九年底，美國深陷人質危機時，蘇聯軍隊入侵阿富汗。這個山陵起伏的國家自從十九世紀英、俄爭霸天下的

「大博弈」（Great Game）以來，一直是東西權力鬥爭不敢碰的地方。蘇聯打破傳統、進軍阿富汗，使得美國人相信他們不再被人認真地當作世界大國看待。

保守主義運動把這些不利的指標都依據巴克萊的理論去解讀：對經濟過度管制、自由主義不看重上帝，以及對國防安全幾近犯罪的漠視。他們相信，解決經濟問題的藥方是，政府不要阻擋個人工作及累積財富的意願。政府不必試圖調整消費者的需求，應該促進生產。生產力大增可以抑止通貨膨脹，並且創造更富裕的美國人，而這些富人可以納稅，於是降低預算赤字。保守主義運動認為，要釋放金錢投資到新事業，政府必須減稅。富人會把累積的金錢拿來投資，啟發新事業，雇用更多工人。一九二〇年代的原則又恢復生命，但是這一次它們似乎具有經濟科學的權威性。在芝加哥大學經濟學教授米爾頓·傅利曼（Milton Friedman）領導下，經濟學家們擁抱拉佛曲線（Laffer Curve），它聲稱要證明減稅可以產生歲入增加。對美國經濟的這個舊觀點現在也有了相當學術性的新名稱，即「供給面經濟學」（supply- side economics）：因為它承諾要從上方的供給面解決經濟問題，而不是從下方的需求面解決。[31]

保守主義運動也和日益成長的福音派運動結合。直銷專家理查·衛格瑞（Richard Viguerie）在一九七六年有個結論：推動保守主義運動哲學最好的一條路是爭取福音派基督徒。一九七九年，保守主義運動說服傑利·法威爾牧師（Reverend Jerry Falwell）成立「道德多數派」組織（Moral Majority），這是尼克森「沉默的多數」的宗教側翼，要透過它把基督教的道德價值注進政治。法威爾的「舊日福音時間」（Old Time Gospel Hour）是許多電視迷你連續劇之一。一九七九年，全國電視節目約百分之十是宗教節目，電視布道家傑利．法威爾、派特．羅伯森（Pat Robertson）和吉姆．巴可（Jim Bakker）及泰咪．巴可（Tammy Faye Bakker）夫婦等人抨擊共產主義、女權主義、墮胎、同性戀和「人道主義」來自不敬天愛神的東部自由派人士。「繁榮神學」（prosperity theology）的信徒主張，上帝承諾要保障基督徒的福祉，意思就是信念可以化為經濟繁榮。如果你相信，你就會致富。[32]

保守主義運動自從艾森豪時期就主張，美國的衰弱使得共產主義能夠興起，但是他們把最強烈的譴責留給卡特政府，痛批卡特政府已經把國家帶入立國兩百年以來最孱弱的一刻。他們批評卡特大幅削減國防經費，並保證會把錢用到國防上。但是事實上，卡特的預算增加支出，以維持與通貨膨脹同步調升。[33]

保守主義運動保證，只要政府減稅、人們信仰上帝，以及國會適度撥增軍事經費，繁榮和寧靜將會重新降臨美國。

雷根與西部力量進駐白宮

一九八〇年共和黨的總統初選是保守主義運動和共和黨溫和派之間的攤牌。爭取提名領先的兩個人是隆納德．雷根和喬治．布希。雷根當年支持高華德，因此躍為全國知名人物，自此之後他的信念也日益強硬。布希生於新英格蘭、耶魯畢業，曾任德克薩斯州聯邦眾議員，社會及經濟立場比雷根溫和。布希堅稱，雷根保證他能從上而下治好經濟乃是「巫術經濟學」。保守主義運動的力量勝出。雷根贏得共和黨提名，不過他也向中間派示好，邀請布希作為副總統候選人搭檔。

雷根從密西西比州費烈達爾菲亞（Philadelphia）發表演講，展開他的大選競選活動；此地離一九六四年一位民權運動工作人員遇害身亡之地只有幾英里路距離。針對卡特總統挖苦講了笑話之後，雷根誇讚保守主義運動。他責怪聯邦政府官僚及它要徵收的稅負扼殺了美國夢。這位候選人向全場歡呼的聽眾說：「我相信州權。我相信人民為他們自己盡最大的努力。我相信我們今天扭曲了政府的平衡，賦予聯邦體制憲法從來沒想要給予的權力。」對於擁抱過去哲學的這位候選人相當合適的是，六十九歲的雷根在演講的結尾指著旁邊由馬拉著的一輛篷車，強調他還記得曾經駕過真正的馬車。[34]

卡特政府受困於通貨膨脹和伊朗人質危機，坐困愁城，選民倒向共和黨。然而，即使當時雷根和布希在全民票方面得票率也只稍微超過百分之五十，卡特得票率為百分之四十一，第三黨候選人約翰．安德生（John Anderson）得票率約百分之六點六。在波澤爾代筆、替高華德捉刀寫《一個保守派的良知》之後二十年，這本書的應許終於實現：羽翼已豐的保守主義運動進駐白宮。

雷根一當選，保守主義毫不妥協的觀點盤踞了整個政府。雖然雷根不肯採取他的部分追隨者之強硬路線，他非常善於用善惡對立的角度來描繪事件。雷根不理會民主黨制訂政策時會倚重的大量統計數據，他運用接地氣的鄉民小故事活化了保守主義運動。

一九七六年，他把保守主義運動反對政府積極作為的論述歸納成為一個「社福女王」（welfare queen）的故事：來自芝加哥南區、開著凱迪拉克豪華汽車、失業、到處揩油的一個女人，而且雖然沒有明講，這個地區已經暗示她是個黑人。雷根聲稱：「她有八十個名字、三十個住址、十二張社會安全卡，用四個根本不存在的亡夫名義領取退伍軍人福利。她用她的多張卡領取社會安全金。她享有醫療補助（Medicaid）、領到糧食券，又用每個不同的化名領取福利金。」這個故事其實是一個特殊個案，這個女人事實上是個危險的罪犯，並非一般常見的社福金領取人，但是它完全地呈現出當政府介入經濟時，一方面對個人企業造成傷害，一方面又把收來的稅金拿去補助好吃懶做的非裔美國人。[35]

儘管他的競選言論反映了美國的分裂低潮，但是雷根的就職演說卻把他能當選總統形容為劃時代的轉折。他說，國家處於堪比經濟大蕭條的危機，危機不是來自沒有管制的資本主義，而是源自它們支持的稅負和公共支出。他承諾要保護一般美國人，但也警告說：「政府不是問題的解藥，政府正是問題所在。」他保證要縮小聯邦政府的規模，要把權力歸還給各州。[36]

就和高華德的作法一樣，雷根悄悄地刻意打扮成後內戰時代舊西部的形象。他在競選期間

做牛仔打扮的雷根總統。圖片來源：維基百科。

把自己形容為美國牛仔。他是一個曾在美國陸軍後備役騎兵部隊服務過、成績斐然的騎士；他換掉他喜歡的英式騎馬服裝，改穿牛仔褲、戴上牛仔帽。穿上西部服裝後，雷根體現出和舊西部連結的價值：個人主義和小政府。雷根故意不遵循往例在國會大廈的東側發表就職演說，刻意選在西側發表演說。這樣改變固然有實務上的理由，但是它也反映西部力量的上升，以及美國的西部精神。[37]

減稅與提升國防預算

雷根一上任，立刻把巴克萊、波澤爾和高華德在三十年前所擬訂的個人主義藥方付諸行動。他禁止聯邦機關雇用新人員，然後刪除企業界痛恨的政府監理法規，指派鐵桿解除管制派人士擔任兩個與經濟事務有最密切的商務部和內政部長部長，以及證券交易委員會主任委員和聯邦通訊委員會主任委員。[38]

排上議程的第二項是削減支出和減稅。雷根才剛當選，就延攬年輕的密西根州聯邦眾議員大衛．史托克曼（David Stockman）出任他的預算局長。史托克曼在《一個保守派的良知》這個世代長大，堅定相信保守主義運動的原則。他告訴一位記者：「整件事是以信仰為核心。一個關於這世界是如何運作的信仰。」[39]

史托克曼大刀砍向國內計畫，如糧食券、教育、失業救濟與就業訓練等。一九八一年二月，雷根提議從前一年度預算削減四百七十億美元，主要砍的是反貧窮計畫。接下來政府轉向減稅。史托克曼信心滿滿，保證減稅會刺激經濟，屆時經濟成長將弭平一九八一年估計的五百五十億美元預算赤字，到一九八四年就會產生結餘。當史托克曼自己的白宮管理暨預算局電腦模擬演練顯示，他的計畫不但不可能平衡預算，甚至將在一九八四年之前創造出高達一千一百六十億美元的赤字，史托克曼的解決辦法就是改寫電腦程式、反映他的信念。他的解釋是：「我們也沒有人真的了解所有這些數字的意義。」他試圖讓對赤字大增十分緊張的商人放心，在預算書中加入他所謂的「魔術星號」附註，預埋伏筆說是，總統將來會宣布某個數字的削減預算。[40]

即使政府內部人士也不是人人相信供給面的教條，但是一樁行刺雷根的兇殺案，使得總統政治資本大增。一九八一年三月三十日，雷根上任還不滿三個月，一個迷戀電影明星茱蒂．佛斯特（Jodie Foster）、有精神病的青年約翰．辛克萊（John Hinkley Jr.），為了吸引她青睞，竟開槍射擊雷根總統。雷根在華府希爾頓飯店演講完踏出旅館時，辛克萊朝雷根一行人開了六槍。頭五槍打中白宮新聞秘書、一名警察和一名秘勤局探員。第六槍擦過總統轎車，彈跳打到總統，擊中他肺部，離心臟只有一英寸。全國民眾呆若木雞，卻只看到平易近人的雷根和太太說笑──「親愛的，我忘了要躲耶」──又和救治他的醫生談笑風生。在行刺案之後，他的民調支持度暴升至百分之七十三。[41]

民氣可用，雷根加強力道推銷他的經濟計畫。他在槍擊案後第一次公開露面是四月底的電視轉播演講。他在演講中挑戰國會，要求國會通過預算和減稅以降低債務，停止通貨膨脹，讓國家恢復經濟繁榮。他抨擊特殊利益團體已經扭曲了政府，宣布說：「我宣誓就職時，誓言只效忠一個特殊利益團體──我們人民。」他說，要忠於此一信念，一定要粉碎新政型的政府計畫，它們已經耗盡來自辛勤工作的美國人所繳交的稅款。[42]

他的籲求奏效。國會冒著溽暑制訂出一個法案，從次年的預算削減三百五十億美元。它也通過大規模的減稅，三年之內個人所得稅率將大降百分之二十三，另外也刪減資本利得稅和遺產稅。史托克曼承認，全面減稅其實是要掩護把最高級距的所得稅由百分之七十調降為百分之五十。史托克曼解釋說，供應面經濟學的整個構想其實只是舊瓶裝新酒，把「新政」之前共和黨為富人減稅、讓多出來的財富「向下涓滴」澤及所有的人這種舊主張，換上新文字罷了。他說，但是「在政治上很難推銷『向下涓滴』，因此供給面經濟學是能爭取到實質上的『向下涓滴』的稅制之唯一辦法。供給面經濟學就是『向下涓滴』的理論。」史托克曼想要依賴收緊公司稅的漏洞來實現約兩百億美元的額外稅收，幫忙平衡預算。可是總統不肯支持這個計畫，最後的稅法還是不碰漏洞。雷根一九八一年八月在他那廣闊的六百八十八英畝西部牧場，簽署了法案。[43]

同一個月，總統採取反對工會勞工的立場。打從高華德以來，工會的存在就讓保守主義運動寢食不安。八月間，一萬三千名會員的「專業空中交通控制員組織」（Professional Air Traffic Controllers Organization）罷工，爭取改善工作環境、加薪和調整工作時數。雖然控制員工會在一九八〇年支持他，雷根命令罷工人員回到工作崗位，啟動《塔虎脫—哈特雷法案》中政府有權停止會影響公共安全的罷工之條款。當大多數罷工人員拒絕服從命令時，他把他們全部免職，並禁止他們以後再擔任政府工作。認為工會工人癱瘓了企業的美國人為他歡呼。[44]

雷根也大幅增加國防經費。一九八〇年共和黨政綱攻擊卡特削減軍事費用，雷根的第一份年度預算提議增加軍費，它將會在他任職總統的頭五年於國防經費支出方面創造百分之四十的實質增加。一九八二年，國會通過一百七十億美元的新的國防撥款案，即使它正在削減國內支出。[45]

雷根依據保守主義運動打造全國政策，幾乎立刻就失敗，因為美國深陷於衰退之中。卡特於一九七九年八月選派保羅・伏爾克（Paul Volcker）擔任聯邦準備理事會主席。當年十月，伏爾克大幅提高利率以抑制通貨膨脹。到了一九八一年，優惠利率——從銀行借錢的利率——衝破百分之二十一。高利率使通貨膨脹從一九七九年的百分之十三點三跌到一九八三年只剩百分之三點二。不過，正如經濟學家所警告，高利率刺激失業率。到了一九八二年，失業率突破百分之十，是經濟大蕭條以來最高紀錄，逼得雷根必須從他早先的供給面政策後退。他調升稅率，包括課徵汽油稅，試圖彌補若干預算赤字。但是這個姿勢無助於挽救總統民調支持度的下跌。期中選舉，民主黨搶下眾議院二十六席，追回他們在一九八〇年輸掉三十六席的部分頹勢，穩固了他們的多數優勢。[46]

與「邪惡帝國」作戰

選輸之後，雷根不但沒有疏遠未能實現經濟繁榮和預算平衡的保守主義運動，反而在外交事務方面更親密地擁抱他們的意識形態。一九八三年一月，他發布「七十五號國家安全決定指令」（NSDD-75，全名為National Security Decision Directive—75），這道指令的內容後來被稱為「雷根主義」（Reagan Doctrine）。「七十五號國家安全決定指令」改變美國長期以來圍堵共產主義的政策，改為透過增強軍事部署，以及經濟方式去穩定和支持第三世界國家地方叛軍起事反抗共產黨政府，進而壓迫蘇聯。這代表在阿富汗支持聖戰者（mujahideen）反蘇聯勢力，以及支持安哥拉和尼加拉瓜的反政府游擊隊。按照雷根的用詞，這些反共的游擊隊是「自由鬥士」。[47]

一九八三年三月，雷根在佛羅里達州奧蘭多市（Orlando）向「全國福音教派協會」（National

Association of Evangelicals）演講時，說明他的新外交政策和保守主義運動之間的關係。有如波澤爾在《一個保守派的良知》中的作法，雷根在奧蘭多的演講也把宗教、傳統道德和資本主義治為一爐。他貶抑政客，告訴他面前虔信上帝的這些聽眾，唯有保持「善良」，美國才會偉大。他說，今天的世俗主義正在摧毀美國，因為它以官僚來取代道德。他又批評墮胎、學校不做禱告，以及他口中的可怕的屠殺嬰兒。他堅持說，大多數美國人——他說他們反對這些趨勢——必須把宗教帶回到公眾生活。

雷根在談到共和黨政治時向聽眾強調，世界上有奸邪和罪惡，蘇聯就是它們的代表。共產主義是無神論，敬天畏神的美國人絕不能寬容它。美國正在進行「是與非、善與惡」的巨大鬥爭。蘇聯是「邪惡帝國」。替蘇聯祈禱固然重要，但是美國人絕對不能忘記，「他們宣揚國家至高無上，歌頌它全能至大高於個人，並且預測它最終將會主宰地球上所有的人民。他們就是現代世界中邪惡的源頭。」[48]

一九八三年十月，美國入侵加勒比海小島國格瑞那達——全世界主要的肉荳蔻生產國家之一——因為雷根官員擔心這個國家的政治動盪會使古巴的共產主義有機會散播。「緊急狂暴行動」（Operation Urgent Fury）是越戰以來美軍第一次大型動員。它很快就制服了格瑞那達的軍隊。雖然美國在島上扶立一個穩定的政府，這項行動在美國國內也頗獲支持，但是它招致國際社會的聯合譴責；聯合國稱之為「明目張膽違反國際法」。[49]

反共戰爭和爭取美國人心靈這兩股力量持續匯流。一九八四年夏天，電影觀眾迎來一部到當時為止最為血腥的電影。《赤色黎明》（*Red Dawn*）劇情描述美國老百姓抵抗共產黨的故事，共產黨占領他們的社區，也得到本地政府的合作。科羅拉多州一所高中學生「金剛狼」（**Wolverines**）足球隊員勇敢抗擊蘇聯、古巴和尼加拉瓜部隊的聯合入侵。本地的政客市長和兒子通敵，與共產黨合作，使得金剛狼隊落居下風。除了對抗世界共產主義，善良的美國人民還必須對付自己的政府！這部世界末日電影號稱每小時有一百三十四個暴力場景，它啟迪了不滿現實的美國青年。很重要的一點，雷根的第一位國務卿、鷹派的亞歷山大·海格（**Alexander Haig**）將軍自己說，電影製作期間，他提供「一些政治建議」給導演。《赤色黎明》把保守主義運動重視的全民一致反共及建立心防的主張推到一個新高點。[50]

在一九八四年的總統大選中，共和黨把雷根包裝成集美國所有最佳特質之大成的明星。雷根政府把這場大選定位為主流美國大眾與少數利益團體之間的抗爭，前者是辛勤工作的納稅人，而且想定是白人，後者是懶惰、只想要政府豢養的美國人，不言而喻都是有色人種和女性。一九八三年起飛的經濟復甦有助於強化一個思想，認為削減補貼特殊利益團體、同時又替辛勤工作的美國人減稅的政策，可以恢復過去美國的繁華昌盛。

經濟復甦有許多因素。油價大跌，加上伏爾克大幅收縮經濟，使得通貨膨脹在雷根就職後大跌。通貨膨脹一降，聯準會立刻相準遽增的國防經費把錢注進市場的時機，也調降利率。另外，由於利息高的貨幣市場帳戶已經開始快吸乾所有的存款，國會立法解除儲貸銀行在放貸和存款方面的許多限制，讓它們有競爭力，使得儲貸銀行又釋出一千六百億美元的資金流入市場。這個開後門的凱因斯主義的結果是經濟榮景，失業率在一九八四年下降到百分之七點五，年度經濟成長率也上升近三個百分點，達到百分之七點二。[51]

雖然以赤字支出刺激景氣，造成國家債台高築，支持政府的人士卻堅稱，雷根時期傑出的經濟表現證明供給面經濟學是有效的。這正是選民愛聽的話。當民主黨想要加稅以填補預算赤字時，遭到不景氣荼毒的工人加入「抗稅」運動。一九八三年十一月，密西根州選民找出一條罕受使用的法律，罷免掉兩名投票支持加稅的民主黨籍州議會參議員。根據一位剛嶄露頭角的共和黨籍發言人葛洛佛・諾基斯特（Grover Norquist）的說法，政治人物必須學到的教訓是，選民不希望被課稅來支付赤字。保守主義運動告訴他們，他們不必：政府可以花錢，卻不用償付。[52]

一九八四年共和黨的一份競選備忘錄寫說：「把雷根描繪成美國所有好東西的化身，或是英雄的化身。讓民主黨處於只要攻擊雷根就等於攻擊美國理想之代表的處境。」一個很能打動人心的電視廣告詞是：「美國又迎接早晨到來。今天的美國更強、更好、更值得驕傲。我們為什麼要回到不到四年前的情況？」[53]

民主黨在一九八四年的選戰主軸是反對赤字上升，主張加稅、削減國防支出，以平衡國家財政，另外也要投資於教育和環境——這全都是艾森豪共和黨人的立場。但是相較於雷根對美國的信心滿滿，民主黨顯得憂心忡忡、反商、反美國。民主黨內各路人馬爭搶黨內提名，更增強一個印象，讓人覺得它是特殊利益團體的同盟。民主黨最後決定提名卡特的副總統華德·孟岱爾出征；孟岱爾提名紐約州聯邦眾議員潔拉汀·費拉羅（Geraldine Ferraro）為副總統搭檔，締造了提名女性為副總統的歷史紀錄。但是百分之六十的選民認為他這麼做，不是因為她是最佳人選，而是因為受到來自女性團體的壓力。[54]

一九八四年的大選讓共和黨雀躍欣喜。雷根和布希這對搭檔拿到將近百分之五十九的全民票。孟岱爾和費拉羅只拿到約百分之四十。他們只拿下華府特區，以及孟岱爾的老家明尼蘇達州，而在明州也僅靠約四千票勉強勝出。看起來，保守主義運動終於實現巴克萊多年前的預期，贏得全民熱情接受。葛洛佛·諾基斯特心想：「我想，革命終於發生了。」[55]

減稅，為富人減稅

雖然雷根被迫提高稅率以對付日益膨脹的赤字，他在八年任期內加稅十一次，但他仍然相信減稅才是經濟繁榮的關鍵。赤字在一九八三年持續攀升，總統支持進行稅務改革以抑制加稅的呼聲。後來的法案透過提高扣除額，把大約六百萬美國人送進免繳所得稅的族群。它關掉稅務漏洞，也削減資本利得稅。另一方面，它把最高級距的邊際稅率由百分之五十調降為百分之二十八，把最低級距的邊際稅率從百分之十一提高到百分之十五。它也把公司稅率從百分之四十八調降為百分之三十四。[56]

為了逼國會同意稅制改革，雷根支持成立一個組織，把大企業、福音派和社會保守主義者結合在「美國總商會」（Chamber of Commerce）前任經濟學家葛洛佛・諾基斯特的領導之下。諾基斯特解釋說：「傳統的共和黨企業團體可以提供資源，但是這些團體可以提供選票。」「美國人支持稅改」組織（Americans for Tax Reform）堅決反對以任何理由提高稅負，不管增加多少都不行。[57]

一九八六年的稅改顯示，站在雷根革命背後的民粹主義，是站在保守主義運動背後的企業利益之煙霧彈。有位參議員指出，這項稅法讓所得居於全國頂尖千分之五的人減稅百分之十六，可是絕大多數美國人只能減稅百分之六點四。這時，共和黨籍的參議院財政委員會主席跳出來痛罵，任何人想要提高富人稅負就是試圖搞「社會福利詭計」。法案給予窮人家庭的扣除額導致菲莉絲・施拉夫利等保守主義運動人士強烈抗議，認為這種好處「是自由派官僚的點子，他們想要財富重分配」。按照他們的觀點，扣除額「反成長」，因此就定義而言就是「反家庭」。[58]

減稅案獲得通過，龐大的國庫負債意味保守主義運動可以攻擊民主黨提議的任何社會支出項目，指控由此可以證明他們的對手是胡亂花錢，他們也的確這麼做。削減預算對非裔美國人的打擊尤其沉重，因為工業地區減少的工會工作不成比例地衝擊到他們。過去，城市是製造就業機會的引擎；現在它們卻閒置、生鏽。有位威斯康辛州代表說：「黑人看到一件事，白人卻看到另一件事。我們沒有被納入這一波的經濟榮景當中。我們碰上的問題是，我們要如何融入這個新秩序？」[59]

可是，儘管雷根政府決心不供養特殊利益團體，它推動的政策卻把政府的慷慨大度分配給它認為的傑出的美國人。它主要是透過所謂「稅收支出」（tax expenditures），即扣除額和「稅務減免」（tax breaks）去做；到了一九九〇年，每年要花費國家三千億美元公帑。這個數字等於福利項目總經費的一半，占聯邦政府每年收來的個人所得稅和公司所得稅的十分之三。[60]

在雷根政府的減稅案中，大量不容易被察覺的好處，不成比例地流向經濟光譜上比較富有的那一端，讓這些人可以不必背上接受福利的惡名就享有它們，這些好處包括：遞延稅負的公司退休年金、社會安全福利、個人退休帳戶、有擔保的學生貸款、不動產抵押貸款的利息扣除額（它在一九八六年的稅法大翻修中大幅提高）、慈善捐款扣除額、醫療照護的補助款等等。它們可以塞在撥款法案的某一條款裡，不需另外訂立新法律或經過新辯論。它們外表像是防止「福利國家」的膨脹，可以定性為「稅負寬減」（tax relief）。當共和黨試圖降低社會安全福利支出時，選民在一九八六年的期中選舉起而反對他們，把稅收支出的神聖性燙烙進入共和黨領導人的思想之中。[61]

一九八七年，保守主義運動推動政府減少經濟管制的努力，又得到另一個禮物。打從廣播電台通訊的初期起，拿到公共執照的單位必須承諾，保證電台會誠實、公平地呈現資訊，平衡不同的觀點。保守主義運動攻擊這個傳統，主張「公平理論」（Fairness Doctrine）實際上促成媒體偏向自由派立場，而這正是巴克萊及其同夥所指控。該年，聯邦通訊委員會取消這項規定。[62]

公平理論取消之後，替巴克萊在將近四十年前所提倡的一種公共教育開啟大門。現在，公共媒體不用提出有憑有據的辯論，也不再鼓勵聽眾要自己妥善做決定，如今它們一股腦剔除掉他們認定為「壞」的主張——譬如政府積極主義等——並且頻頻灌輸個人主義和基督教信仰。不到一年，脫口秀如雨後春筍遍地開花；類似拉許・林霸（Rush Limbaugh）這樣的主持人對女權主義、納粹主義發動攻擊，發表仇恨平權運動的言論，痛斥自由派，也警告全民防備社會主義潛伏進入美國各地；他們以此煽動群眾。

總統也把保守主義運動所相信的傳統道德地帶進政治。雖然他本身離過婚，也相當寬容同性戀者，雷根力促社會和宗教保守主義者要支持保守主義運動。諾基斯特開始吸收白人福音派基督徒加入「美國人支持稅改」組織，但是想把大企業和南方及西部基督徒結合為同盟，談何容易。

一九八九年，諾基斯特的友人賴爾夫・里德（Ralph Reed）針對此一脫節現象，設法把福音派基督徒轉化為一支永久性的政治壓力團體。這個團體命名「基督徒同盟」（Christian Coalition），推舉里德出任執行長。它號召福音派支持共和黨的努力相當成功。到了一九九二年，同盟擁有二十五萬名會員，在這一年的政治活動中投下一千萬美元的經費。它延攬福音派人士參選地方及州的職位，也有效地散布保守主義運動的宗教和經濟信條。里德解釋說，這個「親家庭的組織」只能透過處理「一般選民所關切的問題，如稅收、犯罪、政府浪費、醫療保健和金融安全方面的問題」，以及解決墮胎和同性戀問題，來贏得政治上的控制。看起來違反直覺，福音派對這些問題的解決辦法經常是弄巧成拙、事與願違。譬如，他們強烈反對政府辦的健康照護改革，儘管它事實上可以幫助一些家庭。不過他們都是鐵桿保守主義運動支持者。[63]

或許最重要的是，雷根任命了許多法官，藉此成功鞏固保守主義運動的原則，讓它們能延續到他卸職之後還長久存在。雷根總統在八年任期內派任的法官人數超越歷史上其他任何一位總統：三位聯邦最高法院大法官、一位首席大法官，以及三百六十八位聯邦地方法院法官和上訴法院（二審）法官。雷根認為，華倫法院所做的經濟和民權決定是所謂的「司法積極主義」（judicial activism），而不是公平客觀地解釋法律。他承諾要把法院交還給相信要嚴格解釋憲法及尊重「家庭價值」的人手中。[64]

針對有機會出任聯邦法官的人，雷根派人到司法部有系統地詢問他們對墮胎和平等權利（affirmative action）的看法，這舉動讓老一輩的司法人非常憤怒，他們相信執法不應政治化。雷根派任的司法部長愛德．米斯（Ed Meese）說，詢問的目的是要「制度化雷根革命，未來不論總統選舉是何結果，都不會影響到它的政策路線」。這些大法官對保守主義運動功不可沒：一九八八年，在《美國通訊傳播業工人訴貝克案》（*Communications Workers of America v. Beck*）這個判例，雷根的最高法院限制了工會花錢介入政治活動的能力。[65]

大分歧時代的到來

保守主義運動宣揚美國個人主義之不遺餘力，就和美國人在一八九〇年代和一九二〇年代同樣積極。一九八〇年代也和以前的時代相似，美國人變得嫌貧愛富，迷戀權貴。一九八七年有一部電影《華爾街》（*Wall Street*），其主角高登・蓋柯（Gordon Gekko）是個專搞企業併購的「襲擊者」，他的金言名句「貪婪是好事」點出了流行的時代氛圍。†

針對金錢崇拜的正當性，可以分別從經濟和宗教兩方面來探討。經濟面的說法是，賺大錢的

---

* 譯註：美國勞工法令規定，企業和勞工訂定的工作保障合同有一種型態是「工會代理制」（agency shop），即公司雇用員工不限只能雇用工會會員，而工會向公司進行集體談判所得到的結果，也適用於非工會會員員工，因此這些非工會會員員工雖然不繳會費，卻要繳交名目為「代理費」（agency fee）的費用。「美國通訊傳播業工人」是會員七十多萬人的一個工會組織，它在一九六八年動用部分公款支持民主黨候選人韓福瑞競選總統。哈利・貝克（Harry Beck）等人是繳交代理費的非會員工人，他們提出訴訟，認為工會侵犯他們的言論自由權，未經其同意，把他們繳交的費用拿去做政治捐獻。全案折騰多年，一九八八年聯邦最高法院裁定貝克等人勝訴，對工會的政治獻金立下限制。

† 譯註：《華爾街》是奧立佛・史東（Oliver Stone）執導的電影，一般評論皆認為它掌握到一九八〇年代金融業罔顧一切、只追求利益的貪婪脈動。劇情講的是查理・辛（Charlie Sheen）飾演的青年證券經紀人巴德・福克斯（Bud Fox）千方百計攀上由麥克・道格拉斯（Michael Douglas）飾演的華爾街巨鱷高登・蓋柯，兩人以內線交易方式炒作股票，攫取暴利，最後落得雙雙入獄。麥克・道格拉斯因為這部電影榮獲奧斯卡最佳男主角。史東和道格拉斯後來又合作拍了一部續集《華爾街：金錢萬歲》，於二〇一〇年九月首映。

人創造的財富會投資在新事業上，而新事業可以多雇用一些人，這些人又可以沿著經濟樓梯攀爬而上，形成正向循環。富有的美國人可以創造就業機會，這個思想起源於原始的自由勞工經濟，但是它沒有考慮到政府以有利的立法支持其成功的貢獻。宗教面的說法源自於有錢人受到上帝眷顧的思想。這些想法演變成為一種信念，認為美國有它足可誇耀的財富和力量，是受到上帝的福庇，因此它有使命要傳播美國的價值。[66]

這種觀點使得反對共產主義不僅是經濟和政治上的職責，也是宗教上的責任。而雷根和他的顧問群，包括副總統布希在內，很認真看待這個責任。一九七九年尼加拉瓜發生左派革命，使他們擔心共產黨可能掌控中美洲。雷根一上任，他的部下就開始資助尼加拉瓜的反對派團體「尼加拉瓜反抗軍」（the Contras）推翻桑定組織政府（Sandinista government）。在資助尼加拉瓜反抗軍這件事上面，民主黨國會沒有白宮那麼積極，部分原因是國會議員反對中央情報局插手拉丁美洲內政事務，另一部分原因是尼加拉瓜反抗軍本身不配受援助；他們的焦土戰術包括綁架、縱火、強暴和謀殺。一九八五年，國會嚴厲禁止進一步援助反抗軍。[67]

離尼加拉瓜半個地球之外，黎巴嫩的恐怖分子在伊朗撐腰下，綁架美國人和歐洲人。到了一九八五年，他們扣住七個美國人。人質危機似乎沒有辦法解決：人質受到嚴密防護，無從拯救。以色列官員建議，銷售武器給伊朗，它或許可以軟化溫和派伊朗人，拉攏他們倒向美國，並且鼓勵伊朗領導人向恐怖分子施壓，逼他們釋放人質。雷根政府同意，以色列方面負責出售。但是隔不久，國家安全顧問約翰・波因岱克斯特（John Poindexter）手下的軍事助理、福音派信徒奧立佛・諾斯（Oliver North）提議，不必讓以色列當中間人，可由美國直接出售給伊朗，雖然按照美國法令，銷售武器給國務院恐怖分子名單上的國家是違法的行為。捨棄以色列當中間人是因為美國可以從中賺更大的差價。此舉賺來的錢不會出現在帳面上，因此可以用來協助尼加拉瓜反抗軍。

這一類的計畫讓雷根時代的個人主義者動心；一個英俊的陸軍上校找到聰明的辦法去辦「正確」的事，不必讓膽小怕事的國會民主黨菁英綁住美國的手腳。這等於是電影《赤色黎明》的故事搬到真實世界來實現。雷根政府執行了這個計畫。美方銷售約四千枚飛彈給伊朗，但並未對改善人質危機有任何重大作用。最後，人質危機隨著伊朗和伊拉克的兩伊戰爭結束而落幕，伊朗釋放人質以便吸引西方國家援助它的重建計畫。

「伊朗軍售醜聞」（Iran- Contra Affair）在一九八六年十一月曝光，它暴露一個因意識形態而行事、不遵守法律的政府之暗黑面。調查揭露的真相讓人震驚的是，美國政府官員不僅違法，而且是持續從事違法行為。諾斯和波因岱克斯特不僅隱藏、還用碎紙機銷毀許多文件——諾斯秘書供稱文件厚達數英尺——以致故事全貌再也無從拼組起來。不過，仍有十四名政府官員遭到起訴，其中十一人判定有罪。副總統布希也涉入醜聞，後來他出任總統，赦免了這些判刑定讞者。可是在許多人心目中，奧立佛・諾斯以及支持他的政府，卻是真正美國價值的典範：不顧同情共產黨的民主黨議員之反對，一個有所為、有所不為的男子漢利用軍事行動來傳播美式資本主義價值。[68]

雷根主義的形象也掩蓋住國內經濟的真相。共和黨嘴上唱的是協助美國老百姓的高調，事實上，在雷根主政下，它拼湊起一個宗教、社會和文化的運動，推動有利於金字塔頂端人士的政策。錢流向設在南方和西部的國防工業，而東部和中西部工人的工資停滯。從一九七五年至一九八〇年，民間財富增長百分之三十一；從一九八三年至一九八八年，只增長百分之八。在新經濟中沒有受惠的人參與榮景的途徑有二：一是夫妻都出門工作，成為雙薪家庭，但這是社會保守主義者反對的；二是舉債：從一九八三年至一九八八年，家庭債務占國民生產毛額（GNP）之比重增長超過百分之二十。[69]

共和黨號稱要保護一般美國大眾，但它採用的方法，諸如減稅、嚴格遵守憲法的字面意義，以及打壓特殊利益團體力量，卻只造成了財富向上流動。供給派經濟學號稱，降低邊際稅率能讓財富向下涓滴，但事實上是向上流動，反轉了從新政至一九七〇年代經濟學家所謂的美國財富「大壓縮」，使它變成一九八〇年代以後的財富「大分歧」。共和黨削減稅基（社會福利立法的財源在此，它也使個人有機會上升）之同時，他們支持有利於富人的稅收支出。事實上，聯邦稅沒有下降；它們仍然穩定維持在占國民所得約百分之十九點四的水平。但是，州和地方政府必須提高稅率來彌補聯邦的減稅。起了改變的不是稅負的水平，而是由誰來繳稅。一九七九年，頂尖百分之一的美國人擁有全國百分之二十點五的財富；到了一九八九年，頂尖百分之一的美國人擁有全國百分之三十五點七的財富。[70]

雖然聯邦稅沒有升高，聯邦政府的規模和預算也沒有下降。它們不但不降、反而增長。雷根增加聯邦員工人數比卡特還快。預算也大為增加。雷根人馬堅稱這是民主黨的錯，他們不肯足量的裁員，但是事實上雷根政府從來沒有提出平衡的預算案——政府大幅增加國防經費支出，它相當於和平時期占國民生產毛額比最高的比重，意味他們提不出來平衡的預算案。政府透過大幅舉債彌補稅收和支出之間的差額，使美國從債權國變成負債國。雷根年間聯邦負債從九千九百四十億美元淨增加兩倍，成為二兆八千億美元。納稅人必須為這些債務支付利息，進一步剝奪他們稅款的潛力。[71]

到了一九八七年，民眾對雷根主義的支持開始出現裂痕。電影《華爾街》的高登．蓋柯嘲笑雷根時期的經濟：

> 這個國家最富有的百分之一人士，擁有我國一半的財富，五兆美元。其中三分之一來自辛勤工作，三分之二來自遺產、寡婦和笨兒子累積的財富之利息，以及我也會搞的股票和不動產投機。這根本就是狗屎。百分之九十的美國人沒有幾毛錢，甚至身無分文。我什麼也不創造。我只擁有。我們制訂規則，老兄。新聞、戰爭、和平、飢荒、動亂，甚至是迴紋針的

價格。我們從帽子裡把兔子抓出來，而老百姓傻乎乎地楞在那兒看我們變戲法。現在你不會天真到相信我們生活在民主國家吧？老兄。一切都是自由市場。你就是其中一部分。[72]

到了一九八七年，情勢很清楚，放鬆對儲貸銀行的監理法規，形同為投機和徹頭徹尾的竊盜敞開大門，因此，包括副總統布希的兒子尼爾．布希*以及兩黨都有的一些國會議員在內，得以從人們退休帳戶的殘骸中崛起，變得富得流油。政府必須動用超過一千億美元以上的存款保險拯救這些儲貸銀行。接下來，一九八七年十月，欣欣向榮的股市崩盤，暴露雷根經濟的軟肋。反對派指出，或許供給面經濟根本就不管用。或許整個主張就如史托克曼在一九八一年已經承認的：它只是長年以來玩弄制度、圖利富人的合理化說詞。但是保守主義運動的看法完全不一樣。他們認為雷根的問題出在他砍政府規模與經費時砍得不夠兇。[73]

---

* 譯註：尼爾．布希是老布希總統的第三個兒子。尼爾上面的兩個哥哥分別為小布希總統和前任佛羅里達州州長傑布。

第十二章

西部作為一種理念

在雷根之後，保守主義運動猛烈鞭笞共和黨，使它走向以形象而非現實為根據的意識形態，並且創造一個以一百五十年前詹姆斯·哈蒙德所主張的相同原則所建構的政府。在一九九〇年代和二〇〇〇年代指導共和黨的人士聲稱，他們試圖把政府削減至可接受的規模。但是事實上他們真正做的是摧毀新政政府，因為他們視之為社會主義，但矛盾的是，他們用以取而代之的是一個更大的政府，服膺保守主義運動，促進大型企業、宗教和國防軍事。他們對本身意識形態的死忠凌駕於對黨的關懷，因此批評起本黨總統不是真正的共和黨人。他們的意識形態凌駕於選民的意志之上，因此試圖毀滅一個民主黨籍總統，他的政策能促進經濟成長和平衡聯邦預算，因此非常得民心。最後，他們的意識形態凌駕於現實之上，使得黨和國家都陷入災難。

大打種族牌的八八年選戰

保守主義運動在政治上完全容不下異己，他們也批鬥他們認為在摧毀社會福利國家方面不夠積極、堅定的共和黨人。一九八八年，他們認為共和黨總統候選人喬治·布希立場太溫和，逼迫他採用他們的語言，後來當他說服國會通過加稅、以求修補雷根可怕的預算赤字時，又拋棄了他。

一九八八年，當布希競選要繼承雷根總統寶座時，保守主義運動貶抑他是一個意志不堅、優柔寡斷的溫和派共和黨人，批評他支持擴大政府服務、墮胎和他們所不喜歡的民權。在關鍵的愛荷華州黨團會議中，布希的民意支持度落後保守派的堪薩斯州聯邦參議員鮑布·杜爾十八個百分點，也落後電視布道家派特·羅伯森六個百分點。為了拉攏保守主義運動，布希採用的競選口號呼應菲莉絲·施拉夫利在一九六〇年提出的原則宣言：「讀我的唇語：不會開徵新稅」（Read my lips: No New Taxes）。甚且，他挑選一位年輕的保守主義運動成員、印第安那州聯邦參議員詹姆斯·奎爾（James Danforth Quayle）為競選搭檔，因為奎爾與福音派宗教團體有良好的交情。[1]

布希即使轉向右翼，仍無法激發選民對這位脾氣溫和的仕紳貴族之熱情，他必須採用保守主義運動的形象。仲夏之季，民主黨候選人在民意支持度方面領先布希、奎爾搭檔將近二十個百分點。民主黨提名的總統候選人是麻薩諸塞州州長麥克·杜凱吉斯（Michael Dukakis），這個技術官僚主持州政，在一九八〇年代將麻州氣息奄奄的經濟徹底改造，從重工業轉向高科技和金融業；他的競選搭檔是德州聯邦參議員勞伊德·班森（Lloyd Bentsen），一位老成持重的中間派民主黨人。這個組合讓人聯想起一九六〇年的甘迺迪和詹森搭檔，散發能幹與溫和的新鮮氣息。

為了扭轉頹勢，布希的幕僚長李·艾華德（Lee Atwater）決定採用惡毒的負面選戰手法，不拿彰顯國家政策來爭取選票，反而專注在保守主義運動最拿手的抹黑攻勢，抨擊他們認為傷害美國老百姓的特殊利益團體，特別是得到杜凱吉斯等自由派協助的黑人。在曾於一九六八年幫尼克森助選的羅傑·艾爾斯率領下，布希團隊製作了殺傷力十足的「威利·賀頓」廣告。

這則電視廣告以類似新聞報導的方式呈現，打出已判刑定讞的黑人殺人犯威利．賀頓（Willie Horton）的大頭照。旁白的聲音說明，杜凱吉斯州長准許賀頓在週末請假出獄，而賀頓利用這段時間襲擊一對男女，殺了男的，又強暴他的女朋友。賀頓是白人中產階級美國的最大夢魘：被自由派放出來在社會上惹事的一個黑人凶手。事實上，麻州的犯人請假外出方案是由杜凱吉斯的前任共和黨州長簽署成為法律的，而當時全國最進步的犯人請假外出方案是雷根和布希治下的聯邦方案。但是，在那三十秒的廣告中，艾華德和艾爾斯包裝的論述是，民主黨是替危險的美國黑人服務的社會主義者。[2]

威利．賀頓廣告扭轉了選戰。杜凱吉斯的支持度劇烈下降。十一月八日，「布奎配」得票率百分之五十三點四，大勝「杜班配」的百分之四十五點六。不過，民主黨保住對國會參、眾兩院的控制。杜凱吉斯後來痛斥共和黨的競選手法「卑鄙」。[3]

老布希與保守主義的疏遠

雖然保守主義運動的形象幫助他進入白宮，布希卻在就職演說中透露他要擺脫保守主義運動的極端立場。他保證要平衡預算。但是由於醫療保險、社會安全、退伍軍人福利、糧食券等受民意支持的政策已經吃掉百分之六十五的預算，而國防預算又占了其餘絕大部分，事實上並沒有再削減的空間。布希鼓勵推行義工制度來取代費用昂貴的社會福利。他告訴美國人，美國有「高度的道德原則」，要「讓國家的面貌更仁慈、世界的面貌更溫煦」。國會日益高漲的黨同伐異氣氛讓他嘆息，並呼籲兩黨捐棄成見、互相合作。[4]

布希試圖修補雷根政策給國家財政帶來的傷害。從一九八〇年至一九八九年期間，聯邦債務淨增加兩倍，達到二兆八千億美元，每年利息支出就需要二千億美元，而預算仍然十分失衡。雷根卸任時債務問題已經嚴重，但雪上加霜的是，聯邦政府又介入、清理儲貸銀行倒閉的爛攤子，多付出了一千三百二十億美元。[5]

一九九〇年，布希面臨下一個會計年度估計會有一千七百一十億美元的赤字。這等於是國民生產毛額的百分之四，比起一九八〇年代的赤字小，但是問題之於布希會比赤字之於雷根來得嚴重，因為一九八五年通過的一項法令將在一九九一年生效，倘若未做到某些事，全面預算將自動削減百分之四十。布希在日記寫下：「我願意吃下烏鴉。但是其他人也必須吃烏鴉。*我不得不讓步說『請讀我的唇語』，他們也必須在對稅收和權利的一些言論上有所讓步。」[6]

但是布希嚴重低估了保守主義運動。一九九〇年秋天，他和他在國會裡的副手與民主黨議員折衷出一個法案，大幅削減支出、要求未來撥款時要一道提出償債來源，並且呼籲通過一千三百

---

* 譯註：俚語「吃下烏鴉」意指對某事本來立場強硬，但迫於情勢不得不忍辱負重、認錯收回。

四十億美元的新稅收。保守主義運動國會議員私底下支持，但是在公開場合，他們對此一協議發動抨擊，指責它是針對經濟成長、一般老百姓和雷根的侮辱。[7]

領導保守主義運動的是喬治亞州共和黨眾議員紐威特．金瑞契（Newt Gingrich）。金瑞契是個完完全全的自我中心者，相信自己可以讓共和黨首度恢復一九五四年即已失去的國會控制權。他採取強硬的保守主義運動路線，指控和他意見不同的人是菁英主義、社會主義或腐敗分子——不是個人貪瀆，就是代表傳統意義的「特殊利益」。布希告訴他：「你會害死我們。你剛捅了我們一刀。」[8]

這正是金瑞契打定的算盤：剷除共和黨內剩餘的溫和派勢力。他和他的同夥想出來一個詞來指涉溫和派：「表裡不一的共和黨人」（Republicans in Name Only，縮寫為ＲＩＮＯｓ），並發動保守主義運動接管黨和國家的作戰。最先投靠過來的是葛洛佛．諾基斯特。他擬訂出一份誓詞，目的是要保障雷根一九八六年的稅改措施不會「遭到顛覆」。簽署這項誓詞的公職人員立誓反對所有提高稅率的方案，或是刪除一九八六年稅法中的任何扣除額或抵稅額。面對一九八八年的選民時，這份誓詞成為非常強大的護身符，以致於一百零一個共和黨籍眾議員和兩名民主黨籍眾議員簽署了它。諾基斯特警告說，任何人若是依賴此一誓言當選，然後投票支持布希的預算協議，就是靠「做假」而當選，一定會被追究到底。他保證「美國人支持稅改」組織和其他反稅團體將會公布違反誓詞的議員之名單。[9]

金瑞契反對的稅法的正式名稱是《一九九〇年綜合預算衡平法》（**Omnibus Budget Reconciliation Act of 1990**）摧毀了布希。本黨同志在右翼大肆批評之下，布希的民意支持度在十月份下跌到百分之五十二。[10]

雖然保守主義運動不喜歡它，布希小心照顧國家財政的務實作風也使他成為優秀的領導人，率領國家經歷蘇聯及其東歐帝國崩潰的動盪歲月。布希在外交政策方面有豐富的經驗。他在一九七〇年代中期擔任過一年的中央情報局局長，兩年的美國駐聯合國大使，以及十四個月的美國駐中國代表。他曉得在蘇聯潰散，而它的衛星附庸國——波蘭、東德、捷克斯洛伐克、保加利亞、羅馬尼亞、立陶宛等等*——試圖從共產主義過渡出來時，美國必須十分小心。他不肯對美國的前任敵國幸災樂禍，反而試圖制訂「世界新秩序」，讓美國和前共產國家合作以解決國際問題。[11]

超級大國土崩瓦解產生一個重要問題：既然國家邊界幾乎天天在變，美國是否允許較大的國家吞併較小的國家？這個問題在一九九〇年八月不再是學術上的問題，因為伊拉克的海珊揮師入侵鄰國科威特。受到英國首相瑪格麗特·柴契爾夫人的影響，布希認定如果允許伊拉克占有科威特，所有的小國家都不會安全。他支持制裁伊拉克，然後號召三十三個國家成立盟軍攻入伊拉

---

* 譯註：：立陶宛是被併入蘇聯、成為加盟共和國之一的國家，算不上形式上獨立的附庸國。

克，把海珊趕出科威特。

一九九一年一月十七日，「沙漠風暴作戰」（Operation Desert Storm）啟動，盟軍空襲巴格達。二月二十四日，美軍陸戰隊進入被占領的科威特。盟軍心理上有準備要和阿拉伯世界最精銳的部隊進行浴血作戰，卻訝然發現，盟軍都還沒攻打進入伊拉克，對方的軍隊已經潰散撤退。盟軍士兵只有二百四十三人戰死，其中一百四十七人為美國人。作戰展開才四天，戰爭就結束了；伊拉克部隊棄守科威特，布希團隊宣布停火。布希希望不滿意的伊拉克人民會起義推翻海珊，但是他只提供人道援助給起義叛變的什葉派和庫德族人。海珊的部隊殺死五萬至八萬名叛亂分子，造成大量庫德族人從伊拉克出亡，也替十二年後另一位布希總統揮兵進攻伊拉克奠立基礎。[12]

波斯灣戰爭開戰之前，布希的民意支持度飆升到令人咋舌的百分之八十九。但是他的鵝被保守主義運動烹煮了。他們警告說，連署或投票支持一九九〇年稅法的人，全是「表裡不一的共和黨人」，在下次選舉中將因違背共和黨精神付出代價。一九九二年的大選，他們支持獨立參選的億萬富商羅斯．佩羅（Ross Perot），同時，民主黨候選人比爾．柯林頓是活力四射的阿肯色州長，全力揪住經濟議題猛烈攻擊，此時主要因為儲貸銀行危機，美國陷入短期經濟衰退。但布希猶抱一絲希望，盼能後來居上。[13]

十一月份的大選，柯林頓和他的競選搭檔、田納西州聯邦參議員艾伯特．高爾以百分之四十三的得票率贏得白宮寶座。共和黨有強大的論述，高舉個人主義、經濟繁榮，與反對特殊利益，但是民主黨有更強大的事實證據，指出雷根時代造成貧窮和中產階級的美國人遠遠落後於他們最富有的同胞。布希只拿到百分之三十七的選票，而獨立參選的佩羅搶走一千九百多萬張選票，相當於百分之十九的得票率，因為有些選民非常不滿華府的兩黨政客的沆瀣一氣。民主黨仍然控制住國會參、眾兩院。在共和黨政策把愈來愈多選民驅趕向民主黨的情況下，一九九二年的選舉證明若無保守主義運動的選票，共和黨贏不了。他們的立場必須更加強硬不可。

金瑞契的割喉戰

如果說保守主義運動痛恨「表裡不一的共和黨」，他們對民主黨人更是深惡痛絕，認為這些自由派把美國推向社會主義。他們擔心柯林頓會設法摧毀雷根年代的成績。他們已經花了四十年時間在美國和蘇聯這兩個戰線上與「國家主義」作戰。他們注意到，現在蘇聯已經消失，他們可以把火力集中在國內了。[14]

而他們也的確如此行動。雖然民意調查顯示，民眾並不怎麼關切稅的議題，保守主義運動仍然繼續高唱反加稅言論，極力鼓吹供給面經濟學。他們只要承諾削減預算和減稅幾乎都戰無不勝，也不管這對州和地方政府會起何種效應。一九九三年，共和黨人克莉絲汀・惠特曼（Christine Todd Whitman）競選紐澤西州長；連支持她的《華爾街日報》都說她「沒有足資稱道的經濟成績」，於是找來葛洛佛．諾基斯特背書，提出減稅的承諾，竟然從民意支持度落後二十個百分點的情況下逆勢上揚而當選。諾基斯特只是強調供給面經濟學。「我們從我們的經濟政策會有效、他們的政策無效這個假設出發……靠這個訊息競選……我們就贏了。」[15]

保守主義運動反覆指控社會福利立法純粹是民主黨的買票作法。當柯林頓提議全民健保計畫時，他們擔心健保的福利會讓更多選民效忠民主黨，他們以類似大獲成功的威利．賀頓廣告的同樣卑鄙誤導方式，去攻擊健保方案。[16]

但是他們反對的不只是全民健保計畫。有一項設計來保護婦女、對抗家庭暴力的法律，被描繪是企圖創造更多的政府工作；支持教育被說是收買教師工會，或陰謀灌輸學童自由派思想。保守主義運動主張要能「選擇學校」——意即教育制度民營化——或在家自學，以保障學童的道德安全。支持少數民族的平等權利被說是「反向的歧視」；保守主義運動指出在美國真正陷入危機的是男性白人，政府針對他們一再提出種種法規規範。[17]

這些論述鋪天蓋地而來，林霸的保守主義運動脫口秀只是眾多的節目之一，它在全國六百五十九個廣播電台聯播。為了推廣訴求範圍，林霸在一九九二年開始又主持一個電視節目，製作人就是羅傑．艾爾斯；到了一九九四年，它在全國二百二十五個電視台播出。[18]

打從柯林頓一上台，保守主義運動就全力妖魔化他，指控他在財務上和道德上都毫無信譽。舉例來說，詹姆斯．詹森（James Johnson）一九五六年向歐維爾．法布斯挑戰角逐阿肯色州長時，批評後者在種族融合議題上太軟弱，現在詹森告訴「保守派政治行動委員會」（Conservative Political Action Committee），他有證據證明柯林頓是個「提倡同性戀、愛嫖妓、搞劈腿，殺嬰兒、逃避兵役、包庇吸毒、說謊、表裡不一、叛國的行動分子」。共和黨翻箱倒櫃就是想要找出柯林頓的醜聞，可是除了在歐札克（Ozarks）的一樁土地開發案之外，還真找不到可以做文章的題材。白水案（Whitewater story）一度被認為是柯林頓的污點，但證據薄弱。柯林頓夫婦投資在這樁土地開發案，賠了四萬美元，而他們與開發商日後其他暗盤交易也沒有關聯。但是共和黨才不管這些細節。[19]

柯林頓指派一位有公正不阿之聲譽的共和黨人士擔任特別檢察官來調查白水案，滿心以為可以藉此止息爭議。他錯了！強硬派保守主義運動人士摒除他挑的人選，換上他們自己的人馬肯尼士·史塔爾（Kenneth Starr）。史塔爾沒有擔任過檢察官的經歷，但是他和「阿肯色計畫」（Arkansas Project）關係良好，這個團體由億萬富翁理查·史凱菲（Richard Mellon Scaife）贊助，宗旨就是要扳倒柯林頓。「阿肯色計畫」說服州政府前雇員寶拉·瓊斯（Paula Jones）跳出來指控柯林頓在州長任內對她性騷擾。特別檢察官有權發傳票召喚證人，史塔爾肯定會上窮碧落下黃泉刨柯林頓的底。[20]

一九九四年的期中選舉，令人驚訝，眾議院有一百七十五席兩黨議員退休、由新人出馬競選。共和黨全國委員會主席哈雷·巴伯爾（Haley Barbour）全力卯上，投入一千五百萬美元全力爭奪眾議院的控制權。[21]

共和黨向選民提出一份《和美國的契約》（Contract with America），它主要出自金瑞契和他的顧問諾基斯特，以及德州聯邦眾議員狄克·阿美（Dick Armey）之手。他們說，之所以命名為「契約」是因為美國人已經厭倦政客一再地背棄承諾；以「契約」為名就是保證文件內每個項目都有拘束力。這份契約主張小政府，聲稱如果選民讓他們控制國會，共和黨將劍及履及在宣誓就職第一天就通過八大改革，包括對國會審計查帳、削減眾議院三分之一的委員會和幕僚，以及訂定一條加稅案必須取得五分之三以上票數支持才能通過的法案。他們承諾，新國會將在接下來九十九天中通過平衡預算的修正案、法案的單項否決權、削減福利、一項反犯罪法案，以及美國人會喜愛的一堆稅務減免方案。[22]

《和美國的契約》相當動聽，尤其是林霸等脫口秀主持人每小時都在電台上推銷它，而且不斷攻擊柯林頓。一九九四年十一月，選民拉下五十四席民主黨眾議員，換上共和黨人，使得共和黨自從一九五四年以來首次控制眾議院。參議院方面，共和黨攻下八席，也控制了參議院。這樣的選舉結果使得共和黨、尤其是保守主義運動樂得暈陶陶的。華府街頭小販開始兜售上面印著「金瑞契議長，搞定它」字樣的T恤衫。[23]

聯邦政府關門

共和黨在一九九四年期中選舉大勝使得保守主義運動如日中天，可以盡情地設定政治辯論的議題。不過，記者們發現，他們似乎只講他們反對什麼，對於他們贊成什麼卻著墨不多。他們反對什麼很清楚：他們痛恨他們所認定的社會主義制度，指責它把美國變成一個充滿懶散寄生蟲的國家。他們認為要摧毀它的方法很簡單：只要砍掉資助其財政的賦稅源頭。[24]

林霸的支持起到關鍵作用，一九九四年這批共和黨革命派邀請他作為新任議員研習營的貴賓。他為這些新進議員規劃議程大綱。他們必須「即刻終止福利制度，它已經重創美國社會」、害國家財政破產，同時著手「導正窮人的工作倫理、教育表現和道德紀律」。接下來國會應該裁掉資本利得稅，它本來可以驅動經濟增長、創造數十萬個就業機會，也能為聯邦帶來數十億美元的稅收。林霸在華府設立辦公室、雇了幕僚人員，負責確保保守主義運動的立場讓選民都聽到。作為交換，每位國會議員都曉得，若是採取和林霸對立的立場，勢必立即招致全國各地廣播媒體的撻伐。[25]

金瑞契的黨徒也全面動員起來。他們控制了眾議院重要位置——金契瑞出任議長；狄克．阿美出任眾議院多數黨領袖；德州的湯姆．德雷（Tom DeLay）出任多數黨黨鞭。一九九五年四月，一份內部文件以減稅而非降低國債為主軸，作為共和黨主義的主要準繩。《華爾街日報》一位記者指出，「諾基斯特先生已經成為新的共和黨多數派一名主要的權力掮客。他的崛起幫忙說明了金瑞契的權力，以及共和黨的意識形態」。[26]

兩個月之後國會通過的平衡預算修憲案是下一步。諾基斯特說，「這是圍堵戰略」；他指的是美國在冷戰期間用來圍堵共產主義的戰略。諾基斯特又說：「對於聯邦政府支出的所有削減，都使美國的左派變弱。削減政府預算就是削減左派力量。」他說，他的計畫是：「跑了一百碼，然後炸掉火車鐵軌。」[27]

到後來，金瑞契黨徒因為走得太過頭，根本沒辦法妥協。零散的議程在眾議院勝利通過，卻在參議院遭到稀釋，然後又被總統否決。當柯林頓拒絕簽署刪減醫療保險、公共衛生、環境和教育等經費的共和黨預算案時，金瑞契也拒絕妥協。從一九九五年十一月至一九九六年一月期間，聯邦政府關閉非基本需求的活動達二十八天之久：國家公園停止開放；政府委外合同暫停；護照和簽證的申請停擺。這項危機卻把柯林頓的民意支持度推到他當選以來的新高點，因為老百姓把聯邦政府關門怪罪到共和黨身上。《和美國的契約》轟轟烈烈推出，卻虎頭蛇尾收場。到了一九九六年三月，共和黨本身也不理睬它了。[28]

福斯新聞台與其扭曲世界觀

但是保守主義運動唯恐天下不亂的末日論述卻仍然有強勁的生命力。受到新流行的電台脫口秀和傳真機的影響，選民很容易接觸到他們的議員和志同道合的夥伴，那些在雷根時期陷入貧困的人，沒把他們的失敗怪罪到將財富向上汲取的政策身上，反而怪罪到稅法上面，因為共和黨堅稱它們正是美國所有問題的根源。政客正在把美國出賣給社會主義！心懷不滿的美國人開始杯弓蛇影，處處都看到陰謀。一般老百姓渴望取回主導權，就和電影《赤色黎明》中的年輕人一樣，讓國家回到巴克萊在一九五〇年代所倡導的傳統價值，即宗教、自由市場和強大的軍隊。[29]

在一九九五年四月十九日，反政府極端主義震驚了所有美國人。奧克拉荷馬市中心地區艾佛瑞德．穆拉聯邦大廈（Alfred P. Murrah Federal Building）前發生炸彈爆炸，造成一百六十八人（含十九名不滿六歲的孩子）喪生，以及八百多人受傷。炸彈客提摩太．麥克維（Timothy McVeigh）是在《赤色黎明》背景下成長的青年，在波斯灣戰爭服役擔任過砲手；解甲回鄉後他愈來愈不滿意社會狀況，認為美國日益趨向社會主義。他曾經投書給報紙說：

> 稅法根本就是笑話。不管政治候選人如何「保證」，它們都會上升。加稅一直都是政府管理不善後拿出來的解決辦法。他們搞得一團糟，我們卻受苦。稅負已經高達災難的水平，

看不到放緩的跡象……內戰已經迫在眉睫了嗎？我們必須流血才能改革目前的制度嗎？我希望不要走到這一地步。但是它可能會發生喔。

爆炸案之後不久警察抓到他時，麥克維身上穿的恤衫有林肯的圖像，還配上殺害林肯的凶手布斯的一句話：「他是暴君。」[30]

共和黨的革命在政府部門之外也蓬勃發展。金瑞契、阿美和德雷，配上諾基斯特，發起「K街計畫」（K Street Project），想要改變華府的文化，讓它有利於共和黨，而非國會民主黨人；後者因為長年掌握政權，已經和企業界及遊說客建立綿密關係。德雷向說客挑明了說，現在當家主政的是共和黨，如果他們想要接近權力管道，在他們雇用人、或做政治捐獻時，最好是心繫共和黨、忘掉民主黨。K街是華府說客公司匯集之地，立刻心領意會。

同一時間，金瑞契黨徒在國會推動通過的削減預算導致國會議員必須裁掉大量幕僚，這代表議員在研究與草擬法案時，將愈來愈依賴說客，而非專業幕僚。既然政府的薪水漲不了多少，原本的國會幕僚樂於轉向投效民間部門，國會辦公室和K街之間的空間變成旋轉門。到了一九九八年，華府有超過一萬名以上註冊登記的說客，每年花費十四億五千萬美元推動他們所代表產業的利益。企業界草擬法案，國會議員端出保守主義運動的語言審查它們，替它們合理化，並且強調只有企業界最清楚什麼最適合其產業。[31]

一九九六年十月，保守主義運動得到它自己的電視網，羅傑・艾爾斯成為創辦的執行長。福斯新聞網（Fox News Channel）是澳洲出生的媒體大亨梅鐸的主意，他意識到保守主義運動的挫折感，這些人堅稱自由派媒體立場偏頗，不利他們的世界觀。巴克萊最早提出這個論點，施拉夫利以及日後的林霸等追隨者又大聲宣傳，直到追隨者相信主流媒體記者報導的一切都是自由派的宣傳。梅鐸宣稱福斯新聞網「公平、公正」，並呼應保守主義運動的主張，認為他們的觀點遭到一群「左派和反美」菁英的新聞機構的打壓。福斯新聞網決心讓這些思想有機會發聲，誓言要恢復美國政界的公平公正。[32]

艾爾斯採用他註冊商標式的視覺技巧建立一套資訊系統，以清晰、簡單的敘述為基礎。新聞報導要採用彩色配圖，加上重點摘要。主播要用俊男美女；他們的報導乾淨俐落，沒有什麼微言大義。為了快速推廣這個新頻道，梅鐸發給播放福斯新聞網的有線電台每個訂戶十美元。福斯新聞網呈現的是一個依據保守主義意識形態而扭曲、神話化的美國。那是個白人占絕大多數的美國，他們大多居住在農村，一心一意想當個自由獨立的個體。他們痛恨繳稅和愛管閒事的政府，如果能讓社會主義的民主黨人別來打擾，他們自己就可以過得很好。[33]

這個觀點自從一八七二年就在美國出現，但是它在一九九〇年代遠比一個世紀前出現時更不符現實。一九九〇年人口普查顯示，四分之三以上美國人口住在十萬人以上的城市。白人是全美國成長最緩慢的人種群體（雖然他們仍占約百分之八十的比例）。整體美國人喜歡政府的服務；

他們只是不喜歡付稅而已，而保守主義運動自從雷根以來就宣揚說他們不必付稅。[34]

福斯新聞網很快就取得巨大的政治影響力。到了二〇〇〇年大選時，百分之十七點三的美國人收看福斯新聞網，它具有投票權的觀眾有百分之三至八轉而加入共和黨陣營。福斯新聞網指控其他所有新聞台都偏頗不公，迫使它們為了自衛而不能不播保守主義運動的觀點。一九五〇年代麥卡錫主義就靠這套伎倆崛起，而在一九九〇年代它得了一個看似科學的新名字。保守主義運動智庫「麥金納克公共政策中心」（Mackinac Center for Public Policy）副會長約瑟夫．歐佛頓（Joseph P. Overton）提出所謂「歐佛頓窗口」（Overton Window）理論，意指社會大眾能夠接受的一個思想範圍。要把這個範圍向右移動，保守主義運動必須十分積極地宣傳他們的觀點，直到原先被認為荒謬絕倫的論述和政策變成可以被接受才罷休。福斯新聞網推動「歐佛頓窗口」的方法就是維持媒體上持續不斷的聲量，指控民主黨是社會主義、菁英主義和反美主義。[35]

陸文斯基案無損柯林頓人氣

柯林頓在一九九六年連任成功，因為不論共和黨人怎麼扭曲抹黑，柯林頓時代蒸蒸日上的經濟是無法否認的。的確，它讓雷根的經濟表現大為汗顏。雷根和布希的預算有二千九百億美元的赤字；而且布希在任期屆滿前突然宣布，那一年的預算赤字將超過原先估算的六百億美元。為了解決赤字，同時又推動他的社會福利目標，柯林頓推動通過一九九三年預算案，它提高二十五萬美元以上所得的邊際稅率——影響大約百分之一的美國人——將之調升到百分之三十九點六；將最高公司稅率調高百分之一；也把汽油稅調高四點三分錢。他稍微削減國防及整體支出，但是增加有子女的低收入戶家庭之勞動所得扣抵額。雖然柯林頓發牢騷說他的政府裡充滿了想要糾正雷根共和黨的「艾森豪共和黨人」，卻沒有一個共和黨人投票支持他的預算案。[36]

共和黨人痛罵柯林頓對所有美國人加稅以照顧特殊利益的作法會拖垮經濟，但是事實上經濟從一九九一至一九九二年的疲軟出現反彈，而有亮麗的表現。一九九七年以後，人均國內生產毛額每年上升百分之三；失業率從一九九三年的百分之七降到二〇〇〇年的百分之四；通貨膨脹由百分之三降至一九九八年的百分之一點六。從艾森豪時代以來就一直困擾美國的嚴重赤字開始縮小。到了一九九八年，拜布希《一九九〇年綜合預算衡平法》以及柯林頓一九九三年稅改之賜，政府開始出現預算盈餘。一九九七年，繁榮的經濟使得柯林頓有空間擴大窮人小孩的健康照護，提供大學學費可以抵稅，並且把資本利得稅率由百分之二十五調降為百分之二十。[37]

然而，柯林頓主政下經濟越好，越讓保守主義運動相信必須阻止柯林頓。如果民主黨的計畫奏效，美國人會延續它，就像一九五〇年代選擇艾森豪共和黨主義一樣。國家將退回到當年巴克萊所感到失望的狀況，不能信賴人民會選擇正確的事物：即一個與企業及宗教攜手合作的政府。

一九九七年，從白水案挖不到把柄，特別檢察官史塔爾轉向阿肯色的寶拉．瓊斯控訴性騷擾案。這個案子也沒有什麼可以著力的地方，不料瓊斯的律師竟給了他白宮實習生莫妮卡．陸文斯基（Monica Lewinsky）的名字。他們拿到她的名字是因為她的閨密琳達．崔普（Linda Tripp）偷偷錄下陸文斯基的私密告白，傾訴她和柯林頓的交往；崔普把錄音帶拿給一九七二年幫尼克森幹齷齪事的一個男子，這個人再把它交給瓊斯的律師。（律師又把它播放給保守主義運動大將安．庫爾特〔Ann Coulter〕聽。）陸文斯基被瓊斯的律師票傳作證，她簽署宣誓書，否認和總統有任何性關係。瓊斯的律師把錄音帶交給史塔爾。當他在一月十七日就寶拉．瓊斯案向柯林頓取證時，史塔爾很詳細地問他與陸文斯基的關係，引導柯林頓在立誓之下說出一句話：「我從來沒有和莫妮卡．陸文斯基有過性關係。」手上握有崔普秘密錄下的錄音帶，史塔爾立即認定他可以起訴總統做偽證和妨礙司法。[38]

接下來一年，史塔爾以十分類似麥卡錫的手法傳喚證人和洩露有殺傷力的八卦傳聞。史塔爾趕在一九九八年期中大選之前，在九月九日公布他的調查報告，內容極其不堪地詳細記錄柯林頓和陸文斯基之間每一次的親密接觸。它的用意就是要震撼和證實總統的行為嚇壞了循規蹈矩的美國人，它讓人讀起來像是在讀色情小說。共和黨人彈冠相慶，這下子柯林頓非下台不可了。[39]

但是保守主義運動一向是以意識形態而非事實為依歸。保守主義運動相信柯林頓是個下流、德不配位的總統，他們終於能夠證明這一點。但是多數美國人感到不齒的不是總統的性行為，他們更不屑攻擊他的這些人的居心叵測。柯林頓的民意支持度在一九九八年居高不下；投票日之前，它仍保持在百分之六十五以上。金瑞契投入一千萬美元於眾議員選舉，揪著陸文斯基醜聞案窮追猛打。但是民主黨在眾議院反倒增加五席，在參議院則保持平手。這種結果在政府執政六年後的期中選舉可謂聞所未聞，上一次出現這種情形是一八二二年。[40]

金瑞契在選前誇口要在眾議院多拿下十至四十席。選舉如此慘敗，而且他本身因違背國會議員倫理遭到懲戒和罰鍰，再加上自己也有婚外情、在政治上地位岌岌可危。他在選舉過後不到一個星期宣布辭去議員並退出國會。[41]

但是保守主義運動仍然篤信問題不在他們的意識形態，而是金瑞契的努力不夠。眾議院的權力落到德州聯邦眾議員湯姆．德雷手中。殺蟲劑業務員出身的德雷原本好酒好色，後來洗心革面，成為福音派基督徒。德雷貫徹他意志的手法是，凡有人反對他，就威脅要在初選中另外推新人出來挑戰在位者。他堅持發動彈劾案表決，而緊張的溫和派共和黨人順著他的意思走。德雷和眾議院司法委員會主席亨利．海德（Henry Hyde）希望迫使柯林頓下台。海德一度提案要求國會立法禁止聯邦撥款給墮胎計畫，但因婚外情曝光、也被迫辭職。[42]

一九九八年十二月十九日，眾議院表決通過彈劾柯林頓總統，罪名是做偽證和妨礙司法，根據是他曾發誓說他和陸文斯基從來沒有發生性關係，可是證據顯示兩人事實上有過口交行為。全案送到參議院審判。案子風風雨雨吵了一年，參議院沒有再傳喚證人出庭，在秘密會議討論之後，裁定總統所涉罪名一概無罪。柯林頓這時的民意支持度為百分之七十。[43]

柯林頓民意支持度居高不下讓保守主義運動失望透頂。為什麼美國人就是看不透他的卑劣本性呢？他們轉向陰謀理論，並無所不用其極地攻擊柯林頓，借助《德魯吉報導》（Drudge Report）等電台脫口秀和新的網站砲火全開。一九九七年，麥特・德魯吉（Matt Drudge）和他的助手、林霸的粉絲安德魯・布萊巴特（Andrew Breitbart）*開始蒐集不利民主黨的小道消息和新聞。他們在謠言上加油添醋，也開始在日益強大的網際網路上建立志同道合的右翼激進社群。[44]

德州牛仔小布希

二〇〇〇年的大選迫使共和黨內再次攤牌。美國人對金瑞契路線的失望，意味著共和黨必須回歸中道。但是保守主義運動徹頭徹尾否定溫和派共和黨的可能。誠如巴克萊在一九五〇年代就說，任何人只要接受任何一部分的新政，就是社會主義者。沒有含糊的餘地。你若不相信保守主義運動的純潔度，你就是異端。「表裡不一的共和黨人」這個名詞在一九九〇年代初期創造出來，但是在二〇〇〇年大選時大為盛行：黨必須把「表裡不一的共和黨人」逐出家門。

總統候選人提名之戰成了最終的戰場。雖然兩位主要參選人——亞利桑那州聯邦參議員約翰・馬侃（John McCain）和布希總統長子、德克薩斯州州長小喬治・布希——都是反對墮胎的保守派共和黨人，他們吸引的是不同的選民。馬侃試圖從保守主義運動的極端出發，進而爭取中間派的雷根民主黨人，然後建立一個靠近光譜中央的政治同盟。當他主張限制企業可以捐助政治活動的金額時，惹惱了諾基斯特的「美國人支持稅改」組織、美國保守同盟（American Conservative Union）以及全國步槍協會（National Rifle Association）等團體。[45]

這些團體轉向小布希，他立刻把握機會吸引保守主義運動同盟，並聘請諾基斯特擔任顧問。小布希曾經和李．艾華德同事，一起幫他父親助選。現在，小布希偕同李．艾華德的徒弟卡爾．羅夫（Karl Rove）聯手鬥臭馬侃。他們在南卡羅萊納州散播謠言，說馬侃搞婚外情，生了一個黑人私生子。事實上，馬侃夫婦領養一個亞裔女兒。小布希贏了南卡羅萊納初選。馬侃的選戰聲勢一蹶不振。[46]

套用一名記者的形容，小布希把金瑞契—諾基斯特的保守主義運動重新包裝，添上「某種會贏的西部牛仔魅力」。康乃狄克州出生、讀過耶魯和哈佛的這位前任總統兒子，在德州克勞福（Crawford）買了一座牧場。他在一九九九年穿上牛仔長靴，以德州牛仔之姿出現，展現出西部邊疆文化中痛恨積極主義大政府的那一面。即使他過去貪杯浪蕩，在支持者眼中也具有加分作

---

* 譯註：安德魯．布萊巴特後來在二〇〇七年創辦立場極右的《布萊巴特新聞》（Breitbart News）。二〇一二年布萊巴特心臟病發去世，網站逐漸由史蒂夫．班農（Steve Bannon）掌控。二〇一六年，班農幫助川普競選總統，川普當選之後替班農在白宮設置一個首席策士的職位，參贊機要。

用，因為他可以靠他的太太蘿拉的正面形象，以及近來滴酒不沾的事實，證明自己已經洗心革面，得到救贖。[47]

共和黨全國代表大會精心布置以凸顯少數族裔和婦女，會場盡是牛仔帽，小布希保證他「是個團結者、不是分裂者」，以此爭取溫和派肯定。他保證絕不加稅，更主張大幅減稅，以及把社會安全交付民營。[48]

和小布希親民的牛仔形象成為對比，民主黨候選人、柯林頓的前副總統高爾給人的印象卻是一位精明幹練的技術官僚，以致與尋常百姓有段距離。他挑選康乃狄克州聯邦參議員約瑟夫·李伯曼（Joseph Lieberman）為副總統搭檔，他是美國有史以來第一位登上正副總統候選人之列的猶太裔。這個動作增強了民主黨傾向特殊利益的印象。高爾的木訥風格也很難讓支持者跟他交心，而且他對小布希的鄙視顯露無遺，更使得小布希的支持者指控他帶有菁英的傲慢。

到後來，二〇〇〇年大選和一八七六年大選同樣問題重重。儘管保護消費者運動健將拉夫·納德（Ralph Nader）為了凸顯政客全是一丘之貉而參選，從民主黨挖走將近三百萬張選票，高爾和李伯曼在全民票方面贏了超過五十萬張。但是高爾在選舉人團票上還少四張票。二〇〇〇年大選誰能勝出，取決於佛羅里達州，而小布希的弟弟傑布·布希恰好是佛州州長。佛州某個民主黨人占極大多數的縣，選務紊亂，大約一萬張票原本是要投給高爾，實際上卻投給了極右翼的候選人派特·布凱南（Pat Buchanan）。在少數民族地區，投票機居然發生故障。佛羅里達州最初計票結果是小布希領先一千二百一十票。機器驗票之後，領先票數降為三百二十七票。高爾團隊要求人工重新計票。[49]

共和黨人大叫，小布希已經贏了，不服輸的民主黨企圖搶走勝果。這個爭議使得不同層級的政府相互對幹。佛羅里達州最高法院下令重新計票，聯邦最高法院卻介入，宣布重新計票將因為「對主張當選的合法性罩上烏雲」，而對小布希和國家造成「不可修復的傷害」。雖然這似乎暗示聯邦最高法院認為如果重新計票，高爾可能會當選，聯邦最高法院最後以五票贊成、四票反對，支持小布希當選。投贊成票的五位大法官全是共和黨籍總統派任：三人由雷根派任、一人由老布希派任。佛羅里達的選舉人團票判歸小布希，於是他當選總統。這是艾森豪政府以來第一次，共和黨同時控制白宮和國會參眾兩院。雖然領先差距非常小。[50]

一兆三千億美元的減稅法案

薄弱支持度並沒有讓小布希認為他需要走溫和路線，反而就和當年的班哲明．哈理遜如出一轍，相信天意要他勝選，因而他應該採取更強硬的立場。他一上任，就全力推動保守主義運動的議程。他禁止接受政府經費補助的家庭計畫診所之醫生和護士，對懷孕婦女應否墮胎提供諮詢意見。他在白宮設立「宗教與社區倡議辦公室」（White House Office of Faith-Based and Community

Initiatives），用意是讓宗教慈善團體可以領取聯邦補助。他取消許多保護勞工的法規，以致於工會懷疑是因為他們支持高爾，他要施加報復。企業界、土地開發商和反對同性戀權利及平權行動的人士極力主張頒布行政命令，好推翻柯林頓的政策。諾基斯特評論說：「許多保守派認為我們應該使用蒸氣清洗白宮，洗刷柯林頓幹過的所有骯髒事。」[51]

老布希可能讓保守主義運動大失所望，但是有人為他的兒子歡呼「比雷根政府更雷根」。諾基斯特解釋說：「我們所做的一部分事就是把K街和企業界找回來。它們應該是不可或缺的一部分……企業界想要什麼？解除管制、自由貿易和減稅。」有位民主黨人痛罵說：「企業界完全控制了政府機器。眾議院、參議院和白宮全由和企業界友善的共和黨人主掌，他們能夠勝選全仰賴企業界支持……現在是還債、報恩的時候，每一個產業、每一個公會無不爭先恐後兌領好處。」[52]

政商關係你儂我儂最具代表性的例子就是小布希的副總統理查・錢尼（Richard Cheney）。錢尼曾任懷俄明州聯邦眾議員，也是老布希總統打波斯灣戰爭時的國防部長。一九九五年，他帶著他在戰爭期間奠定的中東人脈，進入世界最大的石油服務公司「哈利波頓公司」（Halliburton Company）擔任執行長。哈利波頓公司每年從事石油相關業務，營收近一百五十億美元，其中百分之七十來自海外。公司開始涉足營建業，替美軍在海外興建設施，包括對美軍部隊提供後勤支援。[53]

錢尼把敏銳的企業嗅覺與嚴厲的保密作風引進白宮。他當了副總統以後的第一件事，是在白宮召集一個能源政策專案小組，請來企業界首腦人物集思廣益；但是他堅持出席人士名單要保密。到了二〇〇一年四月，小布希政府就職才三個月，觀察家注意到它「在企業界極獲好評」。[54]

政府借重保守主義運動組織的協助推銷政策。每星期三，白宮官員和諾基斯特以及約一百個宗教、社會和經濟團體的負責人碰面，這些團體是保守主義運動的常備部隊。諾基斯特誇口說：「這裡不是我們和政府他們這種關係。他們就是我們。我們就是他們。」小布希政府若是有需要，可以動員參加星期三集會這些人物領導的數十萬群眾。[55]

小布希總統在準備預算案之前，就先準備一項一兆六千億美元的減稅案，要把預算盈餘全部花掉。諾基斯特告訴《紐約時報》一位記者說：只要有錢能花，它都會被用到社會福利上去。小布希政府希望預算盈餘款快點花掉，這樣才不會出現競相花用而讓政府膨脹的後果。政府動員本黨議員，強力在共和黨控制的國會通過此一法案。小布希的第一道減稅法案在六月通過，十年之內將減稅一兆三千億美元。保守主義運動的主張終於得以實現。但是相信小布希「是個團結者、並非分裂者」的人士卻因為他的極端主義路線而愈來愈失望。他原本岌岌可危的民意支持度也向下摔跌。[56]

九一一事件讓保守主義重生

小布希就職之後九個月，美國歷史上最重大的悲劇挽救了小布希的地位，使他能夠依據保守主義意識形態全力改造政府。八月份，小布希回到克勞福牧場，準備放暑假一個月。八月六日，他收到中央情報局的一份報告，主旨是「賓拉登決心在美國境內動手」。總統認為這是例行報告。奧薩瑪．賓拉登在一九八〇年代時是中央情報局在阿富汗支持的反蘇聯聖戰士之一員，但是在波斯灣戰爭時轉而反抗他的美國主子，痛恨美國支持以色列，以及美軍進駐他的母國沙烏地阿拉伯。

二〇〇一年九月十一日，來自賓拉登所領導的激進派伊斯蘭主義蓋達組織的十九名恐怖分子，劫持四架民航班機，其中三架衝撞紐約市的世界貿易中心雙子星大樓和五角大廈。他們劫持的第四架飛機試圖衝撞國會山莊，但是飛機上的乘客與劫機者搏鬥，把飛機撞毀在賓夕法尼亞州一處農田。這場攻擊造成約三千名美國人喪生。不到一個月，美國和盟軍部隊攻進阿富汗，推翻庇護蓋達組織的塔利班政權。

九一一攻擊事件強化了小布希政府的使命感。冷戰已經結束，但是美國仍受到死亡威脅，現在要對抗一個更殘暴無情的敵人。要擊敗國家大敵，美國必須不惜代價捍衛自由企業和基督教信仰。小布希宣布：「我們在悲傷和憤怒中，找到了我們的使命和我們的時刻。」之前他因為過度堅持保守主義導致民意支持度下滑，如今立刻回升到百分之九十。很快地，他和他的顧問群認為民意支持度如此之高，是天意要他依循意識形態路線來改造美國和世界。[57]

九一一事件之後，小布希把世界畫分為二，一邊是他的支持者，另一邊是他認定的反美分子——這一點和尼克森很相似。他宣布：「你若不和我們站在一起，你就是和恐怖分子站在一起。」為了保護「本土」（homeland）——它現在以此稱呼美國——小布希政府取得不尋常的權力。總統未和國會商量就成立一個不受國會監督的「國土安全辦公室」（Office of Homeland Security）；直到一年後，國會把它位階升高為內閣級部會，才能監管它。雖然位居政府最高層官員，新辦公室主任、前任賓夕法尼亞州長湯姆・里吉（Tom Ridge）的人事案卻沒有經過參議院的審核通過，其實他根本沒有情報界或安全界的經驗，卻是小布希的慢跑健身運動夥伴。九一一攻擊事件之後，國會撥款四百億美元以強化美國的安全。小布希政府派了許多忠貞分子進入這個龐大的新官僚機關，譬如與副總統錢尼、或是錢尼的好朋友國防部長唐納德・倫斯斐熟識的保守主義運動人士，或是福音派人士，或是狂熱相信美國軍事任務的人士，卻根本不問他們的專業長才能否勝任。[58]

九一一事件之後，政府全面推動保守主義運動。它立刻強化企業，首先力挺航空業，然後邀請石油業領袖商討政府要如何協助保護能源基礎設施。他們的辦法是減少管制、增加鑽探，並且補助乙醇，總統向國會施壓要它通過。接下來，證券交易委員會暫停若干新政時期的證交法當中禁止「操縱及欺騙手法」的條文，這一來使得公司可以操作它們的股價。然後小布希又堅持進一步減稅以刺激經濟。此時美國的經濟因為九一一攻擊所引起的創傷已經趨於疲弱。[59]

在小布希提議的二〇〇三年二兆一千三百億美元預算案中，軍事經費增加額度高達四百八十億美元，同時卻削減高速公路、環保倡議、就業訓練和其他國內計畫的經費。它使得預算出現八百億美元的赤字。二〇〇三年，國會把國土安全辦公室升級為政府部會，把涉及海關、移民、交通運輸，以及聯邦緊急管理署（Federal Emergency Management Agency）等二十二個機關併入，以便統一指揮。政府一度試圖取消這些機關十八萬名員工組織工會的權利，理由是工會規則有危及國家安全之虞，但沒有成功。[60]

《紐約時報》指出：「根本來看，本土防衛需要政府和產業界密切合作，因為從電信網、發電廠到水源供應，許多重要基礎設施都在民間業者手中。」企業界注意到新市場的機會，紛紛設立國土安全業務部門，把公司產品規畫成吻合國家安全需求，並且極力奔走穿梭在里吉身邊，因為他們很清楚由這兒會出現巨額的政府合同。[61]

各州州長和各地市長懇求撥款協助他們支付新的安全需求經費，卻沒有下文；民主黨人懇求撥款強化既有的安全措施，如警察及消防，以及類似發電廠和港口周邊保安，也沒有結果。小布希和他的共和黨盟友痛批這一類要求是預備搞「肉桶開銷」，它會削弱國家實力。總統威脅說，他會否決這一類法案。然而，安全保障將出自聯邦層級管理的新方案。二〇〇一年十二月，國會已經在攻擊事件發生後立刻撥款下又追加四百億美元，現在又分配三千一百八十億美元供軍事及國土安全之需使用，而且全部專門由行政部門監管。大政府的時代又回來了，而這一次大政府將由保守主義運動主持。[62]

有九一一事件在背後撐著，小布希整合行政權力的規模遠超過尼克森當年的程度。錢尼奉行的思想是，行政部門可以在不受監督之下運作，而且由於反恐戰爭國內化，總統不受國會或法律侷限。小布希政府握有不經法院批准就監聽公民電話的權力，又無限期地暫停人身保護令，還濫權對犯人刑求。[63]

政府也幾乎立刻開始照自己的意思來詮釋國會的行動。過去的總統利用「簽署聲明」（**signing statements**）來表達對眼前這項法律的重視，或是對參與制訂這項法律的相關人士表示謝忱。到了二〇〇一年十一月，小布希開始利用「簽署聲明」，按照自己的意思重新詮釋國會通過的法律。他早先最重要的「簽署聲明」之一涉及到提供撥款給內政部的法律。國會要求行政部門在執行法案不同條款時要先取得國會核准。小布希卻說，他把「這些條款解釋為只需照會就行。」小布希政府根本不接受國會管束。[64]

小布希人馬認為他們的政府就是美國。里奇就任後才兩天，共和黨全國委員會發電子郵件給共和黨活躍分子，介紹國土安全辦公室，又要求收到電子郵件人士回函給共和黨全國委員會，回函要表達支持小布希，並提供聯絡方式以利日後通訊，這是擴大共和黨通訊錄的方便之路，因為最初的收信人會把電子郵件轉傳給親友，人人照做，名單就會擴增。共和黨全國委員會發言人宣布，共和黨可能會受惠國土安全辦公室和共和黨之間的緊密連結，但是他認為這樣的好處完全沒有不妥。接下來在二〇〇二年一月，卡爾．羅夫宣布共和黨將在同年稍後的期中選舉宣示反恐戰爭是共和黨的政績，因為美國人信賴共和黨「在保護和強化美國軍事力量，以及進而保衛美國方面，表現比較好。」[65]

美國國內政策也受到反恐主軸的影響；共和黨人抨擊民主黨人不願意附和支持小布希的經濟計畫就是對「本土」的攻擊。共和黨人似乎又重新回到了十九世紀後期的模樣，不可思議地自認他們是唯一可以被信賴治理美國的政黨。更奇怪的是，這個形象在二〇〇二年與現實衝突的程度——畢竟，美國是在小布希本人治理下遭受九一一攻擊，而且他們主張的供給面經濟學導致經濟嚴重混亂。但是保守主義運動的美妙之處在於，它提供了一個包裝完美的政府宣傳論述，完全罔顧事實。[66]

二〇〇一年十月，白宮宗教與社區倡議辦公室主任約翰．狄陸利奧（John Dilulio）提到保守主義運動論述的力量。他辭職時抱怨小布希政府只顧著說話，而不是訂定政策，它沉迷於新聞、傳播、媒體和與國會議員攻防的戰略，而不是討論任何實質內容。他解釋說，小布希的高級幕僚「缺乏甚至只是基本程度的政策常識，到了令人嘆為觀止的程度。高層官員在討論時，本意是要討論醫療補助（Medicaid），但是嘴裡說的是醫療保險（Medicare）；本來是要討論實際政策的利弊得失，卻幾乎立刻變成討論政治溝通、媒體策略等等。」即使成立國土安全辦公室這件事，可說是「自從成立國防部以來，聯邦政府最重要的組織變革」，也只有輕描淡寫的討論。

狄陸利奧說，小布希政府將世界嚴格畫分為我們和他們，「產生一種你可以稱之為『鄉民馬基維利』（Mayberry Machiavellis）的現象，它結合了無知理盲與政治權術。不管是高階還是低階幕僚，他們的行為就是不斷地把需要細膩思辨討論的政治，簡化為非黑即白的語言，好讓大眾消費，然後盡可能把立法倡議或政策建議往極右立場推。」[67]

短期而言，小布希的保守主義運動願景頗為奏效。二〇〇二年，共和黨贏了期中選舉，在眾議院增加八席、在參議院也增加兩席。政府食髓知味，立刻想要更進一步要求再減稅。鑒於預算和債務已經暴增到失控的地步，財政部長保羅・歐尼爾（Paul O'Neill）擔心國家將墜入財政危機，錢尼卻怒吼說：「雷根證明赤字並不會有影響。」歐尼爾被嚇得噤若寒蟬，錢尼繼續說：「我們贏了期中選舉。我們有權利這麼做。」這位大失所望的財政部長不久就辭職不幹，並在日後回憶說，小布希政府純粹依賴意識形態治國。他評論說，這樣一來倒也好辦事，「因為你不必知道任何事情、或探索任何事情。你已經知道所有事情的答案。它不會被事實穿破，它是不容挑戰的絕對主義。」[68]

新保守主義與中東戰爭

小布希政府的黑白分明二元論世界觀再也沒有比在外交事務方面更清晰的了。有一群綽號「新保守派」（neocons）的保守主義人士，相信小布希的父親在第一次波斯灣戰爭打得不夠徹底，力促做兒子的要剷除掉薩達姆．海珊才能穩定中東。

「新保守派」成立於一九九七年，政治評論家威廉．克里斯多（William Kristol）糾合錢尼、倫斯斐和其他一些保守主義運動人士，抗議柯林頓的外交政策，希望美國在冷戰之後領導國際。他們要求大幅增加國防經費，以及美國支持在不具有「政治及經濟自由」的國家進行「政權更迭」（regime change）。他們希望看到一個「對我們的安全、我們的繁榮、我們的原則友善」的世界秩序。他們曾經要求柯林頓把伊拉克海珊趕下台，因為他們認為他是造成中東不安定的亂源。在錢尼推薦下，小布希派倫斯斐為國防部長。[69]

倫斯斐一接到九一一攻擊事件的報告，立刻要求部屬查明是否有足夠的證據可以同時「痛扁」賓拉登與海珊。事實上，海珊並未涉及攻擊美國：發動九一一攻擊的蓋達組織恐怖分子來自沙烏地阿拉伯、埃及和阿拉伯聯合大公國。但是小布希政府全力主張恐怖主義和伊拉克有關聯，搞得許多美國人，尤其是福斯新聞網的觀眾，錯誤地相信九一一恐怖分子不是伊拉克人、就是海珊的部屬。[70]

二〇〇二年九月，小布希列舉出一些後來被為「布希主義」（Bush Doctrine）的主張。依據新保守派哲學的指導，布希主義主張恐怖主義產生的新局面要求政府必須先發制人，制止敵意行動，不能坐以待斃。它認為外交事務上也是「對錯分明」，並且主張美國應該透過散布親美的經濟和文化政策，進行「思想戰」。它警告說，除了擁有核子、化學和生物武器等「大規模毀滅性武器」的恐怖分子之外，很少有對美國更大的威脅了。[71]

美國外交圈子中的現實主義派不相信這套說法。新保守主義派為了說服他們接受美國應該推翻海珊的主張，小布希政府官員提出警告，宣稱這個獨裁者囤積大規模毀滅性武器，包括核武。國家安全顧問康朵莉莎·萊斯（Condoleeza Rice）上電視台接受訪問，也警告美國城市可能遭到核彈攻擊的危險。她堅稱海珊即將毀滅全世界。[72]

前任參謀首長聯席會議主席柯林·鮑爾（Colin Powell）出任國務卿，德高望重的他為總統內閣增添威信，安撫了現實主義派外交專家，但其實錢尼和倫斯斐這些新保守派通常並不理睬鮑爾。二〇〇三年二月五日，鮑爾在聯合國慷慨陳詞，以他堅信的證據指證海珊擁有化學性質的大規模毀滅武器，也已取得製造核子武器的原料。他暗示這位伊拉克領導人曾於二〇〇一年與賓拉登合作，或是他可能在未來與賓拉登合作。鮑爾是個家喻戶曉的大人物，也是受人信賴的溫和派；如果他說伊拉克是威脅美國人民性命的危險，那就必定是真實的。聽他說話的人並不知道他本人並未審核他提出來的「證據」，而且它們幾乎完全不可信，或是從道聽塗說的謠傳拼湊起來的。鮑爾後來說是「搞錯了」。[73]

他的演講起了作用。許多國家號稱是「志願者同盟」支持攻打伊拉克，不過大國之中唯一參加行動的是英國。二〇〇三年三月二十日，美軍部隊攻入伊拉克，志在推翻海珊政府。小布希政府認為，整個作戰行動「易如反掌」；痛恨他們領導人的絕望的伊拉克人民將會簞食壺漿以迎王師。美軍士兵就像牛仔英雄，會把民主和資本主義送給水深火熱的伊拉克人民。的確，海珊的部隊在一個多月時間之內就土崩瓦解。到了五月，美國在伊拉克成立臨時政府，由保羅・布瑞默（L. Paul Bremer）督導。[74]

二〇〇三年五月一日，小布希在「林肯號」航空母艦登上一架固定翼飛機。身穿飛行員外套的他與剛從波斯灣回來的艦上官兵一起接受記者拍照。接下來小布希發表談話，宣布在伊拉克的主要戰鬥行動結束。航空母艦上掛著巨大布幅，斗大的字寫著「任務完成」。從此以後，政府發出許多補給和保護臨時政府，以及重建伊拉克的工作給民間承包商。這些包商包括哈利波頓公司，到了二〇〇四年底，哈利波頓不經競標就拿到一百億美元以上的合同。[75]

自從雷根年代以來，重作秀、輕實務的風氣，在精心規劃的「任務完成」秀上又創高峰。在伊拉克的戰鬥行動一直持續到二〇一〇年八月，美軍過半數的傷亡發生在二〇〇三年五月之後。當美軍決定搜捕落跑的海珊時，小布希政府結合作秀與實事的作風就更甚一步。二〇〇三年十二月十三日，美軍發動「赤色黎明行動」搜索他。士兵展開搜索的兩個地點，代號也出自雷根時代的這部電影，它們就叫做「金剛狼一號」（Wolverine 1）和「金剛狼二號」（Wolverine 2）。

海珊落網的消息，讓林霸歡天喜地大談什麼叫做真正的美國人，並以奉行保守主義運動的兩位總統雷根和小布希為楷模。林霸在網路上發表文章，援引一九六〇年代的電視節目，堅稱他們倆都是牛仔。他說，牛仔絕不會找麻煩，但是麻煩找上門來時，他們會勇敢面對。他們永遠站在正義的一方除暴安良。他們有高度道德，彬彬有禮，品性端正。他們說真話，不考慮「政治正確」與否。他們是「茫茫西部荒野裡道德的烽火台」。他們備受尊敬，不好酒，壞人看到他們就躲得遠遠的。無論是肉搏還是槍戰，他們戰無不勝，並在得勝後騎著馬在夕陽中揚長而去。他們生活在善惡分明的時代，而在現代世界中是非對錯已經模糊不清。

林霸又說，雷根是個牛仔。「他勇敢、正向，帶給我們希望。他戴一頂白帽子……自由派痛恨死雷根了。」林霸又說：

> 他們也痛恨小布希總統，因為他善惡分明、有話直說，在九一一之後直指邪惡就是「邪惡」，毫不含糊，這一點讓自由派大吃一驚。你們都知道，牛仔就是這樣子……在舊西部，拳頭大不見得就對。對，才有力量。戴著白帽子的牛仔永遠站在正義這一方，這才是他們的力量。我很高興我的總統是牛仔。他是男子漢大丈夫！你也曉得，牛仔都是這樣子。[76]

小布希政府代表巴克萊對共和黨的願景取得勝利。基督教信仰和自由企業攜手並進，而且心懷巴克萊願景的政客也牢牢掌控政府。他們衝上前線反對民主黨、溫和派共和黨，以及他們認為是共產主義的社會福利計畫。他們憑藉一套虛構出來的神話把選民團結在一起，這神話遙遙呼應一八五〇年代南方民主黨人的主張，也同樣打造出一群死忠追隨者。

記者隆．舒斯金（Ron Suskind）二〇〇四年發表在《紐約時報雜誌》（*New York Times Magazine*）的一篇文章當中很特別的一段話，清楚呈現出共和黨主義、美國主義和宗教信仰三股力量的合流。小布希總統的一位高級顧問告訴舒斯金說，像舒斯金這樣的人活在「以現實為基礎的社群」中：他們相信憑藉著自己的觀察和理性研究可辨別現實的真相，並找到解決辦法。但是這位白宮助理說，這種世界觀已經跟不上時代腳步。「現在的世界再也不是這樣運作……我們現在是帝國，當我們一有動作，我們就創造出我們自己的現實。當你在研究這個現實時——而你肯定研究得很仔細——我們又有了新行動，創造出另一個新現實，你也可以研究它，現在事情是這樣進展的。我們是歷史的行動者……而你，你們全部人，將被拋在後面，研究我們在前面做了什麼。」[77]

這項告白說明歷史又走了回頭路。儘管有廣大的宗教、社會和文化支持作為基礎，牢牢控制住共和黨的保守主義運動是個允許金字塔頂端的富人聚集更多財富的意識形態，就和南北戰爭之前捍衛奴隸制一樣。共和黨在二十一世紀堅守的立場，正是它在十九世紀組成政黨立志要反對的。就和一八五〇年代他們在南方的前輩一樣，保守主義運動在二〇〇四年誇口「共和黨霸業」將維持「很多年、可能數十年」。就和他們的前輩一樣，他們錯了。山雨欲來的一場危機將曝露他們耽溺於一種與現實脫節的意識形態，使得他們無法再治理國家。[78]

雷根時代落幕

共和黨的歷史誕生於對美國西部之控制權的爭奪中，而在共和黨歷史上非常巧的，二〇〇四年象徵著西部主題的落幕。這一年六月，在和阿茲海默症奮鬥多年之後，雷根總統逝世。為了對甫去世的這位演員、總統致敬，葬禮的主事者精心規劃，好讓他以好萊塢的風格落幕。六月某個溫暖的下午，載運雷根遺體的專機飛抵加州穆谷岬（Point Mugu）海軍基地，出殯隊伍再開車到二十五英里外西米谷的雷根總統紀念圖書館（Reagan Presidential Library）。七百多位貴賓和家屬前來送他最後一程。說完悼詞之後，先是二十一響禮砲，然後四架海軍噴射戰鬥機以分列式飛過天空，儀式就在太陽落下地平線的同時結束。[79]

結論
歐巴馬之後

一八五〇年代，一群嶄露頭角的年輕人創建一個反對獨厚富人的政府體制的共和黨。早期的共和黨人希望政府能夠為像他們這樣的男性提供經濟機會，而不是聽任富有的菁英壟斷國家的一切資源。然而到了二〇〇四年，當國家哀悼共和黨英雄隆納德・雷根過世時，共和黨政府一面向私人公司挹注稅款，一面削弱監理法規、降低對個人的保護：共和黨已經接受了創黨前輩所反對的意識形態。

在共和黨長年控制之後，美國經濟看起來很像南北戰爭之前美國南方的經濟。富人享有巨大的政治影響力，而且似乎沒有太大機會予以改變。企業和財富的影響力在政治和司法系統中根深柢固。國會和法院似乎只會朝著一個方向前進：加強為企業服務的稅收政策和國防開支，並且放鬆對企業影響選舉能力的限制。在二〇〇四年，林肯的願景可以說終於一去不復返了。

但是，就像在一八五〇年代一樣，這種狀況不可能持久。它在南北戰爭之前瓦解過，內戰之後也兩次瓦解——分別是老羅斯福主導的進步時期和小羅斯福推動的新政期間——當時美國人極力抗爭一個只為富人服務的政府，要回歸到林肯的政府概念，亦即政府是要讓所有美國人都能過上好日子的工具。

在二十一世紀初，正如從前的年代，政府只幫助頂層的少數人，大多數美國人發現自己債台高築、收入停滯不前。從短期來看，寬鬆的資金透過對放貸放鬆管制注進入經濟，使得人們投票給共和黨，但是放貸已經擴張到極限了。經濟開始出現裂痕。

本世紀初期幾年，寬鬆的資金助長房地產榮景，但是此一榮景是不可持續的。共和黨國會在一九九九年廢除了新政時期的「葛拉斯—史蒂嘉爾法案」之後，允許商業銀行和儲蓄銀行合併，似乎投資資金的腳步永遠不夠快。但是，當安全的不動產抵押貸款市場逐漸枯竭，銀行開始借錢給似乎不太有能力償還的借款人。由於貸款是「捆綁」在一起、並且在金融市場上大量交易，隱藏的風險被掩蓋住。當二〇〇六年經濟疲軟、房屋價值急劇下跌時，爆發開來的抵押貸款違約使得銀行抱著一堆不良貸款和沒有價值的房地產，更進一步削弱了脆弱的經濟。

共和黨的政策完全以保守主義運動的意識形態和形象為基礎，對經濟危機惡化沒有答案，人們對小布希政府也感到十分厭惡。二〇〇五年卡翠娜颶風侵襲墨西哥灣地區，造成一千八百多人死亡，小布希總統對災情的處理荒腔走板，使得人們懷疑他的政府的能力；而且伊拉克找不到大規模毀滅性武器，反而曝露腐敗和對哈利波頓公司的利益輸送，更使得美國人懷疑他們的愛國心是否被糟蹋來圖利裙帶資本主義。到任期結束時，小布希的民意支持率只剩百分之二十二，是所有在任總統中最低的。[1]

在二〇〇八年的總統選戰中，保守主義運動的明星逐漸褪色，共和黨人轉向亞利桑那州聯邦參議員約翰・馬侃，他的保守派資歷不是問題，不過他努力培養特立獨行的形象。馬侃需要爭取保守主義運動選民的支持，他提名阿拉斯加州福音派基督教州長莎拉・裴琳（Sarah Palin）作為他的副總統搭檔。裴琳承諾將以一個局外人的身分前往華府，以便從不接地氣的菁英手中搶回制訂政策的權力。

但是二〇〇八年九月十七日，金融市場崩盤。接下來的四天裡，銀行倒閉，股市暴跌。馬侃既沒有政策，也不知道怎麼說話來應對可能摧毀世界經濟的這場危機。起初他似乎被嚇壞了，然後，就像以前的胡佛總統一樣，試圖安慰美國人一切都很好。他的發言只讓人家感到他一籌莫展。他的競選夥伴也幫不上忙。記者問她，國會想要撥款救助垂危的銀行，以遏止經濟大蕭條以來最險峻的金融危機，她有什麼看法。她的回答曝露她胸無點墨、只能看稿子照本宣科。裴琳說：「最終，救助的目的是幫助那些關心醫療改革的人，幫助支撐我們的經濟發展，呃，這也關係到創造就業機會。」[2]

危機期間，金融家們設法向小布希強調，一定要拯救大銀行。他們聲稱這些大銀行一旦倒閉，將拖垮全球經濟。小布希和大多數國會議員都支持「問題資產紓困計畫」（Troubled Asset Relief Program），但是國會裡的保守主義運動成員反對，認為它是另一個大政府計畫。馬侃無法挽救經濟，也挽救不了選舉頹勢。共和黨內部的現實與形象之間的裂痕太深了。

隨著失業率攀升、房價下跌、股市暴跌，美國人的退休儲蓄一掃而光，選民轉向了一位相對較新的面孔，來自伊利諾州的民主黨聯邦參議員巴拉克·歐巴馬。歐巴馬和他的競選夥伴、德拉瓦州的民主黨政壇老將約瑟夫·拜登，輕鬆地贏得大選，獲得了百分之五十二點九的全民票，馬侃和裴琳得票率為百分之四十五點七。歐巴馬的當選標誌著一個時代的結束。

保守主義運動把共和黨帶到瀕臨破產的懸崖。這次選舉毫不留情地否定了一種意識形態，這種意識形態透過一九八〇年雷根的當選吞噬了共和黨，雖然從一九九六年以來開始沒落，但是拜聯邦最高法院二〇〇〇年裁定小布希勝過高爾、以及二〇〇一年九一一攻擊事件之助，共和黨又保住權力。而今，歐巴馬和拜登代表了自艾森豪政府以來保守主義運動一直強烈反對的一切。

儘管他們是民主黨人，歐巴馬和拜登支持回歸到共和黨人林肯、老羅斯福和艾森豪的願景。他們希望利用政府來建立大企業和勞工之間的公平競爭環境；他們也希望透過教育、公平的工作環境和商業監理來重建充滿活力的中產階級。

歐巴馬的當選曝露二十一世紀共和黨的空洞核心。反對者立刻尖叫這位候任總統是社會主義者或共產主義者。他們不承認他當選的正當性，也否認他是美國人，堅稱他出生在肯亞，因此依據憲法不能成為總統。他們聲稱歐巴馬很愚蠢、沒有受過教育、缺乏經驗；他之所以當選只是因為他代表了特殊利益。他們利用網際網路推動陰謀論，揭露一個「肯亞穆斯林社會主義者」如何計畫摧毀他所痛恨的美國，儘管事實上歐巴馬是出生在夏威夷的基督徒。他們散發惡毒的種族主義宣傳，因為歐巴馬總統是美國第一位非洲裔總統。

在歐巴馬總統身上，共和黨領導人自從一八五〇年代以來所發展的主題全都匯集在一身。一個聰明、受過良好教育的美國人——現在還是一個黑白混血的美國人——努力求學讀書，進而當選總統，這是林肯所闡述的夢想的實現，狄奧多·羅斯福予以改造使之適合工業化時代，而艾森豪又進一步在現代世界中補充發揚它。歐巴馬兩次選擇手按林肯的聖經宣誓就職，並非偶然。

但是如果說歐巴馬是共和黨進步派的夢想，他也是詹姆斯·哈蒙德的噩夢：黑人當家作主，意圖利用政府來幫助「泥基底」。歐巴馬也是十九世紀末、二十世紀初的「老守衛」共和黨人最害怕的噩夢。他是克里夫蘭、威爾遜和小羅斯福的集合體，一個想要遏制商業的民主黨人，這意味著他反美國，還是一個對繁榮的危險。歐巴馬是一個外國父親生下的美國人，這意味著他是意圖摧毀美國主權的外來種子，會把美國拖入由聯合國作主的國際主義，屆時美國人將被迫向其他國家屈服。歐巴馬總統可能代表林肯的希望，但他也集一個半世紀以來共和黨人所擔憂的一切之大成。

共和黨一心一意要阻止這個人，就是這個人，不管他的政策的實際內涵如何，不管國家試圖從毀滅性的經濟衰退中復元的真正需求。這些行為舉止在在證明，被保守主義運動綁架的共和黨，再也無法以面對現實的態度來治理國家。他們的世界全變成一個個扭曲的標籤，沒有實質內容，而選民們轉向民主黨人，這些民主黨人已經接受了林肯所堅持的原則，這是一百五十年前美國平等的真正核心。

因此，在新世紀的第一個十年，共和黨完成了第三個週期，見證黨放棄它建黨的原則、美國經濟的急墜崩潰，以及權力轉向民主黨。林肯的政黨再一次背離它的創黨初衷。

共和黨在精神理念上不斷地繞圈子，反映了美國在平等與財產之間一直沒有解決的緊張關係。獨立宣言確立了國家的原則，即所有人生而平等，並且似乎在平等取得資源，以及受到法律平等對待的基礎上，保證所有的人機會平等。然而憲法卻主張國家是奠立在財產受保護的基礎上。這兩個原則都是美國認同的核心，但是幾乎立即發生衝突，因為開國先賢忽視了提防富人把政府政策扭曲為對他們自身有利的力量。共和黨的創始人著手矯治這種疏忽，但是自己卻身陷其中。

共和黨有可能解決這種緊張關係嗎？未來會有所不同嗎？當然，該黨一貫主張每個人的經濟機會都必須由一個積極有為的政府來推動，這個概念由林肯發想，經狄奧多．羅斯福和艾森豪予以發揚，使之融入工業化後的現代全球經濟，甚至進入核子世界。但是，共和黨能夠擺脫另一個對立的論點嗎？從十九世紀末期種族和政治衝突中滋生的這個對立論點，此後不時循環出現，它堅稱政府積極主義就是社會主義。

隨著今天人口結構的轉變，大量的年輕人、移民和少數民族成為投票人口，或許這個循環周期最終將被打破。這些選民太年輕，對冷戰沒有恐懼的記憶，心中不存在種族和族裔的隔閡，使得政客難以利用共產主義或種族衝突的幽靈將他們號召在一起。隨著詹姆斯・哈蒙德的「泥基底」理論力量減弱，共和黨的領導人或許可以轉向自憲法頒訂以來從未得到回答的問題：美國如何在不創造能夠控制政府的強大富人派系的情況下，促進個人繁榮？也許，在二十一世紀，共和黨為了能追趕上日新月異的美國的腳步，將找到一種方法繼續為其創黨先賢的理想效命。

謝詞

首先，這本書能夠完成得歸功於我傑出的經紀人Lisa Adams，她鼓勵我動筆寫它，並一步步協助我克服期間經歷的重重困難。Lara Heimert與Roger Labrie從龐雜的草稿中將它編輯為一本書，而Eliza Childs對最後的草稿施展了畫龍點睛之功。Joel Wolfe憑藉著他對巴西歷史的研究，幫助我重新思考美國政治人物、選民、語言之間的關係，並針對美國政治與經濟困境提出精闢的見解。Frederick Ahern慷慨地與我分享有關雷根的葬禮的計畫。

Michael S. Green、Felicia Lipson、Robert Lipson、Jim O'Toole、Rob Rapley與T. J. Stiles讀了初稿並提供寶貴的修正意見。Lynn Lyerly找到許多我找不到的資訊。Steven Cromack、Remy Hassett、Christopher Mitchell、Cara Richardson與Lisa Yarin一路給予我許多鼓勵、叮嚀，並願意讀稿。Gene Dahmen、Beth LaBerge、Linda Lee、Pat Maney、Jim Matel、Sarah Matel、Damian Mencini、Carol Nowacki、Jetsy Reid、Joe Reid、Gillian Pearson、Buddy Poland、Robert

Pontrelli、Marshall Pontrelli、Eva Pontrelli、David Quigley、Joshua Russell、Tony Saich、Donald Shaffer、Daniel J. Travanti、Larry Uebel、Sean Wilentz與Mark R. Wilson為我查詢書籍、回答問題，而且對我對共和黨歷史的狂熱予以包容。

最後，我要感謝Nancy Evans，她從一開始就參與本書的寫作計畫。是她的巧思奠定了本書的敘事結構，而敘事反過來塑造了論點。她仔細評估每篇我殫精竭慮思考後的成果（她對哈定與巴克萊的所知超越一般的古典學者），並對身陷理智泥淖中的我伸出援手。為了感謝她對我無盡的耐心與支持——在過去三年當中，也在之前的四十七年當中——我滿懷愛心，將本書奉獻給她。

書中所有的錯誤與解讀詮釋都責在本人。

註釋

導論

1. Theodore Roosevelt, "A Speech Delivered at the Dedication of the John Brown Memorial Park in Osawatomie, Kansas," August 31, 1910, at http: // teachingamericanhistory.org/library/document/new-nationalism-speech/. Theodore Roosevelt, "The Trusts, the People, and the Square Deal," in *An Autobiography* (New York: Charles Scribner's Sons, 1920), pp. 560–573. GB.
2. Dwight D. Eisenhower, "A Chance for Peace," April 16, 1953, at http://www.eisenhower.archives.gov/all_about_ike/speeches/chance_for_peace.pdf.
3. James Henry Hammond, "Speech on the Admission of Kansas" [The Cotton Is King Speech], March 4, 1858, in *Selections from the Letters and Speeches of James Henry Hammond* (New York: John F. Trow, 1866), pp. 301–357. GB.
4. AL to Henry L. Pierce et al., April 6, 1859, in Roy P. Basler, ed,, *Collected Works of Abraham Lincoln,* 3: 374–376, Making of America–UMich.
5. Calvin Coolidge, "Address to the American Society of Newspaper Editors," January 17, 1925.

第一章

1. Robert Mazrim, *The Sangamo Frontier: History and Archaeology in the Shadow of Lincoln* (Chicago: University of Chicago Press, 2007), pp. 75–119.
2. John Filson, *The Discovery, Settlement and Present State of Kentucke* (1784), an Online Electronic Text Edition, ed. Paul Royster, Libraries at University of Nebraska–Lincoln, at http://digitalcommons.unl.edu/etas/3/, accessed May 28, 2010.
3. Ida M. Tarbell, *The Life of Abraham Lincoln* (New York: McClure, Phillips, 1900), pp. 3–6.
4. William Henry Herndon, Jesse William Weik, *Abraham Lincoln: The True Story of a Great Life*, vol. 1 (Chicago: Belford, Clarke, 1889), pp. 9–10. AL to Jesse Lincoln, April 1, 1854, in Roy P. Basler, ed., *The Collected Works of Abraham Lincoln*, 2:

217–218, Making of America–UMich.

5. David Herbert Donald, *Lincoln* (New York: Simon and Schuster, 1995), pp. 21–22.
6. Ibid., pp. 22–23. Tarbell, *Lincoln*, pp. 6–17.
7. Donald, *Lincoln*, pp. 23–24. Tarbell, *Lincoln*, p. 18.
8. Donald, *Lincoln*, pp. 23–25. Tarbell, *Lincoln*, pp. 18–21. Herndon, Weik, *Lincoln*, pp. 17–29.
9. Donald, *Lincoln*, pp. 25–33. Tarbell, *Lincoln*, pp. 22–44. Herndon, Weik, *Lincoln*, pp. 32–62.
10. Donald, *Lincoln*, pp. 38–54. Tarbell, *Lincoln*, pp. 49–109. Herndon, Weik, *Lincoln*, pp. 70–127.
11. Donald, *Lincoln*, pp. 55–83.
12. Ibid., pp. 83–118.
13. *New York Times*, March 8, 1854, p. 2. *New York Tribune*, January 6, 1854, p. 4. Oliver Joseph Thatcher, *The Library of Original Sources, 1833–1865* (New York: University Research Extension, 1907), pp. 144–152, GB.
14. Elmer Davis, *History of the New York Times, 1851–1921* (New York:New York Times, 1921), pp. 3–11. *New York Tribune*, January 6, 1854, p. 4.
15. Francis Curtis, *The Republican Party: A History of Its Fifty Years' Existence and a Record of Its Measures and Leaders, 1854–1904* (New York: G. P. Putnam's Sons, 1904), 1: 177–178, GB. Henry Wilson, *The History of the Rise and Fall of the Slave Power in America*, vol. 2 (Boston: Houghton, Mifflin, 1874), pp. 409–410. AL, Speech at Peoria, October 16, 1854, in Basler, ed., *Collected Works*, 2: 247–283.
16. Douglass Zevely, "Old Residences and Family History in the City Hall Neighborhood," *Records of the Columbia Historical Society*, vol. 7 (Washington, 1904), pp. 159–160, GB. Gaillard Hunt, *Israel, Elihu, and Cadwallader Washburn: A Chapter in American Biography* (1925; rpt. New York: Da Capo Press, 1969), pp. 30–36. *New York Times*, February 25, 1854, p. 8.
17. *New York Tribune*, June 16, 1854, p. 4. Curtis, *Republican Party*, pp. 214–215.
18. *New York Times*, July 15, 1854, p. 6. Wilson, *Slave Power*, pp. 413–415. Curtis, *Republican Party*, p. 176. Michael S. Green, *Politics and America in Crisis* (California: Praeger, 2010), pp. 74–78.
19. Donald, *Lincoln*, pp. 168–178. AL, October 4, 1854, in Basler, ed., *Collected Works*, 2: 240–247. The Peoria speech cited above was a refinement of the Springfield speech.
20. *New York Tribune*, May 27, 1854, p. 4. Wilson, *Slave Power*, p. 415. Elihu B. Washburne to AL, November 14, 1854, LC. Elihu B. Washburne to AL, December

5, 1854, LC. AL to Elihu B. Washburne, February 9, 1855, LC. Donald, *Lincoln*, pp. 178–185.

21. Donald, *Lincoln*, pp. 187–188.
22. Richard B. Morris, ed., *Encyclopedia of American History* (New York: Harper & Brothers, 1953), p. 220.
23. *Chicago Tribune*, May 15, 1856, p. 2. *New York Times*, May 15, 1856, p. 2. *New York Times*, May 19, 1856, p. 2. *Chicago Tribune*, May 20, 1856, p. 2.
24. Speech of Charles Sumner in the Senate of the United States, May 19 and 20, 1856 (Boston: John P. Jewett, 1856), GB.
25. David Herbert Donald, *Charles Sumner and the Coming of the Civil War* (1960; rpt. New York: Da Capo Press, 1996), pp. 288–289.
26. Donald, *Sumner and Coming of War*, pp. 290–297.
27. Ibid. pp. 297–302.
28. Donald, *Lincoln*, pp. 191–192.
29. Morris, *Encyclopedia*, p. 221.
30. James Buchanan, Inaugural Address, March 4, 1857.
31. *New York Tribune*, March 7, 1857, p. 4.
32. Morris, *Encyclopedia*, p. 224. Abraham Lincoln, "A House Divided": Speech at Springfield, Illinois, June 16, 1858, in Basler, ed., *Collected Works*, 2: 461–469.
33. Donald, *Lincoln*, pp. 209–210. AL, Speech at Chicago, July 10, 1858, in Basler, *Collected Works*, 2: 484–502. AL, Speech at Springfield, Illinois, July 17, 1858, Baseler, *Collected Works*, 2: 505–521.
34. Drew Gilpin Faust, *James Henry Hammond and the Old South: A Design for Mastery* (Baton Rouge: Louisiana State University Press, 1985).
35. James Henry Hammond, Speech to the US Senate, March 4, 1858, in *Selections from the Letters and Speeches of James Henry Hammond* (New York: John F. Trow, 1866), pp. 301–322, GB.
36. Robert Whaples, Randall E. Parker, eds., *The Routledge Handbook of Modern Economic History* (New York: Routledge, 2013), p. 279.
37. "Lincoln's 1859 Address at Milwaukee," *Wisconsin Magazine of History* 10 (March 1927): 243–258.
38. AL, "Address Before the Wisconsin State Agricultural Society," September 30, 1859, in Basler, ed., *Collected Works*, 3:471–482. On Lincoln's free labor theories, see Heather Cox Richardson, *The Greatest Nation of the Earth: Republican Economic Policies During the Civil War* (Cambridge: Harvard University Press, 1997), pp.

15–30.

39. AL, fragment on government, 1 and 2 (dated April 1, 1854, and July 1, 1854, by Nicolay and Hay but seeming to belong here, instead of 1854), in Basler, ed., *Collected Works*, 2: 221–222.
40. On the Whig mind-set and Lincoln, see Daniel Walker Howe, *The Political Culture of the American Whigs* (Chicago: University of Chicago Press, 1979). See also AL to Elihu B. Washburne, December 19, 1854, LC. David S. Heidler and Jeanne T. Heidler, *Henry Clay: The Essential American* (New York: Random House, 2010), pp. 205–209.
41. Richardson, *Greatest Nation*, pp. 105–106.
42. Michael S. Green, *Lincoln and the Election of 1860* (Carbondale: Southern Illinois University Press, 2011), pp. 18–28.
43. Harold Holzer, *Lincoln at Cooper Union: The Speech That Made Abraham Lincoln President* (New York: Simon and Schuster, 2004), pp. 9–17, 60–100.
44. Green, *Election*, pp. 43–112.
45. Republican Party Platform of 1856, June 18, 1856.

第二章

1. Heather Cox Richardson, *The Greatest Nation of the Earth: Republican Economic Policies During the Civil War* (Cambridge: Harvard University Press, 1997), pp. 31–32.
2. Ibid., pp. 33–38.
3. Ibid., p. 114. William Pitt Fessenden, *Congressional Globe,* 37th Cong., 1st Sess., p. 255.
4. Richardson, *Greatest Nation*, pp. 66–89.
5. Ibid., pp. 46–47.
6. Ibid., pp. 73–75.
7. Ibid., pp. 78, 83.
8. Ibid., p. 102.
9. Ibid., pp. 39, 116.
10. A good recent overview of the early history of American taxation is Steven R. Weisman, *The Great Tax Wars* (New York: Simon and Schuster, 2002).
11. Justin Smith Morrill, *Congressional Globe*, 37th Cong., 2nd Sess., p. 1194.
12. Ibid.
13. Richardson, *Greatest Nation*, pp. 116–125. Justin Smith Morrill, *Congressional Globe*, 37th Cong., 2nd Sess., p. 1196.

14. *Harper's Weekly*, July 26, 1862, p. 466.
15. Richardson, *Greatest Nation*, pp. 49–50.
16. Ibid., pp. 40–44.
17. Galusha A. Grow, *Congressional Globe*, 37th Cong., 2nd Sess., p. 910.
18. *New York Tribune*, February 1, 1862, p. 4. William Windom, *Congressional Globe*, 37th Cong., 2nd Sess., p. 1034.
19. Justin Smith Morrill, *Congressional Globe*, 37th Cong., 2nd Sess., Appendix, p. 257. Richardson, *Greatest Nation*, pp. 139–149.
20. William Pitt Fessenden, *Congressional Globe*, 37th Cong., 2nd Sess., p. 2016. Richardson, *Greatest Nation*, pp. 149–154.
21. Richardson, *Greatest Nation*, pp. 154–160.
22. Albert S. White, *Congressional Globe*, 37th Cong., 2nd Sess., p. 1726. William M. Dunn, ibid., p. 1701.
23. Richardson, *Greatest Nation*, pp. 170–187. *American Railroad Journal*, 35 (June 28, 1862): 498. *New York Tribune*, May 7, 1862, p. 4.
24. David Herbert Donald, *Lincoln* (New York: Simon and Schuster, 1995), pp. 382–383. W. Holmes to AL, January 22, 1863, in AL MSS, LC, series 1.
25. Abraham Lincoln, Annual Message to Congress, December 1, 1862.
26. F. B. Carpenter, *Six Months at the White House with Abraham Lincoln* (New York: Hurd and Houghton, 1867), pp. 269–270.
27. *New York Times*, January 3, 1863, p. 4.
28. James McPherson and James K. Hogue, *Ordeal by Fire: The Civil War and Reconstruction*, 4th ed. (New York: McGraw-Hill, 2009), pp. 374–375, 388. *New York Times*, July 13, 1863, p. 4.
29. *New York Times*, July 14, 1863, p. 1.
30. McPherson, Hogue, *Ordeal by Fire*, p. 389.
31. Ibid., p. 390.
32. Henry Wilson, *Congressional Globe,* 38th Cong., 1st Sess., p. 1324. Richardson, *Greatest Nation*, pp. 241–242.
33. S. S. Cox, *Congressional Globe,* 38th Cong., 1st Sess., p. 1858.
34. Richardson, *Greatest Nation*, pp. 16–27.
35. Ibid., pp. 162–163. Joseph Baldwin to John Sherman, December 7, 1861, in J. Sherman MSS., LC.
36. Richardson, *Greatest Nation*, pp. 160–168.
37. Ibid., pp. 131–134.

38. Glyndon G. Van Deusen, *Thurlow Weed: Wizard of the Lobby* (Boston: Little, Brown, 1947), pp. 282–294.
39. William Livingstone, *Livingstone's History of the Republican Party* (Detroit: Livingstone, 1900), pp. 148–150, GB. John Savage, *The Life and Public Services of Andrew Johnson* (New York: Edward O. Jenkins, 1865), pp. 290–291, GB. Van Deusen, *Thurlow Weed*, pp. 307–308.
40. Livingstone, *Republican Party,* p. 145. *New York Times*, June 8, 1864, p. 1.
41. Adam I. P. Smith, *No Party Now: Politics in the Civil War North* (New York: Oxford University Press, 2006). Livingstone, *Republican Party*, pp. 146–148.
42. Horace Greeley to AL, July 7, 1864, AL MSS, LC. McPherson, Hogue, *Ordeal by Fire*, pp. 472–474.
43. McPherson, Hogue, *Ordeal by Fire*, pp. 492–493. Livingstone, *Republican Party*, pp. 163–164.
44. Abraham Lincoln, Message to Congress, December 6, 1864.
45. Thomas A. Jenckes, *Congressional Globe,* 38th Cong., 2nd Sess., p. 225. Richardson, *Greatest Nation*, pp. 247, 249.
46. James Ashley, *Congressional Globe,* 38th Cong., 2nd Sess., p. 141.
47. Richardson, *Greatest Nation*, p. 249. George W. Julian, *Political Recollections, 1840 to 1872* (Chicago: Jansen, McClurg, 1884), pp. 251–252.
48. Richardson, *Greatest Nation*, pp. 237–240.
49. *New York Times*, March 4, 1865, p. 1. *New York Times*, March 5, 1865, p. 1.
50. *New York Times*, March 3, 1865, p. 1. *New York Times*, March 4, 1865, p. 4. *New York Times*, March 5, 1865, p. 1.
51. Walt Whitman, Specimen Days 79. "The Weather—Does It Sympathize with These Times?" in *Walt Whitman's Prose Works* (Philadelphia: David McKay, 1892), on Bartleby.com.
52. Ulysses S. Grant, *Personal Memoirs of U. S. Grant* (New York: Library of America, 1990), pp. 731, 740. "Impeachment Investigation," 39th Cong., 2nd Sess., and 40th Cong., 1st Sess. (Washington, DC: Government Printing Office, 1867), p. 286.
53. Hugh McCulloch, *Men and Measures of Half a Century* (New York: Charles Scribner's Sons, 1888), p. 222. William M. Steward, *Reminiscences* (New York: Neale Publishing, 1908), p. 190. Nora Titone, *My Thoughts Be Bloody* (New York: Free Press, 2010), pp. 329–372.

第三章

1. Andrew Johnson, Remarks at an Interview with the Committee of the Legislature of Virginia, in Edward McPherson, *A Political Manual for 1868* (Washington: Philp [*sic*] & Solomons, 1868), pp. 56–58, GB. *New York Times*, April 17, 1865.
2. James McPherson and James K. Hogue, *Ordeal by Fire: The Civil War and Reconstruction*, 4th ed. (New York: McGraw-Hill, 2009), p. 506. Andrew Johnson, Order Appointing William W. Holden Provisional Governor of North Carolina, May 29, 1865, and similar orders for Mississippi, Georgia, Texas, Alabama, South Carolina, and Florida, in McPherson, *Political Manual*, pp. 11–12.
3. "Legislation Respecting Freedmen," in McPherson, *Political Manual*, pp. 29–44.
4. Davidson, Gienapp, et al., *Nation of Nations*, vol. 2 (New York: McGraw Hill, 1990), pp. 627–628. Heather Cox Richardson, *West from Appomattox* (New Haven: Yale University Press, 2007), pp. 55–57. W. A. Carey, "The Federal Union—Now and Hereafter," *De Bow's Review* (June 1866): 588, Making of America–UMich.
5. *New York Times*, November 19, 1865, p. 2.
6. Andrew Johnson, Message to Congress, December 4, 1865.
7. *New York Times*, January 13, 1866. *New York Times*, January 21, 1866. Edward McPherson, *Political History of the United States... during... Reconstruction* (Washington, D.C.: Philp [*sic*] & Solomons, 1871), GB, pp. 72–74.
8. McPherson, *Political History*, pp. 78–81.
9. *New York Times*, January 25, 1866.
10. For a look at the technical argument in his message, see Heather Cox Richardson, "Abraham Lincoln and the Politics of Principle," *Marquette Law Review* 93 (Summer 2010): 1383–1398.
11. Andrew Johnson, Veto Message, February 19, 1866, in McPherson, *Political History*, pp. 68–72, GB. Andrew Johnson, Veto Message, March 27, 1866, in McPherson, *Political History*, pp. 74–78.
12. For more on this, see his extraordinary exchange with Frederick Douglass, in "Interview with a Colored Delegation Respecting Suffrage," on February 7, 1866, in McPherson, *Political History*, pp. 53–56.
13. McPherson, *Political History*, pp. 74, 78–81. "Report of the Special Committee of the House... [on the] Riots at Memphis," 39th Cong, 1st Sess., H. Rpt. #101, p. 23.
14. Benjamin B. Kendrick, *The Journal of the Joint Committee of Fifteen on Reconstruction* (New York: 1914), pp. 292–293, 303. GB.
15. Hans L. Trefousse, *Andrew Johnson: A Biography* (New York: W. W. Norton, 1989),

pp. 241–248.

16. James G. Hollandsworth, *An Absolute Massacre: The New Orleans Race Riot of July 30, 1866* (Baton Rouge: Louisiana State University Press, 2001). Richardson, *West from Appomattox*, p. 56. George C. Rable, *But There Was No Peace: The Role of Violence in the Politics of Reconstruction* (Athens: University of Georgia Press, 1984), pp. 33–58.
17. McPherson, *Political History*, pp. 58–63.
18. *Harper's Weekly*, January 18, 1868, p. 34.
19. James G. Blaine, *Twenty Years of Congress*, vol. 2 (Norwich, CT: Henry Bill Publishing, 1893), p. 262.
20. Michael W. Fitzgerald, *The Union League Movement in the Deep South: Politics and Agricultural Change During Reconstruction* (Baton Rouge: Louisiana State University Press, 1989). Heather Cox Richardson, *The Death of Reconstruction: Race, Labor, and Politics in the Post–Civil War North, 1865–1901* (Cambridge: Harvard University Press, 2001), pp. 52–57. Heather Cox Richardson, *West from Appomattox*, pp. 59–63.
21. Fitzgerald, *Union League*, pp. 16–23. *Philadelphia Inquirer*, May 23, 1867, p. 4.
22. Richardson, *Death of Reconstruction*, pp. 55–57. *Montgomery Advertiser*, July 28, 1867.
23. *Columbus (Ohio) Crisis*, March 13, 1867, p. 52.
24. Richardson, *Death of Reconstruction*, pp. 57–62, 59.
25. Ibid., p. 59.
26. Ibid., p. 60.
27. Ibid., pp. 68–69.
28. Terence V. Powderly, *Thirty Years of Labor, 1859–1899* (Columbus, OH: Rankin and O'Neal, 1890), p. 57. Grace Palladino, *Another Civil War: Labor, Capital, and the State in the Anthracite Regions of Pennsylvania, 1840–68* (Urbana: University of Illinois Press, 1990).
29. Richardson, *Death of Reconstruction*, p. 44.
30. *New York Times*, July 1, 1867, p. 4.
31. Ibid.
32. Ibid. *New York Times*, July 9, 1867, p. 4.
33. *New York Times*, July 6, 1867, p. 4. Richardson, *Death of Reconstruction*, p. 65.
34. David Herbert Donald, *Charles Sumner and the Rights of Man* (1970; rpt. New York: Da Capo Press, 1996), pp. 297–299.
35. Ibid., pp. 299–302.

36. McPherson, *Ordeal by Fire*, pp. 535–536. Richardson, *Death of Reconstruction*, pp. 65–67.
37. Michael Les. Benedict, *The Impeachment and Trial of Andrew Johnson* (New York: W. W. Norton, 1973). David O. Stewart, *Impeached* (New York: Simon and Schuster, 2009). Richardson, *West from Appomattox*, pp. 85–86.
38. McPherson, *Political Manual*, p. 365, GB.
39. Henry H. Smith, ed., *All the Republican National Conventions* (Washington, DC: Robert Beall, 1896), pp. 30–32, GB.
40. Ibid., p. 32.
41. McPherson, *Political Manual*, pp. 365–366.
42. Richardson, *Death of Reconstruction*, pp. 75–76. Philadelphia *Daily Evening Bulletin*, January 29, 1869, p. 4.

第四章

1. *New York Times*, March 5, 1869, p. 3.
2. Ulysses S. Grant, Inaugural Address, March 4, 1869. Joan Waugh, *U. S. Grant: American Hero, American Myth* (Chapel Hill: University of North Carolina Press, 2009), pp. 116–119.
3. George Henry Hynes, *Charles Sumner* (Philadelphia: George W. Jacobs, 1909), pp. 329–340, GB. David Herbert Donald, *Charles Sumner and the Rights of Man* (1970; rpt. New York: Da Capo Press, 1996), p. 433.
4. Waugh, *Grant*, pp. 124–126.
5. Carl Schurz, *The Reminiscences of Carl Schurz* (New York: McClure, 1908), 3: 305–307. Alfred Ronald Conkling, *Life and Letters of Roscoe Conkling*

1. (New York: Charles L. Webster, 1889), p. 44, GB.

6. U. S. Grant, December 5, 1870, Message to Congress.
7. Donald, *Sumner and the Rights of Man*, pp. 434–435.
8. Ibid., pp. 436–439, 444–448.
9. Ibid., pp. 450–467.
10. AL to Charles D. Drake and Others, October 5, 1863. Eugene Morrow Violette, *A History of Missouri* (Boston: D. C. Heath, 1918), pp. 404–410, GB.
11. J. J. Samuels, in Rev. W. M. Leftwich, D.D., *Martyrdom in Missouri: A History of Religious Proscription, the Seizure of Churches, and the Persecution of Ministers of the Gospel, in the State of Missouri*, vol. 2 (Saint [*sic*] Louis: Southwestern, 1870), p. 339, GB. Violette, *History of Missouri*, pp. 412–417.

12. Schurz, *Reminiscences*, 1: 109–236.
13. Ibid., 1: 138–141.
14. Ibid., 3: 292–294; 3: 255–257.
15. Ibid., 3: 294–302. Howard Louis Conard, *Encyclopedia of the History of Missouri*, vol. 5 (New York: Southern History, 1901), p. 171.
16. Heather Cox Richardson, *West from Appomattox: The Reconstruction of America after the Civil War* (New Haven: Yale University Press, 2007), pp.113–116. Richard White, *"It's Your Misfortune and None of My Own": A New History of the American West* (Norman: University of Oklahoma Press, 1993).
17. Richardson, *West from Appomattox*, pp. 145–147.
18. Frank Triplett, *The Life, Times, and Treacherous Death of Jesse James* (1882; rpt. New York: William S. Konecky Association, 2002), pp. 66, 81, 90–91, 223, 254, 264–266. T. J. Stiles, *Jesse James: Last Rebel of the Civil War* (New York: Vintage, 2002), pp. 350, 385–392.
19. Schurz, *Reminiscences*, 3: 316–317.
20. Ibid., 3: 321–323. Conard, *Encyclopedia of... Missouri*, p. 173.
21. Carl Schurz, *Congressional Globe,* 41st Cong., 3rd Sess., December 15, 1870, pp. 123–128.
22. Donald, *Sumner and the Rights of Man*, pp. 467–472.
23. Ibid., pp. 472–480.
24. Ibid., pp. 481–498.
25. Royal Cortissoz, *The Life of Whitelaw Reid* (New York: Charles Scribner's Sons, 1921), vol. 1, pp. 191–192, Hathitrust. *New York Tribune*, January 6, 1871, p. 4.
26. *New York Tribune*, January 23, 1871, p. 1. Xi Wang, *The Trial of Democracy: Black Suffrage and Northern Republicans, 1860–1910* (Athens: University of Georgia Press, 1997), pp. 82–83. U. S. Grant, Message to Congress, December 5, 1870.
27. *New York Tribune*, January 2, 1871, p. 4; January 19, 1871, p. 4; January
2. 21, 1871, p. 1; January 23, 1871, p. 1; January 30, 1871, p. 4; January 26, 1871, p. 4.
28. See, for example: *New York Tribune*, January 2, 1871, p. 4; January 14, 1871, p. 4; January 16, 1871, p. 4; January 17, 1871, p. 4; January 18, 1871, p. 4; January 21, 1871, p. 4; February 8, 1871, p. 4.
29. Thomas Holt, *Black over White: Negro Political Leadership in South Carolina During Reconstruction* (Urbana: University of Illinois Press, 1979). Carole K. Rothrock Bleser, *The Promised Land: The History of the South Carolina Land Commission, 1869–1890* (Columbia: University of South Carolina Press, 1969). Heather Cox

Richardson, *The Death of Reconstruction: Race, Labor, and Politics in the Post–Civil War North, 1865–1901* (Cambridge: Harvard University Press, 2001), pp. 89–90.

30. Richardson, *Death of Reconstruction*, pp. 92–93.
31. Ibid., pp. 85–86.
32. http://www.marxists.org/glossary/orgs/f/i.htm#first-international, accessed April 29, 2011. Karl Marx, Address of the International Working Men's Association to Abraham Lincoln, President of the United States of America, January 28, 1865, at http://www.marxists.org/history/international/iwma/ documents/1864/lincoln-letter.htm. *Boston Evening Transcript*, December 13, 1871, p. 2. *Philadelphia Inquirer*, October 25, 1871, p. 4. Richardson, *Death of Reconstruction*, p. 87. Frank Norton, "Our Labor System and the Chinese," *Scribner's Monthly*, 2 (May 1871): 62, emphasis in original.
33. *New York Tribune*, May 1, 1871, p. 1. Richardson, *Death of Reconstruction*, pp. 94–95.
34. *New York Tribune*, May 1, 1871, p. 1. Richardson, *Death of Reconstruction,* pp. 94–96.
35. *New York Tribune*, June 10, 1871, p. 1. Richardson, *Death of Reconstruction*, p. 97.
36. Richardson, *Death of Reconstruction*, p. 97.
37. Ibid., p. 104.
38. Ibid., pp. 100, 105. *Nation*, October 5, 1871, pp. 221–222. Richardson, *Death of Reconstruction*, p. 98. Charles Loring Brace, *The Dangerous Classes of New York* (New York: Wynkoop & Hallenbeck, 1872), p. 29, GB.
39. Richardson, *West from Appomattox*, pp. 121–122.
40. *New York Tribune*, February 9, 1871, p. 4. Cortissoz, *Whitelaw Reid*, pp. 199–213. Mark Wahlgren Summers, *The Press Gang: Newspapers and Politics, 1865–1878* (Chapel Hill: University of North Carolina Press, 1994), pp. 237–255.
41. Richardson, *West from Appomattox*, p. 122. *New-York Tribune*, April 12, 1872.
42. Richardson, *Death of Reconstruction*, p. 102.
43. Heather Cox Richardson, "What on Earth Was a Bourbon Democrat," March 15, 2011, at the Historical Society, www.histsociety.blogspot.com, accessed December 12, 2012. Cortissoz, *Whitelaw Reid*, p. 207.
44. *Proceedings of the Liberal Republican Convention...* (New York: Baker & Godwin, 1872), pp. 18–21, GB.
45. Karl Schriftgiesser, *The Gentleman from Massachusetts: Henry Cabot Lodge* (Boston: Little, Brown, 1944), pp. 34–35, IA. Cortissoz, *Whitelaw Reid*, pp. 209–210. *New York Times*, May 31, 1872.
46. *North American Review* 15 (October 1872): 401–422. *New York Times*, May 31, 1872.
47. Henry Clews, *Twenty-Eight Years in Wall Street* (New York: Irving Publishing, 1888),

pp. 313–315.

48. *New York Times*, April 20, 1872, p. 5. Clews, *Twenty-Eight Years*, pp. 316–319.
49. *New York Times*, April 19, 1872, p. 2. *New York Times*, April 20, 1872, p. 5. Clews, *Twenty-Eight Years*, pp. 316–319.
50. *New York Times*, April 18, 1872, p. 6. See also *New York Times*, April25, 1872, p. 4.
51. Richardson, *Death of Reconstruction*, p. 103. Republican Party Platform, June 5, 1872.
52. *Official Proceedings of the National Democratic Convention* (Boston: Rockwell & Churchill, 1872), GB.
53. Clews, *Twenty-Eight Years*, pp. 297–306, 303.
54. Richardson, *West from Appomattox*, p. 132.
55. Ibid., pp. 132–133.
56. Ibid., p. 134.
57. *New York Sun*, September 4, 1872, p. 3.
58. Ibid., p. 1.
59. Richardson, *West from Appomattox*, p. 137.
60. James M. McPherson, "Grant or Greeley: The Abolitionist Dilemma in the Election of 1872," *American Historical Review* 71 (October 1965): 43–61. Richardson, *Death of Reconstruction*, p. 103.

第五章

1. Heather Cox Richardson, *The Death of Reconstruction: Race, Labor, and Politics in the Post–Civil War North, 1865–1901* (Cambridge: Harvard University Press, 2001), pp. 104–106.
2. U. S. Grant, Message to Congress, December 2, 1872.
3. Heather Cox Richardson, *West from Appomattox: The Reconstruction of America after the Civil War* (New Haven: Yale University Press, 2007), pp. 162–163.
4. Richardson, *Death of Reconstruction*, pp. 106–109.
5. Richard B. Morris, ed., *Encyclopedia of American History* (New York: Harper & Brothers, 1953), p. 510. Henry Clews, *Twenty-Eight Years on Wall Street* (New York: Irving, 1888), pp. 513, 696–708, GB.
6. Republican Party Platform, June 14, 1876.
7. *New York Times*, July 30, 1894. John A. Garraty, *Henry Cabot Lodge: A Biography* (New York: Alfred A. Knopf, 1953), pp. 40–50. Platform of the Democratic National Convention, June 22, 1876.
8. Robert V. Bruce, *1877: Year of Violence* (Indianapolis: Bobbs-Merrill, 1959), p. 26.

9. On Tilden-Hayes election, see Roy Morris Jr., *Fraud of the Century: Rutherford B. Hayes, Samuel Tilden, and the Stolen Election of 1876* (New York: Simon & Schuster, 2003).
10. C. Vann Woodward, *Reunion and Reaction: The Compromise of 1877 and the End of Reconstruction* (Boston: Little, Brown, 1951), pp. 51–121.
11. Ibid., pp. 110–112.
12. Richardson, *West from Appomattox*, pp. 177–178.
13. J. S. Black, "The Electoral Conspiracy," *North American Review* 125 (July 1877): 1–35. Woodward, *Reunion and Reaction*, pp. 230–237.
14. Richardson, *West from Appomattox*, p. 178.
15. Allan Pinkerton, *Strikers, Communists, Tramps and Detectives* (1878; rpt. New York: Arno Press, 1969), pp. 19–20. Thomas A. Scott, "The Recent Strikes," *North American Review* 125 (September 1877): 351–363.
16. *Washington Post*, September 27, 1878, p. 1. James G. Blaine, in *Appletons' Annual Cyclopaedia... of 1878* (New York: D. Appleton, 1882), p. 202, GB; discussion of Posse Comitatus Act on pp. 196–213. Stephen Young, comp. *The Posse Comitatus Act of 1878: A Documentary History* (Buffalo, NY: William S. Hein, 2003). *Chicago Tribune*, June 8, 1878, p. 2. See also *New York*
1. *Times*, June 11, 1878, p. 4.
17. G. F. Hoar, *Autobiography of Seventy Years* (New York: Charles Scribner's Sons, 1903), 1: 388. Garraty, *Lodge*, p. 66.
18. Democratic Party Platform, June 22, 1880.
19. James D. Doenecke, *The Presidencies of James A. Garfield and Chester A. Arthur* (Lawrence: University Press of Kansas, 1981), pp. 41–45.
20. Richardson, *West from Appomattox*, pp. 194–195.
21. Ibid., p. 195.
22. Morris, *Encyclopedia,* p. 502.
23. John Hay, *The Bread-Winners* (New York: Harper & Brothers, 1883). William Graham Sumner, *What Social Classes Owe to Each Other* (New York: Harper & Brothers, 1883). *Harper's Weekly*, January 12, 1884, p. 19. *New York Times*, September 3, 1883, p. 3.
24. Raymond Polin and Constance Polin, eds., *Foundations of American Political Thought* (New York: Peter Lang, 2006), pp. 446–447.
25. Garraty, *Lodge,* pp. 77–78. Richardson, *West from Appomattox,* p. 212.
26. *Chicago Tribune* quoted in *Harper's Weekly,* February 9, 1884, p. 86. Nevins,

Cleveland, pp. 342–345. *New York Times,* December 30, 1894.

27. Heather Cox Richardson, *Wounded Knee: Party Politics and the Road to an American Massacre* (New York: Basic Books, 2010), pp. 87–88.
28. Ibid., p. 88. John Sherman, *Recollections of Forty Years in the House, Senate and Cabinet*, vol. 2 (Chicago: Werner, 1895), pp. 1022–1034. Harry J. Sievers, *Benjamin Harrison: Hoosier Statesman* (New York: University Publishers, 1959), pp. 345–347.
29. Richardson, *Wounded Knee*, p. 88.
30. Sievers, *Benjamin Harrison,* pp. 426–427.
31. Grover Cleveland, Fourth Annual Message, December 3, 1888.
32. Andrew Carnegie, "Wealth," *North American Review* 148 (June 1889): 653–665.
33. Richardson, *Wounded Knee*, pp. 100–102, 109–110. *New York Times*, February 13, 1888, p. 1; February 24, 1888, p. 3; February 15, 1889, p. 5; February 17, 1889, p. 4; February 25, 1889, p. 1. *Frank Leslie's Illustrated Newspaper*, January 5, 1889, p. 346; March 2, 1889, p. 39; March 16, 1889, p. 91; June 1, 1889, p. 287; October 19, 1889, p. 191; November 2, 1889, p. 223, 230; December 14, 1889, p. 331. Hubert Howe Bancroft and Frances Fuller Victor, *History of Washington, Idaho, and Montana, 1845–1899* (San Francisco: History Company, 1890), pp. 781–806, GB.
34. Richardson, *Wounded Knee*, pp. 142–144. Merle Wells, "Idaho's Season of Political Distress: An Unusual Path to Statehood," *Montana: The Magazine of Western History*, 37 (Autumn 1987): 58–67.
35. Richardson, *Wounded Knee*, p. 101.
36. *Frank Leslie's Illustrated Newspaper*, March 16, 1889, p. 87; May 18, 1889, p. 254; April 6, 1889, p. 134.
37. Richardson, *Wounded Knee*, pp. 136–142.
38. Ibid., p. 93. *New York Times*, April 27, 1889, p. 4; February 24, 1889, p. 16; March 16, 1889, p. 2. *Frank Leslie's Illustrated Newspaper*, May 11, 1889, p. 223; May 18, 1889, p. 254; November 16, 1889, p. 270.
39. *Frank Leslie's Illustrated Newspaper*, December 14, 1889, p. 330; December 21, 1889, p. 354; January 4, 1889, p. 387. Richardson, *Wounded Knee*, p. 94.
40. *Frank Leslie's Illustrated Newspaper*, April 6, 1889, p. 134 (Harrison's men bought the moderate *Frank Leslie's Illustrated Newspaper* and turned it into an administration paper shortly after this quotation appeared). Richardson, *Wounded Knee*, pp. 136–144. *Harper's Weekly*, July 19, 1890, p. 551. *New York Times*, April 29, 1890, p. 4; June 19, 1890, p. 4.
41. Davidson, Gienapp, et al., *Nation of Nations*, vol. 2 (New York: McGraw-Hill, 1990),

pp. 678, 688.

42. Gunther Peck, *Reinventing Free Labor: Padrones and Immigrant Workers in the American West, 1880–1930* (Cambridge: Cambridge University Press, 2000).
43. Richardson, *West from Appomattox*, p. 241.
44. Richardson, *Wounded Knee*, pp. 148–154. *Frank Leslie's Illustrated Newspaper*, June 14, 1890, p. 395; July 5, 1890, pp. 462–463.
45. Mary Elizabeth Lease, quoted in John D. Hicks, *The Populist Revolt* (Lincoln: University of Nebraska Press, 1961), p. 160.
46. Richardson, *Wounded Knee*, pp. 150–153. Sherman, *Recollections*, 2: 1062–1069, 1073.
47. Richardson, *Wounded Knee*, p. 158. *New York Times*, April 1, 1890, p. 1.
48. Richardson, *Wounded Knee*, pp. 158–159. *New York Times*, May 16, 1890, p. 5; May 22, 1890, p. 1.
49. *New York Times*, November 1, 1892, p. 5. *Atlanta Constitution*, November 2, 1892, p. 1. See also *Boston Globe*, November 10, 1892, p. 10.
50. *New York Times*, November 10, 1892, p. 4.
51. *Chicago Tribune*, November 12, 1892, p. 13. R. F. Pettigrew, quoted in *Chicago Tribune*, November 16, 1892, p. 9.
52. *New York Times*, November 10, 1892, p. 8. Statement from the Commercial Travelers' Republican Club, quoted in *Chicago Tribune*, November 1, 1892, p. 2. *Chicago Tribune*, November 14, 1892, p. 2. Senator Teller, quoted in *New York Times*, November 15, 1892, p. 1. *Washington Post*, February 16, 1893, p. 7. *Chicago Tribune*, November 21, 1892, p. 4. *Chicago Tribune*, November 11, 1892, p. 4. *Chicago Tribune*, November 13, 1892, p. 4.
53. *Chicago Tribune*, November 21, 1892, p. 10. See story of iron manufacturer cutting back explicitly out of fear of Democratic administration, in *Chicago Tribune*, November 15, 1892, p. 5. *New York Times*, November 12, 1892, p. 6; *Washington Post*, November 12, 1892, p. 7. *Financial Times*, quoted in *New York Times*, November 14, 1892, p. 4. *Chicago Tribune*, November 13, 1892, p. 4. Douglas Steeples and David O. Whitten, *Democracy in Desperation: The Depression of 1893* (Westport, CT: Greenwood Press, 1998), pp. 21, 23.
54. *New York Times*, November 24, 1892, p. 9. *Boston Globe*, November 18, 1892, p. 8.
55. *Washington Post*, February 15, 1893, p. 7. *New York Times*, February 15, 1893, p. 6. *New York Times*, February 16, 1893, p. 6. *Commercial and Financial Chronicle*, quoted in Steeples and Whitten, *Democracy in Desperation*, p. 32.

56. *Boston Globe*, February 18, 1893, p. 7. *Boston Globe*, February 18, 1893, p. 9. *New York Times*, February 18, 1893, p. 6.
57. *Chicago Tribune*, February 19, 1893, p. 14. *New York Times*, February 19, 1893, p. 14. *New York Times*, February 19, 1893, p. 3. *Chicago Tribune*, February 21, 1893, p. 1. *New York Times*, February 24, 1893, p. 6. *Boston Globe*, February 25, 1893, p. 9.
58. *New York Times*, February 18, 1893, p. 6. *New York Times*, March 3, 1893, p. 9. *New York Times*, March 4, 1893, p. 6. *Chicago Tribune*, March 8, 1893, p. 1.
59. Grover Cleveland, Inaugural Address, March 4, 1893. E. Benjamin Andrews, "A History of the Last Quarter-Century in the United States, XII. The Democracy Supreme," *Scribner's Magazine* 19 (April 1896): 469–90, Making of America–Cornell.
60. Rose Wilder Lane, *American Life Histories: Manuscripts from the Federal Writers' Project, 1936–1940*, Manuscript Division, LC, Online at American Memory. Robert V. Bruce, *1877: Year of Violence* (Indianapolis: Bobbs-Merrill, 1959).
61. General Nelson A. Miles, "The Lesson of the Recent Strikes," *North American Review* 159 (August 1894): 180–188, MOA-Cornell.
62. E. Benjamin Andrews, "A History of the Last Quarter-Century in the United States, XII. The Democracy Supreme," *Scribner's Magazine* 19 (April 1896): 469–90, MOA-Cornell. *Brooklyn Union*, quoted in *Chicago Tribune*, September 4, 1894, p. 6.
63. Republican Congressional Committee, *Republican Campaign Text Book* (Washington, DC, 1894), GB. *New York Times*, November 2, 1894, p. 5. Henry Cabot Lodge, in *Boston Globe*, November 1, 1894, p. 2.
64. *Chicago Tribune*, November 7, 1894, p. 9. *New York Times*, November 9, 1894. *New York Times*, November 7, 1894, p. 1.
65. *New York Times*, November 3, 1894, p. 4. *Chicago Tribune*, November 7, 1894, pp. 11–12.
66. *Chicago Tribune*, September 2, 1894, p. 2. *Chicago Tribune*, September 4, 1894, p. 6.
67. Francis R. Jones, "Pollock v. Farmers' Loan and Trust Company," *Harvard Law Review* 9 (October 1895): 198–211.
68. Pollock v. Farmers' Loan & Trust Company, 158 U.S. 601, 15 S Ct. 912. David P. Currie, "The Constitution in the Supreme Court: The Protection of Economic Interests, 1889–1910," *University of Chicago Law Review* 52 (Spring 1985): 324–388.
69. William Jennings Bryan, "Cross of Gold Speech," July 9, 1896, at *History Matters*, Roy Rosenzweig Center for History and New Media (George Mason University), at http://historymatters.gmu.edu/d/5354/.
70. Republican Party Platform, June 16, 1896.

71. *New York Tribune*, September 30, 1896, p. 6. Howard Lawrence Hurwitz, *Theodore Roosevelt and Labor in New York State, 1880–1900* (New York: Columbia University Press, 1943), pp. 177–187. *New York Tribune* excerpted the Utica Speech on September 30, 1896, p. 3. *New York Tribune*, September 30, 1896, p. 2.

第六章

1. National People's Party Platform, July 4, 1892, at http://historymatters. gmu.edu/d/5361/, accessed May 4, 2014.
2. Henry Cabot Lodge, *Early Memories* (New York: Charles Scribner's Sons, 1913), p. 125. Karl Schriftgiesser, *The Gentleman from Massachusetts: Henry Cabot Lodge* (Boston: Little, Brown, 1944), p. 23, IA.
3. Schriftgiesser, *Gentleman from Massachusetts*, p. 46. John A. Garraty, *Henry Cabot Lodge: A Biography* (New York: Alfred A. Knopf, 1953), pp. 75–81.
4. Garraty, *Lodge*, p. 76.
5. Joseph B. Foraker, *Notes of a Busy Life* (Cincinnati, 1916), vol. 1, p. 167, GB.
6. Garraty, *Lodge*, pp. 79–81, 84, 86–87.
7. Schriftgiesser, *Gentleman from Massachusetts,* pp. 101–104, 119.
8. Aida D. Donald, *Lion in the White House: A Life of Theodore Roosevelt* (New York: Basic Books, 2007), pp. 77–78. Schriftgiesser, *Gentleman from Massachusetts*, pp. 110–114.
9. Schriftgiesser, *Gentleman from Massachusetts*, pp. 111–114.
10. Richardson, *West from Appomattox*, pp. 312–313.
11. H. Wayne Morgan, *McKinley and His America* (Syracuse: Syracuse University Press, 1963), p. 274. Theodore Roosevelt, quoted in Donald, *Lion in the White House*, p. 81.
12. Theodore Roosevelt, *The Rough Riders* (1899; rpt. New York: Modern Library, 1999), pp. 3–5. Richardson, *West from Appomattox*, pp. 313–319. Morgan, *McKinley and His America*, p. 277. Arthur Wallace Dunn, *Gridiron Nights* (New York: Frederick A. Stokes, 1915), p. 72, GB.
13. Donald, *Lion in White House*, pp. 88–89. Richardson, *West from Appomattox*, pp. 321–322.
14. David Trask, *The War with Spain in 1898* (New York: Macmillan, 1981), p. 156. Richardson, *West from Appomattox*, pp. 319–322. Theodore Roosevelt, quoted in *New York Times*, September 22, 1898, p. 1.
15. Roosevelt, *Rough Riders*, pp. 124–130, 199–202. Richardson, *West from Appomattox*, pp. 322–323, 319–320.

16. John Hay to Theodore Roosevelt, quoted in Frank Friedel, *The Splendid Little War* (Boston: Little, Brown, 1958), p. 3.
17. *Indianapolis Sentinel*, quoted in *New York Times*, July 4, 1898, p. 7. T.St. John Gaffney, in *New York Times*, August 22, 1898, p. 6.
18. Richardson, *West from Appomattox*, pp. 332–333.
19. Andrew Carnegie, "Distant Possessions—The Parting of the Ways," *North American Review* 167 (August 1898): 239–249. Andrew Carnegie, "Americanism versus Imperialism," *North American Review* 168 (January 1899): 1–14. Andrew Carnegie, "Americanism versus Imperialism—II" *North American Review* 168 (March 1899): 362–373. All on Making of America– Cornell.
20. Albert J. Beveridge, "Grant, the Practical," in Albert J. Beveridge, *The Meaning of the Times, and Other Speeches* (Indianapolis: Bobbs-Merrill, 1908), pp. 37–46.
21. Albert J. Beveridge, "The March of the Flag," September 16, 1898, in Beveridge, *The Meaning of the Times,* pp. 47–57, GB.
22. Theodore Roosevelt, *An Autobiography* (New York: Macmillan, 1913), pp. 41–44.
23. Theodore Roosevelt, *Foes of Our Own House* (New York: George H. Doran, 1917), pp. 97–107.
24. Claude G. Bowers, *Beveridge and the Progressive Era* (Cambridge, Massachusetts: Houghton Mifflin, 1932), p. 63.
25. Roosevelt, *Autobiography*, pp. 132–133. Richard White, *It's Your Misfortune*
1. *and None of My Own* (Norman: University of Oklahoma Press, 1991), pp. 285–288.
26. Richardson, *West from Appomattox*, pp. 331–332. Quotation from
2. *Charleston News and Courier*, quoted in *New York Times*, October 3, 1898, p. 6.
27. Theodore Roosevelt, quoted in William Roscoe Thayer, *Theodore Roosevelt: An Intimate Biography* (Boston: Houghton Mifflin, 1919), pp. 133–139, GB.
28. Democratic Party Platform, July 4, 1900.
29. Morgan, *McKinley and His America*, pp. 372–381. Thayer, *Roosevelt*, pp. 150–153.
30. William McKinley, Message to Congress, December 3, 1900. *Boston Globe*, November 14, 1901, p. 9. *New York Times*, November 14, 1901, p. 1. *New York Times*, November 15, 1901, p. 1. *Washington Post*, November 15, 1901, p. 1. *Chicago Tribune*, November 14, 1901, p. 1. *Washington Post*, November 21, 1901, p. 5. *Chicago Tribune*, November 28, 1901, p. 7.
31. Roosevelt to Henry Cabot Lodge, September 23, 1901, in *Selections from the Correspondence of Theodore Roosevelt and Henry Cabot Lodge, 1884–1918* (New York: Charles Scribner's Sons, 1925), 1: 506. Eric Rauchway, *Murdering McKinley:*

The Making of Theodore Roosevelt's America (New York: MacMillan, 2007), p. 38.

32. *Chicago Tribune*, March 30, 1901, p. 10. Joseph Bucklin Bishop, *Theodore Roosevelt and His Time Shown in His Own Letters*, vol. 1 (New York: Charles Scribner's Sons, 1920), pp. 154, 165–170.
33. Theodore Roosevelt, Message to Congress, December 3, 1901.
34. *Chicago Tribune*, December 4, 1901, p. 12.
35. *Chicago Tribune*, November 17, 1901, p. 1. *Atlanta Constitution*, November 21, 1901, p. 1. Theodore Roosevelt, Message to Congress, December 3, 1901. On transparency as a way to end the need for business combinations, see *New York Times*, November 15, 1901, p. 8.
36. *Chicago Tribune*, December 4, 1901, pp. 1, 12.
37. *Chicago Tribune*, February 21, 1902, p. 12.
38. *New York Times*, January 8, 1902, p. 9. *Washington Post*, February 21, 1902, p. 3. *Boston Globe*, February 20, 1902, p. 9.
39. *Chicago Tribune*, February 21, 1902, p. 5. Bishop, *Roosevelt*, pp. 182–184, GB.
40. *Boston Globe*, February 21, 1902, p. 9. *Washington Post*, February 21, 1902, p. 3. *Chicago Tribune*, February 25, 1902, p. 12. Balthasar Henry Meyer, "A History of the Northern Securities Case," *Bulletin of the University of Wisconsin*, no. 142 (Madison, WI, 1906), pp. 258–261, GB.
41. *Boston Globe*, August 27, 1902, p. 6.
42. Robert M. La Follette, *La Follette's Autobiography* (Madison: University of Wisconsin Press, 1960), pp. 4, 9–12.
43. Ibid., pp. 3–8, 12, 18–20.
44. Ibid., pp. 12–15. Theodore Roosevelt, "Introduction," in Charles McCarthy, *The Wisconsin Idea* (New York: MacMillan, 1912), pp. vii–xi, GB.
45. Doris Kearns Goodwin, *The Bully Pulpit: Theodore Roosevelt, William Howard Taft, and the Golden Age of Journalism* (New York: Simon & Schuster, 2013), pp. 157–202.
46. Ellen Fitzpatrick, ed., *Muckraking: Three Landmark Articles* (Boston: Bedford Books, 1994).
47. Bishop, *Roosevelt*, pp. 198–220.
48. Mowry, *The Era of Theodore Roosevelt, 1900–1912* (New York: Harper & Brothers, 1958), pp. 115–117. Orlando Oscar Stealey, *Twenty Years in the Press Gallery* (New York: 1906), p. 175, GB. Orlando Oscar Stealey, *130 Pen Pictures of Live Men* (Washington, DC: 1910), p. 26. Claude G. Bowers, *Beveridge and the Progressive Era* (New York: Literary Guild, 1932), pp. 317–324.

49. Louis Arthur Coolidge, *An Old-Fashioned Senator: Orville H. Platt, of Connecticut* (n.p.: 1910), pp. 563–569, GB. Mowry, *Era of Roosevelt*, pp. 133, 171–180.
50. Theodore Roosevelt, December 6, 1904.
51. Mowry, *Era of Roosevelt*, pp. 202–203. Theodore Roosevelt to William Howard Taft, March 15, 1906, Elting E. Morison et al., eds., *The Letters of Theodore Roosevelt*, vol. 5 (Cambridge: Harvard University Press, 1951), p. 183, as quoted in John Braeman, "Albert J. Beveridge and the
3. First National Child Labor Bill," *Indiana Magazine of History* (March 1964): 1–36. *New York Times*, December 18, 1905, quoted in Mowry, *Era of Roosevelt*, p. 203.
52. John Ely Briggs, *William Peters Hepburn* (Iowa City: State Historical Society of Iowa, 1919), pp. 251–287, GB. *Chicago Tribune*, June 24, 1906, quoted in Braeman, "Albert J. Beveridge," p. 1.
53. Mowry, *Era of Roosevelt*, pp. 220–223. Theodore Roosevelt to Bonaparte, January 2, 1908, quoted in Roosevelt, *Autobiography*, p. 292. See also Roosevelt, Message to Congress, January 31, 1908, in *Addresses and Papers of Theodore Roosevelt*, ed. by Willis Fletcher Johnson (New York: Unit Book, 1909), p. 416.
54. Edgar A. Hornig, "Campaign Issues in the Presidential Election of 1908," *Indiana Magazine of History* 54 (September 1958): 237–264.
55. Goodwin, *Bully Pulpit*.
56. Mowry, *Era of Roosevelt*, pp. 232–235.
57. Claude E. Barfield, "'Our Share of the Booty': The Democratic Party Cannonism, and the Payne-Aldrich Tariff," *Journal of American History* 57 (September 1970): 308–323.
58. Ibid.
59. Mowry, *Era of Roosevelt*, pp. 243–249. Dunn, *Gridiron Nights,* p. 217.
60. Mowry, *Era of Roosevelt*, pp. 247–249.
61. "The Return of Colonel Roosevelt," *Moody's Magazine: The Investors' Monthly* 9 (January 1910): 431–432, GB. Joseph Gurney Cannon, "Abraham Lincoln... Speech of Hon. Joseph G. Cannon of Illinois," February 12, 1910 (Washington 1910).
62. Roosevelt, *Foes*, p. 92.
63. Theodore Roosevelt, New Nationalism Speech, August 31, 1910, at
4. http://teachingamericanhistory.org/library/document/new-nationalism-speech/.
64. Ibid.
65. *New York Times*, March 3, 1913, p. 1.

第七章

1. *Washington Post*, March 29, 1913, p. 6. See also *Chicago Tribune*, April 6, 1913, p. 2.
2. *Washington Post*, March 9, 1913, p. 4.
3. Theodore Roosevelt, *Foes of Our Own House* (New York: George H. Doran, 1917), pp. 121–142.
4. *Boston Globe*, April 7, 1913, p. 1. *Chicago Tribune*, April 7, 1913, p. 1. *Washington Post*, April 7, 1913, p. 1.
5. *Boston Globe*, April 8, 1913, p. 4.
6. Edwin R. A. Seligman, *The Income Tax: A Study of the History, Theory, and Practice of Income Taxation At Home and Abroad* (New York: Macmillan, 1914), p. 701. *New York Times*, September 3, 1913, p. 11.
7. Louis D. Brandeis, *Other People's Money and How the Bankers Use It* (New York: Frederick A. Stokes, 1913), IA.
8. *New York Times*, November 21, 1913, p. 13. *Washington Post*, November 22, 1913, p. 9.
9. Elihu Root, in *Washington Post*, December 14, 1913, p. 1.
10. *Washington Post*, April 9, 1913, p. 1. *Atlanta Constitution*, April 11, 1913, p. 4. *Washington Post*, July 9, 1914, p. 1. *Washington Post*, September
1. 11, 1914, p. 6. *Boston Globe*, July 18, 1916, p. 11. *Atlanta Constitution*, July 18, 1916, p. 8.
11. *Atlanta Constitution*, September 3, 1916, p. 4.
12. Theodore Roosevelt quoted in *Chicago Tribune*, September 1, 1916, p.1. Roosevelt, *Foes*, pp. 14–85. Theodore Roosevelt quoted in *New York Times*, September 1, 1916, p. 6.
13. *Atlanta Constitution*, October 27, 1918, p. B4. *Boston Globe*, October 28, 1918, pp. 1, 5. *Chicago Tribune*, October 20, 1918, p. 10. *Chicago Tribune*, October 21, 1918, p. 9. *Washington Post*, October 21, 1918, p. 5. Alice Roosevelt Longworth, *Crowded Hours* (New York: Charles Scribner's Sons, 1933), pp. 274–275. *Chicago Tribune*, October 26, 1918, p. 4. *New York Times*, October 29, 1918, p. 1. *New York Times*, October 27, 1918, p. 10. Roosevelt in *Chicago Tribune*, October 29, 1918, p. 1.
14. Longworth, *Crowded Hours*, p. 275. Speech of Henry Cabot Lodge, February 28, 1919, and speech of Philander C. Knox, March 1, 1919, in *League of Nations* (Boston, Massachusetts: Old Colony Trust, 1919), GB. Ralph A. Stone, "Two Illinois Senators Among the Irreconcilables," *Mississippi Valley Historical Review* 50 (December 1963): 443–465. Ralph A. Stone, "The Irreconcilables' Alternatives to the League of Nations," *Mid-America* 49 (July 1967): 163–173.

15. *Boston Globe*, September 10, 1919, pp. 1–2. Robert K. Murray, *Red Scare: A Study in National Hysteria, 1919–1920* (Minneapolis: University of Minnesota Press, 1955), pp. 122–134. *Boston Globe*, September 10, 1919, p. 2. Last quotation from *New York Times*, September 12, 1919. p. 1.
16. Murray, *Red Scare*, pp. 122–134.
17. *Boston Globe*, September 22, 1919, p. 11. Arthur M. Schlesinger Jr., *Crisis of the Old Order* (1957; rpt. New York: History Book Club, 2002), pp. 77–89.
18. Murray, *Red Scare*, pp. 181–189.
19. William E. Leuchtenburg, *The Perils of Prosperity, 1914–1932* (1958; rpt. Chicago: University of Chicago Press, 1993), pp. 79–80.
20. Grosvenor B. Clarkson, *Industrial America in the World War* (Boston: Houghton Mifflin, 1923). *Washington Post*, May 23, 1923, p. 6.
21. *Official Report of the Seventeenth Republican National Convention* (New York: Tenny Press, 1920), pp. 14–33, 19–20, 109–114, 169, IA.
22. *Official Report*, p. 119.
23. *Official Report*, pp. 168–172, 224. *Chicago Tribune*, June 13, 1920, p. 2. *New York Times*, June 12, 1920, p. 1. *Chicago Tribune*, June 13, 1920, pp. 1, 6, 10.
24. *Chicago Tribune*, June 13, 1920, p. 1. Thanks to Adam Easley for explaining to me what Harding's slang meant. William Allen White, *The Autobiography of William Allen White* (Simon Publications, 1946), p. 615. *Boston Globe*, June 13, 1920, p. 13. *Chicago Tribune*, June 13, 1920, p. 6. *New York*
2. *Times*, June 13, 1920, p. 1. *Washington Post*, June 13, 1920, p. 2.
25. Hiram Johnson, quoted in Leuchtenburg, *Perils of Prosperity,* p. 87. White, *Autobiography*, p. 616. Leuchtenburg, *Perils of Prosperity*, p. 89.
26. Leuchtenburg, *Perils of Prosperity*, p. 88.
27. Herbert Hoover, *The Memoirs of Herbert Hoover: The Cabinet and the Presidency, 1920–1933* (New York: Macmillan, 1952), p. 48.
28. White, *Autobiography*, p. 619.
29. Hoover, *Memoirs*, pp. 48–51.
30. Longworth, *Crowded Hours*, pp. 324–325.
31. White, *Autobiography*, p. 616. Schlesinger, *Crisis of the Old Order.* Hoover, *Memoirs*, pp. 36–46.
32. *The Administration of a New Era* (Boston: George H. Ellis, 1922), pp. 24–26.
33. *Atlanta Constitution*, September 8, 1916, p. 1. *Boston Globe*, September 8, 1916, p. 4. *The Statutes at Large of the United States of America from December, 1915 to March,*

1917, vol. 39 (Washington, DC: Government Printing Office, 1917), pp. 756–793. *Boston Globe*, October 4, 1917, pp. 1, 12. *Washington Post*, September 24, 1917, p. 7. *Atlanta Constitution*, October 3, 1917, p. 5. *New York Times*, September 9, 1916, p. 10. *New York Times*, October 3, 1917, p. 1. *Washington Post*, September 29, 1917, p. 6.

34. Andrew W. Mellon, *Taxation: The People's Business* (New York: Macmillan, 1924), pp. 129–130. Andrew W. Mellon, "Thrift and Progress," *World's Work* 44 (May 1922): 36–39, GB.
35. Mellon, *Taxation*, pp. 97–98, 172–173.
36. Schlesinger, *Crisis of Old Order*, pp. 62–63. Mellon, *Taxation*, pp. 74–89.
37. Schlesinger, *Crisis of Old Order*, p. 65. Leuchtenberg, *Perils of Prosperity*, p. 189. John Kenneth Galbraith, *The Great Crash: 1929* (1954; rpt. New York: Time Incorporated, 1961), pp. 48–49.
38. Leuchtenburg, *Perils of Prosperity*, p. 109. Galbraith, *Great Crash*, p. 8.
39. Leuchtenburg, *Perils of Prosperity*, pp. 194–196. Bruce Barton, *The Man Nobody Knows: A Discovery of the Real Jesus* (Indianapolis: Bobbs-Merrill, 1925), introduction, n.pg.
40. Calvin Coolidge, "Speech to the Amherst College Alumni Association, February 4, 1916," in Calvin Coolidge, *Have Faith in Massachusetts* (Boston: Houghton Mifflin, 1919), p. 14.
41. Republican Party Platform of 1928, June 12, 1928. Frederick Lewis Allen, *Only Yesterday* (New York: Harper & Brothers, 1931), p. 303.
42. Galbraith, *Great Crash*, pp. 20–21.
43. Ibid., p. 22.
44. Herbert Hoover, March 4, 1929.

第八章

1. William E. Leuchtenburg, *The Perils of Prosperity, 1914–1932* (1958; rpt. Chicago: University of Chicago Press, 1993), pp. 100–103. Richard B. Morris, ed., *Encyclopedia of American History* (New York: Harper & Brothers, 1953), p. 482.
2. Message from the President of the United States, returning without approval the Bill (S. 4808) entitled "An Act To Establish a Federal Farm Board to Aid in the Orderly Marketing and in the Control and Disposition of the Surplus of Agricultural Commodities," February 25, 1927, 69th Cong., 2nd Sess., S. Doc. 214. Message from the President of the United States, returning without approval the Bill (S. 3555) entitled "An Act To Establish a Federal Farm Board to Aid in the Orderly Marketing

and in the Control and Disposition of the Surplus of Agricultural Commodities in Interstate and Foreign Commerce," May 3 (calendar day, May 23), 1928, 70th Cong., 1st Sess., S. Doc. 141.

3. Nicholas Lemann, *The Promised Land: The Great Migration and How It Changed America* (New York: Vintage, 1992).
4. James M. Sears, "Black Americans and the New Deal," *History Teacher* 10 (November 1976): 89–105.
5. John Dos Passos, *USA* (New York: Modern Library, 1937), pp. 460–464.
6. Frederick Lewis Allen, *Only Yesterday* (New York: Harper & Brothers, 1931), pp. 315, 318.
7. John Kenneth Galbraith, *The Great Crash: 1929* (1954; rpt. New York: Time Incorporated, 1961), pp. 25–26, 50–53.
8. Ibid., pp. 43–44, 97–98. Allen, *Only Yesterday*, pp. 311, 323.
9. Galbraith, *Great Crash*, pp. 101–107.
10. Eric Rauchway, *The Great Depression and the New Deal* (New York: Oxford University Press, 2008), pp. 18–20.
11. Allen, *Only Yesterday*, p. 333. Galbraith, *Great Crash*, pp. 214–218.
12. Galbraith, *Great Crash*, pp. 111, 128, 139. Herbert Hoover, *The Memoirs of Herbert Hoover: The Cabinet and the Presidency, 1920–1933* (New York: Macmillan, 1952), p. 30. Galbraith, *Great Crash*, pp. 80–81. Rauchway, *Depression and New Deal*, p. 19.
13. Galbraith, *Great Crash*, pp. 177–179.
14. Leuchtenberg, *Perils of Prosperity*, p. 246. Allen, *Only Yesterday*, p. 338. Galbraith, *Great Crash*, 180–182.
15. Leuchtenberg, *Perils of Prosperity*, pp. 246–249. Galbraith, *Great Crash*, p. 171.
16. Hoover, *Memoirs*, pp. 30–31.
17. Hoover, *Memoirs*, p. 31. Galbraith, *Great Crash*, pp. 139–140.
18. *Chicago Tribune*, July 27, 1932, p. 10.
19. Allen, *Only Yesterday*, pp. 332, 340–341.
20. *New York Times*, October 16, 1930, p. 21. Also quoted in Galbraith, *Great Crash*, p. 145.
21. Galbraith, *Great Crash*, pp. 135–153, 158–160, 161–167.
22. *Chicago Tribune*, November 1, 1932, p. 1.
23. *New York Times*, November 1, 1932, pp. 1, 15. *Chicago Tribune*, November 1, 1932, p. 1.
24. Arthur M. Schlesinger Jr., *Crisis of the Old Order* (1957; rpt. New York: History Book

Club, 2002), p. 2.

25. Franklin Delano Roosevelt, Message to Congress, quoted in *New York Times*, June 20, 1935, p. 2.
26. Thomas A. Dewey, "America in a Troubled World," January 20, 1940, in Thomas A. Dewey, *The Case Against the New Deal* (New York: Harper & Brothers, 1940), pp. 115–121.
27. *Chicago Defender*, September 24, 1932, p. 3. Andrew Buni, *Robert L. Vann of the Pittsburgh Courier: Politics and Black Journalism* (Pittsburgh: University of Pittsburgh Press, 1974), pp. 193–194. Sears, "Black Americans and the New Deal": 89–105.
28. Sears, "Black Americans and the New Deal," 89–105.
29. Ibid., 89–105.
30. Alan Brinkley, *Voices of Protest: Huey Long, Father Coughlin, and the Great Depression* (New York: Vintage, 1983). Raymond Moley, *After Seven Years* (New York: Harper & Brothers, 1939), p. 305.
31. Sinclair Lewis, *It Can't Happen Here* (New York: P. F. Collier & Son, 1935). Halford E. Luccock, "Disguised Fascism Seen as a Menace," *New York Times*, September 12, 1938, p. 15.
32. Republican Party Platform, June 9, 1936.
33. William S. White, *The Taft Story* (New York: Harper & Brothers, 1954), pp. 4–9, 18–19.
34. Ibid., pp. 41–52.
35. Ibid., pp. 19–20.
36. *Washington Post*, October 15, 1947, p. 1.
37. Dewey, "Social Responsibilities," May 3, 1940, in Dewey, *New Deal*, pp. 97–113. Dewey, "America Is Not Finished," December 6, 1939, in Dewey, *New Deal*, pp. 2–11. Dewey, "Roosevelt Must Go," June 21, 1940, in Dewey, *New Deal*, pp. 152–165.
38. Dewey, "The Defense of America," May 27 1940, in Dewey, *New Deal*, pp. 121–131. White, *Taft Story*, pp. 150–164.
39. White, *Taft Story*, pp. 158–160.
40. Glenn C. Altschuler and Stuart M. Blumin, *The GI Bill: A New Deal for Veterans* (New York: Oxford University Press, 2009). Richardson Family Trust Archives, by permission of owner.
41. Altschuler, Blumin, *GI Bill*, pp. 52–87.
42. Morris, *Encyclopedia*, p. 526.

43. White, *Taft Story*, p. 51.
44. *New York Times*, June 12, 1948, p. 7. Dwight D. Eisenhower, *The Eisenhower Diaries*, ed. Robert H. Ferrell (New York: W. W. Norton, 1981), p. 195. *Chicago Tribune*, June 15, 1948, p. 5.
45. *New York Times*, April 4, 1948, p. E1. *Washington Post*, June 14, 1948, p. B15. White, *Taft Story*, pp. 60–65. *Wall Street Journal*, April 6, 1948, p. 6.
46. *New York Times*, June 20, 1948, p. F1. *New York Times*, June 19, 1948, p. 21. *Chicago Tribune*, June 18, 1948, p. B7.
47. Rick Perlstein, *Before the Storm: Barry Goldwater and the Unmaking of the American Consensus* (New York: Hill and Wang, 2001), p. 29.
48. White, *Taft Story*, pp. 66–79. *Washington Post*, June 20, 1948, p. B8.
49. *Chicago Tribune*, October 12, 1947, p. 5. *New York Times*, October 27, 1947, p. 22.
50. *Chicago Tribune*, October 24, 1947, p. 1. *New York Times*, October 20, 1947, p. 14. *Washington Post*, October 25, 1947, p. 1.
51. Author interview with Daniel J. Travanti.
52. Republican Party Platform, June 21, 1948.

第九章

1. Dwight D. Eisenhower, *At Ease: Stories I Tell to Friends* (New York: Doubleday, 1967), pp. 68–69.
2. Ibid., pp. 70–71, 74, 79–81, 96–97.
3. Ibid., pp. 104–106, 138–145.
4. Ibid., pp. 157–166.
5. Ibid. pp. 185–187, 195, 201.
6. DDE to Mamie Eisenhower, April 15, 1945, in John S. D. Eisenhower, ed., *Dwight D. Eisenhower, Letters to Mamie* (New York: Doubleday, 1978), p. 248. http://www.eisenhowermemorial.org/stories/death-camps.htm, accessed October 3, 2012.
7. Eisenhower admired Eric Hoffer's *The True Believers: Thoughts on the Nature of Mass Movements* (1951), which explores the role of cultural and economic dislocation in political and religious extremism. See DDE to Robert J. Biggs, February 10, 1959, in L. Galambos and Daun Van Ee, eds., *The Papers of Dwight David Eisenhower*, vol. 19: *The Presidency: Keeping the Peace* (Baltimore: Johns Hopkins University Press, 2001), 1340–1343.
8. DDE, September 16, 1947, *Diaries*, pp. 143–144.
9. DDE, May 26, 1946, *Diaries*, pp. 136–137.

10. William S. White, *The Taft Story* (New York: Harper & Brothers, 1954), pp. 81–83.
11. Ibid., pp. 156–159. Mary C. Brennan, *Turning Right in the Sixties: The Conservative Capture of the GOP* (Chapel Hill: University of North Carolina Press, 1995), p. 10. *Washington Post*, February 14, 1950, p. 10.
12. *Chicago Tribune*, February 9, 1850, p. 5.
13. *Chicago Tribune*, February 11, 1950, p. 7. *Chicago Tribune*, February 12, 1950, p. 1. *New York Times*, February 12, 1950, p. 5. *Boston Globe*, February 12, 1950, p. C29.
14. *Boston Globe*, February 14, 1950, p. 12. *Washington Post*, February 14, 1950, p. 10. *Washington Post*, February 24, 1950, p. 22. *New York Times*, February 22, 1950, p. 28. *Washington Post*, February 18, 1950, p. B13.
15. White, *Taft Story*, pp. 85–88. *Chicago Tribune*, February 24, 1950, p. 18.
16. Margaret Chase Smith, "A Declaration of Conscience," June 1, 1950, at http://www.americanrhetoric.com/speeches/margaretchasesmithconscience.html. McCarthy comment at: http://www.senate.gov/artandhistory/history/minute/A_Declaration_of_Conscience.htm.
17. White, *Taft Story*, pp. 93–115, 171–174.
18. Eisenhower, *At Ease*, pp. 74–75.
19. DDE, *Diaries*, pp. 184–185.
20. DDE, October 29, 1951, and November 29, 1959, *Diaries*, pp. 203–204, 369–376. *New York Times*, June 17, 1948, p. 4. Merriman Smith, *Meet Mister Eisenhower* (New York: Harper & Brothers, 1954), p. 48.
21. White, *Taft Story*, pp. 171–183.
22. Smith, *Mister Eisenhower*, p. 26.
23. Ibid., pp. 24–28.
24. Ibid., pp. 28, 36–41.
25. "Checkers Speech" audio and text at http://www.americanrhetoric.com/speeches/richardnixoncheckers.html.
26. DDE, February 2, 1953, Message to Congress. Arthur Larson, *A Republican Looks at His Party* (New York: Harper & Brothers, 1956), quotation on p. 159.
27. Dwight D. Eisenhower, *Mandate for Change, 1953–1956* (Garden City: Doubleday, 1963), pp. 143–148. Dwight D. Eisenhower, "The Chance for Peace," April 16, 1953.
28. White, *Taft Story*, pp. 160–168.
29. DDE, "Special Message... Requesting General Legislation Authorizing the Use of Agricultural Commodities. . . ." June 30, 1953. DDE, *Mandate for Change*, pp. 159–191. Larson, *Republican Looks at Party*, viii–ix.

30. DDE "Radio Report... on the Achievements of the Administration and the 83rd Congress," August 6, 1953. DDE, "Special Message... Transmitting Proposed Changes in the Social Security Program," August 1, 1953.
31. Robert Griffith, "Dwight D. Eisenhower and the Corporate Commonwealth," *American Historical Review* 87 (February 1982): 87–122. DDE "Radio Report... on the Achievements of the Administration and the 83rd Congress," August 6, 1953. DDE, "Special Message... Transmitting Proposed Changes in the Social Security Program," August 1, 1953. DDE, *Mandate for Change*, pp. 555–556.
32. DDE, "Special Message... Transmitting Reorganization Plan of 1953 Creating the Department of Health, Education, and Welfare," March 12, 1953. DDE, "Radio Report... on the Achievements of the Administration and the 83rd Congress," August 6, 1953. DDE, "Special Message... Transmitting Proposed Changes in the Social Security Program," August 1, 1953, American PresidencyProject.
33. DDE, *Mandate for Change*, pp. 547–553.
34. Claudia Goldin and Robert A. Margo, "The Great Compression: The Wage Structure in the United States at Mid-Century," *Quarterly Journal of Economics* 107 (February 1992): 1–34. Alan Brinkley and Ellen Fitzpatrick, *America in Modern Times: Since 1890* (New York: McGraw-Hill, 1997), p. 407.

第十章

1. Mary C. Brennan, *Turning Right in the Sixties: The Conservative Capture of the GOP* (Chapel Hill: University of North Carolina Press, 1995), pp. 12–13.
2. Dwight D. Eisenhower, *Mandate for Change* (New York: Doubleday, 1963), pp. 278, 594.
3. Ibid., pp. 278–281. Rick Perlstein, *Before the Storm: Barry Goldwater and the Unmaking of the American Consensus* (New York: Hill and Wang, 2001), pp. 8–11.
4. DDE, *Mandate for Change*, pp. 281–283.
5. DDE, February 2, 1953, State of the Union. DDE, *Mandate for Change*, p. 135.
6. Perlstein, *Before the Storm*, pp. 9–11.
7. DDE, *Mandate for Change*, pp. 284–285.
8. Roy Cohn, quoted in *Executive Sessions of the Senate Permanent Subcommittee on Investigations of the Committee on Government Operations,* vol. 1 (1953; Washington, DC: Government Printing Office, 2003), p. xvi, available at: http://www.senate.gov/artandhistory/history/resources/pdf/Volume1.pdf. Donald A. Ritchie, Introduction to *Executive Sessions of the Senate Permanent Subcommittee,* pp. xiii–xxviii.

9. Frank Luther Mott, *American Journalism* (New York: Macmillan, 1962), pp. 816–817. Robert Griffith, *The Politics of Fear: Joseph R. McCarthy and the Senate*, 2nd ed. (Amherst: University of Massachusetts Press, 1987), pp. 60–65. David M. Oshinksy, *A Conspiracy So Immense: The World of Joe McCarthy* (New York: Free Press, 1983), p. 182.
10. Ritchie, Introduction, p. xxv. "Employment of Homosexuals and Other Sex Perverts in Government," December 15, 1950, 81st Cong., 2nd Sess., S. Doc. 241.
11. Mott, *American Journalism*, p. 720. Oshinsky, *Conspiracy So Immense*, pp. 182–185.
12. Dwight E. Eisenhower, *The Eisenhower Diaries*, ed. Robert H. Ferrell (New York: W. W. Norton, 1981), pp. 233–234. DDE to "Swede," July 21, 1953, in Robert Griffith, ed., *Ike's Letters to a Friend*, 1941–1958 (Lawrence: University Press of Kansas, 1984), pp. 107–111. Henry Cabot Lodge, *As It Was: An Inside View of Politics and Power in the '50s and '60s* (New York: W. W. Norton, 1976), pp. 131–137. DDE to "Swede," March 18, 1953, in *Ike's Letters to a Friend*, pp. 120–121. "Have You No Sense of Decency," the Army-McCarthy Hearings (transcript excerpt), at http://historymatters.gmu.edu/d/6444/, accessed May 8, 2014.
13. Richard Rovere, *Senator Joe McCarthy* (1959; rpt. Berkeley: University of California Press, 1976), pp. 250–251.
14. William F. Buckley Jr., *God and Man at Yale: The Superstitions of Academic Freedom* (Chicago: Henry Regnery, 1951).
15. William F. Buckley Jr. and L. Brent Bozell, *McCarthy and His Enemies: The Record and Its Meaning* (Chicago: Henry Regnery, 1954), pp. 267–335. William S. White, "What the McCarthy Method Seeks to Establish," *New York Times Book Review*, April 4, 1954.
16. Rick Perlstein, *Before the Storm: Barry Goldwater and the Unmaking of the American Consensus* (New York: Hill and Wang, 2001), p. 73.
17. William F. Buckley Jr., "Our Mission Statement," *National Review*, November 19, 1955.
18. Ibid.
19. DDE, *Mandate for Change*, pp. 234–236.
20. David L. Chappell, "The Divided Mind of Southern Segregationists," *Georgia Historical Quarterly* 82 (Spring 1998): 45–72. James Jackson Kilpatrick, "Right and Power in Arkansas," *National Review*, September 28, 1957, pp. 273–275.
21. Perlstein, *Before the Storm*, p. 113.
22. Perlstein, *Before the Storm*, pp. 114–116. Lisa McGirr, *Suburban Warriors:The*

Origins of the New Right (Princeton: Princeton University Press, 2001), pp. 76–79.

23. Welch, quoted in Perlstein, *Before the Storm*, p. 115.
24. Perlstein, *Before the Storm*, pp. 116–118.
25. "Westerns," *Time*, March 30, 1959, p. 52.
26. Barry M. Goldwater, *With No Apologies: The Personal and Political Memoirs of United States Senator Barry M. Goldwater* (New York: William Morrow, 1979), pp. 15–25. Goldwater, quoted in Rick Perlstein, *Before the Storm*, p. 19.
27. Perlstein, *Before the Storm*, pp. 19–20.
28. Ibid., pp. 19–21.
29. Ibid., pp. 20, 29–31. Goldwater, *No Apologies*, pp. 59–61.
30. Perlstein, *Before the Storm*, 36–38.
31. Dwight D. Eisenhower, *Waging Peace, 1956–1961* (New York: Doubleday, 1965), pp. 378–381. Perlstein, *Before the Storm*, p. 33.
32. Perlstein, *Before the Storm*, pp. 41–42.
33. Ibid., p. 48.
34. Barry Goldwater [L. Brent Bozell], *The Conscience of a Conservative* (1960; rpt. Princeton: Princeton University Press, 2007), Foreword.
35. Ibid., pp. 15–24.
36. Ibid., pp. 24–59.
37. Ibid., pp. 60–127.
38. Ibid., pp. 88–127.
39. Ibid.
40. *National Review*, December 3, 1960, pp. 334–335. *National Review*, November 19, 1960, pp. 298–300.
41. Frank S. Meyer, "Principles and Heresies: Hope for the '60s," *National Review*, January 14, 1961, p. 19.
42. McGirr, *Suburban Warriors*, p. 25.
43. Brennan, *Turning Right,* pp. 41–42.
44. Photograph of billboard in Walter Hubbard Collection, Winchester, Massachusetts.
45. Gerald D. Nash, *The American West Transformed* (Bloomington: Indiana University Press, 1985), pp. 17–20. Richard White, *It's Your Misfortune and None of My Own* (Norman: University of Oklahoma Press, 1991), pp. 496–499.
46. McGirr, *Suburban Warriors*, pp. 25–26.
47. Ibid., pp. 25–26.
48. Ibid., pp. 27–28.

49. Ibid., pp. 28–29. Perlstein, *Before the Storm*, pp. 124–125.
50. DDE, Farewell Address, January 17, 1961, at http://www.eisenhower.archives.gov/research/online_documents/farewell_address.html.
51. Nash, *West Transformed,* pp. 210–213.
52. Brennan, *Turning Right*, pp. 45–46.
53. McGirr, *Suburban Warriors*, pp. 95–96.
54. Ibid., pp. 81–88.
55. Ibid., pp. 39–43.
56. Perlstein, *Before the Storm*, pp. 122–124.
57. Chief Justice Earl Warren, quoted in *National Review*, December 17,1963, p. 513–514. *National Review,* December 10, 1963, p. 6. *National Review*, December 10, 1963, pp. 3–5. Frank S. Meyer, "Principles and Heresies: and Still... Goldwater Can Win," *National Review*, December 24, 1963, p.

1. 528. "RIP," *National Review*, December 17, 1963, p. 511. William F. Buckley Jr., "Do They Really Hate to Hate?" *National Review*, December 31, 1963, p. 559.

58. Perlstein, *Before the Storm*, pp. 171–200.
59. Republican Party Platform, July 13, 1964. Brennan, *Turning Right*, pp. 74–81.
60. Phyllis Schlafly, *A Choice Not an Echo* (Alton, IL: Pere Marquette Press, 1964).
61. Ibid., p. 45.
62. Ibid., pp. 28–29, 80.
63. Ronald Reagan, "A Time for Choosing," October 27, 1964, available at www.reaganfoundation.org, http://www.reaganfoundation.org/tgcdetail.aspx?p=TG0923RRS&h1=0&h2=0&lm=reagan&args_a=cms&args_b=1&argsb=N&tx=1736.

第十一章

1. George H. Mayer, *The Republican Party, 1854–1966* (New York: Oxford University Press, 1967).
2. Mary C. Brennan, *Turning Right in the Sixties: The Conservative Capture of the GOP* (Chapel Hill: University of North Carolina Press, 1995), p. 16.
3. Ibid., pp. 71–72, 114-116. Lisa McGirr, *Suburban Warriors: The Origins of the New American Right* (Princeton: Princeton University Press, 2011), pp. 113–147.
4. *U.S. News and World Report,* quoted in Brennan, *Turning Right*, p. 119.
5. Ibid., p. 119.
6. Ibid., pp. 122–128. Richard Nixon, *The Memoirs of Richard Nixon* (New York: Grosset & Dunlap, 1978), pp. 302–305, 312–313.

7. *Toledo Blade*, September 8, 1968, p. B4.
8. Joe McGinnis, *The Selling of the President, 1968* (London: Andre Deutsch, 1970), pp. 36, 41–45.
9. Ibid., pp. 83–96. These ads are available on YouTube.
10. Ibid., pp. 62–76, 97–111.
11. Richard Nixon, "Special Message to Congress on Fiscal Policy," March 26, 1969. Richard Nixon, "Special Message to the Congress on Reform of the Federal Tax System," April 21, 1969. Richard Nixon, "Statement on Signing the Tax Reform Act of 1969," December 30, 1969.
12. Bruce J. Shulman, *The Seventies* (New York: Free Press, 2001), pp. 26–37.
13. Matthew Storin, "President Promises to End Verbal Attacks on Students," *Boston Globe*, May 8, 1970, p. 1. *Newsweek*, May 18, 1970, pp. 26–27.
14. Richard Nixon, "Address to the Nation on the War in Vietnam," November 3, 1969.
15. James T. Naughton, "Finch Criticizes Agnew Remarks," *New York Times*, May 10, 1970, p. 1. *Time*, January 5, 1970.
16. Richard Nixon, September 6, 1971, "Address to the Nation on Labor Day."
17. Ronald Reagan, Speech on phone to YAF Convention in Houston, Texas, September 5, 1971, in Kiron K. Skinner, Annelise Anderson, Martin Anderson, *Reagan, in His Own Hand* (New York: Free Press, 2001), pp. 449–453. Henry Kissinger, *The White House Years* (Boston: Little, Brown, 1979), pp. 163–194.
18. Nixon, *Memoirs*, pp. 559–580.
19. Ibid., pp. 508–511.
20. Shulman, *Seventies*, p. 44–45.
21. Nixon, *Memoirs*, pp. 816, 823, 856, 912–923.
22. Shulman, *Seventies*, p. 46.
23. Barry M. Goldwater, *With No Apologies: The Personal and Political Memoirs of United States Senator Barry M. Goldwater* (New York: William Morrow, 1979), pp. 261–269.
24. Nixon, *Memoirs*, pp. 1044–1045.
25. William F. Buckley Jr., "Let Him Go," *National Review*, August 3, 1974, p. 996.
26. Schulman, *Seventies*, pp. 135–140.
27. Ibid.
28. http://www.don-mclean.com/americanpie.asp, accessed November 6, 2012.
29. Heather Cox Richardson, *West from Appomattox: The Reconstruction of America after the Civil War* (New Haven: Yale University Press, 2007), p. 347.

30. Allan J. Lichtman, *White Protestant Nation: The Rise of the American Conservative Movement* (New York: Grove Press, 2008), p. 342.
31. Ibid., p. 337.
32. Ibid., pp. 342–349.
33. Republican Party Platform, July 15, 1980. Larry M. Bartels, "Constituency Opinion and Congressional Policy Making: The Reagan Defense Buildup," *American Political Science Review* 85 (June 1991): 457–474.
34. "Transcript of Ronald Reagan's 1980 Neshoba County Fair Speech," *Neshoba Democrat*, November 15, 2007, http://web.archive.org/web/20110714165011/http://neshobademocrat.com/main.asp?SectionID=2&SubSectionID=297&ArticleID=15599&TM=60417.67, accessed November 10, 2012.
35. Bob Herbert, "Impossible, Ridiculous, Repugnant," *New York Times*, October 6, 2005. Josh Levin, "The Welfare Queen," Slate.com, December 19, 2013.
36. Ronald Reagan, Inaugural Address, January 20, 1981.
37. Robert V. Hine and John Mack Faragher, *The American West: A New Interpretive History* (New Haven: Yale University Press, 2000), pp. 530–531. Donald Ritchie, "Who Moved the Inauguration: Dispelling an Urban Legend," OUPblog, January 22, 2009, at http://blog.oup.com/2009/01/moving_inauguration/, accessed November 25, 2012.
38. Sean Wilentz, *The Age of Reagan: A History, 1974–2008* (New York: HarperCollins, 2008), p. 140.
39. William Greider, "The Education of David Stockman," *Atlantic Monthly*, December 1981.
40. Greider, "Education." Wilentz, *Reagan*, p. 141.
41. Wilentz, *Reagan*, pp. 142–143.
42. Ronald Reagan, "Address Before a Joint Session of the Congress on the Program for Economic Recovery," April 28, 1981.
43. Greider, "Education."
44. Wilentz, *Reagan*, pp. 142–144.
45. Larry M. Bartels, "Constituency Opinion and Congressional Policy Making: The Reagan Defense Buildup," *American Political Science Review* 85 (June 1991): 457–474.
46. Martin Hutchinson, "To Treat the Fed as Volker Did," *New York Times*, November 4, 2008, at http://www.nytimes.com/2008/11/05/business/05views.html, accessed November 30, 2012.
47. NSC-NSDD-75, January 17, 1983, Ronald Reagan Library, http://www.fas.org/irp/

offdocs/nsdd/23-1956t.gif.

48. Ronald Reagan, March 8, 1983, speech to the National Association of Evangelicals.
49. U.N. General Assembly Resolution 38/7, November 2, 1983, at http://www.un.org/documents/ga/res/38/a38r007.htm.
50. *New York Times*, September 4, 1984. David Sirota, "How the '80s Programmed Us for War," Salon.com, March 15, 2011. *Washington Post*, August 9, 1984, pp. D1, D14.
51. Timothy Naftali, *George H. W. Bush* (New York: Times Books, 2007), pp. 73–75. Wilentz, *Reagan*, p. 170.
52. John H. Fund and Grover Norquist, "Michigan Taxes Spark a Blue Flame," *Wall Street Journal*, January 25, 1984, p. 32.
53. Wilentz, *Reagan*, pp. 173–174. Frances Fitzgerald, *Way Out There in the Blue: Reagan, Star Wars and the End of the Cold War* (New York: Simon & Schuster, 2000), p. 233.
54. Wilentz, *Reagan*, pp. 171–174. George L. Church, Ed Magnuson, "Geraldine Ferraro: A Break with Tradition," *Time*, July 23, 1984.
55. James Conaway, "Young and Restless on the Right," *Washington Post*, January 25, 1985, p. C1.
56. Wilentz, *Reagan*, pp. 204–205.
57. Jane Mayer, "Ways and Means Panel's Tax-Overhaul Proposal Brings 'Family' Strive to Conservative Coalition," *Wall Street Journal*, November 27, 1985, p. 52. Anne Swardson, "Senate Rejects Proposal for 35% Tax Bracket," *Washington Post*, June 19, 1986, p. A3.
58. Swardson, "Senate Rejects Proposal." Mayer, "Ways and Means."
59. Thomas B. Edsall, "Hill Vote Is Milestone for Forces of Government 'Containment,'" *Washington Post*, June 30, 1995, p. A8. Isabel Wilkerson, "How Milwaukee Has Thrived While Leaving Blacks Behind," *New York Times*, March 19, 1991, p. A1.
60. Christopher Howard, "The Hidden Side of the American Welfare State," *Political Science Quarterly* 108 (Autumn, 1993): 413.
61. Howard, "Hidden Side," pp. 403–436. Wilentz, *Reagan*, p. 204.
62. Dan Fletcher, "A Brief History of the Fairness Doctrine," *Time*, February 20, 2009.
63. Lichtman, *White Protestant Nation*, pp. 398–401.
64. Wilentz, *Reagan,* pp. 187–194.
65. Ibid.
66. Ronald Reagan, "Remarks at the Opening Ceremonies of the Statue of Liberty Centennial Celebration in New York," July 2, 1987, at http://www.reagan.utexas.edu/

archives/speeches/1986/70386d.htm.

67. Naftali, *Bush*, pp. 43–45.
68. Lawrence E. Walsh, "Final Report of the Independent Counsel for Iran/Contra Matters," vol. 1: Investigations and Prosecutions, August 4, 1993, at Federal Bulletin Board of US Government Printing Office, at https://www.fas.org/irp/offdocs/walsh/.
69. Wilentz, *Reagan*, pp. 206–207, 275.
70. David Altig and Charles T. Carlstrom, "Marginal Tax Rates and Income Inequality in a Life-Cycle Model," *American Economic Review* 89 (December 1999): 1197–1215. Wilentz, *Reagan*, pp. 275–276.
71. Tim W. Ferguson, "So Who Will Cut Spending?" *Wall Street Journal*, August 17, 1988, p. 20. Wilentz, *Reagan*, pp. 206, 274. Jonathan Weisman, "Reagan Policies Gave Green Light to Red Ink," *Washington Post*, June 9, 2004, p. A11.
72. "Quotes for Gordon Gekko," on Internet Movie Database, http://www.imdb.com/character/ch0012282/quotes, accessed February 25, 2014.
73. Naftali, *Bush*, pp. 74–75. Tim W. Ferguson, "So Who Will Cut Spending?" *Wall Street Journal*, August 17, 1988, p. 20.

第十二章

1. Tim W. Ferguson, "So Who Will Cut Spending?" *Wall Street Journal*, August 17, 1988, p. 20.
2. History Commons, Profile: National Security Political Action Committee (NSPAC), at http://www.historycommons.org/entity.jsp?entity=national_security_political_action_committee_1.
3. Michael Dukakis, interviewed in "Boogie Man: The Lee Atwater Story," at http://www.youtube.com/watch?v=wTdUQ9SYhUw.
4. Timothy Naftali, *George H. W. Bush* (New York: Times Books, 2007), p. 72. George H. W. Bush, Inaugural Address, January 20, 1989.
5. Sean Wilentz, *The Age of Reagan: A History, 1974–2008* (New York: HarperCollins, 2008), p. 306.
6. Naftali, *Bush*, p. 97.
7. Ibid., pp. 115–117; Wilentz, *Reagan*, p. 309.
8. Naftali, *Bush*, p. 117.
9. *Wall Street Journal*, October 2, 1990, p. A26.
10. Naftali, *Bush*, p. 117. Roxanne Roberts, "Still Trickled Pink: 10 Years Later, a Supply-Side Celebration," *Washington Post*, August 14, 1991, p. C1.

11. Naftali, *Bush,* pp. 76–97, 111–113.
12. Naftali, *Bush*, pp. 101–110, 122–129.
13. Ibid., p. 131.
14. "Review and Outlook: Rules of the Game," *Wall Street Journal*, October16, 1992, p. A14. Grover Norquist, "How Conservatism Stumbled After Reagan: Bookshelf," *Wall Street Journal*, August 3, 1994, p. A8.
15. Matthew Rees, "How Whitman Did It," *Wall Street Journal*, November 9, 1993, p. A18.
16. Robin Toner, "Thinkers on the Right," *New York Times*, November 22, 1994, pp. A1, B7. Rick Wartzman, "Truth Lands in Intensive Care Unit as New Ads Seek to Demonize Clintons' Health-Reform Plan," *Wall Street Journal*, April 29, 1994, p. A16.
17. James Atlas, "Counterculture: They Grew Up Railing Against the Liberal Establishment," *New York Times*, February 12, 1995, p. SM32. "Choice Goes National," *Wall Street Journal*, October 7, 1993, p. A18.
18. Katharine Q. Seelye, "Republicans Get a Pep Talk from Rush Limbaugh*,"New York Times*, December 12, 1994.
19. Ibid. Wilentz, *Reagan*, pp. 331, 341–343.
20. Wilentz, *Reagan*, pp. 345–346.
21. Lloyd Grove, "Drawling Power: GOP Chairman Haley Barbour Is Cautiously Counting His Chickens," *Washington Post*, August 11, 1994, p. B1.
22. Peggy Noonan, "Bliss to be Alive," *Wall Street Journal*, January 9, 1995, p. A14.
23. Ibid.
24. James Atlas, "Counterculture: They Grew Up Railing Against the Liberal Establishment," *New York Times*, February 12, 1995, p. SM32. Robin Toner, "Thinkers on the Right," *New York Times*, November 22, 1994, pp. A1, B7.
25. Seelye, "Republicans Get a Pep Talk." "Beyond the Contract: Setting Priorities," *Wall Street Journal*, December 15, 1994, p. A14. Richard L. Berke, "The Legman for Limbaugh," *New York Times*, March 12, 1995, p. 1. Dale Russakoff, "Fax Networks Link Outposts of Anger," *Washington Post*, August 20, 1995, p. A1.
26. Robin Toner, "Tax Cut Edges out Deficit as G.O.P.'s Guiding Tenet," *New York Times*, April 3, 1995, p. A1. Paul A. Gigot, "Dole Bows to GOP's New Powers," *Wall Street Journal*, April 14, 1995, p. A8.
27. Thomas B. Edsall, "Hill Vote Is Milestone for Forces of Government 'Containment,'" *Washington Post*, June 30, 1995, p. A8. Thomas B. Edsall, "Right in the Middle of the Revolution," *Washington Post*, September 4, 1995, p. A1.

28. Wilentz, *Reagan*, pp. 363–364. David S. Broder, "When Unity Becomes Division: Party's 'Contract with America' Is Now a Footnote," *Washington Post*, March 1, 1996, p. A1.
29. Russakoff, "Fax Networks."
30. Letter from Timothy McVeigh to *Union-Sun and Journal* (of Lockport, NY), published February 11, 1992, at CNN, http://web.archive.org/web/20080119111020/http://www.cnn.com/US/OKC/faces/Suspects/McVeigh/1st-letter6–15/index.html.
31. Daniel Schuman, "Congress's Diminishing Budget Strengthens Lobbyist Influence," September 14, 2011, Sunlight Foundation, at http://sunlightfoundation.com/blog/2011/09/14/congresss-diminishing-budget-strengthens-lobbyistinfluence/. Lobbying database, at http://www.opensecrets.org/lobby/index.php, accessed January 3, 2014. Katharine Q. Seelye, "G.O.P. Set to Lead Congress on Path Sharply to Right," *New York Times*, January 3, 1995, p. A16. Mike Mills,
1. "Communications C.E.O.s Invited to Meetings on Hill: Consumer Groups Say G.O.P. Left Them Out," *Washington Post*, January 18, 1995, p. F2.
32. *Financial Times*, Interview Transcript: Rupert Murdoch and Roger Ailes, October 3, 2006, at http://www.ft.com/cms/s/2/5b77af92–548c-11db-901f-0000779e2340.html#axzz2H1qgBIP0.
33. Stefano DellaVigna and Ethan Kaplan, "The Fox News Effect: Media Bias and Voting," *Quarterly Journal of Economics* 122 (August 2007): 1187–1234.
34. 1990 census, racial and urban data, at http://www.census.gov//apsd/cqc/cqc4.pdf.
35. *Financial Times*, Interview Transcript: Rupert Murdoch and Roger Ailes, October 3, 2006, at http://www.ft.com/cms/s/2/5b77af92–548c-11db-901f-0000779e2340.html#axzz2H1qgBIP0. DellaVigna and Kaplan, "Fox News Effect," 1187–1234.
36. Wilentz, *Reagan*, p. 328.
37. Ibid., p. 371.
38. Ibid., pp. 378–381, 384–388.
39. Starr Report, *Washington Post*, at http://www.washingtonpost.com/wp-srv/politics/special/clinton/icreport/icreport.htm.
40. Wilentz, *Reagan*, p. 396.
41. Katharine Q. Seelye, "Gingrich Draws Fire from the Right," *New York Times*, October 25, 1998, p. 24. Charles R. Babcock and Ruth Marcus, "Offenses Go to Core of Gingrich Probe," *Washington Post*, December 24, 1996, p. A1. Wilentz, *Reagan*, p. 396.
42. Seelye, "Gingrich Draws Fire." David Talbot, "This Hypocrite Broke Up My Family,"

Salon.com, September 16, 1998.

43. Wilentz, *Reagan*, pp. 393–403.
44. Katharine Q. Seeyle, "Beyond the Clinton-Bashing, Agony Among Conservatives," *New York Times*, January 2, 1999, p. A1.
45. Alison Mitchell, "One Party Quite Divisible: McCain's Attack on Robertson and Falwell," *New York Times*, February 29, 2000, p. A1. Jill Zuckman,"Attack Ad Says McCain's 'Soft Money,'" *Boston Globe*, December 24, 1999, p. A6:1. Jill Zuckman, "Foes of McCain's Plan Head for New Hampshire," *Boston Globe*, September 20, 1999, p. A3. "Bashing John McCain," *New York Times*, September 23, 1999, p. A28. Dan Van Natta Jr., "Issue Ads, His Target, Are Turned on McCain," *New York Times*, January 14, 2000, p. A22. Anthony Lewis, "Abroad at Home: When Money Is the Measure of All Things," *New York Times*, March 4, 2000, p. A15.
46. Alison Mitchell, "A McCain Mutiny," *New York Times*, September 26, 1999, p. 147.
47. David Nyhan, "After You Catalog the List of His Triumphs," *Boston Globe*, June 28, 2000, p. A15. Tina Cassidy, "Thomas Pink Set for Copley Store," *Boston Globe*, September 19, 2000, p. C1. Jim Yardley, "With Gore Jabbing at Bush, Texas Takes It on the Chin," *New York Times*, July 21, 2000, p. A1. Nicholas D. Kristof, "Learning How to Run: A West Texas Stumble," *New York Times*, July 27, 2000, p. A1. Nicholas D. Kristof, "How Bush Came to Tame His Inner Scamp," *New York Times*, July 29, 2000, p. A1.
48. Yvonne Abraham, "Delegate Floor Stages a Grand, Old Party," *Boston Globe*, August 4, 2000, p. A22. David E. Rosenbaum, "If Elected, Bush Says, He'll Oppose Tax Increase," *New York Times*, June 10, 1999, p. A24. Alison Mitchell, "Kindler, Gentler: A Newt-Less Revolution with a Familiar Agenda," *New York Times*, June 4, 2001, p. WK3.
49. Wilentz, *Reagan*, pp. 419–420.
50. Ibid. pp. 424–426.
51. Steven Greenhouse, "Unions See Bush Moves as Payback for Backing Gore," *New York Times*, March 25, 2001, p. 33. David E. Rosenbaum, "Bush Rules! It's Good to Be the President," *New York Times*, January 28, 2001, p. WK16.
52. Robin Toner, "Conservatives Savor Their Role as Insiders at the White House," *New York Times*, March 19, 2001, p. A1. Robin Toner, "Capitalist Tools: Cutting a Rightward Path Cut to the Right," *New York Times*, March 4, 2001, p. WK1. Robert Reich, "Corporate Power in Overdrive," *New York Times*, March 18, 2001, p. WK13.
53. James Risen, Leslie Wayne, and Richard A. Oppel Jr., "Gulf War Led Cheney to the

Oil Boardroom," *New York Times*, July 27, 2000, p. A1.

54. Bob Herbert, "In America: The Mask Comes Off," *New York Times*, March 26, 2001. Anthony Shadid and Sue Kirchhoff, "Bush Policies Scoring Big with Business," *Boston Globe*, April 1, 2001, p. A1.
55. Toner, "Conservatives Savor Their Role."
56. Richard W. Stevenson, "The High-Stakes Politics of Spending the Surplus," *New York Times*, January 7, 2000, p. WK3. Alison Mitchell, "After the Nicknames: Bush's Tactics on Tax Cut Proposal Show Hardball Beating Conciliation," *New York Times*, March 9, 2001, p. A14. Anne E. Korblut, "Ad Blitz on Tax Cuts Targets 3 New England Republicans," *Boston Globe*, March 2, 2001, p. A10.
57. George W. Bush, "Address Before a Joint Session of the Congress on the United States Response to the Terrorist Attacks of September 11," September 20, 2001.
58. Bush, "Address," September 20, 2001. Eric Pianin, "Ridge Backed by Bush Friendship in New Role," *Washington Post*, October 7, 2001, p. A10. Elizabeth Becker and Tim Weiner, "New Office to Become a White House Agency," *New York Times*, September 28, 2001, p. B5. "Tax Cuts and Homeland Safety," *New York Times*, November 18, 2001, p. WK12. Eric Pianin, "Homeland Security Team's Key Members Announced: Top Appointees Have Close Ties to Senior Bush Officials," *Washington Post*, November 21, 2001, p. A21.
59. Manimoli Dinesh, "US Policy Makers Focus on Energy, Pipeline Security," *Oil Daily*, September 24, 2001. "Corn Growers Praise President Bush for Pro-Ethanol National Energy Plan," *PR Newswire*, November 29, 2001. "Energy Alliance Strongly Applauds President's Call for Senate Action on Energy Bill," *PR Newswire*, October 12, 2001. Gerard Baker, "Bigger Government: The Terrorist Attacks Have Provoked a Startling About-Turn... ," *Financial*
2. *Times*, September 26, 2001, p. 22. "Tax Cuts and Homeland Safety," *New York Times*, November 18, 2001, p. WK12.
60. Eric Pianin, "Bush Budget About to Show Its Darker Side," *Washington Post*, February 3, 2002, p. A01. "The War Budget," *Washington Post*, February 4, 2002, p. A16. "How the Departments Fare Under the Bush Budget," *Washington Post*, February 5, 2002, p. A13. Stephen Barr, "DHS Withdraws Bid to Curb Union Rights," *Washington Post*, February 20, 2008.
61. Alison Mitchell, "Security Quest Also Offers Opportunities," *New York Times*, November 25, 2001, p. B1. "Titan Creates Homeland Security Office Focused on Chemical and Biological Terrorism," *PR Newswire*, October 17, 2001. "SureBeam

Selected to Provide Electron Beam Systems for Eliminating Anthrax Threat in US Mail," *PR Newswire*, October 29, 2001. "e-Smart Technologies Forms Alliance with Akal Security to Market the Super Smart Card System," *PR Newswire*, October 30, 2001, p. 7248. "Multiple Technologies Prosper as Homeland Security Concerns Escalate," *PR Newswire*, October 30, 2001, p. 7774.

62. "The Homeland Security Fight," *Washington Post*, December 10, 2001, p. A22. Michael Janofsky, "Additional Budget Cuts as States and Cities Address Safety Issues," *New York Times*, November 15, 2001, p. B9. Dan Morgan, "House Committee Rejects Increase in Emergency Funding," *Washington Post*, November 15, 2001, p. A14. Helen Dewar, "Bush, GOP Prevail on Anti-Terror Spending," *Washington Post*, December 8, 2001, p. A01. Robin Toner, "Now, Government Is the Solution, Not the Problem," *New York Times*, September 30, 2001, p. WK 14.
63. Laura Turner, "ABA President Speaks Out Against Limiting Freedoms of Terrorism Suspects," *Nation's Cities Weekly*, December 17, 2001, p. 6.
64. George W. Bush, November 5, 2001, "Statement on Signing the Department of the Interior and Related Agencies Appropriations Act, 2002," in *Weekly Compilation of Presidential Documents*, 37.45 (November 12, 2001), p. 1601.
65. Ben White, "Democrats Criticize RNC E-Mail Petition, *Washington Post*, October 10, 2001, p. A08. Thomas B. Edsall, "GOP Touts War as Campaign Issue; Bush Adviser Infuriates Democrats with Strategy Outlined at RNC Meeting," *Washington Post*, January 19, 2002, p. A02.
66. Edsall, "GOP Touts War as Campaign Issue."
67. Ibid. John Dilulio, to Ron Suskind, October 24, 2002, *Esquire*, May 23, 2007.
68. Ron Suskind, *The Price of Loyalty* (New York: Simon & Schuster, 2004), pp. 291–292.
69. "Statement of Principles," June 3, 1997, Project for a New American Century, at http://www.newamericancentury.org/statementofprinciples.htm. Elliott Abrams, et al., to William J. Clinton, January 26, 1998, at http://www.newamericancentury.org/iraqclintonletter.htm.
70. Steven Kull, Clay Ramsay, and Evan Lewis, "Misperceptions, the Media, and the Iraq War," *Political Science Quarterly* 118 (Winter 2003/2004): 569–598.
71. National Security Strategy, September 17, 2002, at http://nssarchive.us/?page_id=32.
72. Wolf Blitzer, "Search for the 'Smoking Gun,'" January 10, 2003, CNN.com, at http://www.cnn.com/2003/US/01/10/wbr.smoking.gun/.
73. Steven R. Weisman, "Powell, in U.N. Speech, Presents Case... ," *New York Times*, February 6, 2003. Howard Kurtz, "Winning Hearts and Minds; Powell Speech Plays

Well with Newspaper Gatekeepers," *Washington Post*, February 7, 2003. Karen deYoung, "Falling on His Sword," *Washington Post*, October 1, 2006.

74. Stan Shatenstein, "USA: The Smokin' Marlboro Man of Fallujah," *Tobacco Control* 14 (February 2005): 5–6.
75. Henry A. Waxman, Committee on Government Reform, US House of Representatives, December 9, 2004, "Halliburton's Iraq Contracts Now Worth over $10 Billion," at http://democrats.oversight.house.gov/images/stories/documents/20050916123931–74182.pdf, accessed January 14, 2013.
76. Rush Limbaugh, "This Cowboy," RushOnline.com, at www.rushonline.com/halloffame/thiscowboy.htm, accessed January 18, 2005.
77. Ron Suskind, "Faith, Certainty and the Presidency of George W. Bush," *New York Times Magazine,* October 17, 2004, at http://www.nytimes.com/2004/10/17/magazine/17BUSH.html.
78. Fred Barnes, "Realignment, Now More Than Ever," *Weekly Standard*, November 22, 2004.
79. Author interview with Frederick L. Ahearn, funeral director for the Reagan funeral.

結論

1. "Bush's Final Approval Rating: 22%," CBSnews, February 11, 2009, at http://www.cbsnews.com/2100–500160_162–4728399.html, accessed July 26, 2013.
2. Monica Langley, "As Economic Crisis Peaked, Tide Turned Against McCain," *Wall Street Journal,* November 5, 2008. http://online.wsj.com/article/SB122586043326400685.html, retrieved July 26, 2013.

美國學 06

通往自由之路

美國共和黨的理想、墮落，及其如何被保守主義意識形態綁架？

To Make Men Free A History of the Republican Party

作　　者　海瑟．理察遜（Heather Cox Richardson）
翻　　譯　林添貴
編　　輯　王家軒
助理編輯　柯雅云
校　　對　陳佩伶
封面設計　莊謹銘

企　　劃　蔡慧華
總 編 輯　富　察
社　　長　郭重興
發行人兼出版總監　曾大福
出版發行　八旗文化／遠足文化事業股份有限公司
地　　址　新北市新店區民權路108-2號9樓
電　　話　02-22181417
傳　　真　02-86671065
客服專線　0800-221029
信　　箱　gusa0601@gmail.com
Facebook　facebook.com/gusapublishing
Blog　gusapublishing.blogspot.com
法律顧問　華洋法律事務所／蘇文生律師

印　　刷　前進彩藝有限公司
定　　價　580元
初版一刷　2020年（民109）7月
ISBN　978-986-5524-08-1

國家圖書館出版品預行編目（CIP）資料

通往自由之路：美國共和黨的理想、墮落，及其如何被保守主義意識形態綁架？
／海瑟．理察遜（Heather Cox Richardson）著；林添貴譯. -- 一版. -- 新北市：
八旗文化出版：遠足文化發行, 民109.05
面；　公分. --（美國學；6）
譯自：To make men free : a history of the Republican Party
ISBN 978-986-5524-08-1（平裝）

1.美國共和黨　2.政黨　3.歷史

576.523　　109004858